Regional Economy Comparative Study Series

区域经济比较研究丛书

Sanduao Regional Economic Development

三都澳海岸带

区域经济发展研究

赵怡本 著

ZHEJIANG UNIVERSITY PRESS
浙江大学出版社

目 录
Contents

绪 论

中国海岸带地区是中国近代工业兴起最早、经济技术与社会文化发展水平较高、经济实力较强和发展潜力较大的一个狭长地带，在我国经济发展和现代化建设中具有举足轻重的地位和作用。自从改革开放以来，在海岸带地区出现了经济特区、经济技术开发区、开放城市和开放地带，成为我国对外开放的主要窗口及“外引内联”的两个辐射面的重要结合部。然而，据《中国城市统计年鉴》(2002)在269个地级及以上城市中，宁德市所在辖区2001年末的人口为41.46万，排名第227位；非农业人口为9.13万，排名第266位；建成区面积约为8km²，排名第265位；国内生产总值41.31亿元，排名第211位；外商直接投资中实际利用外资5984万美元，排名第95位；利税总额0.32亿元，排名第257位；人均地方财政收入194.93元，排名第233位。可见宁德市在全国的地级及以上城市的经济地位是明显落后的，因而研究如何积极合理开发三都澳海岸带地区资源，以加速海峡两岸经济区及其北翼中心城市宁德市的发展，是摆在笔者面前的非常重要而又富有积极意义的课题。

一、地理位置与区域范围

本书在研究三都澳海岸带的背景区域宁德市域的基础上，重点研究三都澳海岸带区域，同时还研究三都澳海岸带沿岸20个乡镇的产业布局和城镇布局等。这三个层面具体的地理位置和范围分述如下：

(一)宁德市地理位置、区域范围及行政区划

1. 地理位置。宁德市位于福建省东北部，俗称“闽东”，位于全国海岸线的中段，南连省会福州，北接浙江，西与南平市毗邻，东面濒临东海，与台湾省隔海相望。宁德市地处北纬26°18′～27°40′，东经118°32′～120°44′之间。东临东海，西靠南平市的政和县、建瓯市、延平区，北与浙江省的苍南、泰顺、

景宁、庆元县相连，南与福州市的罗源、闽清县毗邻。陆地部分南北长约155km，东西宽约191km，土地总面积约为13452.38km^2；海域面积约4.46万平方千米，海岸线长约878km，岛屿344个。

2. 行政区划。宁德历史悠久，早在1～2万年前的旧石器时代，就有人类在此繁衍生息。晋太康三年(282年)划侯官县温麻船屯设温麻县，属晋安郡，为本地区置县之始。现在宁德市的行政区划范围是在1983年原宁德地区行政区划调整的基础上确定的，包括蕉城区、福安市、福鼎市、霞浦县、古田县、寿宁县、周宁县、屏南县、柘荣县。2002年末市域总人口为325.4万，行政区划现状见图1。

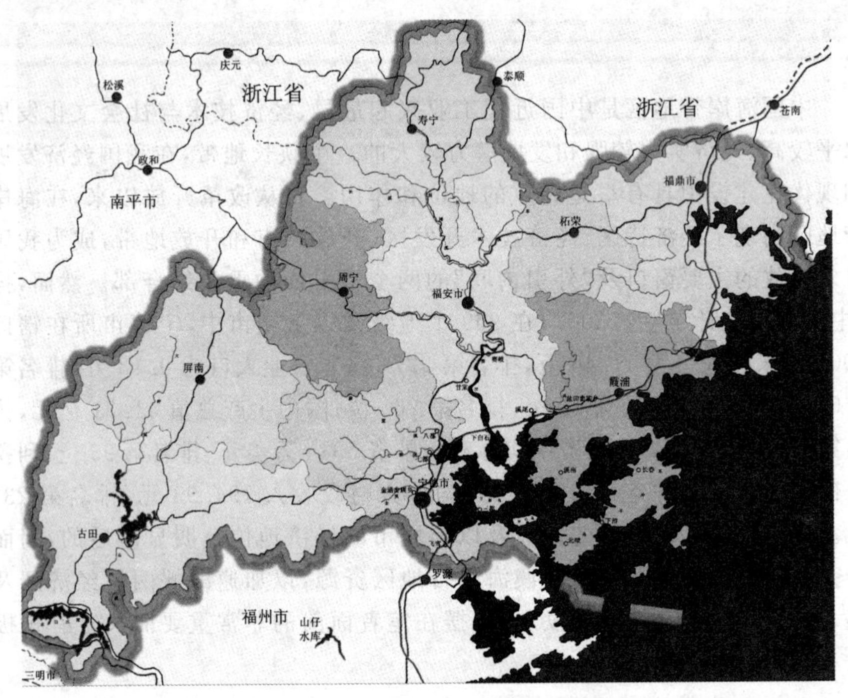

图1　宁德市行政区划现状图

但是，在福建省，宁德市又是一个最年轻的地级市。2000年11月，福建省决定撤消宁德地区，设省辖地级宁德市，原县级宁德市改为蕉城区，系地级市政府所在地。宁德的建设由此翻开了新的一页。

(二)三都澳海岸带地理位置与区域研究范围

三都澳海岸带区域研究范围以宁德市的蕉城区、福安市和霞浦县的行政地域为界，区域总面积约为4577km^2，其中陆域面积约3863km^2，海域面积约714km^2。2006年末区域总人口为156.1万。三都澳海岸带区域范围见图2。

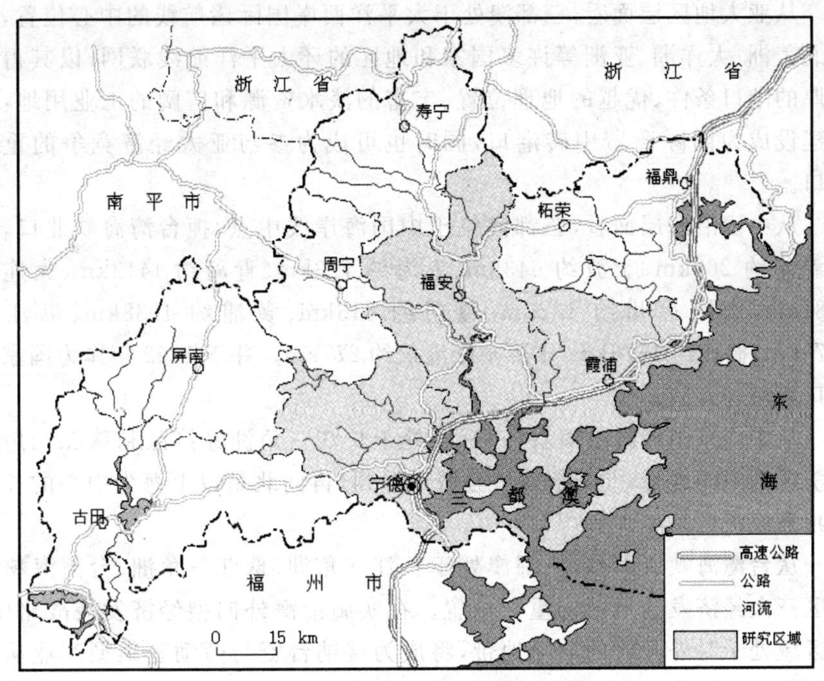

图 2 三都澳海岸带区域范围

(三)三都澳海岸带区域沿岸乡镇

为具体深入阐述产业和城镇群的布局及交通基础设施的建设，笔者着重分析研究了三都澳海岸带沿岸 20 个乡镇的自然经济社会的有关情况。三都澳海岸带沿岸乡镇具体包括宁德市的蕉城区、福安市与霞浦县的 20 个乡镇和街道办事处，其中蕉城区下属蕉南、蕉北、城南、金涵、飞鸾、三都、七都、八都、漳湾；福安市下属赛岐、甘棠、下白石、湾坞、溪尾；霞浦县下属盐田、松城、州洋、沙江、溪南、长春、下浒、北壁。地理坐标为东经 119°26′～128°10′，北纬 26°30′～26°28′。该区域总面积约为 2635km^2，其中陆域面积约 1921.19km^2，海域面积约 714km^2。2002 年末总人口为 73.72 万。

二、经济区位

“良港三都举世无双，水深港阔似天湖。”这是郭沫若先生在宁德市视察时站在全球的角度对三都澳的港湾深水岸线资源的真实描述。海域水深湾阔，口小腹大，不冻不淤。深水岸线长约 73km，10m 以上深水域约 170km^2，在任何潮位上都可以随时航行和停泊 30 万吨巨轮。港外排列着青山、斗帽、鸡公、东安、横屿等岛屿，与沿岸山岭、岬角交错，成为天然屏障，挡住来自太平洋的狂风巨浪，才有了三都澳天然的避风良港。

从亚太地区层面看，三都澳处于太平洋西岸国际诸航线的中心位置，与南北美洲、大洋洲、亚洲等许多国家和地区的环太平洋航线联网，以其得天独厚的港口条件、优越的地理位置、丰富的淡水资源和广阔的工业用地，可以建设成为国际商贸中转港口，同时也可成为参与亚太经济竞争的重要窗口。

从中国沿海层面看，三都澳位于中国海岸线中点，扼台湾海峡北口，北距温州约 269km、宁波约 643km、上海约 723km、青岛约 1413km、大连约 1581km，南距福州约 122km、厦门约 413km、黄浦约 1038km、湛江约 1279km、榆林约 1576km，东距基隆港仅约 277km。并于 1992 年作为国家一类口岸对外开放。

从中国东南沿海层面看，三都澳处于长江三角洲经济区和珠江三角洲经济区的中间地带，北邻浙南中心城市温州，再向北是以上海为中心的长江三角洲经济区。

从台湾海峡层面看，三都澳处于长江三角洲、珠江三角洲、台湾海峡经济区三大经济发达地区的重心位置。在实施沿海外向型经济发展战略中，该区域处于对外开放的前沿地带，将成为接纳台资与劳动密集型产业从岛内向外转移的热点，促进本区域外向型经济的发展。

从邻近海岸带来看，三都澳位于福州、温州两个开放城市的中间地带，福州市场导向型的外向型经济道路和温州“小商品大市场”的经济模式，必将对本区域经济发展产生巨大影响。该区域可根据自身社会经济条件，形成与福、温相配套的产业，共同发展。再利用城澳中转港的开发，与周边发达地区优势互补的前景将十分广阔。

三、研究的背景

1. 从全球范围看，福建只不过是一个偏居一隅、不太起眼的中国南方小省；在“经济奥运会”上，福建也许只是一名小选手。但由于它的命运与国家的命运息息相关，以及它在世界政治经济新格局中的独特位置，决定了它的未来发展与整个世界紧密相连。作为福建省海峡两岸重要组成部分的宁德市三都澳，外部世界的变化成为三都澳谋划区域发展战略必须考虑的基本参数。

2. 和平与发展仍然是世界两大主题，为我们的经济建设提供了较长时间的国际和平环境。未来 20 年世界将处在新旧政治、经济格局交替过渡、重新整合的关键历史时期。无论是体制的转换，国际关系的调整，还是秩序规范的重建，都处在进行时态。展望未来 20 年，世界政治多极化和全球经济区域化、一体化的总趋势日趋明显，并朝着有利于我们的方向发展。

3. 经过几代人艰辛拼搏、人一我十、滴水穿石的艰苦创业，闽东人以一种崭新的精神面貌叩开了21世纪的大门，迎接充满机遇与挑战、诱人而多变的新世纪。在这样一个历史的转斩点，人们不约而同地把目光瞄准了2000—2020年这20年的战略机遇期。这20年，将是中国走向现代化、中华民族实现伟大复兴的最关键时期。机遇稍纵即逝，机遇垂青有准备者。闽东人不仅要充分肯定和总结上世纪的骄人业绩和经验教训，最为重要的是必须"明画深图"筹划21世纪前20年的发展。

4. 世界著名历史学家阿诺德·汤因比曾经提出这样的论点：人类历史的重心在几千年过程中日益由东向西转移。它起源于亚洲内陆草原，然后移到底格里斯和幼发拉底两河流域，然后又越过希腊和罗马，向西北推移，最后在200年前跨过大西洋。今天，许多人预料，历史的重心将再次向西移动，即从北美移向太平洋亚洲地区。

5. 亚太世纪的来临，机遇再次敲响了中国的大门。国际舆论普遍认为，中国的崛起将是21世纪初最重大事件，而21世纪将是中华民族复兴、实现腾飞的世纪。其中，位于太平洋西岸的东中国沿海地区将成为中国经济发展最具活力、与世界经济融合度最高的经济发展带。

6. 三都澳处于西太平洋沿岸，与台湾共扼东北与东南亚的战略要冲，同亚太地区的海上联系便捷，战略地位十分重要。19世纪末20世纪初，美国推行"门户开放政策"，美朝野十分关注三都澳，并宣称：美国如取得三都澳，太平洋就会成为"美国湖"，由此可见三都澳的重要经济战略地位。随着亚太经济的崛起，这一区位条件将越来越显示其重要性。

7. 中国加入世界贸易组织，这将是影响经济发展步伐的重大事件。作为对外开放的区域和综合改革试验区，中国加入世界贸易组织后更有利于三都澳加快改革开放步伐，促进经济与国际接轨。同时，三都澳的产业素质、产品质量、对外经贸也将面临更大压力，经受严峻的考验。

8. 海峡两岸关系的发展和变化是未来20年影响三都澳发展的带有长远性、独特性，但又有一定不确定性的机遇。这一特殊的地理位置加上深远的历史渊源，有利于促进两岸经贸联系，并且可在实现祖国和平统一大业中发挥独特作用。三都澳在中国未来的发展格局中将扮演重要的角色，承担重要的经济与政治功能。这些功能包括祖国和平统一、动员海外资源、新兴产业接收与转换等功能。三都澳更应当着眼于两岸关系的大势，紧紧抓住不放，不应因风吹草动而动摇地迎接"三通"的信息，放慢两岸经济对接的准备步伐。两岸的统一只是一个时间的问题。

经济的往来已逐步加强。三都澳港口功能发挥和区域经济发展，更应该从海峡两岸经济的互补性、共荣性的角度，选择未来发展的方向和重点。

9. 随着香港、澳门的回归,台湾问题将成为中国未来政治经济十分紧迫而突出的课题。台湾问题的解决,不仅是民族统一的政治大事,而且是关系民族振兴的根本大计。从一定角度说,海峡两岸问题是一个经济问题。一个繁荣的海峡两岸将成为台湾问题和平解决的基本条件,就这个意义上说,中国需要一个高速发展的三都澳,中国需要一个高度发达的三都澳。

10. 21 世纪成为人类历史上一个竞争世纪。竞争创造活力,竞争中优胜劣汰。宁德三都澳要想在这样一个竞争环境生存和发展,必须尽早做好准备,树立长跑者的形象,勇往直前、坚持不懈地沿着既定的目标"跑"下去。宁德三都澳与周边地区既有共生互荣的一面,又有相互竞争的一面。与周边地区的竞争态势,主要表现在对外吸引力和对腹地市场的争夺上。

11. 世界越来越趋向自然、融合、协调,人类开始从生态恶化、人口压力、资源枯竭的威胁中警醒,人类更加关注赖以生存和发展的环境,关注人与自然、人与社会、人与人之间的融合与协调,以人为中心的发展取向越来越引起各国的重视,成为新的发展观。

12. 未来 25 年,中国将处于一个重要的社会转型期。中国社会正在以市场经济的建构为中心,从传统农业文明向现代工业文明转型,从同质的单一性社会向异质的多样性社会转型,从伦理型社会向法理型社会转型。中国民众正从传统深处走出来,选择新的生存方式和文化价值观念。在这一巨大的、本质的转换过程中,将伴随着传统与现代、发展与稳定、公平与效率、集中与放权、通货膨胀与宏观调控、体制转换与腐败现象、物质发展与社会进步等许多问题,引发许多冲突和摩擦,给我们的政策选择带来许多困扰。宁德三都澳未来的发展,必须充分考虑在整个社会转型过程中可能出现的各种现实问题,善于把握和驾驭错综复杂的矛盾关系,在这些矛盾对立的各极中保持必要的张力,把改革与发展保持在全面快速可持续的状态。

四、研究思路和方法

(一)地域综合结构方法

三都澳人要以自然地域结构为基础,将自然和人文因素统一纳入系统之中形成地域综合结构。加强对结构内部被研究对象功能的分析、了解,从而通过地域结构优化调整和实施来实现可持续发展。

(二)系统分析方法

海岸变化、发展的自然和人文驱动因子在不同时间、空间尺度存在复杂的相互关系,驱动因子与海岛海岸变化、发展的关系及机制不是单一模型所能套用的,因此需要运用系统分析方法,认识海岸系统的构成要素及各要素之间的联系与相互影响。

(三)定性与定量结合方法

定性描述方法是科学研究普遍采用的一般性研究方法,通常用于对事物及其发生规律进行宏观的、概化的描述。在海岸带环境条件和优势资源的评价以及开发利用研究中,较多地采用了这一方法。定量分析方法则是现代科学研究的必要手段,它指出要准确、深入地揭示事物的运动规律,必须借助定量方法。对三都澳海岸带资源的实际利用,如土地、淡水以及城市化水平等研究运用了定量的方法进行度量。定性分析是定量分析的基础,而定量分析则是定性分析的深化,两者相互补充。

(四)统计与调查相结合方法

三都澳海岸带资源环境的研究涉及自然和社会经济多方面按时间序列的大量数据,因而必须运用现有统计资料。然而受现实中经济政治诸多因素影响,一些统计数据并不能说明问题,实地调查与事实结果往往更能作出解释。因此需要长期的实际调查收集与工作实践积累。

(五)对比与比较的方法

运用对比与比较的方法。通过横向对比和纵向比较,找出在同一时期同一事物的差异以及不同事物的变化,以深刻地揭示事物发展过程,从中寻求最佳的解决方案。

(六)以点关联分析方法

选择特定地域的海岸带资源进行环境研究,剖析该地域环境资源的特征,间接地推断一般区域的资源利用所应采取的共同方针,以达到问题的最佳处理。

五、研究的现实意义

与海岸带的特征相符合的是中国经济最具活力、发展最快、经济实力最为雄厚的东部沿海地区(包括辽宁、河北、天津、山东、江苏、上海、浙江、福建、台湾、广东、广西、海南、香港、澳门)。本文所划定的海岸带地区的具体界线,不同于自然资源调查的以距海岸线向内 10km 左右为界,而是以行政区划为界,把凡是在行政区划上拥有海岸线或河口岸线的县市均划入海岸带地区范围。全国按上述原则划入海岸带地区范围的共计 197 个县、市或市区,总面积约 27.7 万平方米。我国拥有 1 万 8000 多千米的大陆岸线,但海岸线系数(大陆岸线长度与土地面积之比)很小,按国家以往公布岸线长度计算只有 0.00188,在世界沿海国家中居于第 94 位。这表明海岸线资源对我国来说是极其宝贵的,必须珍惜每一寸岸线,应该尽量对其进行科学与合理的利用。

宁德市沿海地区拥有 878km 海岸线,344 个海岛,4.46 万平方米的海域面积相当于宁德市陆地面积的3.3倍，29个港湾密布沿海岸线，其中最著名的三都澳是世界级的深水良港，50万吨的巨轮可以自由进出三都澳。可见宁德市拥有丰富的海洋资源，但它却是中国沿海经济发展的断裂带。针对三都澳海岸带作为基岩和淤泥海岸，进行资源开发与经济发展研究，探索一种欠发达地区海岸带资源开发与经济建设协调发展的新模式，在海岸带研究中具有重要意义。在地级市范围内，对海岸带资源开发与经济发展的全面研究，将对我国沿海其他地区的进一步发展具有借鉴意义，对于宁德市基本实现现代化和全面建设小康社会具有重要理论指导意义和实践意义。

六、研究内容

1. 确立研究的目的是为三都澳海岸带资源开发与经济建设提供有益的参考；

2. 评价三都澳海岸带自然、社会条件与开发现状，揭示社会经济发展水平滞后的原因，提出三都澳海岸带资源开发方向与构想；

3. 评价三都澳海岸带港口资源及其开发利用现状，提出港口发展的思想和对策措施；

4. 着重研究三都澳海岸带临海钢铁工业发展的机遇与条件，呼吁果断作出发展临海钢铁工业的战略决策，提出发展的对策措施；

5. 研究三都澳海岸带城镇化条件和现状，提出规划建设三都澳海湾型城市，做大做强宁德中心城市的新见解；

6. 三都澳海岸带的旅游发展的评价和发展的策略；

7. 三都澳海岸带交通等基础设施的现状及存在的问题和发展的对策；

8. 评价三都澳海岸带的农业资源，提出开发利用方向和措施；

9. 资源开发与经济可持续协调发展的对策。

第一章　海岸带特性和海岸带开发的理论基础

第一节　海岸带的定义及其开发利用特性

一、关于海岸带的定义

学术界目前对海岸带尚无统一和通用的定义和界定。1995 年，国际地圈—生物圈计划(IGBP)认为，海岸带上限是约 200m 等高线，下限是大陆架的边坡，约 200m 等深线。

海岸带是陆地、大气、海洋相交的地区，这里不仅具有较高的物理能量、生物多样性和人类的大量开发活动，而且在全球变化中环境变得非常脆弱。从海岸带生态系统含义考虑，海岸带涉及河口、海湾、海峡、三角洲、淡水、森林、沼泽、海滨、盐沼、海滩、潮滩、岛屿、珊瑚礁、海滨沙丘及各类海岸的近岸和远岸水域，其向陆方向上界为盐水和半咸水影响达及的地区，海域的狭义部分为近岸浅水地区，广义部分可扩展至整个大陆架。从海岸变化的地质过程和物理过程角度出发，海岸带的陆上界限应是古海岸线和最大风暴潮达及的区域，海域界限为波浪作用影响的浅水地区和河口羽流输移扩散的外界。恽才兴所划定的海岸带地区的具体界线，不同于自然资源调查的以距海岸线向内 10km 左右为界，而是以行政区划为界，把凡是在行政区划上拥有海岸线或河口岸线的县市均划入海岸带地区范围，其中上海和天津两个中央直辖市只划入市区和临海的市辖县，有些市辖县临海而市区本身不临海的市，则只把临海的市辖县以及受其个别市区划入海岸带地区。按上述原则划入海岸带地区范围的共计197个县、市或市区，总面积约27.7万平方千米（恽才兴等）。

中国科学院院士王颖提出了海岸的新概念，认为现代海岸是指海陆交界处相互作用、变化活跃的地带，而海岸带上限是现代波浪作用的上限，在陡峻海岸是海蚀崖的顶部，在平缓的沙质海岸是海滩的顶部，包括海岸沙丘和其后的泻湖低地；其下限是波浪开始扰动海底之处，这个界限随波浪作用的强度而变，一般来说是在水深相当于波浪长度的1/2或1/3处（王颖等，1994；张永战等，2000）。

有的学者认为，海岸带的定义不是唯一的，而是根据研究的目的有所变化。海岸带的理解通常有狭义和广义之分（吴志峰等，1999）。狭义的海岸带是指海洋向陆地的过渡地带，带有地貌学意义，包括三个部分：(1)海岸，平均高潮线以上的沿岸陆地，通常又称潮上带；(2)潮间带；(3)水下岸坡，平均低潮线以下的浅水部分。广义的海岸带则是指以海岸线为基准向海陆两个方向辐射扩散的广阔地带，包括沿海平原、河口三角洲，浅海大陆架一直延伸到大陆边缘的地带。目前国际上对海岸带的划分主要有四个标准：(1)自然标准；(2)行政边界；(3)指定距离；(4)选择环境单元。我国1981年开始的全国规模的海岸带和海涂资源调查中，把海岸带的外界规定为向海延伸到－10～15m等深线，其内界规定向陆地延伸10km左右。

海岸带既是一个辐射的概念，又是一个扩散的概念，即靠得最近的是一个最基本的单元，遥远的应扩展到省、市、自治区甚至周边国家；另一方面海岸线的最主要根据地是海港，岸外的根据地是海岛，海岛以外能扩散到领海，领海以外是经济管辖区，再外是开放大洋。

本文意义的海岸带的具体界线，不同于自然资源调查的以距海岸线向内10km左右为界，而是以行政区划为界，把凡是在行政区划上拥有海岸线或河口岸线的县市均划入海岸带地区范围。

二、海岸带开发的特殊性

海岸带是海陆交互作用的特殊地带，海岸地区是当今人类生存和发展的重要区域。海岸带区域在人文、自然等方面都有其自身的特点，海岸带的现状是人类活动和自然演变共同作用的产物。在全球范围内，尤其是发展中国家，海岸带的特点和现状主要表现在以下几个方面。

1. 海岸带的重要性和开发的必要性。对于人类而言，海岸带具有特殊的地位和作用。首先，大部分海岸带区域（尤其是三角洲地区）分布着肥沃的土地资源，并且拥有较好的淡水资源条件，为人类的生存提供了必要条件，人类在海岸带上发展了农业文明、工业文明、港口文明。其次，海岸带是生产力较高的生态系统，人类可以直接从中获取所需食物。第三，海岸带蕴藏有多种多样的资源：有的海岸带海底蕴藏有石油、天然气、煤炭、铁等矿产；海滨的沙滩、阳光、海水、空气是诱人的旅游资源；海岸带还储存清洁的潮汐、风、化学等能源。这些资源是人类发展和繁荣的巨大物质与能源保障。第四，海岸带是人类生产活动的重要载体。进入工业文明后，人类活动明显集中于海岸带，这显然是海岸带所具有的水土、地形、气候、交通、位置等资源和区位的优越性决定的。海岸带为人类提供了生存和发展的良好空间和资源，人类正是以海岸带为载体向内陆和海洋扩展，将全球联为一体。人类活动对海岸带的影响越来越广泛和深刻，人类和海岸带的关系日益密切，海岸带对人类的发展将起更大的作用，对人类认识地球系统也将具有更广泛和特殊的意义。人类认识地球的历史证明，海岸带是人类认识陆地和海洋的基线。

2. 海岸带动力环境的复杂性和不确定性。海岸带是人类社会生存和自然环境演变的特殊之处，具有复杂性，其主要海岸带区域的复杂表现在以下几个方面。首先是自然作用的复杂性。海岸带的自然作用主要是自然动力作用，在海岸带具有自然界复杂、广泛的动力作用，复杂的动力作用对海岸带区域的影响和作用极其深远。海岸的动力作用包括常态的海岸特有的波浪、潮汐、潮流、海流、盐水入侵、海平面上升等海岸地区特有的动力作用，也包括受到突变的海洋动力作用，如热带气旋、台风及风暴潮、海岸侵蚀等。其次，海岸带区域的自然灾害种类繁多、作用频繁。海岸带区域的复杂动力决定海岸是人类社会的多灾害地区。海岸常态的动力作用直接影响海岸地区，对海岸带区域的环境和演变起着潜移默化的作用，是自然界的巨大改造能力的基本表现，在某些地区和某些时候，可以从量变到质变，演变成为自然灾害和人类灾难。海岸的突变性动力作用本身就是灾害，以破坏性、毁灭性作用于海岸地区，对人类社会产生极其恶劣的影响，造成极其严重的后果。再次，海岸带的复杂性表现在人类活动方面。海岸带是全球人文和自然融合比较充分、频繁的地区。人类活动一方面带来高度发达的文明，另一方面也给自然带来巨大的变化，甚至创伤，同时又受到自然的惩罚和报复。人类活动使海岸带区域社会经济发展和自然环境演变更加复杂化、多样化和不确定化。

3. 海岸带区域人类抵御灾害的脆弱性和人类开发的过度性。海岸带在人文和自然两方面都表现出很强的脆弱性。在人文方面，首先，人类在自然灾害面前表现出脆弱性。由于海岸带区域人文密集、经济集中，在受到自然灾害的损害和破坏时，造成的损失和破坏的程度较深，人类社会因此遭受的灾难和损失无比巨大，表现出脆弱性。其次，表现在人类自身的不合理或过度的生产。人口的无节制增长，资源的过度开发，垃圾、废弃物质的随意处置、排放，环境的随意破坏和摧残，海岸工程不当建设，经济发展未考虑资源和生态的协调和保护，使海岸带成为一个人为的环境和生态的脆弱区。在自然方面，由于海岸带动力作用复杂、自然灾害频繁、自然灾害的破坏力度大和影响范围广，使海岸带易于受到侵害和破坏，海岸带成为自然界灾害深重的特殊地区，造成海岸带区域的巨大损失和破坏，成为自然环境的脆弱区域，这是海岸带脆弱性的又一个方面。海岸带的脆弱性还极大地表现在人为作用和自然作用的交互和叠加。在海岸带环境，人为活动和自然活动截然不同，但在影响和结果上是交互、叠加和共同的，共同作用于海岸带环境这个人类和自然的共同体中，人类社会的损失和破坏与自然环境的损失和破坏同在。海岸带的脆弱性尚在不断的加剧之中，这种加剧来自人类社会和自然环境两个方面。一方面，人类社会发展中的众多不良因素还在使海岸带走向脆弱；另一方面，自然环境对海岸和人类社会的破坏力远未减弱，有的还在加剧之中，使海岸的脆弱性加深。

4. 海岸带经济发展的跨越性和环境变化趋势的严峻性。海岸带是一个特殊的地带，工业革命以来，它凭借其特殊的地理位置和丰富的自然资源，吸引了大量的人口（人才）、资金、技术、信息、矿产资源的快速集聚，并进行了多种多样的海岸带开发活动，使海岸带区域的工业化、城市化进程空前加快。这使得海岸带的资源和环境面临的压力越来越大，从而引起了一系列的资源和环境问题：

(1)海岸带区域的人口密度增长过快，而人口是资源短缺、环境恶化和各种矛盾冲突的主要潜在因素；(2)海岸带区域临海工业发展迅速，城市化进程加快，人地矛盾突出；(3)工农业废水和生活污水的大量排放造成近岸海域的污染和淡水资源的短缺；(4)海岸带资源的过度开发造成资源的衰退；(5)海平面上升使得海岸侵蚀加强、大片滨海湿地丧失以及洪涝灾害增加；(6)由于各种自然和人为因素的影响，渔业资源不断退化。

由于人类活动和海岸环境的变异，导致海岸带的自然灾害有逐步加剧的趋势。全球气候变化导致海面上升加速、海岸侵蚀加剧、海岸灾害更加频繁，人类活动不但直接对海岸带产生损害和破坏，而且间接损害和破坏海岸带自然环境，降低其对自然灾害的抗御能力，也使各种自然灾害不断增加，对人类社会的侵害和破坏不断加剧。

三、海岸带可持续利用的必要性

就我国人口众多、资源相对贫乏、环境和生态的破坏相对严重等具体情况而言,海岸带可持续利用更具迫切性和必要性。

可持续发展是20世纪90年代以来为全球社会所普遍认可并全面实行的社会经济发展进步的战略思路和指导思想。可持续发展要求社会经济的发展必须以人为本,社会经济的发展必须是可持续的发展。首先,人类社会生活在一个人文与自然的共同体中,人与自然密不可分,自然环境和生态系统给人类的生存和发展创造了一个有机空间,人类的生存和发展依赖于自然环境和生态系统的资源,同时人类活动对自然环境和生态有着巨大的作用力和影响力,这些作用力和影响力不但包含人类改造自然而获得自身发展的巨大成功,而且还包括人类改造自然而对自然产生的巨大的破坏和摧残。人类社会在生存和发展中对自然环境的破坏和摧残造成人类赖以生存的自然环境的恶化,这种恶化的环境对人类社会本身产生了巨大的不利影响,从深层次影响和阻碍人类社会的发展进步。在自然资源有限、生态环境有度、人类需求无限的情形下,社会经济的发展就不可能持续和长远,在不久的将来,人类的子孙后代将会在资源枯竭、环境恶化、环境不利中挣扎。其次,以人为本的发展,是一种全面的发展,不但有人类的物质生活的不断丰富和完善,而且有人类的精神生活的持续进步和提高。人类社会的物质生活和精神生活都离不开自然环境和生态系统,人类社会的进步不但是人类社会自身的和谐与发展,更有人类社会与自然环境和生态系统之间的协调与和谐。因此,人类社会的发展,必须树立科学的发展观,充分考虑人类赖以生存的自然环境的保护、美化和发展,自然资源的保护、节约和再利用,求得人与环境的和谐发展,求得在有限的自然资源和有度的生态环境下的人类社会的可持续协调发展。

海岸带区域更需要可持续发展。海岸带是一个特殊的地带,有着特殊的地理位置和丰富的自然资源。在我国,海岸带资源是自然资源的重要组成部分,是我国社会经济发展的重要物质基础。我国沿海地区以13%的土地面积,养活了42%的人口并提供了60%以上的国内生产总值。但是近几年来,由于人口不断向海岸带区域集聚,海岸带区域的资源和环境开发利用出现了前所未有的高潮,使得海岸带区域的资源开发过度,环境遭到破坏,这在很大程度上制约了沿海地区经济社会的可持续发展。因而,研究海岸带资源可持续开发利用,加强海岸带区域资源环境保护,实施海岸带可持续利用,对于我国建设海洋经济强国的战略目标有着重大的现实意义和深远的历史意义。同时高技术促进了海洋产业的发展,海洋经济的作用日益重要。如今,随着技术的进步,海洋资源的开发利用已打破传统的产业方向,正向着多方位开发利用飞速发展。全世界海洋产业的产值从1980年的3400亿美元,发展到1990年的6700亿美元,2000年达到15000亿美元,成为少数发展速度最快的产业之一(惠绍棠,1998)。海岸带经济的快速发展,也为海岸带可持续发展提供了物质基础。

海岸带的可持续利用首先要强调发展是海岸带可持续协调发展的核心和灵魂。如果不保持经济总量的持续、有序增长,海岸带区域的可持续发展将无从谈起,况且海岸带又是我国人口和经济活动的重心地带,它对于全国经济的可持续协调发展具有重大的作用。但是发展必须是协调型的发展,如果片面追求经济增长,而不顾其他,那么海岸带区域的可持续发展势必会受到限制。因此还要强调发展科技以提高海岸带开发利用的效率,实现海岸带区域经济、资源、环境和社会的协调发展。海岸带资源可持续利用的含义是对密切相关的物种和生态系统进行明智的利用和科学的管理,以使人们目前或潜在的利益不受影响。就可持续性而言,应对资源加以保护,使资源自身的再生能力永远都不遭受损害。只有这样的管理才能保持生物的潜力,增强可再生资源的长期经济潜力。资源可持续利用的准则是对资源的获取、提取或利用不能超过在同一时期内可能产生或者再生的数量。因此,重要的是要了解沿海环境退化所能接受的限度和沿海资源可持续利用的极限,确定生态系统的承载能力和生态系统的管理,使其永远保持在最低限度以上。

海岸带是海洋和陆地相互衔接的地带。由于陆源污染物多经过地表径流携带入海,在污染物的迁移过程中,海岸带是污染物的最先受纳者,又是污染物向深海扩散的中转站,是最容易受到污染的场所。加之经济发达地区多集中在沿海地区,这些地区不仅人口密度大、工业集中,而且大量河流、排污渠在此汇集入海。因此海岸带是遭受人类过度开发活动、各类污染物排放和生态环境退化综合影响的区域。为实现海岸带可持续利用的目标,在海岸带的开发与管理中,要维护海岸带的环境质量,合理地利用海岸带的环境容量和自净能力,将海岸带的污染负荷总量限制在海岸带本身固有的自然净化能力的范围之内,保证海岸带的环境质量长期维持在一定的水平之上,实现海岸带可持续利用的目的。

海岸带生态系统具有动态性和脆弱性的特点,在开发利用海岸带资源时,要遵循生态经济学的基本规律和原则,建立与海岸带自然生态系统相协调的开发利用系统,培植海岸带系统的抗干扰能力,确保海岸带生态经济系统的稳定性。

要达到海岸带可持续利用的目标,实现社会经济的可持续发展,需要有力和有效的对策和措施。在全球范围内,大多数国家和地区对社会经济可持续发展都非常重视,制定和落实了一系列的对策和措施,其中海岸带区域的可持续发展问题是其中重要的组成部分。

海岸带区域的可持续利用要包括以下几个主要目标。

(一)实现海岸带资源的保护、集约和合理利用

海岸带区域蕴藏着丰富的资源量，数量巨大，种类繁多。但是相对于我国巨大的人口基数而言，我国的海岸带资源显得明显不足，保护、节约和合理利用每一分资源成为海岸带可持续发展的根本立足点。现在，我国的海岸带资源的利用存在着许多问题，资源的保护意识差，资源的保护措施不到位，资源的利用水平和效率低下，导致了资源的破坏和浪费，这在水产资源利用、旅游资源利用、矿产资源利用等方面具有一定的普遍性和严重性，极不利于社会经济的可持续和长远发展。海岸带区域资源的保护、节约和合理利用主要包含三个层次：第一个层次通过立法和社会经济发展战略等方式实现国家的国土和资源的综合规划和利用；第二个层次通过规范和社会经济发展计划等方式实现国家和地方的经济政策和产业政策；第三个层次通过国家和地方的专题海岸资源保护、节约和合理利用的政策和措施实现等。

(二)实现海岸带污染控制、环境整治和环境保护

目前，海岸带区域的环境污染比较严重，对社会经济的发展和社会生活的进步产生巨大的影响和制约。我国的海岸带区域由于经济的快速发展，产生大量各种形态垃圾等污染物质，大多数未经任何的处理就排入沿海和近海水域，海岸带是最大的受害区域。我国沿岸海水大面积污染，赤潮连年大规模发生，对沿海的渔业生产造成极为不良的影响。海岸带污染控制、环境整治和环境保护是社会经济发展的当务之急，也是海岸带可持续发展的基本要求。首先，要进行海岸环境污染的严格控制，从源头、从根本上消除环境污染的发展和蔓延。其次，要对已存在的海岸污染进行全面的综合整治。环境和生态污染易，整治和恢复难。环境污染如果任其发展，后果将不堪设想。最后，要随时随地进行海岸带环境的保护，环境保护的意识与社会经济发展和人民生活水平的提高联系在一起，两者同样重要，不可偏废，海岸环境保护的措施和投入力度要视作一种基础设施建设，视作一种产业发展。

(三)实现海岸带区域人口的数量控制和素质提高

我国的海岸带区域人口密集，经济发达，沿海 11 个省、市和香港、澳门特区的大多数人口集中在近海岸带的沿海地区，在全国的社会经济发展中影响和作用巨大，海岸带区域人口的数量控制和素质提高具有战略意义。首先，要着眼于人口素质的提高，人口素质的提高是人类发展的主要目标，也是以人为本的立足点，更是社会经济可持续发展的根本目标。其次，要有人口生育的计划和节制，坚持计划生育政策，维持人口低增长水平，减轻人口

增长对资源、环境所造成的巨大压力。再次，要在城市化进程中充分考虑沿海人口增长的压力，城市化速度和沿海人口增长控制在适度、有序和规范的尺度之内，为资源合理开发利用和社会经济可持续协调发展创造基础和前提。

第二节 海岸带研究进展

一、关于海岸带综合研究

海岸带作为陆地、海洋和大气的共同交界面，在地球系统中占据独特的地位，对全球环境演变有重要的影响和灵敏的响应。据联合国估计，目前全世界人口的三分之二居住在各大陆的宽为60km的海岸带区域上，海岸带对人类的生存和发展发挥着巨大的作用。因此研究海岸带对认识地球系统的运动规律具有重大的理论意义，对指导和建设可持续发展的海岸具有积极的现实意义(王颖等，1992；陈士彭等，1997；吴志峰等，1999；刘以宣，1982)。

我国的大陆海岸带北起辽宁省的鸭绿江口，南至广西壮族自治区的北仑河口，长度达18000多千米。我国拥有海岸线的沿海省、市、区及特别行政区达14个，自北向南依次是辽宁、河北、天津、山东、江苏、上海、浙江、福建、台湾、广东、广西、海南以及香港、澳门。沿海地区是我国经济活力最充沛的狭长经济地带，其工农业总产值占全国总产值的60%左右，生活着4亿多人。积极开发与合理利用海岸带自然资源，治理海岸带环境灾害，实现海岸带的可持续协调发展，是我国面临的一项重要而现实的任务(张青年，1998；陈国平等，2001)。我国沿海分布着广阔的滩涂，滩涂资源是我国海岸带重要的资源之一，加强对滩涂资源的管理和开发利用，对沿海地区经济持续发展具有重要的战略意义(王颖等，1990；杨宝国等，1997；陈可馨，1995；巴逢辰等，1997；吴廷余，1999)。

人类在开发利用海岸带的过程中取得了巨大的成就，但对海岸带也造成了严重的破坏，这集中表现为海岸线失衡、海面上升、地下水位降低、海水污染及富营养化、生物多样性丧失、沉积过程改变、土壤侵蚀、灾害频繁等。如何在进一步开发利用海岸带的过程中保护好海岸带已成为令世人关注的问题，因而出现了可持续发展的海岸带、海岸带一体化管理(ICZM)等观点和方法。有关海岸带一体化管理已经有大量的研究成果(高抒，1998；杨金森等，1999；左平，邹欣庆，朱大奎，2000；李茂田等，2001；鹿守本，2001；金建君等，2002)，科学技术支持是海岸带综合管理取得成效的基础，引导科学研究为海岸带管理服务应注重协调好管理部门与科研单位、科研单位之间、学科之间、理论成果与应用等诸多关系(朱晓东等，1998；张灵杰，2001)，如厦门通过建立科研界与行政管理界的联系渠道、联合开展海岸带综合管理的科学研究、建立海岸带专家组等途径，形成了科研为海岸带综合管理服务的协调机制，促进了科研与管理的合作，为海岸带综合管理决策与行动提供科学依据，有效地促进了海岸带综合管理进程(石谦等，2002)。

可持续发展是当今世界永恒的主题，资源和环境是可持续发展的基础。海岸带是一个特殊的地带，有着特殊的地理位置和丰富的自然资源。在我国，海岸带资源是自然资源的重要组成部分，是我国社会经济发展的重要物质基础。近几年来，由于人口不断向海岸带区域集聚，海岸带区域的资源和环境开发利用出现了前所未有的高潮，使得海岸带区域的资源开发过度，环境遭到破坏，这在很大程度上制约了沿海地区经济的持续发展。因而，研究海岸带资源和环境的可持续利用，加强海岸带区域资源环境的保护，实施海岸带可持续发展，对于我国建设海洋经济强国的战略目标有着重大的现实意义和深远的历史意义(贾建军，1998；金建君等，2002；赵建华，2001；张淑华等，1998；刘岩等，2001)。

二、关于海洋经济研究

海洋经济是区域经济的一种表现形式，可以将区域经济学的范畴、原理、方法应用于研究海洋经济。发展我国海洋区域经济要素主要有自然资源等，必须运用科技兴海等措施发展我国海洋区域经济(周江，2001)。海洋经济在社会经济发展中的作用日益重要，如何保证在发展海洋经济中实施可持续发展战略，是保证海洋生态资源的一个重要内容(孙吉亭，1997；宁凌，1998；徐质斌，1995；张向前等，2001)。不同的海洋资源既有共性又有个性。概括起来，海洋资源的特性主要有丰富性、递耗性、更新性、递增性、不稳定性等。海洋资源的可持续利用是海洋经济持续发展的物质基础，其内涵包括对海洋资源的协调利用、高效利用、公平利用、环保利用等(韩美，2001)。有学者指出海洋是全球生命支持系统的一个基本组成部分，是一种有助于实现可持续发展的宝贵财富，是解决世界性人口膨胀、陆地资源短缺和环境污染的重要出路。海洋经济不仅涉及对海洋资源的开发和利用，同时关系一国的主权和权益。因此，从战略高度确定海洋开发基本战略，大力发展海洋经济，是中国面向21世纪的重大战略抉择(涨福祥，1999；杨荫凯，2002；徐杏，2002)。

海洋经济(海洋产业的组合)是个高科技、高投入、高风险,但能得到高回报的经济领域。我国海洋科技对海洋经济的贡献率仅为30%,与先进海洋国家70%~80%的贡献率尚有巨大的差距,显然不能适应我国海洋经济发展。有学者对我国海洋经济中产业结构不合理的有关问题进行了分析,提出用高科技改造传统产业,调整我国现有的海洋产业结构,大力研究解决新兴和未来海洋产业中高新技术的"瓶颈"制约问题,发展海洋高新技术需要建立高新技术示范基地,加速海洋技术的产业化,并制定海洋高新技术及产业发展战略对策等(王珏等,2002;张耀光等,2002)。

三、区域性海岸带研究

福建省有关方面于1986年编写出版了《福建省海岸带和海涂资源综合调查报告》,浙江省有关部门经过历时6年的调查研究,在1988年编写了《浙江省海岸带和海涂资源综合调查报告》,其他沿海各省市也相应编写出版了海岸带与海涂资源综合调查报告。1997年以来,中国海湾志编纂委员会陆续编写出版了《中国海湾志》,共有14分册,是一部反映我国海湾基本自然环境要素为主的科学志书,该书包括中国大陆海湾的历史沿革、社会经济状况、气象、水文、地质地貌、生物资源、自然环境及开发利用综合评价。

为更好地进行我国的海岸带研究和管理,有学者对于国外海岸带管理现状及发展趋势进行了介绍(阮成江等)。1972年,美国颁布了世界上第一部综合性的海岸带管理法规《海岸带管理法》,标志着现代海岸带综合管理的开端。美国海岸带综合管理对我国具有一定的借鉴意义(陆巽生等,1995;于保华,2000;张灵杰,2001)。还有人对韩国、日本、新西兰以及马来西亚的海岸带管理作了介绍(李吉熏等,2002;张聪义,1999),这些研究和介绍都对我国的海岸带研究起到了一定借鉴意义。

辽宁是我国海洋大省之一,面向渤海与黄海,海域面积广阔,海洋资源丰富,区位条件优越。丰富的海洋资源是发展海洋经济的基础,辽宁区域海洋经济的构成,受海洋资源结构的影响。有许多学者对辽宁及大连海岸带资源进行分析和评价并提出可持续发展对策(户现明,1995;裴相斌,1999;隋吉学等,2000;张耀光等,2001;盖美等,2002)。还有学者对山东(王永珍,1994)、福建(游建胜,2001)、浙江(李家芳,1994;吴研等,2000)、广西(伍家平,1998)、海南(陈春福,2002)及上海地区海岸带海洋资源情况和主要生态环境问题及可持续发展对策进行了具体研究。

四、关于三都澳海岸带的研究和探索

对于三都澳海岸带区域资源也已经有了专门的调查研究。20世纪的80

年代，中华大地的改革春风唤醒了宁德市，三都澳也开始孕育伟大的历史变革。从1982年起，胡耀邦、李先念等前党和国家领导人，钱伟长等一批学者先后视察、考察了三都澳，纷纷撰文呼吁，建言献策，推波助澜。1984年，全国著名海洋专家严凯教授实地勘察三都澳后说："这里的港湾条件实在优越，以前没有很好地宣传、开发、利用，十分可惜，现在不能再耽误了。"1985年，国务院体改委副主任童大林视察福建时指出，福建除了福州、厦门港，还有两个最好的港：一个湄洲湾；另一个三都澳——是世界上水最深的港湾。1986年4月，原宁德县在"福建省开发山海资源洽谈会"上，首次提出"开发三都澳可行性研究"的课题，得到福建省，天津市，上海市科委、科协的大力支持，并促成国家交通部、港口界、航海界领导和知名人士组团考察三都澳。在此期间，以"四港"联合委员会秘书长刘成龄为首的上海经济区规划办专家考察三都澳后评价：三都澳，无论是综合和单项的自然条件，在中国甚至在世界都可列为世界一流的天然良港。同年9月，完成《关于城澳码头建设项目建议书》报送地方各级计委和海军基地，海军逐级上报，原海军司令刘华清上将考察城澳后，同意地方在三都澳城澳建设煤码头和中转港。

1988年9月，段昌显撰《军民兼容，双向发展——从三都澳的开发利用探讨沿海港口国防与经济发展的有机结合》一文，发表于中央军委在南京召开的"全军沿海地区发展与国防建设研讨会"，该文阐述三都澳城澳等部分区域开发的重大意义，表达了海军基地支持三都澳部分岸段开发的基本立场。

1988年，由交通部水运规划设计院完成了《三都澳横屿工业区及城澳岸线规划》；省水利设计院完成《城澳淡水引水工程放大镜图》设计；铁四院完成了《福州至三都澳铁路施工图》；交通部将福州至宁德100km二能公路扩建项目列入国家"八五"第一批公路建设重要项目前期计划。

1991年12月，由三都澳港务局完成《城澳开放为外轮海面交货点的可行性报告》，并逐级上报。同年，我国著名的港口和航海学家卢崇光先生发表了《罕见的深水港》一文，指出：21世纪，国际航运经济发展战略将移向深水港域，开发三都澳的意义和作用是难以估量的。在此期间，全国政协委员倪松茂等6个民主党派主委，在全国政协七次会议上提出了《关于建设三都澳城澳岸线深水泊位》的议案。全国人大代表龚一飞、陈增光等32名代表，在全国人大七届三次会议上提出《请国家计委将三都澳列入〈国家"三五"基本建设重点项目前期工作计划〉案》。全国人大常委会副委员长陈丕显、政协副主席钱伟长致函中央领导，建议开放、开发三都澳。江泽民、李鹏、朱榕基、万里、邹家华等党和国家领导人对三都澳的开放开发问题分别作了批示。

1993年9月23日，国务院正式下文批复："同意宁德三都澳城澳港对外开放。目前，先行外轮海面交货，待口岸基础设施和联检机构健全完善后，将正式公布对外开放"。从此，三都澳开发历史掀开了新的一页。

1988年，福建省科委组织开展了海岸带及海岛资源调查；1994年，福建省计划委员会组织编制了三都澳区域规划；2001年开放潮杂志社一文指出开发三都澳建设国际性大港口，复旦大学历史系教授梁民悖就三都澳开埠与闽东北社会经济发展的动力因素展开了研究，亟待开发的深水良港（兰如春，中国水运，1997），东海良港——三都澳开发建设雏议（楚天佑，地理学与国土研究，1993），论东方大港——三都澳开发建设与战略意义（楚天佑，国土与自然资源研究）；2003年宁德市政府组织开展了宁德市中心城市发展战略规划；2003年宁德市旅游局组织开展了宁德市旅游发展总体规划；2003年宁德市港务局组织开展了宁德市港口规划。

第三节 海岸带资源开发的可持续发展理论

一、生态经济学理论

生态经济学的概念是肯尼斯·博尔丁于20世纪60年代末，在《一门科学——生态经济学》论文中首次提出的。20世纪70～80年代，《增长的极限》、《应用经济学——经济分析的技术和结果》、《资源经济学——从经济角度对自然资源和环境政策的探讨》等一批有影响的生态经济学著作标志着生态经济学的形成。

生态经济学是研究生态系统和经济系统相互作用所形成的复合生态经济系统，研究其矛盾运动过程中所发生的各类生态经济问题，从而揭示自然与社会之间内在的本质联系及其运动的发展规律。

生态经济学认为，在任何物质生产活动中，都存在着自然再生产和经济再生产相互制约、相互影响的作用，其中自然再生产是经济再生产的基础和前提条件。两者的本质是质量、能量与信息的转化和流动，人类自身的再生产即人口增长是联系经济再生产和自然再生产的重要环节。一方面作为自然的人要参与自然再生产，另一方面作为社会的人自身的再生产也要通过经济再生产来实现。要实现经济社会的健康发展就要树立科学的资源观、价值观和效益观，全面变革劳动过程，实现对自然界的开发和对自然界补偿的同步增长。运用生态经济学的基本观点来指导生态建设，就是要在一个市的区域范围内建立健全循环经济体系，大力发展生态效益型经济，走可持续发展道路，实现社会效益、经济效益和生态效益的最佳统一。

二、生态承载力理论

生态承载力是指生态系统的自我维持、自我调节能力，资源与环境对社会经济活动强度的支撑能力以及可承载的具有一定生活质量的人口数量。高喜吉博士认为，生态承载力主要取决于生态弹性力、生态资源承载力和生态环境承载力三个方面。生态弹性力是生态可持续承载的支持条件，资源承载力是生态可持续承载的基础条件，而环境承载力是生态可持续承载的约束条件。

关琰珠博士认为，生态承载力是由生态弹性力和生态恢复力两大部分组成的。生态弹性力是指生态系统的可自我维持、自我调节及其抵抗外界和人类活动各种压力与扰动的能力大小。生态系统之所以具有这种弹性力是因为两个方面的因素，一是可再生资源循环不息的再生产，主要包括水资源、土地资源、森林资源、海洋与渔业资源等；二是生态系统本身存在具有消纳环境污染能力的环境容量，主要有水环境容量、大气环境容量和土壤环境容量等。因此，生态弹性力的大小取决于资源承载力和环境承载力的有机高效组合。生态恢复力是指生态环境受到污染或遭到破坏后，人类通过环境综合整治或采取生态保育措施参与生态系统物质循环的能力，使生态系统逐步由生态平衡向生态良性循环方向转换。生态恢复力包括生态抵御力和环境治理力，生态抵御力主要指人类为了恢复和保育生态环境所采取的治理水土流失、治理退化土地和扭亏为提高森林覆盖率等抵御生态退化的能力；环境治理力主要指人类为了改善环境进行环境污染治理的环境综合整治能力，主要包括提高工业废水、废气和固体废物的治理能力，提高城市污水、垃圾的处理能力和提高农业废水、废气和固体废物的治理能力，提高城市污水、垃圾的处理能力和提高农业非点源污染的治理能力等。

目前对不同资源之间的合理配置比例还缺乏深入研究，但在涉及某个具体区域时，资源之间的大体配置比例必须予以考虑，否则会引起一系列生态失衡问题，降低生态承载力。所以无论是对资源承载力的研究，还是对环境承载力的研究，都必须从生态系统的整体角度考虑，注重生态系统的整体效应，否则会产生不良的后果。研究生态承载力的意义就在于衡量一个区域的实际或潜在承载能力大小，判定一个区域的自我维持能力与稳定性大小，以及衡量一个区域的发展方向，这对指导区域资源开发，走经济可持续协调发展道路有着重要意义。

三、可持续发展理论

可持续发展是指发展既要满足当代人的需求，又要不危及后代人满足其需要的能力。也就是说，发展是硬道理，但发展必须以良性生态平衡能力为基础，不能牺牲资源环境求发展，进而影响到人类自身的生存和发展；发展必须是可持续的，同时也是有限度的，当代人的发展不能影响到后代人的发展。三都澳海岸带的资源开发是实施可持续发展战略的具体行动，因此必须用可持续发展理论指导三都澳海岸带区域的经济社会建设，促进社会、经济、资源与环境等全面持续发展。其需要遵循的基本原则包括公平性原则、持续性原则、协调性原则、环境资源价值原则、公众参与原则、生态安全原则、区域性原则和发挥地方环境资源优势原则。

（一）公平性原则

人类社会是人与自然不断和谐发展的历史过程。自从人类产生以来，世世代代都在地球上繁衍生息，平等享用地球所禀赋的自然和人文资源。公平性原则是指前代人的发展不能建立在牺牲后代人利益的基础之上，发展不仅要满足其需求的能力，求得时间维度上代际之间的公平，即代际公平、代内公平和权利公平。其中，代内公平包括国家和地区之间的公平以及不同区域之间的公平。将权利公平与代内公平、代际公平竞争一起作为构成可持续发展原则的主要内容，有利于人类世世代代之间的公平，并能保证世代间的可持续发展。

（二）持续性原则

可持续发展战略是关于全局性的、长远性的，有很强竞争力的决策。持续性原则就是指人类的经济发展活动不能超过资源承载力、环境容量以及生态承载力所允许的范围，实现生态的可持续发展、经济的可持续发展和社会的可持续发展。其中，生态持续发展是基础，经济持续发展是条件，社会持续发展是目的。在生态省的建设中，必须正确运用持续性原则，使生态压力不超过生态承载力，即资源的再生速度大于资源的耗竭速度；环境容量大于污染物排放量；生态抵御能力大于生态破坏能力；环境综合整治能力大于环境污染恶化趋势，促进社会向经济繁荣、社会文明、环境优化、资源持续利用和生态良性循环的方向发展。

（三）协调性原则

可持续发展系统是由自然（资源、环境）与社会（经济、文化等）组成的和谐大系统。协调性原则是指必须协调代内各要素之间的关系，促进人类与自然环境和谐相处、协调发展，使整个系统达到整体功能最优化、效益最大化。从整体来看，代内关系不协调主要表现在资源时空分布不均、贫富差异和区域分化;代际关系不协调主要表现在当代人与后代人在资源利用、环境污染危害、生态破坏等方面的冲突。从目前来看,在三都澳海岸带资源开发利用过程中,必须体现人类与资源环境协调发展的思想,不仅不能出现生态赤字、环境赤字等不协调现象,而且还要不断促进经济、社会与资源环境的快速健康发展,实现经济效益、社会效益和生态效益的最佳统一。

(四)环境资源价值原则

可持续发展思想带来了新的理念:整个环境都可作为资源,阳光、空气、水、土地、矿产等自然资源、环境容量和生态承载能力等,都是有价值的商品。资源价值原则就是指必须树立的资源价值观,重新认识和理解资源价值的重要作用,并通过科学分析和计算,正确反映出它们的真实价值和对国民经济产生的效果。过去由于认识上的不足,国有自然资产被无价或低价使用,生产的外部不经济性使自然资产在数量或质量上下降;自然资产未得到有效配置,造成自然资产的闲置与浪费。为此,急需通过立法变自然资源无偿使用为有偿使用;开展自然资源价格研究,实现自然资源市场化,促进资源的有效配置;建立新的资源价值观念的国民经济核算体系,从宏观上掌握自然资产动态,为科学管理和决策提供依据。

(五)公众参与原则

人类只有一个地球,环境与每个人都息息相关,人人具有享受良好环境的权利和保护环境的义务。公众参与原则是指通过教育和引导,使公众正确认识和运用可持续发展理念,从对环境本能、自发的关注转变为主动、自觉的参与,积极地参与到环境保护与建设中去。只有具有环境意识的公民才能表现出有利于环境的行为倾向和价值取向。虽然我国在有关法律法规中也有公众参与的相关规定,但目前公众参与大多是在发生了与自己切身利益有关的环境污染或生态破坏后才开始的,在对与环境有关的事项,例如重大决策、规划制定,以及开发项目实施之前的参与则相对薄弱。因此,必须下力气加强环境宣传教育,使可持续发展的理念树立于公众的内心深处,使每一个人都能意识到他们的责任和义务,都能自觉地保护资源环境、节约能源、防治环境污染和生态破坏,共同为共创、共建、共享优美环境贡献力量。

(六)生态安全原则

随着社会的发展,生态安全已与国防安全、经济安全、政治安全等成为国家安全的重要组成部分。国家的生态安全原则是指国家生存和发展所需的生态环境处于不受或少受破坏与威胁的状态,国家资源环境的有效管理和合理使用,以及对国家的可持续发展具有良好的支撑和保障能力。生态安全可以说是我国实施可持续发展战略的一个核心问题。我国的人口资源环境压力大，生态环境相对脆弱，如果再不注意保护生态环境，不控制生态恶化的趋势，经济和社会发展必将受到严重制约。生态安全问题不解决，就保证不了社会的安定、稳定，可持续发展也无从谈起。因此，要通过各种方式来保证区域的生态安全，三都澳海岸带开发要把生态安全作为重要的内容之一。

（七）区域性原则

我国疆域辽阔、人口众多、地形复杂多样、资源丰富且分布不均，区域差异性较大。这种复杂多样的自然环境与自然资源状况决定了地方必须在管辖区域的范围内对地方性环境与自然资源的保护管理做出具体规定。区域性原则是指把一个地区的社会经济发展与自然条件有机结合起来，视为一个有机整体，用系统论方法进行全面分析和思考，立足区域特点，利用区位优势，创造比较优势，促进区域经济、社会和生态环境全面持续发展。因此，在生态省建设过程中要考虑全局性、区域性问题，有针对性地制定适合本区域发展的生态省建设地方性环境法规，为地方经济发展创造良好的环境条件。

（八）发挥地方环境资源优势原则

事物之间的差别在于它有不同于其他事物的本质规定性，不同的自然条件就会产生不同的环境资源特点。发挥地方资源优势原则就是指要充分考虑当地环境资源特点，充分发挥当地的环境资源优势，创造优美环境，提高吸引力，将环境资源优势转化为经济优势，提高经济效益，更好地为经济发展服务。因此，在生态省建设过程中要挖掘地方环境资源优势，合理开发利用资源，调整环境资源结构，加强生态环境建设，提高生态效率，促进生态良性循环。

四、资源开发和经济社会可持续协调发展

（一）海岸带经济可持续发展的特征

根据经济可持续发展的基本要求，结合海岸带区域经济的资源与环境特点，海岸带区域经济可持续发展的特点可归纳如下。

1. 持续性

地区经济各子系统的可持续发展是首要特征。历史上一个区域的存亡盛衰，就是区域经济各子系统发展不可持续的结果。区域文明的中断，直接呈现的是社会子系统的非持续性。起决定性作用的是经济子系统的非持续性，最根本的是生态子系统的非持续性。反过来，区域经济发展的可持续性特点，首先取决于生态子系统的可持续性，接下来才是经济子系统和社会子系统的可持续性。可持续性不等于没有变化，相反，可持续性必须经过有益

的变化才能实现。

生态子系统的可持续性包括物种生命的延续与进化，有的需要转型，从野生转为人工养殖，包括环境的演变能保持其应有的生态功能。环境在时间上是连续的，在其演变中要以生态功能来衡量其质量，当代环境的质量优劣必定影响到下一代环境的质量。优良的环境是当代人留给后代人的最宝贵的遗产，恶劣的环境是当代人留给后代人的沉重负担。

经济子系统的可持续性是在自然生态不恶化的基础上，依靠自然资源的基础作用，通过生产力的持续发展，通过经济关系与制度性资源的积累，使经济增长得以持续进行，社会的物质力量得以逐年增加。

社会子系统的可持续性是在消除重大的社会动乱基础上，使社会文明有序地发展演进，人们的生活方式适应生态经济效益的要求，人口再生产与自然生态和经济发展的客观要求相一致，人们在体力与智力上都不断改进，一切有用的历史文化遗产都能得到保存与发扬。

2. 协调性

区域经济的协调发展正是区域经济可持续发展的题中之义。区域系统中生态、经济、社会三个子系统在结构、功能上相协调，方可实现区域经济的可持续发展。在结构上，自然结构与经济结构，主要是与产业结构相适应，有助于自然结构的稳定、演进与完善。经济结构与社会结构主要与人口智力结构相适应，并促进产业结构得以不断升级。社会结构适应生态环境得到维护的要求，人们的生活方式与意识形态都体现人与自然的和谐。在功能上，自然生态以其稳定、消除灾害而有利于经济社会的发展，使社会环境、物质财富和良好的自然环境呈现共同演进的趋势。

3. 整体性

地区经济的可持续发展是一个不可分割的整体运动。一个可持续发展的进展，同时有着各方面的改进与进步；而可持续发展受阻的问题，背后都有着各种牵连。当经济行为与生态环境不相符合时，其原因可以从居民的生活需要、生产力水平、思想观念、经济体制、智力、素质、社会状况等一系列环节来寻找，解决这个问题也不是从一方面着手，而是要综合治理。一般来说，为使区域经济可持续发展，我们尽量从多方面努力，但很难在所有的地方同时下功夫，这就使得可持续发展经常呈现事倍功半、进三退二的曲折过程。区域经济的可持续发展要受到人的知识、精力、社会组织性等种种因素的制约，只有当这些条件都实现的时候，其成效才会更为显著。

4. 开放性

这个特点表明区域经济系统在多层次的相互交换物质、能量和信息中获得可持续发展的能力。封闭条件下人与自然的结合总是低水平的，人的社会经济活动规模的增大造成对自然的消耗与损害不断加深，人需要有"反哺"自然界的活动。增大摄取量与增加反哺量是一对矛盾，解决这一矛盾与人自身的能力和生产生活方式密不可分。增强人的能力和改进生产生活方式都离不开开放，即与区域的外界交换物质、能量和信息。在开放中，包括自然资源在内的各种资源才能得到调剂、优化组合，适应生态可持续性的产业结构才能得以建立，更重要的是当地居民的可持续发展意识与本区域社会的可持续发展的智力才能够产生和发展起来。

5. 梯级性

这个特点表明区域经济可持续发展的动态性。鉴于当代社会经济尚未摆脱非持续发展的趋势，在走向区域经济可持续发展的进程中，必然分为不同的阶段，从而使迈向区域经济可持续发展的过程呈现若干梯级。

(1)处在未能持续发展的阶梯上，社会经济面临着生态环境恶劣的状态，经济系统内仍采取粗放式增长，或者是资源浪费型的区域经济。如果是贫困地区，则存在着贫困与破坏生态环境相互促进的恶性循环关系；如果是较富裕的地区，则是由于以往不注意可持续发展而耗竭了资源的老本。由生态失衡大规模、大面积影响经济发展的事情已经发生，潜在的危机正或快或慢地转为表面的危机。人们已经意识到这些问题，并将区域经济的可持续发展提到了日程上，然而要遏制非持续发展的趋势颇不容易。

(2)处在可持续发展的徘徊阶梯上，社会力争由限制持续发展的因素来推进可持续发展。现在的社会经济实力与机制，都只能对区域经济发展的局部环节进行调整，还未能从根本上对整体进行系统调整，资源利用仍不尽合理，边污染边治理的情况普遍存在。但是社会积累了改善生态环境的经济与手段，经济社会发展与生态环境改进的互动关系开始形成。贫困地区从经济、社会、生态三个子系统的协调发展中开辟了脱贫致富的新路，较富裕的地区也扭转了靠消耗资源老本来取得经济增长的旧局面。但是，对于历史上遗留下来的生态环境旧帐，影响可持续发展的深层次问题仍是不可忽视的威胁(不排除由于区域内外的影响，在一段时期有倒退的情况发生)。

(3)处在可持续发展的强劲阶梯上，社会已经能够对妨碍可持续发展的因素进行全面限制，较大规模地建立、产生和发展直接增加生态资源、化解破坏可持续发展因素的事业与产业，开始对本区域进行全局性的、方向性的调整。当资源利用基本合理、环境污染受到控制，可持续发展会成为强劲的势头。然而，可以预料，对于区域经济可持续发展来说，很可能旧的问题解决了，新的问题又产生，要达到理想的包括生态文明在内的高度的社会经济文明，还需要不懈的、持久的努力。

(二) 经济可持续协调发展

为了实现区域经济的可持续发展，人们需要创造相应的条件。这些条件可以概括为三大系统相互起良性作用，三类资本相互增值，三种可持续性相互适应，三套目标相互配合。

1. 生态、社会、经济三大系统相互起良性作用

地区经济系统的可持续发展必须从生态、社会、经济这三个子系统组成的复合系统来认识，三个子系统相互作用、相互依赖的客观联系是不以人的意志为转移的。总的来看，经济子系统是主导，它的状况与人们所期望的社会生活发展目标最直接相关，其状况由区域内的生产力水平、产业系统与经济规则来体现；社会子系统是条件，它决定着区域内经济主体的结构、数量、质量以及发挥作用的直接条件，即制度、组织效能、管理水平与精神条件；生态子系统是基础，它决定着区域内经济社会的运行是否有良好的资源条件、自然环境与人工环境。这三大子系统要能够起良性作用，就应当做到：(1)经济子系统必须能够确立科学合理的社会生活发展目标，经济活动不给生态环境造成超负荷，并通过高效率的投入产出不断积累财力，为培育区域可持续发展能力提供雄厚的物质力量。(2)社会子系统必须能够提高区域内的劳动力再生产质量。为区域提供越来越多的人力资源，社会环境表现为有安居乐业的社会生活，劳动者能发挥最大的积极性、创造性，留得住本区域的人才，并能吸引区域外部的人才来此地。通过人的智慧与主观能动性，创造出区域经济可持续发展的制度条件。(3)生态子系统必须体现自然再生产顺利进行，区域内自然环境不是趋于恶化而是保持稳定或者趋于改善，人工环境在适应经济发展需要的前提下不断扩大和取代自然环境，但并不失去应当保留的自然生态功能，于是承载经济社会发展的自然基础能够得以不断增强。

2. 生态、人力、物质三类资本相互增值

我们把存在于区域经济系统中一切有利于经济发展的具体要素分为生态资源、社会资源、经济资源三类。在市场经济体制下，要获取这些资源并运用于宏观或微观的发展项目中，是要付出代价并且要有取得回报的预期。因此，我们在分析可持续发展的运动时，将进一步从资源的观点进入资本的观点，对可能无偿供给、不考虑回报的资源存而不论。这样，就需要将原有的三类资源具体化为生态资本、人力资本与物质资本。

区域经济的可持续发展要求三类资本都有所增值，其必要性不言而喻。然而，这当中有复杂的关系。除了短时期的特殊情况外(比如人们忍饥受冻来发展教育)，物质资本与人力资本的增值呈正相关，而现代经济增长已经昭示不仅要有物质资本的投入，更重要的是要有人力资本的支持。但是，生态资本的增值却往往游离于经济增长视野之外，物质资本的增值的自然后果是生态资源的减少，这是生态资源不断地转化为经济资源的结果，客观上

要求生态资本增大来与经济增长相适应。然而，生态资本不是货币，长期对生态资源的补偿不足将导致生态资本没有增加的实际可能。这种前景导致区域经济发展的不可持续。对付这个前景的基本途径，就是将越来越多的物质资本增加到经济活动中去，使生态资本得以在经济发展中增值，物质资本的自我增值要受到限制。为此，在一段时期，特别是在生态资源已经被严重耗竭的情况下，为了生态资本的增值，物质资本的增值程度要减缓。但是，从长期来看，物质资本只能在与生态资本共同增值的过程中推进区域的发展。正确处理两类资本的相互促进，需要智慧与理性行动，这要由人力资本的增值来解决。

3. 生态、社会、经济三种可持续性相互适应

在区域经济系统内，生态可持续性表明一个区域的生态系统内部生命与环境之间的持续转化的再生能力，即自然生态过程永续的生产能力和持久的变换能力，由此而保持资源与环境的再生能力。这些再生能力都不是游离于人的经济社会活动之外的。简单来说，区域内的农业（广义）已经加入，甚至成为主要的生命与环境之间持续转化的过程，农业本身的生态性能极大地影响着这种持续转化的再生能力。

综上所述，生态可持续性是否可能，与区域内的经济活动密切相关。在小规模、低水平的经济活动中，区域生态系统受到经济活动的干扰破坏不大。社会发展要求有经济可持续性，即长期保持有效的经济增长，使区域经济系统保持其产出水平大于或等于历史平均值的能力。社会生产力本身具有经济增长的能力，经济规模自然趋向于增大，只是经济增长最终要受到生态系统的制约。为此，在保持生态可持续性的基础上，实现经济可持续性，才能顺应社会发展的需要。而为了不使经济活动的规模增大有损生态系统，就必须提高经济活动的品质，使之一方面有利于生命与环境之间的持续转化（如发展生态农业），另一方面减少对区域内有机生命的负面影响（如发展生态工业），并且将越来越多的经济成果用于改进环境生态系统的经济活动。这里，经济可持续性对于生态可持续性的反作用非常明显。经济增长成果丰硕将可以提供更多的物质力量来改进生态系统，而在经济活动水平低下的状态中，人们为满足物质需求往往不再顾及生态环境。

上述所分析的生态可持续性与经济可持续性的相互适应，离不开社会因素，需要有社会可持续性作为动力与保证。社会可持续性表明社会因素在人的再生产、相互关系与主观需求方面所具有的可持续发展能力。当人们有正当的物质生活与精神生活需求时，才可以尽量减少畸形的经济社会活动来减轻对生态系统的负面作用；当人的再生产能够增加人力资本时，区域经济系统内的各种问题才有可能有效解决；当区域内的社会生活建立在

比较合理的相互关系基础上时，经济社会活动才能正常开展。总之，生态、社会、经济三种可持续性的相互适应正是它们都能存在的条件。

4. 生态建设、经济建设与社会发展三大目标相互配合

一个区域的社会经济发展通常以当地政府的经济社会发展战略规划来加以引导，而目标体系是发展战略规划的重要组成部分。多年来发展目标体系由经济发展目标扩展到社会发展目标，再扩展到生态建设目标。反映经济发展的目标有国民生产总值增长率、人均国民收入增长率、财政收入增长率、各部门的经济增长率、社会商品销售总额增长率、若干重要产品要达到的数量以及一些反映科技水平的指标。社会发展目标有每万人中的大中小学在校生人数、每万人中的医生人数、人口文化结构、出生率、婴儿死亡率、人均寿命、人均住房面积以及一些反映社会治安的指标。反映生态建设的目标有森林覆盖率及其变动、淡水蕴藏量及其变动、空气污染指数、水土保持项目、城市人均绿地面积等。上述指标的具体设定是在计划工作中解决的，但在指导思想上应当认定，生态建设的目标体系是为着逐步实现生态文明的远大目标，经济发展的目标体系是为着逐步实现物质文明的远大目标，社会发展的目标体系是为着逐步实现包括精神文明在内的高度的社会文明的远大目标。必须结合区情，对生态文明、物质文明、精神文明等远景蓝图有正确的设想，使区域经济社会发展目标建立在科学、全面的基础上。

同时，各类指标体系之间的相互关系要正确处理好。在投入人财物力、进行资源配置时要分清轻重缓急。处理它们相互关系的原则要点大体有四个。(1)一般来说，部分经济发展目标是首先要考虑的。解决区域内人民基本生活需要、奠定经济发展的产业基础，是解决其他问题的物质基础。(2)生态建设目标可能是双重的。对于部分生态环境问题严重、解决它们已经迫在眉睫的地区，必须将其列为首要建设目标，否则经济建设就无法进行下去。部分生态建设目标带有长远性，要在长时期努力之后方能实现，不能急于求成，但是要从当前就开始努力。(3)社会发展目标总体上依靠经济发展目标的实现而推进。但是，不排除特殊的社会问题要率先解决(如计划生育)，有的问题虽然依赖物质基础，但越是超前发展，对于经济发展越是有利。教育事业就是这样，在经济力量不足的条件下发展教育，才能充分发挥人的主观能动性。(4)许多不同类目标是相互促进的，可以一举几得，共同提高。这样的目标应当尽量列入发展规划，以加强各项文明建设的配套性。

第四节 海岸带资源开发的区域经济理论

一、地域生产综合体理论

地域生产综合体是依循区域产业结构关联和区际分工协作的基本思想,由苏联地理学家巴朗斯基、科洛索夫斯基等率先提出的。它是指在一定区域范围内,根据国民经济发展的需要和地区资源的特点,围绕若干个具有区际意义的专业化部门(或企业),发展与其配套协作(直接或间接的)或有其他技术、经济联系的工业部门以及必要的区域性公用工程,共同组成一个密不可分的生产有机体,各部门间相互依存、相互促进,以实现对地区资源的最大可能的开发和最大效益的综合利用。地域生产综合体这一区域经济组织形式,在以苏联为首的社会主义公有制计划经济体制的社会主义国家经济计划和区域规划实践中得到了普遍的应用。以苏联为例,从20世纪30年代开始组建的第一个乌拉尔—库兹巴斯综合体起,迄今已在西伯利亚和远东地区先后建立了煤炭、冶金、油气、木材、动力等各类综合体20余个,取得了较为明显的效果。美国在20世纪30年代进行的田纳西流域综合开发与治理工程(TVA),就是通过对流域地区的综合规划开发,以水力、电力为中心,协调布置了航运、灌溉、旅游、农林业及大量延伸产业,创造了大量的就业机会,促进了地区经济的飞速发展,同时也使流域环境得到了极大改善。

西方工业综合体理论的集大成者是美国著名区域学者艾萨德(W. Isard)。他在1959年出版的《工业综合体分析与区域发展》一书中,明确提出工业生产综合体是布局于一定区域的一组工业活动,它们属于同一个企业集团,该集团因技术、生产、市场和其他联系而给每项工业活动都带来相当程度的利益。艾萨德选择了一个矿产资源、土地资源和资本资源十分贫乏,而仅有一定的廉价缝纫劳动力优势的岛国波多黎各为例,通过大量的比较成本分析,最终提出了著名的波多黎各工业综合体方案:利用委内瑞拉石油(最接近的资源)生产化肥(替代从墨西哥大量进口化肥),生产合成纤维及其他同类产品(充分发挥廉价缝纫劳动力优势),而在大西洋东海岸市场出售产品(发挥优于除美国本土以外的其他廉价劳动力地区的免税优势)。艾萨德的工业综合体理论涉及区域生产企业、商业市场、运输方式、社会政策和环境生态各个方面，与产生于苏联的计划经济条件下的社会主义国家地域生产综合体理论相得益彰，共同构成现代区域规划基础理论体系的重要组成部分。地域生产综合体理论认为任何一个区域的效益化发展，都表现为地区生产的专业化与综合化的有机结合，即以区域经济分工协作的专业化方向为基础，依托产业结构的关联形成地域高效益的生产综合体，并通过区际间的交流和竞争，提高整个区域经济的不断发展。

二、产业空间布局的区位理论

区位理论是研究人类社会不同经济活动空间布局规律的一系列理论的统称。依据不同的研究客体，各种区位理论可划分为农业区位理论、工业区位理论和商业服务业区位理论三大类，下面着重介绍与海岸带开发相关的克里斯泰勒(W. Christaller)的中心地理论和廖施(A. Losch)的市场区位论理论。

(一)市场区位学派

市场区位学派的工业区位理论认为，最低成本学派理论的重大缺陷建立于“销售问题已经解决”，即在产品价格固定、需求无限的前提下，没有考虑到消费需求因素对工业区位的基本影响，而在现实的世界中，企业都无法忽视竞争者的市场分割，并推行一种控制最大可能市场区的配置策略。因此，寻求能产生最大利润的市场区位才是工业区理论最根本的问题。

早在1878年，夏佛尔(A. B. F. Schaffle)就提出了一种预期两个中心市场(或城镇)之间的市场区划分的断裂点(break point)模式；其后，费特(F. A. Fetter)在1924年明确了市场区扩大和企业间的密切关系，并分析了在不同生产成本和运输费用组合情形下市场的边界。

最为系统的市场区位理论是奥古斯特廖施(A. Losch)发表的著作《经济的空间分布》。廖施的理论承认生产费用的重要性，但他对排除集聚和运输外的生产费用的空间差异进行了必要的简略，并在最大利润和最大数目的生产者的目标条件下，设计了多企业相互竞争、总体均衡、可求解的区位方程，并得出了生产最佳配置点是一系列分离点的前提结论。其次，廖施理论提出了单个企业产品市场区的概念，并认为市场需求和销售价格(可简略为与运输成本正相关)存在着反比速减的需求曲线和需求圆锥体。再次，廖施理论进一步推导了多个市场区相互作用形成六边形市场网的最有效形态，并对人口连续分布和非连续分布的不同情形进行了量化分析，提出不同产品具有不同规模的市场网。最后，廖施理论将不同市场网相互叠合，使其至少具有一个共同点(往往成为大城市)，并旋转错合，形成六个生产点较为集聚和六个生产点较为分散的扇面，从而推导出一个以大城市为中心，市场区和生产点竞争配置的区域空间经济网络。

继廖施理论之后，市场区位学派理论仍有进一步的修正和发展。1958年罗斯特朗(E. R. Ronstron)提出，企业的区位选择很少有确切知道其所在点成本最低或利润最大的，大多数只知道在哪些地区可以赢利，而在另一些地区将产生亏损，因此区位选择更切合实际的方法多是根据产品的成本结构来识别由盈变亏或由亏变盈的边际地带，这称为赢利边际理论。其后，史密斯(D. M. Smith)建立的空间成本曲线进一步清晰了盈亏变化的区域和质变点的识别。针对廖施认为产品市场被各企业占领之后新企业再难出现的理论，又有学者提出了在企业自由进出区域情形下新企业进入老企业的市场区并获得最大利润的自由开放理论，认为新企业的布点区在距市场边界的1/3处，并以老企业的销售价格出售产品其利润最大。

(二)中心地理论

商业服务区位理论的发展和市场区位学派的工业区位理论是密不可分的，但在研究的出发点上两者存在着本质的差别。正如杜能理论和韦伯理论分别占据着农业和工业区位理论的中心一样，商业服务业区位理论领域也存在着一个中心理论，即由德国地理学家克里斯塔勒(W. Christall)提出的中心地理论(Central Place Theory)。克里斯塔勒在研究了德国南部的聚落分布后，于1933年在他的《德国南部的中心地》一书中首次发表了这一理论。克氏的中心地概念，是指相对于一个区域而言的中心点，而这一中心点的基本功能是向区域内各点提供具有中心功能的商品和服务，如零售、批发、金融、行政、管理、专业服务和文化娱乐等，因而也往往表现为区域内的中心城市或聚落。

克氏的中心地理论继承了杜能和韦伯研究理论基本的“孤立国”式封闭均质区域假设，首先界定了中心地、中心地功能和中心度的概念，提出了不同等级其中心度划分的基本依据；其次，该理论分析不同商品和服务由中心地维持供应在空间上的销售范围(最大距离)和市场规模上的需求门槛(最低阈值)，建立了销售利润与需求门槛和销售范围的盈亏关系，并推导出六边形销售服务区的经济合理性；再次，该理论认为不同等级的中心地可按三种不同的功能控制关系(市场原则、交通原则和行政原则)构成不同的等级数量体系(分别为K3、K4和K7系统)，在空间分布上也具有不同的结构形态。

由于中心地理论的基本内容是将商业服务业的布局区位和中心城镇聚落地分布有机地加以统一考察，并最终推导出一定区域内中心地(或城市)职能等级、数量和空间分布的系统理论，因此也被称之为聚落区位论或城市区位论，并成为其后广泛开展的区域规划、城市规划中的城镇体系布局规划的极具影响力的基础理论之一。

克里斯塔勒的理论在20世纪五六十年代曾引起大批城市地理学者的实验修正和进一步完善。在中心地的等级衡量方面，美国地理学家贝里(B. Berry)通过大量的实验研究，在1964年发表了《城市作为城市系统内的系统》一文，把城市人口规模和中心地等级联系起来，大大地提高了克氏理论在城市系统研究中的应用价值。斯坦恩(J. H. Stine)和施坚雅(G. W. Skinner)1964年在对朝鲜和中国成都平原的实证研究基础上，提出了农村墟场这一周期性中心地的概念，提高了中心地理论在农业地区的应用意义。在中心地腹地的非均质方面，邦吉(W. Burge)在1966年提出了一个转换处理的方式，即"以人口密度而非单纯地域面积进行标准化处理后中心地理论仍将有效"。万斯(J. Vance)研究了大西洋沿岸城市的商业历史，在1970年提出了中心地腹地与中心地的可分离模式，即这些城市的腹地不在本地，而在大洋对岸，但其发生发展的格局仍符合中心地理论的基本格局。万斯的这一模式广泛地适用于现代外贸性城市发展，从而将中心地理论的适用范围从封闭的自然经济区域扩展到开放的商品经济区域。

(三)空间集聚理论

各种经济活动的空间集聚现象，在早期区位论学者的研究中就已涉及，如韦伯的工业区位理论就将集聚因素作为重要的区位因子之一。但现代经济活动的空间集聚，无论其发生规模还是影响意义已远远超过早期一般性的地理集中概念，并成为影响现代区域空间结构形成的先导性因素。现代区域理论认为，区域现代经济活动的空间集聚的发生，是由于集聚经济在现代技术和社会经济条件下能产生巨大的效益。集聚能促进生产更细的分工和更高的专业文化程度，从而带来更高的劳动生产率和生产成本的大幅度降低。这有利于减少关联产品间长距离的运输、转移和信息费用，从而降低运输的成本；有利于形成一个高效益运行的基础设施和公共服务网络，特别是现代社会经济发展所需的金融、保险、信息、咨询业的发达，从而形成巨大的外部经济效益；有利于形成一个发达的劳动力培训和供应市场；有利于劳动力的流动和专门技术人才的脱颖而出。集聚能产生巨大的现实市场和潜在市场，更有利于产品的更新和新技术的革新。正是因为集聚经济在生产成本、协作成本、外部经济、劳动力供应、市场扩大和有利于创新这一系列方面改造的空前效益，许多学者认为，只有采用这种规模集聚的区域空间结构形式，才能有效地组织高效率的社会化大生产和满足现代化、社会化的城市生活要求。

三、区域发展的空间组织与增长极核理论

(一)区域发展的空间组织理论

区域发展的空间组织方式,是一切区域理论或区域研究所无法回避的政策归属。虽然早期的区域分工协作理论、生产综合体理论和产业区位理论都提出了各自鲜明的政策主张,但其在总体上都是一种相对均衡的空间组织思路。现代经济社会活动空间集聚的迅猛发展,特别是近几十年来区域相互作用的密切和空间扩散作用的加强,在区域发展的空间组织理论上开始出现了非均衡的增长极核发展思路。如美国学者威廉逊(J. Willianson)利用了24个国家的数据进行分析,提出了区域经济增长与区域均衡发展之间存在着明显的倒"U"字型相关的观点。这一观点的主要内容是:在区域经济发展的前期,由于经济资源向少数空间发生集聚性运动,区际差别由小变大,但整体经济仍可获得较高的增长速度;但当整个经济达到高度发展阶段,过度的集聚规模将产生一系列新的问题,这时再要求得到较高的发展速度,就必须调整区域经济空间结构,即向外围地区推进,其结果是新的经济区出现和区际差别逐渐缩小。因此威廉逊认为,区域发展的空间组织如果要以发展速度为目标,就必须形成区域的非均衡发展;反之如果以区域均衡发展为目标,就会影响整体的经济增长速度。这一著名的区域增长与经济发展的倒"U"字形相关规律,实际上反映了现代区域发展理论界的普遍共识,即通过有效地组织产业部门间及地理空间上的不平衡发展可促使整个区域经济的快速发展,因而实践上也受到了区域规划工作者和决策者的普遍重视。

(二)增长极核理论

增长极核理论是各现代区域发展组织理论中理论解释较为完备、实际运用十分广泛的最具代表性的理论,这一理论首先由法国经济学者弗朗索瓦佩鲁(F. Perroux)于20世纪50年代提出,后经赫希曼(A. O. Hirschman)、鲍得威尔(J. Boudeville)、汉森(M. Hanson)等美、英学者进一步发展和扩充成熟起来。

佩鲁在对经济发展过程的观察研究中,对经济空间进行了分析并作了分类,他认为存在着三种类型的经济空间,即由计划规定的经济空间、作为力的作用范围的经济空间和作为同质内容之集合的经济空间。尤其是作为"受力场的经济空间"是由若干中心(或极核、焦点)所组成,各种向心力或离心力则分别指向或背离这些中心。每个中心的吸引力和排斥力都拥有一定的场,它们与其他中心的场相互交汇。这些空间即是增长极的出发点。佩鲁认为,经济增长不是在每个地区以同样的速度进行,相反,在一定的时期,

增长的势头往往集中在某些主导经济部门和有创新能力的行业，而这些部门和行业由于追求外部经济效果，往往集中在区位较好的地点，通常是地区的大中城市，这些城市就成为地区经济增长极核。同时，这些极核对周围地区又有一种辐射扩散效应，凭借这种效应，增长极核即在主导部门和创新行业周围集聚了日益增多的相关部门、延伸产业和辅助性厂商，以及提供社会服务的大量第三产业，起到了生产中心和市场枢纽作用，又将这种增长和发展的势头通过技术组织、生产要素、市场、信息等渠道向周围地区扩散，从而带动所影响地区的经济发展。

佩鲁认为，增长极核是否存在，首先决定于有无发动型工业，即所谓能带动城市和区域经济发展的主导经济部门和有创新能力的行业。佩氏认为，这种发动型工业应该是产品增长率特别高，与其他产业关系特别密切，产品市场需求弹性高且增值效果好，具有高度的空间集中倾向的工业部门。一组发动型工业聚集在某一地点，随着其生产的发展和规模的扩大，将吸引关联工业的发展和集中，推动经济的极化(polarzation)和扩散(spread)过程，从而形成获得最高的经济效益和较快的经济发展的增长极核效应。

赫希曼对佩鲁增长极核理论的发展，是将空间组织概念引入到增长极核中，将佩鲁含糊地提到的空间集聚加以深化和阐述。赫希曼指出，从地理的角度看，增长必然是不平衡的，不会同时出现在每一地区，而一旦经济发展在某一地区产生了发动型工业或主导工业(master industy)时，该地区就必然产生一种强大的力量使经济发展进一步集中到该地区，成为增长的极核地区(core region)。赫希曼认为，增长极核理论可作为一种政策工具的基本依据在于以下二点：其　是由于集聚经济的存在使增长极核地区自身成为一种高效的发展地区；其二是在增长极核的自身投资中公共开支方面的费用小于大范围的全面补助性开支；其三是增长极核的“淋下效应”(即扩散效应)有助于根本上解决周围落后地区的发展动力问题。其他一些学者对这一理论的发展还包括对发展型的增长极核和调整型的增长极核的区分，对增长极核和增长中心的区分等。一般认为增长中心主要是从经济集聚的外部效应出发，不涉及企业类型的选择，强调创造出吸引工业布局的基础设施和发展氛围，偏重于增长中心自身的发展，而不涉及其扩散效应。由于实际上增长极核理论包括了区域理论的很多分支理论和有关的分析工具，如经济基础理论、空间集聚理论、供给面理论、革新与扩散理论、产业关联与复合体分析、空间传递分析等，因此不少学者认为，此理论是一般区域发展空间组织理论的基础，很有潜力发展成为一个完备的总理论。

作为一种政策工具，增长极核理论已先后在法国、英国、意大利、巴西等国的区域规划中得到了广泛的应用。根据这一理论而设计出的区域增长极核模式，著名的有巴黎大都市地区规划的平衡式极核、英格兰东北部和苏格兰中部的增长极核、意大利南部区的巴厘—塔兰托—布林迪西增长综合体、巴西内陆地区的巴西利亚极核等。实践推行的结果，既有成功的榜样，也不乏失败的例子。分析其经验教训，成功的因素主要包括预先有周详的计划和决心，增长极核本身地理条件优越和基础设施条件齐备，对临近地区成功地进行了前向联系和后向联系的政策设计等。值得指出的是：增长极核理论也被我国区域经济计划和生产力布局部门所接受，在全国和各省区经济空间组织的梯度推移、轴线开发和点轴开发等三种模式中，以增长极核理论为基础的点轴开发模式得到了尤为广泛的推行。开发三都澳海岸带区域同样需要培育区域的中心城市和成体系的城镇群，以带动海岸带区域的经济发展。

第二章　三都澳海岸带区域资源环境评价

第一节　宁德市自然地理概况

一、行政沿革

宁德，俗称闽东，先秦时期为闽越族驻地，晋太康 3 年(282 年)置温麻县，唐武德 6 年(623 年)置长溪县，元至元 23 年(1268 年)升为福宁州，清雍正 12 年(1734 年)升为福宁府，1913 年废府属东路道(1914 年改为闽海道)，民国时期先后设第二、第一、第八行政督查区。1949 年 9 月设立第三行政督察专员公署，专署驻福安，1950 年改称福安专区，1970 年行政公署迁住宁德，1971 年 6 月改称宁德地区。1999 年 11 月 14 日撤地设市，成立宁德市人民政府。

二、位置

宁德市位于福建省东北部，地处东经 118°32′～120°44′，北纬 26°18′～27°40′之间，东临东海，南接福州，西连南平，北与浙江省温州市接壤。

三、地形

全市土地面积约 13452 平方千米，其中以山地、丘陵为主，沿海有面积不大的海积、冲积平原。地势西北部高，东南部低，中部隆起，大致呈“门”型的梯状地势。

四、海域

宁德市海阔港深。海岸线长约878km,居全省各设区市之首;海域面积约4.46万平方千米,海滩涂面积约9.43万公顷,可供作业的海域面积是境内陆地面积的3.3倍。区域内有岛、礁、沙、滩、岬角、水道、河口共1215个,大小港湾29个,其中三都澳深水岸线长度居全省港口之首。

五、河流

宁德市境内河流多呈西北—东南走向,形成独流诸河,较大的河流24条,有交溪、霍童溪两条水系和古田溪、霍口溪、赤溪等河流。水力资源理论蕴藏量为191.2kW,其中可开发量185.5kW。

六、矿藏

宁德市非金属矿比较丰富,金属矿次之,能源矿产贫乏。已发现矿产77种,已探明一定储量的有33种,主要矿种有银、锌、钨、钼、铜、高岭土、叶腊石、伊利石、钾长岩、饰面用花岗石等。矿产地138处,其中中型以上规模矿17个。

七、气候

宁德地处东南沿海,属中亚热带海洋性季风气候。具有山地气候、盆谷地气候等多种特点,春夏雨热同期、秋冬光温互利,光能充足、热量丰富、雨水充沛、四季分明,海洋性季见气候显著,沿海和内陆气温悬殊,气候类型呈多样性,灾害性气候。2002年,平均气温15.5℃～20.2℃,平均降水量226～1416mm,年日照时数820～1423h。

八、环境质量

市区大气环境质量控制在优良等级,其中二氧化氮达到环境空气质量一级标准,可吸入颗粒达到二级标准。水环境保持良好,交溪各监测断面积100%达到地表水环境质量Ⅱ类标准,霍童溪和古田溪各断面水质量100%达到Ⅲ类标准以上。饮用水源水质达标率100%,污染物排放总量控制在省下达的计划指标内。

九、民族语言

闽东是个多民族聚居的地方,除汉族外,有畲、回、壮等28个少数民族,其中畲族人口占92.5%,是全国畲族人口最为集中的地区。闽东各地方言均属以福州话为代表的闽东方言系统。

十、特产

宁德市素有“天然鱼仓”之称，海域有水产资源600多种，其中鱼类500多种，虾类、蟹类60多种，贝类70多种，藻类10多种。其中较多为珍贵的如官井洋大黄鱼、东吾洋对虾、二都蚶、沙塘剑蛏、沙江牡蛎等闻名海内外。闽东是中国重点产茶区之一，也是中国产量最多、品种最全的重要食用菌产地。水果种类繁多，盛产四季柚、油柰、板栗、芙蓉李、水蜜桃和龙眼等。工业有电机、石板材、船舶修造等。

十一、旅游

宁德市群山环抱，面向大海，山川俊秀，海域辽阔，岛屿星列，特产丰盛，融“山、海、川、岛”为一体的旅游资源十分丰富。环境内有被誉为“海上仙都”的福鼎太姥山、全国独有的屏南鸳鸯溪两个国家重点风景名胜区，被明永尔乐赐为“天下第一山”的宁德支提山、华东仅有的周宁九龙漈瀑布群、柘荣东狮山三处省级风景名胜区，以及日本空海大师入唐求法登陆地霞浦赤岸、弛名东南亚与妈祖庙同享盛誉的古田临水宫、天然良港三都澳等著名景区。

第二节　自然环境评价

一、地质地貌

（一）宁德市地质地貌

1. 地质

宁德市属于浙、闽、粤中生代火山岩带的一部分。区内地层发育不全，从老到新有前震旦纪变质岩、晚侏罗纪火山岩、早白垩纪火山碎屑沉积岩及新生代第四纪松散沉积岩等。其中晚侏罗纪至早白垩纪的中酸性火山岩分布最广，约占全区面积的四分之三。区内岩浆侵入活动频繁，燕山期侵入岩遍布全区各县市。其次是燕山早期，主要表现中性—中酸性花岗岩。

地质构造上，该区域位于宁德市火山断拗带之北东段，属于宁德市新华夏系沉降代的一部分，可分为屏南—梅林断陷带、周宁—华安断隆带、福鼎—云霄断陷带，呈北北东(NNE)向展布的三个构造单元。福安—南靖北东向断裂带是纵贯宁德市规模最大的断裂构造，它与另外六条断裂带相互切交复合，构成了该地区构造的整体骨架。本区域山脉走向、水系发育、岩浆活动与矿产分布等均受上述构造线控制。该地区历史上未发生过强烈地震。

2. 地貌

宁德市地形以山地丘陵为主，间以山间河谷与滨海平原，山地丘陵面积占土地总面积的91%左右，而谷地平原仅占约9%。太姥山脉、鹫峰山脉以白马河为界，斜贯宁德市西北部和中部，整个地势由西北向东南下降，差异明显。西北部众峰耸峙，悬崖陡峭，地表深切，沟壑幽深；中南部峰峦叠嶂，地表破碎，河流发育，山间盆地错落；东南部丘陵起伏，水系纵横，滨海平原及港澳滩涂展布。

本市地貌可分为山区地貌和海岸地貌两大类。山区地貌主要类型有中山、低山、丘陵及洪冲积平原等，境内海拔千米以上的山峰有886座。寿宁三羊尖（海拔1649m）为本市最高峰。海岸地貌主要类型为滨海平原、海岸、滩涂、港湾、水域、岛屿等；海岸线曲折漫长，曲折率达1∶9.4，为福建省之最，属峡湾型山地基岩海岸；也是个典型的潮汐叉道海湾，海底地貌以侵蚀为主，主要类型有潮汐通道、冲刷槽、深潭、潮汐沙脊、沙坝和水下浅滩。

宁德市地形特征见图3。

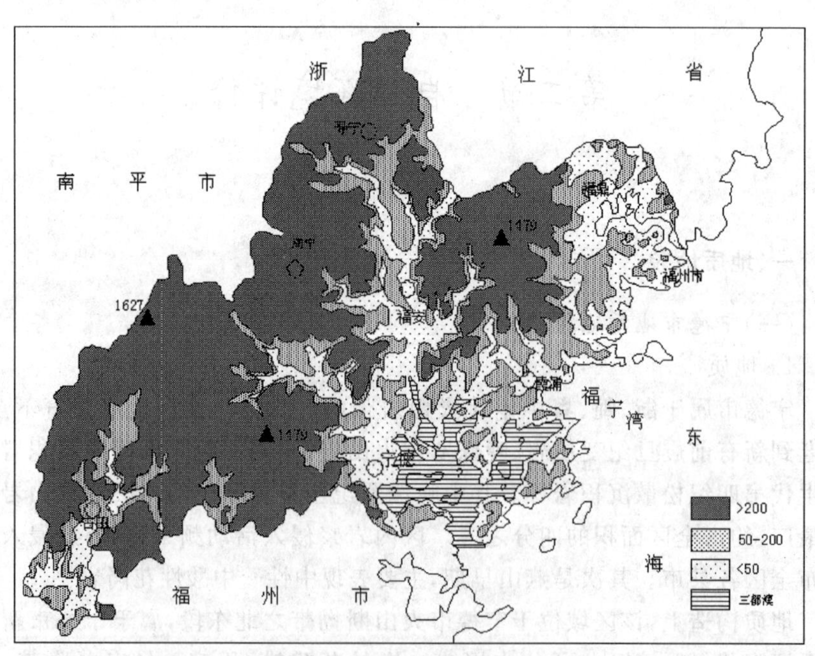

图3 宁德市地形特征图（比例尺：1∶700000）

（二）三都澳海岸带地质地貌

1．地质

三都澳位于华南加里东褶皱系东部宁德沿海中生代火山断折带北段。中生代以来，由于受到太平洋板块相对于欧亚大陆板块俯冲挤压的影响，本区地壳运动强烈，形成一系列NE向（及NW向）深大断裂带，至晚侏罗纪达到高潮，导致区域性大规模的火山喷发和岩浆侵入，形成侏罗系上统南园组英安质熔结凝灰岩、晶屑凝灰熔岩、流纹质晶屑凝灰岩、凝灰熔岩等的堆积和燕山早期二长花岗岩、花岗闪长岩、黑云母花岗岩的侵入。

晚侏罗纪晚期，区内火山活动有所减弱，但并未间断，形成了小溪组一套陆相湖泊碎屑沉积和火山碎屑沉积岩。

早白垩纪时代，该区地壳运动及由此而引起的火山—岩浆侵入活动又趋于强烈，形成了一套炎热干燥氧化条件下的红色碎屑沉积和中心式火山喷发的英安岩、安山岩、熔结凝灰岩、晶屑凝灰熔岩、钾长流纹岩的堆积，以及二长花岗岩、含黑云母花岗岩、（晶洞）钾长花岗岩的侵入。

早白垩纪以后，该区地壳运动逐渐减弱，又处于相对稳定的阶段，导致区内晚白垩系——第三系地层的缺失。晚近地质历史时期以来，该区地壳运动仍较频繁，主要表现为断块升降运动和海岸的变迁，但主体表现为上升隆起为主，区内滨海平原不发育，多数低山丘陵直接与海湾接触则为佐证，以至形成现今湾区周边的地貌景观。

2．构造

区内地层褶皱不发育，但断裂构造极为发达，主要有NEE向和NNW向两组，其规模较大，控制区内燕山期侵入体、各类岩脉、火山岩地层等的展布及海湾周边地貌景观和形态特征。

NEE向构造。主体走向为NE 65°～75°，由一系列沿断裂侵入的脉岩、岩体和压扭性断裂带组成，分布于测区东南部，其规模较大的有罗源起步—三都岛—福安溪南断裂带和罗源长龙—东冲半岛断裂带。此外，在测区西北部宁德金涵—福安管头，岩体的走向也为NEE向，局部也见有NEE向断裂发育，也属该组构造带的一部分。上述三个构造断裂带的展布具有等距性特点。

NNW向构造。本区南西部属福建省宁德—蒲城NNW向深大断裂带的南东段，其构造规模宏伟壮观，主要控制区内早白垩系石帽山群火山岩和燕山晚期侵入岩的展布，并发育一系列NNW断裂带，其主体走向为NW330°～340°。

晚近地质历史时期以来，该区地壳运动以断块升降为主，主体表现为隆起上升趋势，导致湾区周边海积平原不发育，多数地段低山丘陵直接与海湾接触，但区内地质构造相对较稳定，历史上未有发生地震的记录。

3. 地貌

三都澳是个典型的山地基岩海湾，周边均为高峻的构造侵蚀中、低山和丘陵所环抱，地貌复杂，反差大。该湾地貌总的特点是：山丘迫近海边，山高海深；岸崖陡峭，基岩侵蚀岸滩多，港湾深遂，狭窄的港道多；海岸曲折，岬湾相间，岛礁众多，海蚀地貌发育。

(1)陆地地貌构造侵蚀中山。海拔1000m以上，相对高度大于500m，山坡一般坡度在30°以上，局部陡坡可达50°～70°。主要分布于湾的西部，多构成主要的分水岭。由中生代的火山岩和花岗岩所组成。山体高大，走向多呈WN向，山脊呈锯齿状，山峰兀立，多尖峰和陡崖峭壁，沟谷发育，呈"V"狭谷，多见深切河曲与瀑布。

(2)构造侵蚀低山。海拔500～1000m，相对高度200～500m，少数超过500m，山坡坡度一般在25°以上。分布较广泛，沿岸遍布，如湾的南部的大猫山(845.5m)和白马山(976m)，北部的岗头山(629m)和红山(776.8m)等。山体规模大，高峻陡峭，宏伟壮观。山脊呈NW和NE向。山峰尖锐，呈笔架状或锯齿状。由中生代火山岩和花岗岩所组成。

(3)构造侵蚀丘陵。三都澳为山地丘陵环抱，其中丘陵分布面积大，遍布该湾沿海各地和大、中岛屿之中，按高度和形态特征，可分为高丘陵和低丘陵两类。高丘陵海拔在200～500m，相对高度200～400m，少数达500m，见于低山外围，主要分布沿岸地区和海岛、山麓濒海，多数山坡直插入海，山坡陡峻，一般坡度在30°以上，多为凸形坡，残积层薄，大部分基岩裸露，坡面崎岖。由中生代火山岩和花岗岩所构成。

(4)低丘陵。海拔在200m以下，相对高度小于200m，面积不大，山体小且较为圆缓，顶部浑圆，山坡和缓，一般坡度10°～25°，少数达30°，呈小片状沿岸分布。

(5)洪积台地与洪积扇。主要分布于该湾西部和北部。前者见于山前地带，海拔在50m以下，台面平缓起伏，宽约数百米至千米，向海倾斜约5°左右，由岩块、砂砾和黏土等混合组成。后者见于山溪河流出山口处呈扇形地展布，坡度3°～5°，个体大小不等，一般半径为数百米，大者超千米。组成物质有岩块、砂砾夹黏土等。

(6)洪冲积平原。多见于山地丘陵区中较大溪流的下游，如霍童溪等河流下游河谷两岸，洪冲积平原沿河成带状分布、宽约百米至数百米不等，高出河床约2～3m，构成河谷阶地或河漫滩阶地。地面平坦，微向河谷下游方向倾斜，由砾卵石、砂和黏土等组成。通常底部为砾卵石层，具上细下粗的沉积结构。

(7)海积平原。见于小湾内，面积都不大，分布较星散，且多数是近期围垦的海滩，海拔在10m之下，地面低平，前缘海边均有人工堤以防海潮深入，构成一种特殊的海岸类型——人工海岸，有石砌的和土垒的两种。

(8)海岸地貌。该湾以基岩侵蚀岸为主，海蚀地貌发育，形态类型多且奇特壮观，而海积地貌类型单调，形态划一，现分述如下。海蚀残丘常见于岸滩和岛屿附近，海拔多数在50m以下，规模小，丘体呈圆包状，孤立于海滩上，零星散布，丘顶较平坦，多数为海蚀而成。海蚀崖主要分布于青山岛和东冲口一带，高约8～16m不等。崖壁陡峭，多数沿构造节理发育而成，常有海蚀洞穴和海蚀沟槽“伴生”。海蚀平台多见于开敞的基岩岬角岸段，一般长100～150m，宽30～60m，台面起伏，规模小，均属小型石质平台，一般坡度1°～2°，多呈断续分布。自面上常见海蚀柱，奇特多姿。

(9)海积地貌。海滩主要分布于东冲半岛，一般见于小湾顶部，它是在波浪作用下形成的砂砾质岸段，多数海滩呈岸堤式，滩面狭窄，一般宽在数10m，大者100m以上，常常与粉砂、泥等组成混合滩。潮滩此类地貌，包括港道和河口边滩。主要分布于三都岛以西的湾顶和北部的卢门港，白马港、盐田港、东部的东吾洋等。在这些隐蔽的内港物质供应较丰富，潮滩与边滩广泛发育，一般宽度在1～2km，大者达4～5km，滩坡平缓，高潮滩稍陡，坡度约12°，逐向中低潮滩变缓，坡度在1%左右，滩上潮沟发育，多呈树枝状或蛇曲状伸向港内。滩地组成物质较杂，一般是由砂、粉砂质泥组成，但常因山麓迫岸，况有短小山溪注入，故在近岸潮滩，多见有数十米的砂砾堆积带，形成特殊的“砾泥滩”。滩面上常有稀疏的红树和水草“伴生”，形成草滩或红树林滩地，宽约百米至数百米不等为中、低潮带一般为粉砂泥滩多辟为水产养殖基地。

(10)海岸特征与动态。三都澳山丘海岸，具有湾岬相间、海岸陡峭、岸线曲折、港湾深遥、岛屿众多等特点。该湾海岸类型齐全，其主要有山地基岩海岸、砂质海岸、淤泥质海岸和人工海岸等，以山地基岩海岸为多，约占整个岸线总长一半以上，该湾是在断裂构造基础上发育成的，具有侵蚀的峡湾型海湾的特点，岸滩动态以蚀退型岸滩为主。但湾内各岸滩因所处地理位置和环境条件不同，其发育阶段与动态也随地而异。一般在湾顶、港内河口入海处，因有溪流注入，泥沙来源丰富，多属淤泥质和砂质岸滩，仍有不同程度的淤涨。调查资料表明，近10年来，霍童溪口有明显的淤积，粉砂淤泥滩不断扩大；三都岛西侧宁德水道边滩，10年中(1975—1985年)向ES向伸延200m，东吾洋北部湾顶，即沙江西面滩地也有明显的淤长。同样，在白马港、盐田港等港湾内，除水道及滩地边缘，呈现冲刷现象外，大片滩地都有不同程度的淤积趋势。

(11)海底地貌。三都澳是个峡湾型山地基岩海湾，也是个典型的潮汐叉道海湾，海底地貌以侵蚀为主，主要类型有潮汐通道、冲刷槽、深潭、潮流沙脊、沙坝和水下浅滩等，分述如下。

潮汐通道。分布于岛与陆与岛或岛与岛之间，主要有东冲水道、七星水道、青山水道、鸡冠水道和宁德水道等，它们是三都澳内各港之间与外海连接的海水通道。水道中潮流流速大，侵蚀作用强，海底冲刷剧烈，底部多基岩出露，多数水道长且宽，最长达 15km，宽 1.5～4km 不等，水深变化大，最浅水深超过 10m，最大水深在东冲水道，一般在 60～80m。

冲刷槽与深潭。见于潮汐通道中，主要分布于青山岛至口门—东冲水道之中，多向西北或东北方向伸入湾内各港，在长达数十千米的水道中断续分布，以官井洋和东冲口等处的冲刷槽和深潭为最，连接成片，宽约 3～4km，水深在 40～60m，最深点水深超过 100m。底部基岩裸露，岛部有粗砂砾石堆积，边坡较陡，常成冲刷陡坎。

潮流沙脊与沙坝。多见于水道口或冲刷槽两侧，主要分布于卢门港、白马港、盐田港和宁德水道和鸡冠水道附近，长达数千米，宽约数百米，高约 1～2m，由粗中砂组成。

水下浅滩。三都澳水下浅滩，常为潮汐通道或冲刷槽所分割，成片状或带状分布，是潮流和波浪共同作用的产物，是潮间浅滩的水下延伸，主要由粉砂与黏土组成，一般水深在 10m 左右，各处宽度都不大，最宽者在东吾洋约 5km 左右。

三都澳地貌见图 4。

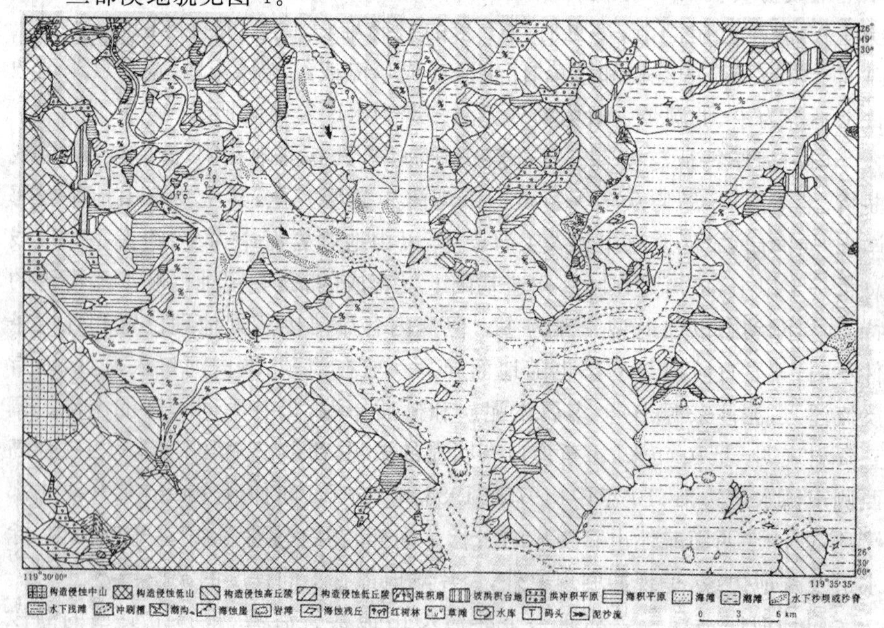

图 4 三都澳地貌图

资料来源：《中国海湾志》(第七分册，福建北部海湾，1994 年)。

4.坡度

利用1∶200000万电子地形图,应用地理信息系统软件分析环三都澳地区的地面坡度,把地面坡度分为9级,并计算各级的平面分布面积,结果见表1。

环三都澳地区土地以坡地为主,且坡度陡峭的土地所占比重较大,其中10°以上的土地占土地总面积的81.37%,10°以下的土地仅占18.63%。10°以上的土地中,大于20°~25°的土地面积比重最大,达到17.94%,其次为大于15°~20°的土地,比重为15.97%。10°以下的土地以0°~5°的平原为主,主要分布在三都澳沿岸地带,是将来港口开发、修建码头仓库、兴建工厂的主要土地资源。

表1 环三都澳地区地面坡度分级面积

(单位:km^2,%)

县市区＼坡度	0~2°	>2°~5°	>5°~10°	>10°~15°	>15°~20°	>20°~25°	>25°~30°	>30°~35°	>35°
蕉城区	153.100	20.392	59.168	131.206	184.359	221.414	206.844	146.419	237.099
百分比	11.26	1.50	4.35	9.65	13.56	16.28	15.21	10.77	17.43
福安市	206.373	27.092	78.000	200.534	311.084	373.156	320.606	188.460	174.796
百分比	10.98	1.44	4.15	10.67	16.55	19.85	17.05	10.02	9.30
霞浦县	187.721	34.361	114.771	229.755	259.777	254.147	198.396	106.619	103.954
百分比	12.60	2.31	7.71	15.42	17.44	17.06	13.32	7.16	6.98
面积合计	547.193	81.844	251.939	561.495	755.219	848.717	725.846	441.498	515.849
比重合计	11.57	1.73	5.33	11.87	15.97	17.94	15.35	9.33	10.91

资料来源:根据郑达贤等提供的资料。

由于环三都澳地区地形坡度大,容易导致水土流失,所以在土地开发利用过程中,应当注意搞好水土保持工作。在区内,应当禁止进行容易导致水土流失的土地开发利用,如大面积开发茶园,在10°以上的坡度上开垦耕地等。为了迎接三都澳的大开发,本区的坡地应以植树造林为主,尤其是10°以上的坡地,以便营造三都澳周围良好的景观生态。

5.海拔

利用1∶200000万电子地形图,应用地理信息系统软件分析环三都澳地区的土地海拔分布,把海拔分为12级,并计算各级的平面分布面积,结果见表2。

表 2 环三都澳地区土地海拔分级面积

（单位：km²，%）

县市区＼海拔	0～20m	20～50m	50～100m	100～200m	200～300m	300～400m
宁德市	13.650	45.636	61.415	71.070	88.953	92.132
百分比	1.00	3.36	4.52	5.23	6.54	6.77
霞浦县	16.579	52.420	85.946	143.141	192.907	211.023
百分比	1.11	3.52	5.77	9.61	12.95	14.17
福安市	8.862	42.898	70.826	119.258	160.833	196.575
百分比	0.47	2.28	3.77	6.34	8.55	10.46
面积合计	39.092	140.953、	218.187	333.470	442.693	499.730
比重合计	0.83	2.98	4.61	7.05	9.36	10.57
县市区＼海拔	400～500m	500～600m	600～700m	700～800m	＞800m	
宁德市	112.540	133.100	137.526	139.591	464.387	
百分比	8.28	9.79	10.11	10.26	34.15	
霞浦县	191.128	206.275	148.590	86.257	155.234	
百分比	12.83	13.85	9.98	5.79	10.42	
福安市	211.181	223.553	193.992	193.045	459.076	
百分比	11.23	11.89	10.32	10.27	24.42	
面积合计	514.849	562.928	480.108	418.894	1078.697	
比重合计	10.89	11.90	10.15	8.86	22.81	

资料来源：根据郑达贤等。

分析结果表明，全区土地所处海拔总体上较高，海拔 500m 以上的土地占 53.72%，这意味着低中山地貌面积占本区面积一半以上。由于霞浦县土地向内纵延较少，所以山地面积明显少于蕉城区和福安市（见图 5 和图 6）。区内海拔 20m 以下的土地面积约 39.092km²，仅占本区土地总面积的 0.83%，主要分布在三都澳沿岸（见图 5），是港口建设、发展工业的主要场所。

山地丘陵为主的地形虽然给经济建设用地，尤其是三都澳的开发用地带来不便，使港口建设的陆地空间受到一定限制，但是高耸的地形和口袋形的港湾使三都澳具有良好的避风条件和抗击冬季寒流的能力，又因无明显河流冲积物在港湾内堆积，在地貌上使三都澳成为世界上少有的优良港湾。

综上所述，从地形地貌来看，从山地到海洋只有十几千米的距离，三都澳沿岸地区地形起伏变化较大，适宜城市建设的用地分布在山海之间的南北狭长地带，总体来说适宜城市建设用地相对较少。但是，漳湾、溪南、沙江等沿海地带的众多小山丘，在采用一定的工程地质手段后，亦可作为城市建设用地。

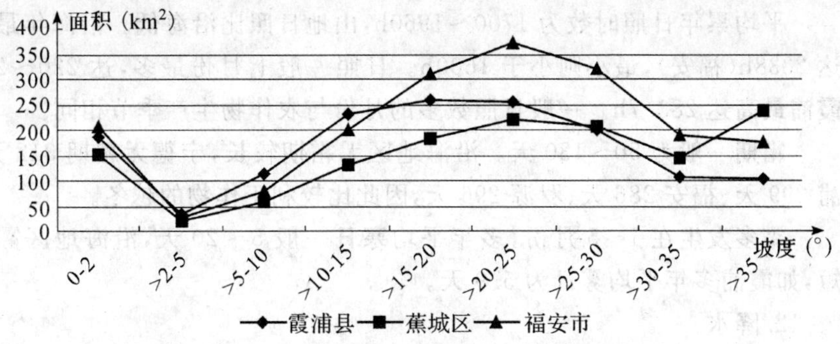

图 5 环三都澳地区地面坡度分级面积曲线图

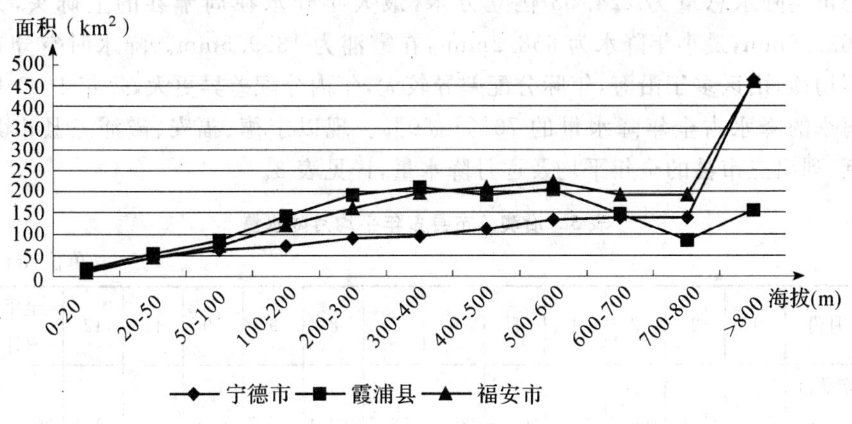

图 6 环三都澳地区土地海拔分级面积曲线图

二、气候

（一）气候概况

三都澳海岸带气候属于中亚热带海洋性季风气候，雨量充沛、光照充足、无霜期长。但由于地形地貌复杂多样，造成不同区域气候各具特色。沿海的低山、丘陵及滨海小平原属中亚热带季风湿润气候；内陆山地，由于海拔悬殊，气候差异较大，为中亚热带山地气候。

1. 气温与日照

多年平均气温 15℃～19℃，山区 14.7℃～15.5℃，沿海 18.5℃～19.3℃。宁德市最热在七月（沿海 28℃～29℃，山区 23.8℃～25.1℃）；最冷出现在一月（沿海 8.4℃～9.8℃，山区 4.7～5.6℃），最高气温 43.2℃（福安市 1967 年 7 月 17 日），最低气温－9.8℃（寿宁县 1983 年 12 月 31 日）。

年总积温 4000℃～7080℃，其中山地 4000℃～5000℃，沿海低丘小平原 5700℃～7080℃、福安 7065.4℃、宁德 6966℃、霞浦 6793.2℃。

平均累年日照时数为1700～1960h，山地日照比沿海低。沿海年最大可达2338h(福安)，最小则小于1600h。日照一般七月份最多，达220～280h，霞浦最高达283.7h。一般日照数多的月份与农作物生产季节相同。

霜期一般为50～130天。沿海地区无霜期较长，宁德无霜期312天、霞浦299天、福安286天、罗源296天，因此比较利于作物的越冬。

霜多发生在1～5月份，多年平均寒日一般5～20天，沿海地区雾日较短，如霞浦多年平均雾日为5.9天。

2.降水

多年平均降水量1200～2200mm之间，从西北山区向东南沿海递减，宁德市年降水总量为224.03亿立方米，最大年降水在周宁县的上砾头，为3629.5mm，最小年降水为658.2mm，在霞浦为1359.5mm。降水时空分布不均衡，山区多于沿海，年际分配差异较大，年内分配差异更大，每年4～9月雨季的降水占全年降水量的70%～80%。现以宁德、福安、霞浦三县市为例，列出三市县的全年平均及逐月降水量，详见表3。

表3 沿澳三市县多年平均月降水量

(单位:mm)

月份	1	2	3	4	5	6	7	8	9	10	11	12	全年累计
宁德市(1959—1990)	72.1	112.1	165.2	189.8	261.5	280.0	156.6	292.4	277.7	90.6	70.2	51.4	2018.7
福安市(1952—1981)	49.1	85.6	132.9	166.4	234.8	253.6	125.4	176.5	184.8	58.9	38.0	41.9	1547.9
霞浦县(1960—1981)	49.1	68.1	125.8	158.5	196.7	202.9	96.0	165.9	170.3	48.8	39.7	37.9	1359.7

3.蒸发量

西北部山区海拔高，气温低，相对湿度大，风力小，蒸发量较小，多年平均水面蒸发量约900mm；沿海地区与之相反，年水面蒸发量1100～1200mm。陆地蒸发与水面蒸发的空间分布规律大体一致，但变化相对较小。宁德市多年平均陆地蒸发量550～700mm，加权平均值为573.2mm。7月和10～12月的蒸发量常大于降水量，此时易出现干旱；梅雨季和台风雷雨季节雨量大，超过蒸发量，则易产生洪涝灾害。宁德市累年逐月平均蒸发量(mm)见图7。

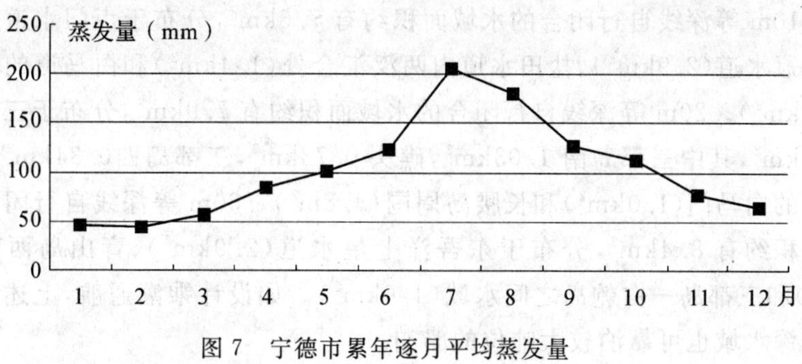

图7 宁德市累年逐月平均蒸发量

4. 相对湿度、气压

各地相对湿度一般为74%～85%。其平均值差异不大，一般随海拔与气温的升高而增大。气压月平均值1000～1020hPa，随气温与海拔的升高而降低，其变化范围980～1040hPa。

5. 风

宁德市年平均风速1.4m/s，月平均风速最大为1.8m/s，月平均风速最大为3.4m/s，主导风向为SE、ESE。每年的7～9月份为台风季节，平均每年有2～3次台风登陆，风速最大值大于40m/s。

(二)光热资源及其利用

三都澳地处亚热带季风气候区，光照充足，雨量充沛，无霜期(一般300天以上)，特别是宁德、霞浦沿海平原地区，应充分利用光照资源发展亚热带经济作物，种植荔枝、龙眼、香蕉、茉莉花等抗寒能力低的经济作物，且由于地区小气候的影响，这些水果比闽南和福州晚熟一个月，可调剂果品市场，经济效益较高，对低丘地区也可种植福橘、蕉柑等品质较好的水果。宜根据各地具体条件，提高农作物的复种指数，变一年两熟为三熟。

内陆山地，海拔升高，气温随之递减，同时由于山谷、盆地及山峦起伏交错，形成局部小气候，从而有利于种植多种经济作物，还由于内陆山地降水量大，云雾多，湿度大，日照少，有利于茶叶和喜阴林木的生长。同时，夏日气候凉爽，可开发游泳、休闲、避暑等第三产业。

三、水域

三都澳高潮水位时水域面积约714km^2，低潮位时水域面积约430km^2；水深大于理论深度0m的水域面积约有382km^2，大于理论深度10m的水域面积约170km^2，大于理论深度20m的水域面积约103km^2，大于理论深度30m的水域面积约57km^2。

可贵的是，大于理论深度10m、20m、30m的深水域基本与澳口深水域连片。10m 等深线自行闭合的水域面积约有 7.5km²，分布于卢门水道及其口外鸡冠水道(2.9km²)、盐田水道内两汊汇合处(1.4km²)和白马道的白马门(3.2km²)。20m 等深线自行闭合的水域面积约有 7.9km²，分布于三都水道(2.1km²，其中三都岛南 1.03km²，礁头 0.73km²，三都岛西0.34km²)、白马水道的白马门(1.0km²)和长腰岛周围(4.8m²)。30m 等深线自行闭合的水域面积约有 8.4km²，分布于东吾洋七星水道(2.9km²)、青山岛西南(1.5km²)和三都岛—白匏岛之间水域(4.0km²)。如设计乘潮通航，上述大部分孤立深水域也可靠泊较大吨位的船舶。

四、海岸线

(一)宁德市海岸线

宁德市海岸线北起福鼎市与浙江省苍南县交界的沙埕镇虎头鼻，南至福州、宁德两市交界处的井水村，岸线曲折多湾，总体呈东南走向，多属基岩海岸，其中包括三都澳、晴川湾、里山湾(牙城湾)、福宁湾和沙埕港，大陆海岸线 878km，占全省大陆海岸线总长的 28.8%；沿海大小岛屿 344 个，岛屿岸线总长 396km；此外，还有三都澳北白马门口内赛江流域临江岸线长约 60km。

(二)三都澳海岸线

本书研究的三都澳海岸线总长 574km (含赛江大桥以下白马岸线47.5km)，其中宁德市 127km，福安市 165km，霞浦县 253km，罗源县 29km。三都澳内处在深水域、面积大于 5km² 的岛屿有三都岛、青山岛和东安岛，总面积约 42km²，岸线长度 74km。以理论深度基准面(低于黄零 4.13m)为深度基面，澳内水深在理论深度 10m 以上的岸线长约 73km，其中东冲半岛西岸从三都澳口门至东吾洋水道岐头鼻有 29km；三都水道南岸，从三都澳口至礁头有 22km；溪南半岛南端、盐田水道口门处和东吾洋水道西岸有 15km。在上述岸线上建设万吨级泊位，船舶可自由进出。此外白马门南北深水岸线约 4km，卢门水道口门处有深水线约 3km，这两处深水域都是孤立存在的，建设万吨级泊位，船舶乘潮进港。

三都岛大于 10m 的深水岸线有 12.6km，其中三都岛南 4.8km，三都岛西 3.8km，三都岛东北 4km。大于 20m 的深水岸线有 6.5km，其中三都岛有 2.8km，水域宽度大于 250m；三都岛西有 0.9km，水域宽度 200～300m；三都岛东北有 2.8km，水域宽度 250～1100m。青山岛全岛均为深水岸线，长约 15km，仅在西北角约 1km 岸线的水深在 9m 左右。

三都澳属半封闭海湾，口门偏东南向开敞，水域宽度仅为 3km 左右，湾内大小岛屿星罗棋布，四周为海拔 300m 以上的山脉环抱，加之海湾湾口狭长仅 3km，外海波浪难以通过，因此除台风期外，澳内风平浪静，泊稳条件极佳，是天然避风良港。澳内水域宽阔，大部分水深均在 10m 以上，最深达 40m。进港航道从口门至三都岛水深均在 20m 以上，是我省 6 个能进 5～30 万吨级船舶的天然深水港湾之一。

城澳岸线自下龟鼻至三都澳口虎尾，全长 12.5km，属宁德市蕉城区，岸线以低山丘陵及滩涂为主，后方可形成一定陆域面积，岸线靠近深槽，岸线前沿天然水深 7～30m，且水深稳定，距湾口较近，拥有良好的通海水道，目前在建城澳万吨级多用途码头。

漳湾岸线分内外两部分。漳湾(内)岸线自漳湾镇熨斗村至下塘村深潇塘，长度 3.8km，自然水深较好，大多在 10m 以上，港内锚地也较为开阔，避风条件好。漳湾(外)岸线自深潇塘至樟屿转向喉咙岐再至官沪岛前沿，总长约 7.7km，其陆域大多为大片的滩涂及山坡地，基本不占用良口，陆域纵深可达 6～8km，可围海造陆建厂。

溪南岸线分布于霞浦县溪南镇沿三都澳岸线，也基本处于自然状态，分为三部分，其中关厝程岸线(龟屿—七星)全长 7.5km，前沿水深 7～20m，深槽临近岸边，陆域为丘陵及滩涂相间组成。溪南岸线(七星—下山)全长8.8 km，前沿水深 5～15m。长腰岸线(下山—鼻保壁)全长 3.5km，前沿水深 8～25m，有一定陆域纵深。

白马岸线属福安市，已建有数个小型石材泊位，该岸段全长 3.0km，前沿水深 7～15m，水深稳定，后方为滩涂和丘陵相间，可形成一定规模的陆域。

东冲岸线目前基本为自然岸线，岸线属霞浦县，分为两部分，其中五头羊—王竹屿岸线紧贴深槽，水深条件优越，全长 7.3km，前沿水深 10～30m。五头羊—岐头鼻岸线，全长 13.2km，前沿水深 7～20m，陆域大多为开阔的滩涂及低山丘陵。

此外南埕、金蛇头岸线现已建有一些为地方经济服务的小型码头，码头泊位多在 100～300 吨之间，该处岸线滩涂发育，岸线前沿水深浅，均为 3m 以下。

三都澳的开发需要有较多的临海工业支撑，位于三都澳内橄榄屿、三都岛西北侧岸线拥有良好陆域条件和水域条件，后方滩涂广阔，前沿水深理想，水深多在 10m 以上，水域范围大，航道通顺。橄榄屿规划岸线长3.5km，三都岛东北侧规划岸线长 4.6km，此两段岸线可作为远期预留大型临海工业岸线加以利用。

三都澳内的青山岛、斗帽岛、鸡公岛及三都澳澳口沿岸风光秀丽，自然、人文景观众多，均可开发为旅游岸线。位于城澳岸线上游礁头—下龟鼻的礁头岸线，现为海军使用岸线，岸线长约4km。

赛江流域岸线水域范围由阳头溪、木阳溪和茜漳溪汇合口的下游起至白马门口门的白马角，全长30km，自然岸线长约60多千米，水域面积约5508m²，规划岸线总长13.2km。此段岸线中原有赛岐、下白石两段港口岸线，赛岐作业区目前已建2个500吨级泊位和其他数个小码头，由于码头紧靠镇区，陆域狭窄，房屋船宇航密，已无发展余地，鉴于港区已有一定基础及规模，仍可充分发挥作用。位于下游白马河东岸的林炉里至下塘段岸线，深槽靠近岸边，前沿水深4～12m，陆域狭长但后方集疏运条件也较好，可作为中小型港口发展岸线。赛江流域水深几乎都在10m以下，但距赛岐镇下游10.5km的下白石镇沿岸2km范围内，近岸自然水深10m，最深处达20m，8～10m水深的水域宽度为400～500m，港内避风条件好，有较多的避风和作业锚地。目前此段岸线已建设有一个3000吨级杂货泊位，在其上下游仍可布置3000～5000吨级泊位，以适应发展需要。

（三）三都澳海岸线开发利用评价

根据三都澳岸线、赛江沿岸岸线资源特点、开发利用条件与现状和经济发展需求，结合后方城市及临海工业区总体布局，并综合平衡其他部门对岸线的需求，对岸线重点进行的港口岸线利用布局提出如下具体设想。

三都澳南岸城澳下龟鼻至虎尾角岸线长11.4km，岸线曲折，距钱墩水道及小门水道深槽最近，且深槽较为稳定，水深、地质条件较好，沿岸陆域为山丘、泥滩涂相间，目前已建有一个万吨级多用途泊位，此段岸线规划为三都澳港区城澳作业区建港岸线，是近期重点开发建设的重点港口岸线。

东冲半岛三都澳侧港口岸线自王竹屿至五头羊长7300m，沿岸陆域也是山丘、泥滩相间，岸线前方水深条件优越，可开发为三都澳港区东冲作区业，作为远期港口建设发展岸线。

三都澳北岸溪南镇关厝岸线长7000m，临近关门江水道深槽及三屿锚地，沿岸陆域大多为泥滩，可作为三都澳港区关厝埕作业区港口岸线。

三都澳北岸溪南镇牛鼻峰角至鼻堡壁角岸线长3500m，临近赤龙门及盐田港水道深槽，沿岸陆域大多为泥滩，可规划作为三都澳港区溪南作业区港口岸线。

三都澳白马港口门的白马门岸线长3000m，临近白马门深槽，沿岸有一定纵深的泥滩地，目前已建有石材装卸码头，可规划作为三都澳港区白马门作业区港口岸线。

漳湾自漳湾镇熨斗村至下塘村深潇塘岸线，长度3800m，目前已建有一个3000吨级散杂码头及数个小型泊位，规划为三都澳港区漳湾作业区中心小型港口发展岸线。

蕉城区沿三都澳的南埕、金蛇头岸线原已建设有地方性小码头，作为地方小型港口岸线，其中南埕可规划岸线长 0.6km，金蛇头可规划岸线长 0.5km。

赛江流域除原有的赛岐港口岸线外，东西两岸各规划有一段港口岸线。赛江东岸林炉岸线自林炉里至下塘，岸线长 1600m，充分利用岸前水深可布局为赛江港区林炉作业区港口岸线，作为中小型海口发展岸线。赛江西岸下白石岸线长 1300m 可规划为赛江港内下白石作业区港口岸线，作为中型港口岸线。

综上所述，三都澳海岸带区域由西北向东南分布的三都、青山、斗帽、鸡公山诸岛犹如掌上明珠，东吾洋、盐田港、白马港、卢门港、三都澳等五支主要港汊宛若五指。诚如钱伟长教授所作的评价："群山抱三都，风兴六级浪不扬；荷叶守澳口，水深百米港尽良。"

第三节　自然资源评价

一、土地资源

(一)宁德市沿海土地资源分布

宁德市土地面积约 1.34 万平方千米，地形以丘陵山地与沿海小平原相结合为主；其中山地面积约 1035330 公顷，耕地面积约 142060 公顷(人均耕地 0.044 公顷)，耕地中水田约 112320 公顷，旱地约 29733 公顷，素有"七山二水一分田"之称。市内的平原地区主要集中在东部沿海一带的蕉城区、福安市、霞浦县和福鼎市四个区县市。其土地资源情况如下表 4。

表 4　宁德市沿海县市土地资源分布面积

(单位：km^2)

县市区	山地丘陵	平原	滩涂	合计
蕉城区	434.98	92.90	108.01	635.89
福鼎市	790.35	103.71	67.52	961.58
霞浦县	814.85	145.08	225.28	1185.21
福安市	192.64	23.95	46.52	263.11
合计	2232.82	365.64	447.33	3045.79

(二)三都澳海岸带沿岸乡镇土地资源情况

与三都澳天然良港开发关系较为密切乡镇及街道办事处 20 个,土地总面积约 1921.19km²,其中低山丘陵多,平原少。三都澳海岸带沿岸乡镇土地利用现状分类面积见表 5。

表 5 三都澳海岸带沿岸乡镇土地利用现状分类面积表

(单位:亩)

区域	耕地	园地	林地	未利用土地	居民及工矿用地	交通用地	水域	合计
蕉城区								
城区	24755.42	12029.08	69863.69	27376.7	12218.71	1180.71	3473.16	168627.73
漳湾	27860.93	7377.61	20780.70	7966.40	7666.16	616.15	3234.58	75442.53
七都	15834.04	8176.74	65778.3	10782.09	3012.69	596.25	4181.44	108361.55
八都	23322.66	7784.24	90675.24	25646.52	2305.65	669.82	9043.66	159447.79
飞鸾	13442.16	7188.54	65052.21	64339.95	4236.86	832.24	3105.28	158197.24
三都	15618.26	3175.09	54869.00	40217.32	4285.51	544.05	2494.64	121203.86
福安市								
赛岐	21565.64	9668.30	52269.04	17861.99	5848.81	1503.89	14507.40	123225.07
甘棠	33153.76	11483.73	80039.67	19516.51	4993.55	1140.04	11381.19	161708.07
下白石	25390.58	4465.63	93635.10	21366.70	4527.39	1024.54	8829.26	159419.20
湾坞	28678.98	3678.2	87375.24	15364.36	2889.93	927.51	11325.26	150239.90
溪尾	8769.22	1811.77	60647.42	6392.54	1822.18	538.19	13313.43	93294.75
霞浦县								
城区	12475.45	17554.66	98344.11	50526.97	11203.66	2524.61	45439.78	220514.58
长春	34005.75	10182.58	69563.69	94225.67	6074.23	2794.64	12548.30	229394.86
北壁	9895.13	643.61	41467.04	42185.29	2175.45	215.55	1393.75	97975.82
下浒	18084.45	2877.73	68271.65	36586.42	8877.81	1020.20	4078.50	129296.76
溪南	2266.69	6601.39	85812.19	26397.53	6015.40	1287.04	33931.84	183012.08
盐田	17717.40	6888.64	162897.91	13395.86	3710.12	1335.60	26229.75	231726.13
罗源县								
鉴江	10966.36	1761.55	68371.08	14130.29	972.45	215.40	1766.77	97783.40
累计	401186.76	134402.63	1405491.9	603766.51	97088.47	20594.08	270165.89	2881790.44
比重%	13.82	4.56	48.67	20.85	3.26	0.71	9.74	

注:宁德市城区包括蕉城、城南、金涵、霞浦县城区包括松城和州洋。

(三)滩涂资源

与三都澳天然良港开发关系较为密切的沿澳 20 个乡镇,虽然土地总面积少,但沿三都澳高低潮位之间滩涂广泛发育。三都澳海湾内广泛发育浅海滩涂，从海面上测量约有28400公顷。沿澳围垦滩涂有数百年历史，新中国成立后，先后围垦43片滩涂，增加耕地3025公顷。三都澳海岸带沿岸乡镇的15片滩涂，面积约为16000公顷，可作为未来开发利用的后备资源。

二、港口

（一）锚地

三都澳内可供万吨以上船舶抛锚作业的锚地面积约80km²。有四个主要锚地：三都锚地，在三都水道内，面积约26km²，水深16～38m；官井洋锚地，在青山岛东面，东吾洋水道口，面积约26km²，水深40～49m；复鼎洋锚地，在青山岛东北、长腰岛南侧，面积约20km²，水深13～25m；上述锚地底质为泥，锚着力强，另外，在三都澳口外，可设一个外轮检疫锚地，从波浪掩护角度出发，设在东冲半岛过龙礁和其恩角以南水域较好，水深20～56m。

（二）航道

东冲口牛角坡处水道宽1.6km，至鸡公山岛北沿航道长7.5km，水深20.5～115m，流速4～5节，呈南北走向，水道被鸡公山岛及南面的北礁、南礁、荷叶礁等分为东、西两条水道。东边水道为东冲水道，宽1.5km，长6km，水深20.5～105m；西边为鸡公山西水道，宽1.5km，长6km，水深21～115m。

过鸡公山岛后，东、西两水道汇合，水深30～53m。从此向东北越过官井洋锚地，就进入东吾洋的三屿锚地，此处航道被雷江岛分成南、北两汊，南汊沿东冲半岛西岸，水深10～32m，大于10m水深的最小宽度700m；北汊沿溪南半岛南岸，水深10～44m，大于10m水深的最小宽度600m，南北两汊在雷江岛西面汇合，进入东安岛东面的七星水道，水深20～40m，万吨轮船可直达歧头鼻，无需候潮。

经官井洋锚地后转向西北，越过复鼎洋锚地，航道被白匏岛分为东、西两汊，其中东汊为盐田水道，宽500m，长4km，水深10～56m，直达盐田水道口门。从口门至盐田水道内深水域之间有长3.5km、宽1.4km、水深小于10m大于7m的该段，万吨轮通过该段需乘潮。

沿着盐田水道过白匏后向西航行8km进入白马门到达下洋坪，其中盐田水道口门处深水域至白马深水域之间有水深小于10m大于7m，长1.5km的线段，可乘潮通航万吨轮。

过复鼎洋锚地沿白匏岛西汊航道到达三都岛东后朝西进入三都岛与灶屿之间水道再转向西北，过鸡冠水道到达卢门水道口门和樟湾码头。鸡冠水道长8.5km，前半段水深5～9m，宽度5m，后半段水深5～20.5m，宽度200m，可乘潮通航万吨轮。

在东冲水道和鸡公山西水道汇合处转向西北进入三都水道，宽 1000～1500m，长 16km，水深 12～54m，经钱斗湾、礁头、石歧角三个海军码头后，万吨轮可直航三都岛西海岸。

三都澳港湾资源是个非常突出的优势资源。三都澳高潮位时水域面积约 714km^2，低潮位时水域面积约 430km^2。水深大于理论深度 10m 的深水域有 170km^2，深水岸线 73km(不含岛屿岸线)，深水锚地 80km^2。三都澳深水域之大、深水岸线之长，在国内同类型港口中是首屈一指的。

三都澳口门最窄处有 3km，口内主航道被鸡公山岛和荷叶礁分为两部分，东部东冲水道宽 15km，水深 20.5～105m，水深大于理论深度 30m 的最窄宽度 500m；西部鸡公山西水道宽 1.5km，水深 21～115m。三都澳口外水深大于 40m，最深 125m。世界上最大吨位的船舶可全天候自由进出三都澳。

三、水资源

(一)水资源概述

三都澳北倚洞宫山和太姥山脉，西、南、东为鹫峰山脉与太姥山余脉所环抱，地势由西北向东南呈阶梯状倾斜，河流依山势从四向汇入三都澳，较大的河流有交溪、霍童溪、七都溪(宁德)、大金溪、杯溪、罗汉溪等，以交溪和霍童溪两水系为最大，控制流域面积 0.78 万平方千米，占宁德市水系流域总面积的 65.51%。

三都澳地处中亚热带季风气候区，雨量充沛，光照充足，极利于植物生长，但由于降水受季风影响，不仅在时间分布上年内与年际分配不均，而且在空间分布上西北部山区降水大于东南部沿海地区，同时年降水变差系数 CV 值由西北部山区的 0.20～0.22 递增至东南沿海的 0.24，形成西北部多水，东南部缺水的态势。因此，对于三都澳海岸带的经济发展，水的问题必须在宁德市范围内进行调配，方能得到较妥善的解决，以下对宁德市的水资源情况作简单的分析。

1.降水

宁德市各地多年平均降水深为 1200～2200mm、降水天数为 160～210 天，全市多年平均降水量 1734mm、降水总量 24 亿立方米。但降水的时空分布不均。在空间分布上降水分布与地势关系较为密切，降水深由西北向东南递减，山区多于沿海。最大年降水量在周宁县的上砾头，达 3625.5mm。宁德市一般年降水量为 1200～1950mm。在时间分布上，年际变化较大，各测站资料表明，多年同一时段降水深的最大值与最小值之比都大于 2，且降水的年际变化还与地势有关，沿海的年际变化大于山区。

降水在年内的分布也不均衡，主要降水集中在4～9月份，约占全年总降水量70％～80％（详见气候资源部分）。

2. 径流、地下水

全市多年平均径流深为1142.2mm，多年平均径流总量为135.89亿立方米。经估算，其中地下水总量约为25.78亿立方米，约占水资源总量18.2％，其余为地表水。在地表水中，从外辖区流入的地表水（客水）为23.86亿立方米，其中来自浙江的客水有16.5亿立方米，来自南平市的客水有7.36亿立方米，出境地表水共28.31亿立方米，其中经古田溪流入闽江有20.79亿立方米，经霍口溪流入敖江的有7.33亿立方米。

全市地表水量（根据降水量、径流深算得）丰水年（$P=10\%$）为169.31亿立方米，平水年（$P=50\%$）为105.53亿立方米，多年平均为110.11亿立方米。

3. 水资源总量

宁德市河流属山区性，覆盖土层薄，河床切割深，地下水基流以河道排泄为主，潜水蒸发量小。河川的径流量中包括了山区的全部地下水和滨海的浅层地下水，因此它与水资源总量相当。由此得水资源总量（包括古田溪水库5.74亿平方米）：丰水年（$P=10\%$）为204.35亿平方米，平水年（$P=50\%$）为130.50亿平方米，偏估年（$P=75\%$）为104.39亿平方米，枯水年（$P=90\%$）为85.80亿平方米，多年平均为135.89亿立方米。全市各县（市、区）水资源总量见表6。

表6　宁德市各市（县、区）水资源总量表

项目/分区	面积 km^2	多年平均（亿立方米）		$P-50\%$（亿立方米）		$P-75\%$（亿立方米）		$P-90\%$（亿立方米）	
		总量	其中：地下水	总量	其中：地下水	总量	其中：地下水	总量	其中：地下水
蕉城	1360	13.97	4.17	13.54	4.04	10.84	3.28	8.85	2.67
福鼎	1461	16.72	2.85	16.33	2.77	13.45	2.44	11.26	2.16
霞浦	1490	13.38	2.52	12.76	2.47	9.83	2.06	7.64	1.72
福安	1882	16.50	3.44	16.05	3.28	12.53	2.81	9.94	2.41
古田	2371	18.78	5.22	18.06	5.16	13.84	4.51	10.74	3.91
屏南	1471	17.5	2.99	16.80	2.88	13.30	2.39	10.70	1.93
寿宁	1424	18.36	1.65	17.81	2.09	14.49	1.78	12.24	1.50
周宁	1046	13.71	1.69	13.70	1.05	11.80	0.90	10.30	0.78
柘荣	553	6.97	1.25	5.50	1.23	4.31	1.06	3.41	0.90
合计	13058	135.89	25.78	130.5	24.97	104.39	21.2	85.08	17.98

(二)三都澳海岸带各水系水资源状况

汇入三都澳的主要河流及罗汉溪等河流的主要特征见表7。

表7 三都澳海岸带主要河流特征表

水系	流经地点		主河道长度(km)	流域面积(km^3)	年平均径流量	出境处多年平均流量
	源头	出境	总长	总面积	(m^3/s)	(m^3/s)
东溪	秦顺下庄桥	湖塘坂	94	2092	25.7617	81.64
西溪	庆元举水	湖塘坂	103	1178	14.6445	46.42
富春溪	湖塘坂	赛江	36	228	2.2770	135.35
茜春溪	青岚岗	山	52	402	4.2782	13.57
穆阳溪	政和镇前	廉首	116	1389	17.6735	56.04
赛江	赛岐	白马河	32	349	3.3001	215.42
交溪	(合计)		162	5638	67.935	215.42
盐田港	里岭头	白马港	42	164	1.5030	4.77
卢门港	林洋头	笛尾	21	75	0.7090	2.25
霍童溪	政和、屏南、周宁三县交界	八都	126	2244	27.3	81.0
七都溪	宁德虎贝	七都	58	333.45	4.572	13.12
金溪	宁德顶旗峰	东湖塘	29	157	2.16	6.85
怀溪	霞浦柏洋	盐田	45	285.2	3.14	9.5
罗汉溪	霞浦柏洋	后港(非三都澳)	38	206.4	2.17	7.8

(三)水能(含潮汐能)资源

1.水能资源

据统计,宁德市水能资源理论蕴藏量为191.6万千瓦,可开发量为184.45万千瓦(含古田溪19.2万千瓦),多年平均年电能60.31亿千瓦时。1993年底已开发17.9万千瓦。宁德市水源资源统计情况见表8。

宁德市河道落差大且集中,中游人口和耕地较少,建水库淹没损失较小,自然条件优越,且电站多为高水头小流量的引水式电站,建设和设备费用较小,故开发较经济,尚有许多水能资源有待开发。

表 8　宁德市水源资源统计表

对象	河流名称	流域面积(km²)		河道长度(km)		天然落差(m)	利用落差(m)	平均流量(m³)	理论藏量万千瓦	此降(%)	可能七发水能资源			其中已开发水能资源			备注
		总	境内	总	增内						发站数(处)	装机容量万千瓦	年发电量亿千瓦时	电站数(处)	装机容量万千瓦	年发电量亿千瓦时	
总计									191.64			185.49	60.31		31.0818	11.0000	(已装机动以上 3032 万千瓦)
七都		5549		162		710	219	221	94.94	7.5		81.3	26.25				
	东溪	2092	343	94	37	710	219	79.37	13.2	7.4	28	17.2	5.75	2	0.3200	0.1600	按三级可开发装机 185 万千瓦
	西溪	1178		105	80	500	173	44.68	6.86	5.8	3	7.57	3.27	3	0.7074	0.1842	
	富春溪	228	228	36	36	20		8.65	3.40	0.58	40	0.90					
	箔阳溪	1389	518	132	46.4	1250	854	57.84	40.2	7.49	4	44.12	12.12	2	2.1400	1.8803	
	穆阳溪黄兰溪	177	177	50	50	580	420	2.32	4.5	16.67		3.91	1.37	1	0.1600	0.1050	
	茜洋溪	402	402	57	57	850	160	15.25	2.78	8.9	10	2.92	2.04				
	干流及其千支流								24.0			4.68	1.70				年电量包括富春溪
		2244		126		815	680	90.45	37.81	14.3	7	60.72	18.09		0.58	0.3536	
	金造溪	297		39		555	145	11.97	2.32	23.4	6	5.0	1.4	2	0.1000	0.0316	
	后境溪	665		65		805	552	26.8	5.32	23.5	5	14.8	4.98	1	0.0800	0.0220	
	棠口溪	995		77				39.48	8.0	14.4		15.4	4.99	1	0.4000	0.3000	
	千流及其他								22.17			25.52	6.72				
		334		58			680	13.47	5.3	14.13	6	4.02	1.80	2	0.8875	0.4700	
		162		29			420	6.53	1.1	21.60	4	0.93	0.39	2	0.031		
	古田溪	1799	833	90	35			57.78	25.78	11.7	31	21.9	7.56		20.1758		(包括古田水电站 19.2 万千瓦)
	武步溪	1152		34		290		3.7	0.69	26.2	8	0.382	0.18				
	戈步涨	450		30				17.41	3.93	19.9		2.57	1.26		0.4148		
宁德诸河	水北溪	3526	193.6	43.4	32.3	697	627	12.48	2.19	7.69	12	1.72	0.79	3	0.6500		
	赤溪	381		54		1200	456	11.83	6.86	8.1		3.82	1.37	2	0.375		(上下班游为赤溪)
	杯溪	285.2		45		740		9.5	2.46	16.4		1.68	0.5				
	罗汉溪	205.4		38		865	392	5.1	2.51	22.8	5	3.68	1.22	3	0.8880	0.2581	
	其他小溪								8.07			2.772	0.90				

资料来源：根据 1992 年 5 月《宁德地区环境和国土资源综合评价》(初稿)附表。

2. 潮汐能资源

三都澳是腹大口小的内海，其出口为南向宽度约 3km 的东冲口。三都澳潮汐是典型的半日潮，平均涨退时间为 12 小时 25 分，平均高潮位和平均低潮位的潮差为 5.35m。根据估算，一个潮汐过程(一个涨潮)从东冲口进出的潮流量约为 29.3 亿立方米，亦即东冲口单宽流量达 $22m^3/s$，由此可见，三都澳的潮汐蕴藏着丰富的能量，可以对其进行部份开发利用。宁德市潮汐统计概况见表 9。

表 9　宁德市潮汐统计表

海湾	电站名称	坝长(m)	平均潮差(m)	库面积(km^2)	理论		可开发量	
					装机容量(万千瓦)	蕴存量(万千瓦时)	装机容量(万千瓦)	年电量(万千瓦)
合　计				823.36	239.60	245.96	117.65	
沙埕湾	沙埕	1300	4.17	66.67	75.78	22.05	22.96	6.31
秦屿湾	秦屿	2000	4.17	4.14	4.75	1.38	1.44	0.4
牙城湾	牙城	1300	4.19	7.56	8.75	2.55	2.65	0.73
福宁湾	后港	5000	4.23	29.98	35.40	10.30	10.73	2.95
福宁湾	长门	4600	4.24	10.13	12.02	3.50	3.66	1.10
东吾洋	东吾洋	3900	5.10	144.53	248.11	72.20	75.18	20.68
三都澳	三都澳	5700	5.34	233.02	438.55	127.62	129.34	85.57

资料来源：根据 1992 年 5 月《宁德地区环境和国土资源综合评价》(初稿)。

(四)水资源开发利用现状

1. 水资源的质量现状

本市河流含砂量较少，多年平均悬移质含量 $0.15kg/m^3$ 左右，一般都小于 $0.2kg/m^3$，枯水季河水清澈见底，含砂量更低。输砂模数为每年 100～$200t/km^2$。

根据各市(县)对主要河流及市(县)所在地的地下水进行的水质抽样调查表明，交溪、霍童溪等干支流本底水质好，酸碱度在正常范围内，离子总量不高，矿化度偏中等，属于软水。有些河流水体虽有不同程度受污染，如酚、汞等含量超标。但因河流地表径流大，环境容量大，水体稀释自净能力强。干流有一半河段水体为Ⅰ、Ⅱ类(符合地面卫生标准)，其余为Ⅲ类(符合农业灌概标准)，只有个别水系如宁德霍童溪和福鼎的水北溪，古田和屏南城关等局部河段水质为Ⅳ、Ⅴ类，占河长 3%～5%。因此，总体上说水质较好，绝大多数符合工农业生产和人畜饮用标准。

但不容忽视的是部分河流污染较严重，若不控制工业"三废"和生活污水的排放，以及农药化肥的施放、拆(修)船工业污油的泄漏，势必影响水体的质量，恶化水环境。如大金溪下游、霍童溪下游、交溪上游西溪河段、交溪下游赛江、古田溪、水北溪、杯溪、金溪部分河段。

宁德市地下水除滨海地区有咸水分布外，大部分为淡水，其矿化度都小于1g/L，总硬度一般为1.5～3.5mg/L，水质一般属于重碳酸钙型的淡水，适宜人畜饮用。

从蕉城区、福安市地下水监测发现，部分井水质差、污染严重，其中细菌污染尤甚，已超标数倍至百余倍。此外，霞浦城关、沙江一带为血吸虫病寄主钉螺的生长区，疫区内水源不能作为人畜饮水和其他生活用水。

2. 水利建设现状

本市对水量资源的利用主要是地表径流，地下水的开发利用很少。据1993年统计，已建的蓄、引、提水等水利工程46381处，其中中小型水库287座，总库容2.87亿立方米(中型水库4座，小一型水库445座，小二型水库238座)，小山塘2333座，总库容0.1152亿立方米，引水工程43352处，水闸91座，机电排灌站214处，水轮泵站104处，还有机井6眼等提水工程。

根据已建水利工程的效益复核计算和复蓄指数法计算，对引水工程用倍比系数法等计算综合供水能力，经计算分析，全市综合供水能力见表10。

表10　宁德市各类工程可供水量及用水量

(单位:亿立方米)

分项 保证率	中型水库	小型水库	引水工程	提水工程	其他	合计	1985年用水量
P=50%(平水年)	3.75	2.11	7.196	0.38	0.17	13.603	10.287
P=75%(偏枯年)	3.17	1.83	6.987	0.38	0.17	12.537	11.766
P=90%(枯水年)	2.75	1.54	6.85	0.38	0.17	11.69	13.317

注:古田溪水库(库容5.74亿立方米)为省电力网的发电水库，故不列入表内。

由上表可见，枯水年在1985年用水量的水平上，供水量已明显不足。因此必须采取工程措施增加供水能力。

3. 水能资源开发利用现状

宁德市水能资源开发较落后，截止1993底，宁德市已建水电站595座，总装机容量17.6312万千瓦，其中装机500千瓦以上水电站61座，联网的水电站有116座，其总容量14.5814千瓦。由于这些水电站的上游大多缺乏调节能力较强的龙头水库，多为引水式径流电站，枯水季节电能只能靠电网供应。

现区内110千伏电力网已基本形成，省电网220千伏线路也已延伸到赛岐，并拟将赛岐作为电网的中心联络已批准开发的穆阳溪梯级电站，然后辐射到各主要县市。

(五)水资源开发利用存在的主要问题

1. 水资源(供水)方面

宁德市多年平均水资源总量为135.89亿立方米，从总量上看，水资源是较丰富的，但由于降水量在地域上分布不均，造成西北部地区人均占有量为6300～11200立方米，耕地量平均为8300～12400立方米，东、南部人均占有量仅3400～5300立方米。沿澳乡(镇)水资源与西、北部乡(镇)相比，显得较为贫乏，形成水资源分布呈"北富南穷"的状态。此外，水资源在时间分布上也很不均衡，年内各季之间降水量差异很大，4～9月降水量占全年的70%～80%，且河道中洪水径流量占总径流量的94%以上，稳定基流仅6%左右。水资源的年际变化也很大，丰、枯水年的比率都大于1.2，有的达2.65，沿海地区变化更大。

2. 水能资源开发方向

宁德市河道比降大，落差集中，利于开发利用，其水能资源是我国东南沿海"富矿"。电站多为引水式高水头电站，水机设备及土建投资均较节省，且一般水库区上游人口较稀少，淹没损失相对较小。但因河道比降大，缺乏低坝大库的坝址，往往上游龙头水库不大，因此径流调节能力不够强。正因为人口稀少，故一般对外交通较为不便，难免增加开发的难度。因此，选择库容大的龙头水库对充分利用水能资源甚为重要。

对于缺水地区尚存在着用水与发电的矛盾，应最大限度地综合利用水资源，利用发电的尾水供水，要首先保证生活用水。

(六)水资源开发利用的对策

上述情况表明，该地区水资源总量虽较丰富，但由于其时空分布不均，开发利用较为落后，没有足够的工程设施。因而水旱灾害仍频繁发生，沿海地区的供水问题十分突出，严重制约经济的进一步发展。另一方面，水资源的开发利用程度很低，地下水利用更少，还有些水源受污染而不能利用。

水能资源利用方面，虽有不少高落差的河段可开发利用，但上游需建大容量的调节水库。应优先考虑在河流的上、中游修建大容量水库，同时考虑防洪、发电、供水、灌溉等综合效益。丰水季节，既可拦洪发电，又可减轻洪水灾害；枯水季节，可增强供水能力，以解决干旱地区用水，且由于提高了枯水季的河道径流，还可提高下游水电站效益。

对于三都澳缺水地区宜实施"北水南调"工程和跨流域引水工程，使水资源得到更合理的调配和利用。同时要注意保护水源不受污染，并加速污染源治理，以恢复和扩大供水水源。缺水地区应充分开发地下水资源，利用泉、井解决人畜饮水问题。农田灌溉上应提高灌溉技术，推广喷灌、滴灌等节水技术，使有限的水资源，发挥出更大的效益。在开发利用水资源考虑其综合效益时，应把保障人民群众的生命财产的安全和必要的生存条件放在首位。

（七）地下水

宁德市地下水总量20.88亿立方米，约占水资源总量的14%左右，分布于全市各地，特别是西部、北部和中部地区。如西部的古田约占水资源总量的22%，东部的霞浦仅占水资源总量的7%，主要表现为基岩裂隙水、松散堆积层孔隙水和风化网状裂隙水。

基岩裂隙水主要分布在内陆区和局部沿海山前流纹岩、花岗岩、火山碎屑岩、页岩、砂岩地段。一般泉水流量<0.3L/s，属水量贫乏区。地下水无色、无味、透明，水温2℃～17℃，矿化系数多数在<0.1g/L，水质属HCO_3—Na、HCO_3—Cl—Na型淡水，固氯离子含量不高。水质良好，适宜于生活饮用和农业用水。水量约占地下水总量的86.73%，水位埋存较深。

松散堆积层孔隙水主要分布在山间盆地和滨海平原及海湾河口，分布在泥沙卵石层中，大多水量微弱，约占地下水总量的6.94%，水位埋存在1～20m深。地下水无色、无味、透明，水温20℃～23℃，矿化度<0.3g/L，水质属HCO_3—Cl—Na、HCO_3—Cl—Na—Ca型弱酸性极软性水或软水。这一类型淡水具有含离子少，锅垢极少，或少至中等沉淀物，不起泡或半起泡，非腐蚀性等特点，是一般生活的工农业生产较为适宜的用水。

风化网状裂隙水分布在低山丘陵地带的砂质黏土、粘质砂土、碎石、角砾层等，水量微弱，约占地下水总量的6.33%。

（八）水质

根据各地主要河流水质抽样调查表明，交溪、霍童溪、古田溪及其他支流和自成系统独自流入海的主要河流的水质均较好，酸碱度在正常值范围内，离子总量不高，矿化度为0.76～0.80毫克当量/L，水质硬度为4.32～4.56mg/L，pH值6.7，属重碳酸盐类软水。滨海感潮河段因潮汐影响，矿化度高。由于各条河流降雨丰沛、地表径流量大，水体稀释自净力强，水质较好，符合工农业生产和人畜饮用的标准要求。部分河流的下游因工业三废的直接排放，农田大量施用农药，或拆船工业污油的渗透等，而出现表层水质的轻度污染。大金溪的下游，古田溪、杯溪、金造溪等部分河段，均受到酚、汞或有机氯的不同程度的污染，由于各种有毒物质在环境中的迁移转化，特别是重金属和农药经过环境中的物理、化学与食物链的蓄集所形成次级污染，最终破坏生态平衡，对人体健康构成威胁。

四、矿产资源

宁德市属火山岩地带，金属矿产资源比较贫乏而非金属矿产资源比较丰富。目前已发现矿产79种，矿产地135处，探明储量的矿种有33种，尤其是玄武岩、高岭土、花岗石、建筑砂、叶腊石、钼、锌等矿种，储藏量大，品位高，且易于开采，为发展建材、陶瓷等工业提供了充足的原料（见表11）。

表11　宁德市主要矿产资源储量表

矿产名称	储量单位	储量	基础储量	资源量
铁矿	矿石(千吨)			259
铁砂矿	矿石(千吨)			47
锰矿	矿石(千吨)			5
铜矿	铜(吨)			6132
铜矿(伴生铜)	铜(吨)			40
铅矿	铅(吨)	679	7129	92692
铅矿(伴生铅)	铅(吨)			18
锌矿	锌(吨)	132	6981	257522
钨矿(原生矿)	WO_3(吨)			1645
钼矿	钼(吨)	6321	10535	53066
金矿(岩金)	金(千克)		10	5
金矿(砂金)	砂金(千克)			64
镉矿(伴生镉)	镉(吨)			1997
硫铁矿(矿石)	矿石(千吨)		5	8819
硫铁矿(伴生硫)	矿石(千吨)			227
叶腊石	矿石(千吨)	250	770	2067
明矾石	矿石(千吨)	178	573	836
瓷石	矿石(千吨)			3
高岭土	矿石(千吨)	248	919	4446
硅庆石	矿石(千吨)			600
冶金用脉石英	矿石(千吨)			4382
冶金用脉石英	矿石(千吨)	24	88	377
工业用硅石	矿石(千吨)			145
石墨(晶质石墨)	晶质石墨(千吨)			89
富钾岩石(正长岩)	矿石(千吨)			68
紫砂土	矿石(千吨)			706
建筑用花岗石	矿石(万立方米)		11	34
饰面用花岗石	矿石(万立方米)	10	2656	9163
饰面用凝灰石	矿石(万立方米)			61

资料来源：《宁德市地区志》(1997年)。

五、生物资源

农业资源。由于气候原因，宁德市农业资源丰富。宁德市是中国重点产茶区，现有茶园面积约 4.71 万公顷，省级以上名茶产品 30 多种。宁德市又是中国产量最多、品种最全的重要食用菌产区，银耳、香菇产量均居全国首位。同时，宁德市水果种类繁多，盛产四季柚、油柰、板栗、芙蓉李、水蜜桃、龙眼等。畜牧业特产有福安杜花猪、福安水牛、古田黑番鸭、霞浦山羊等。全市森林覆盖率为 62.7%，活立木总蓄积量 1527 万立方米，用材林面积约 44 万公顷。

海洋水产资源。宁德市海洋地理位置优越，沿岸四周大量淡水注入，给海区带来大量有机质和无机盐，滩涂底质和海区水质肥沃，饵料丰富，为海洋生物提供了良好的生存环境。因此该地区鱼类、甲壳类和贝类资源相当丰富，拥有海洋生物 600 多种，盛产大黄鱼、对虾、石斑鱼、二都蚶等海味珍品。大黄鱼人工繁殖及育苗技术达到国际领先水平。

森林植被资源。森林植被区系历史悠久，原生植被为常绿阔叶林，森林面积较大，覆盖率达 46.9%。生物资源丰富植物有 189 科，2163 种，在地形、气候、土壤等环境因素的综合影响下，植被垂直分布和水平分布较为明显。宁德市典型的森林植被类型有常绿阔叶林、常绿针叶林、针阔叶混交林、常绿森林矮林，其中常绿阔叶林是重要的水源林和特种用材林，常绿针叶林是该地区主要的用材林和薪炭林。

六、旅游资源

自然旅游资源。宁德市沿海气候温暖湿润，四季常青，风景秀丽自然，景观独具特色。自然景观主要有福鼎太姥山、霍童支提山、南际山，霞浦三沙留云洞，杨家溪等，目前都已得到不同程度开发。其中支提山是我国历史上的佛教胜地，素有“仙巢佛窟”之誉。支提寺属国家重点保护寺庙，迄今千余年，历经兴衰，作为我国一大禅林，闻名海外。著名的风景区太姥山被评为国家级风景名胜区，景区建设已初具规模，初步具备了发展旅游业的条件。

人文旅游资源。沿海地区开放历史悠久，经济、文化发展较好，名胜古迹颇多。历代名人朱熹、陆游、戚继光、冯梦龙等都在宁德市留下足迹和珍贵文物，加之宁德市是著名老区，革命先驱者的足迹踏遍宁德市山山水水，留下许多供人瞻仰的胜地。霞浦赤岸为日本国高僧空海入唐求法登陆地，被批为对外旅游开放点。宁德市又是畲族聚居地，畲族人民保留着浓郁的民族特色，畲族风情是旅游资源的一大特色，有待进一步开发。

第四节 区域资源特征

一、三都澳港湾实属难得天然良港

三都澳潮汐汊道型港湾，高潮位水域面积约714km^2，低潮位水域面积约430km^2。大于理论深度(以理论深度基准面作为海域潮位及水深的起算面，它低于平均海平面4.52m)10m、20m、30m的水域面积分别为170m^2、103m^2、57m^2，且基本上与澳口深水域连片。

澳口宽约3km，长约7.5km，水深20.5～115m，流速4～5节，呈南北走向，水道被荷叶礁、鸡公山等岛屿分为东、西两支各宽1.5km，长6km，东支水深加20.5～105m，西支水深21～115m。过鸡公山岛后，东西两支水道汇合，水深30～53m。从此，向东北经官井洋锚地进入胡屿锚地及东吴洋水道，水深10～44m；向西北进入三都澳锚地与三都水道，水深12～54m；向北经官井洋锚地，转身西北越过复鼎洋锚地，水道被白匏岛分为东、西两汊，东汊向北至盐田港，向西北至白马港，西汊向西偏北经鸡冠水道达卢门港，万吨船可抵达或乘潮抵达盐田港、白马港与卢门港。

澳内可供万吨以上船舶抛锚候泊位、引航、进行过驳作业的锚地面积约80km^2，其主要锚地区有三都锚地、官井洋锚地、复鼎洋锚地及三都锚地，上述锚地水深13～49m，底质为泥，锚着力强。口门外水深大于40m，最深达125m，可作为外轮检锚地。

环澳岸线曲折，总长574km，主要岛屿岸线长度为74km，其中大于理论水深10m的深水岸线73km。

从深水域面积之大与深水岸线之长而言，三都澳在国内同类型港口中实属首屈一指；其口门段水深大于理论深度30m的最小宽达500m，可供世界上最大吨位的船舶全天候自由进出。

二、三都澳海岸带雨量充沛水资源丰富

宁德市水资源总量多年平均为135.89亿立方米(其中地表迳流110.11亿立方米，地下水25.78立方米)，平水年为13050立方米(地表迳流105.53亿立方米，地下水24.97亿立方米)，枯水年为85.08亿立方米(地表迳流67.10亿立方米，地下水17.98立方米)。水域面积约18011公顷，占全区面

积的9.17%,远超过闽江流域的2.16%,但利用率很低,可谓未开发的“处女地”。

三都澳区域主要河流有次溪、霍童溪、七都溪、大金溪、杯溪、罗汉溪与古田溪,除古田溪、罗汉溪以外,皆从北面与西面汇入三都澳。因此澳北部与西部福安、宁德两市所属乡镇水源丰富,而东南部霞浦东冲半岛一带水源不足,需要就地蓄水与北水南调。

本区河道比降大,落差集中,建水库淹没损失少,其水能源是我国东南沿海的“富矿”。水能理论蕴藏量191.6万千瓦,可开发184.45万千瓦(含古田溪19.2万千瓦),多年平均电能60.31亿千瓦时。

三都澳潮型属于正规半日潮,平均潮位差5.30m,平均一个潮汐过程历时12小时25分,进出境出东冲口的潮流量约29亿立方米,潮汐能蕴藏量亦相当可观。

三、沿澳滩涂广泛发育开发潜力很大

沿澳20个乡镇和城区面积约1921.19km²,其中低山丘陵多,而台地平原很少,但沿澳高低潮位之间(地貌称潮间带)滩涂广泛发育,为发展水产业提供了优越的自然条件,营养丰富,水质肥沃,适于海洋繁殖,盛产泥蚶,花蛤、牡蛎、扇贝、蟹类等海鲜。

现已围垦造地43片共3024公顷,由于水质好、肥力强,经过短期天然雨淋洗土脱盐,不论种何作物都能取得高产。

三都澳滩涂面积约28400公顷,其中可开发的15大片约16000公顷,底质多为泥质,部分为沙泥质,厚度一般在20m左右,处于相对稳定状态,工程地质条件较好,筑堤围垦造地,可以弥补一些深水岸线陆域之不足,是一项十分珍贵的自然资源,开发滩涂,是缓解沿澳地区建设用地问题的根本出路。

四、海湾生物繁衍素称天然鱼仓

三都澳海湾地理位置优越,沿岸大量淡水注入海区。带来大量有机质与无机盐,滩涂底质与海区水质肥沃,饵料充足,营养盐丰富,浮游生物繁生,海产资源十分丰富,素有天然鱼仓之称。这里是带鱼、鲳鱼、鳓鱼、石斑鱼等多种鱼类索饵越冬的优良海区,更是全国少有的大黄鱼与对虾的产卵、繁殖和幼鱼育肥的理想水域。现已分别建立官井洋大黄鱼繁殖与东吾洋对虾繁殖等自然保护区。

根据初查,本海湾鱼虾贝类共约600余种,其中鱼类500多种(经济鱼类100多种),虾蟹类60多种,藻类70多种,其中较多为珍贵的如官井洋大黄

鱼产量居全国首位，东吾洋对虾(东方对虾与长 对虾)出口创汇，主要销往中国港、澳、台地区和日本，七都鲟、二都蚶、沙塘剑蛏、沙江牡蛎等也都闻名海内外。

五、旅游资源具有特色开发前景广阔

三都澳区域倚山临海、风光绮丽、历史悠久、人文荟萃，自然旅游资源与人文旅游资源都很丰富。例如福鼎的太姥山、屏南的鸳鸯溪已被列为国家级风景名胜区。宁德霍童支提山、周宁九龙漈瀑布群已为省级风景名胜区；著名古刹支提寺列为国家重点佛教开放点，宁德畲族乡亭坪村被国家列为“九五中国民俗风情游·南国风景窗”之一，而巧夺天工的三都澳海湾，不仅是难得的深水避风良港，并且也是具有巨大开发潜力的滨海型旅游胜地，郭沫若曾赋诗赞颂：“良港三都举世无，水深湾阔似天湖。”

三都澳区域山青水秀，迹古人杰，旅游资源既丰富又具有区域特色；自然人文景观交辉，在一个风景区内，既可观赏山水、探洞、下川甚至漂海，又可访古、览胜、朝拜；专项旅游资源独特，可开展宗教朝圣、畲族风情、蜜月度假等专项旅游；风味食品多质优，茶、酒、果、珍、鲜等名特优食品，将给旅游生活增添不少乐趣。

六、沿澳非金属矿相对丰富

本区火山岩面积占全区总面积的 2/3，燕山期火山岩浆活动频繁，矿产以火山岩为主，金属矿点多散布于山区，中低品位居多，有色金属共伴生矿占较大比重，不便于选矿与冶炼，直接影响矿床经济价值的体现。

澳非金属矿产资源相对丰富，矿种较多。例如宁德三都、飞鸾及霞浦城头至东冲半岛一带的建筑用花石，霞浦北壁的饰面用花岗岩，福安下白石的雕刻用花岗岩，福安赛江的流域沙砂(可结合疏浚赛江航道以开发)，宁德漳湾的石英砂、七都的石英石、福安湾坞的叶腊石，霞浦盐田、溪南、沙江的硅石，宁德漳湾、福安湾、霞浦盐田的高岭土，宁德西陂塘、五里洋的砖瓦用黏土，霞浦长春、下浒、溪南的海底贝壳及宁德三都的盐等矿点储量相对较大，质量较好，埋藏较浅，成分单一，易于开采。霞浦下浒的沸石、溪南的硅石则是本地独有的矿种，在本省其他地区尚未发现。但从总体上来看，本地区矿产资源相对贫乏。

第三章 三都澳海岸带经济社会发展条件

第一节 人力资源状况

2001 年宁德市总人口数为 3246930 人，市域范围人口密度为 241 人/平方千米。2001 年全市总人口按城乡分类，市镇人口占 75%，乡村人口占 25%；按经济特征分类，农业人口占 84.6%，非农人口占 15.4%；按性别分类，男性占 53%，女性占 47%；按年龄分类，65 岁以上老年人占总人口 7.83%（第五次人口普查数据）。各县市区的人口数及人口密度见表 12。

表 12 2001 宁德市行政区划及人口

县级行政单位名称	乡级行政单位数（个）				人口数（人）	人口密度（人/平方千米）
	总和	乡	镇	街道		
全 市	124	54	62	8	3246930	241
蕉城区	16	4	10	2	414636	270
霞浦县	13	6	7		512848	299
古田县	15	7	8		426534	179
屏南县	11	7	4		181839	122
寿宁县	14	10	4		254541	179
周宁县	9	3	6		193486	185
柘荣县	9	7	2		100374	185
福安市	21	7	11	3	601599	335
福鼎市	16	3	10	3	561073	367

资料来源：《宁德 2002 统计年鉴》。

近几年来，宁德市各类教育事业全面发展。2001 年全市 7 所大中专学校在校学生 7345 人，比上年增加 475 人；职业中学 24 所，在校学生 1.59 万人，比上年增加 320 人；普通中学 190 所，在校学生 22.60 万人，比上年增加 4095 人；小学 2136 所，在校学生 33.57 万人，减少 5345 人；技工学校 7 所，在校人数 1447 人；成人中等专业学校在校生 2244 人，成人初等学校和乡镇成人文技学校毕业生 14.74 万人。全市学龄儿童入学率 99.3%，小学毕业生升学率 94.1%。当然，由于种种原因，宁德市的总体教育水平依然偏低，尤其是高等教育、职业技术教育规模太小(全市仅 1 所普通高等学校，毕业生数 526 人)，发展缓慢。

在人口质量上，由于农业人口比重大，宁德市人口的科技文化素质总体水平严重偏低。专业技术人员不仅数量少，而且结构不合理，技术含量也低。以专业技术人才最为集中的国有企事业单位为例，据统计，2001 年全市上述单位共有各类专业技术人员 4.92 万人，其中中高级专业技术人员 1.28 万人，只占总人口数的 1.5%和 0.4%，其结构比例如图 8 所示；专业技术人员中比重最大的是教学人员，占 72.7%，其他各类工程技术人员、农业技术人员、科学研究人员的份额都很低，只分别占 7.8%、3.4%和 0.2%，至于经济、会计类等专业人员更是少之又少；除此之外，第一线劳动者的技术熟练水平也普遍偏低，高等级的技术工人和农业技术人员严重匮乏。

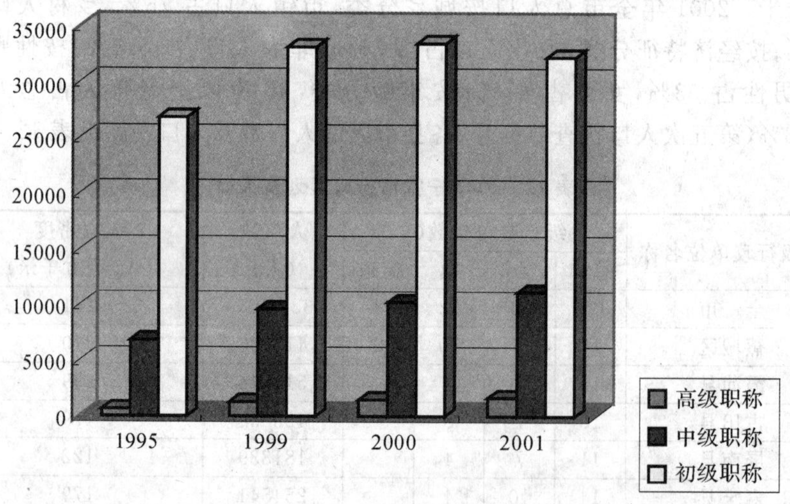

图 8　宁德近年国有企事业单位各类专业技术人员数

第二节　市域经济发展现状

一、经济发展的总体水平

改革开放以来，宁德市经济建设取得一定成绩。表 13 给出了有关的统计结果。从中可见，2001 年，全市国内生产总值达 2362256 万元，按当年价计算，约为 1978 年的 44.95 倍，年平均增长率达 11.9%；其中第一产业平均每年增长 8.7%，第二产业平均每年增长 15.1%，第三产业平均每年增长 12.7%；全市人均国内生产总值达 7261 元，按当年价计算，是 1978 年的 33.16 倍，平均每年增长 10.4%。与此相应，产业结构和就业结构也分别由 1978 年的 45.1∶28.4∶26.5 与 45.1∶28.4∶26.5 演变为 2001 年的 28.2∶36.3∶35.3 和 58.1∶11.2∶30.7。

表 13　1978—2001 年宁德主要经济指标

	1978	1980	1985	1990	1995	2000	2001
GDP 总量（万元）	52549	66064	121546	2823336	1201805	2187279	2362256
第一产业	23691	33044	60932	129063	497547	659143	666226
第二产业	14951	16813	29741	54031	333440	758674	857298
第三产业	13907	16207	30873	99242	370818	769462	838732
人均 GDP（元）	219	267	462	993	3894	6756	7261
三次产业的比例	45.1∶28.4∶26.5	50∶25.5∶24.5	50.1∶24.5∶25.4	45.7∶19.1∶35.2	41.4∶27.7∶30.9	30.1∶34.7∶35.2	28.2∶36.3∶35.5
城市化水平(%)	10.9	11.3	12.4	12.9	15.6	15.1	15.4

以上数据表明，经过 20 余年的艰苦努力，目前宁德市的人均收入已基本摆脱贫困，达到小平同志当年提出的小康水平①，若按照世界银行标准计算，

---

① 邓小平同志在 1984 年说："所谓小康，从国民生产总值来说，就是年人均达到八百美元。"

则已接近于下中等国家的门槛①；同时，宁德的产业结构也已基本上完成了从农业社会向工业社会的过渡，即经济发展的总体水平已步入工业化初期。钱纳里认为可以按照人均 GDP 将工业化分为三个阶段、六个时期。按 1982 年美元计算，人均 GDP 364～728 美元为初级产品阶段；728～1456 美元为工业化初期；1456～2912 美元为工业化中期；2912～5460 美元为工业化后期；5760～8736 美元和 8736～13104 美元则分别为发达经济的初级和高级阶段。

因此，按照经济发展的阶段理论，加快工业化和城市化进程必将是宁德市未来 20 年内经济发展的主导趋势和主要目标。

二、市域的产业结构特点

(一)第一产业

2001 年宁德市第一产业的国民生产总值为 666226 万元，农林牧副渔业总产值 1105509 万元，其中农业 406666 万元，占 36.8%；林业129418万元，占 11.7%；牧业 110643 万元，占 10%；渔业 458782 万元，占41.5%。表 14 给出了 1980 年以来宁德市主要年份的农林牧副渔业总产值及其构成。从表中可以看出，随着经济的发展，宁德市第一产业中农业比重逐年下降，渔业比重逐年上升，林业与牧业比重基本保持稳定；渔业已逐步确立了在宁德市第一产业中的主导地位。

表 14 宁德市主要年份的农林牧副渔业总产值及其构成

	1980	1985	1990	1995	2000	2001
农林牧副渔业总产值(万元)	45237	85421	195872	785975	1095513	1105509
农业比重(%)	72.7	62	50.7	43.9	36.1	36.8
种植业比重(%)	66.8	49.8	42.4	38.2	30.7	31.4
林业比重(%)	5	9.3	14.7	14.2	13	11.7
牧业比重(%)	11.8	15	17.8	13.5	9.6	10
渔业比重(%)	10.5	13.7	16.8	28.4	41.3	41.5

2001 年，宁德市水产品总产量达 717764 吨，为 1985 年的 7.2 倍，其中海水产品产量 688884 吨，淡水产品产量 28880 吨。从蕉城区至霞浦、福鼎的广阔海面上，网箱相连，渔排逐浪。仅三都澳青山海域就有 10 万个网箱，托

① 世界银行《1998/1999 年度世界发展报告》按人均国民生产总值(GNP)把世界各国和地区划分为低收入、中低收入、中高收入和高收入组别。低收入，785 美元及以下；中低收入(下中等收入)，786～3125 美元；中高收入(上中等收入)，3126～9655 美元；高收入为 9656 美元及以上。

起了一座常住养殖户8000多人的海上"浮城"，年产值10多亿元。网箱养殖在特定时期对宁德市的经济发展作出贡献，但从目前开发港口的形势分析，三都澳的网箱养殖对港口的开发将带来不利影响。在宁德的农业生产中，经济作物占有相当大的比重，其中最值得一提的主要有茶叶、食用菌、水果和太子参这四大类产品。宁德现有茶园面积约4.71万公顷，省级以上名茶产品30多种。2001年茶叶产量和产值分别达4.4万吨和3.9亿元。全市直接或间接从事茶叶生产、加工、包装、运输、销售以及相关的第三产业的人数多达几十万。

宁德市也是中国产量最多、品种最全的重要食用菌产区，银耳、香菇产量均居全国首位。在"全国食用菌之乡"古田县，有一半以上人口从事食用菌生产、经销和科研活动。2002年产量25.6万吨，交易值6.8亿元，是全国规模最大、品种最多、技术最先进、从业人数最多、营销网络最健全、专业批发市场最大的生产基地。素有"中国太子参之乡"称誉的柘荣县，药材种植面积约23333公顷，目前正着力构建"闽东药城"。

以上情况表明，特色农业在宁德已形成一定的集群和规模，商品生产已渗透于农村千家万户。

(二)第二产业

2001年宁德市第二产业国内生产总值857298万元，工业总产值2512565万元，按当年价计算，比上年增长11.6%，达到1985年的34.5倍。其中轻工业产值1348133万元，重工业产值1164432万元，分别比上年增长8.7%和14.8%。

表15　宁德市近午来的轻重工业比及制造业的内部构成

年份	工业总产值(万元)	轻工业增长速度(%)	重工业增长速度(%)	轻重工业比重	制造业			
					总产值(千元)	第一类比重	第二类比重	第三类比重
1998	1859642	19.5	15.7	1.37	3347558	0.35	0.26	0.39
1999	2036420	7.3	6.7	1.25	3241063	0.27	0.22	0.51
2000	2260014	6.6	17.8	1.14	3851073	0.21	0.30	0.50
2001	2512565	8.7	14.8	1.16	4600772	0.17	0.30	0.53

①资料来源：《宁德2002统计年鉴》；②数据统一按当年价计算；③第1类产业主要包括食品加工业、食品制造业、饮料制造业、烟草加工业、纺织业、服装及其他纤维品制造、皮革毛皮羽绒及其制品业、木材加工竹藤棕草制品业、家具制造业、造纸及纸制品业、印刷业、文教体育用品制造业等；第2类产业主要包括石油加工及炼焦业、化学原料及制品制造业、医药制造业、化学纤维制造业、橡胶制品业、塑料制品业、非金属矿物制品业、黑色金属冶炼及延压加工业、有色金属冶炼及延压加工业、金属制品业等；第3类产业主要包括普通机械制造业、专用设备制造业、交通运输设备制造业、电气机械及器材制造业、电子及通信设备制造业、仪器仪表文化办工用机械、其他制造业等。

表15列出宁德市近几年来的轻重工业增长速度、轻重工业比重(霍夫曼系数)以及制造业内部三类产业的构成。由表中数据可知,直至20世纪末,宁德的轻工业增长速度仍然快于重工业,但进入21世纪以后,重工业的增长速度开始超过轻工业;同时,第一类工业(轻型制造业)的比重逐年下降,第二类工业和第三类工业的比重逐年上升。这表明宁德市的工业结构正随着经济发展水平的变化而逐步提升。

表16 2001年宁德市制造业各部门在福建省内的专业化系数

	产业部门	专业化系数		产业部门	专业化系数
1	食品加工业	1.2619	14	橡胶制品业	0.2520
2	食品制造业	1.0001	15	塑料制品业	0.0979
3	饮料制造业	1.3917	16	非金属矿物制品业	2.4084
4	纺织业	0.0726	17	黑色金属冶炼及压延加工业	0.7341
5	服装及其他纤维制品制造业	0.2168	18	金属制品业	0.4971
6	皮革、毛皮、羽绒及其制品业	0.1391	19	普通机械制造业	4.0185
7	木材加工及竹、藤、棕、草制品业	1.6845	20	专用设备制造业	0.4642
8	造纸及纸制品业	0.0242	21	交通运输设备制造业	3.3632
9	印刷业	0.2501	22	电气机械及器材制造业	4.2877
10	文教体育用品制造业	0.3587	23	电子及通信设备制造业	0.0294
11	石油加工及炼焦业	0.0577	24	仪器仪表及文化、办公用机械制造业	0.6166
12	化学原料及化学制品制造业	1.1747	25	其他制造业	0.1918

资料来源:《宁德市2002年鉴》、《福建省2002年鉴》。

表17 宁德市近三年来第三产业的增加值及构成

	第三产业增加值(万元)	流通类		服务类	
		第一层次比重(%)	第二层次比重(%)	第三层次比重(%)	第四层次比重(%)
1999	702092	53	18.15	13	15.85
2000	769462	52.6	17.9	13.6	15.9
2001	838732	52.1	18.6	13.8	15.5

①资料来源:《宁德2002统计年鉴》;②数据均按当年价。

但是,从现场调查情况看,不论是制造业内部的行业结构,还是各行业生产的产品档次,宁德市的工业水平仍然很低。大多数企业的技术装备和生产工艺落后，技术创新的主体还没有形成，实用性和管理型的高层次人才严重缺乏。在2001年福建省对各设区市科技进步状况评价中，宁德位于末端。表15计算了2001年宁德市制造业各部门在福建省内的专业化系数。从中可知，宁德市制造业中在福建省内的专业化部门主要有电气机械及器材制造业，普通机械制造业，交通运输设备制造业，非金属矿物制品业，木材加工及竹、藤、棕、草制品业，饮料制造业，食品加工业，化学原料及化学制品制造业，食品制造业（按专业化系数降序排）等9个部门。显然，即使在福建省内，专业化部门数量偏少、层次偏低，也仍然是宁德市制造业的两个主要特点。

目前，以专业化系数和产值比重为标准，宁德市的主要工业部门有：

(1)食品加工业。这是闽东工业的传统产业，2002年产值占工业总产值的22%。近年来，经新技术、新工艺、新配方改造，闽东的茶叶、果蔬、水产品、酒类、食用菌、调味品等产品的生产有了很大提高。其中尤以宁德"天山银毫"为代表的闽东茉莉花茶叶系列，以古田银耳、寿宁花菇、屏南夏香菇为代表的食用菌系列，以霞浦海产品加工为代表的水产品系列最为著名。

(2)机电产业。这是闽东工业的支柱产业。闽东电机在国内外都有一定的影响。全市现有电机电器工业企业600多家，产值占工业总产值的17%，主要基地位于福安、霞浦三沙和福鼎。

(3)石板材。这是闽东重要的资源型产业，产值占工业总产值的15%左右。主要品种有花岗岩、玄武岩、闪长岩、安山岩、辉绿岩板材、影雕等，产品主要分布在古田、宁德、福鼎、屏南等地。但宁德的石板材以普通板材为主，普遍存在品质不高的问题。

(4)船舶修造。这也是闽东工业的传统产业，主要分布在福安赛江两岸，产值占工业总产值的6%。目前船舶工业"修、拆"的比重比较大，今后将朝着"修、造"并举、以"拆"为辅的方向发展，以提高产业的技术构成和产业规模。

(5)冶金业，以周宁的铁合金为代表。闽东水力资源丰富，发展电铁合一项目得天独厚。目前冶金业的产值占工业总产值的8%左右。

(6)医药化工。这是闽东工业中的新兴产业，产值占工业总产值的3%左右。医药工业主要生产各类针剂、抗菌素等药用品；化工业初步形成了化肥、农药、无机盐、有机化工、石油化工、染料、化工制品、化工机构等八大类，50多种产品。榕屏化工厂是当今全国最大的氯酸钾生产基地，有可能成为闽东工业发展的重要龙头。

(三)第三产业

近年来，宁德市第三产业增幅显著，2001年国内生产总值达838732万元，占 GDP 总量的 35.5%，按当年价计算，是 1978 年的 60.3 倍。不过，从内部结构看，宁德的第三产业仍然以传统产业为主。其中批发和零售贸易、餐饮业比重最大，占第三产业增加值的 36.8%；其次是交通运输、仓储及邮电通信业，占 25.4%。①

表 17 给出了按四个层次分类的宁德市近 3 年来的第三产业内部构成。从中可知，宁德市第三产业的内部构成十分稳定，且第一层次的比重远大于第二层次，说明第三产业内部的新兴产业仍然相当弱小。

（四）1978 年以来三大产业对宁德市经济增长的贡献

1978 年以来三大产业对宁德市经济增长的贡献如图 9 所示。由图可见，相比之下，第一产业的比重依然不小，而第二产业和第三产业的比重大致相当，且第二产业的增长尚未能对国民经济的发展起到强有力的带动作用。这也从一个侧面说明，当时宁德市的经济正处于从农业化向工业化的转轨过程之中。这一点也可以从不久前结束的 2003 年宁德国际投资洽谈会上正式公布的对外招商项目中得到进一步的印证。

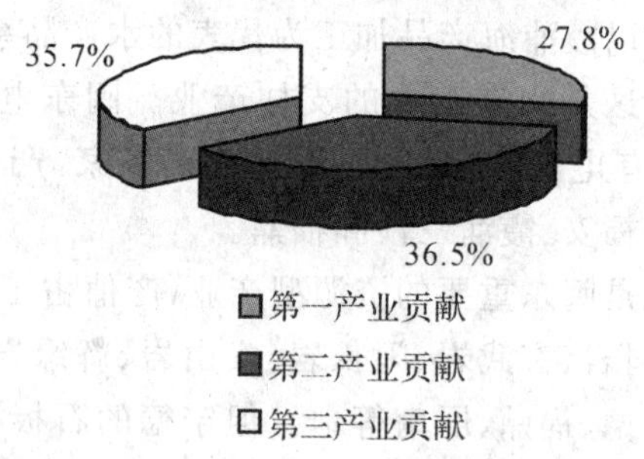

图 9　1978 年以来三大产业对宁德市经济增长的贡献

（五）对外经济开放度

2001 年宁德市外贸出口首次突破亿元大关。据海关统计，全年自营外贸出口总值 1.05 亿美元，按当年价，比上年增长 41.8%。其中内资企业出口 4616 万美元，增长 30.5%；外商投资企业出口 5881 万美元，增长52.0%。同时，利用外资有一定增长，全年新签利用外资合同项目 24 项，合同外资金额 6205 万美元，增长 12.1%；实际利用外商直接投资 5985 万美元，增长 8.3%②。表 18 和图 10 展现了宁德市近十年利用外资情况。当然，不可否认的是，宁德市利用外资的总体情况并不尽人意。对此应积极总结经验，创造条件，挖掘潜力。

① 数据来源：《宁德 2002 统计年鉴》。

② 资料来源：宁德 2002 统计公报。

表 18　宁德市近年来外资利用情况

年份	新签协议合同数（个）		外商投资协议投资额（万美元）		实际利用外资额（万美元）	
	地区	市区	地区	市区	地区	市区
1991	29	4	1343	506	605	94
1995	76	24	7426	1865	5203	1698
1998	50	19	8202	6192	10057	5858
1999	27	10	3681	1809	9049	5205
2000	31	9	5533	1335	9701	1561
2001	24	7	6205	4019	5985	1908

①资料来源:《宁德 2002 统计年鉴》;②数据均按当年价。③实际利用外资额一栏,2001 年的数据是实际利用外商直接投资,不包括间接利用外资。

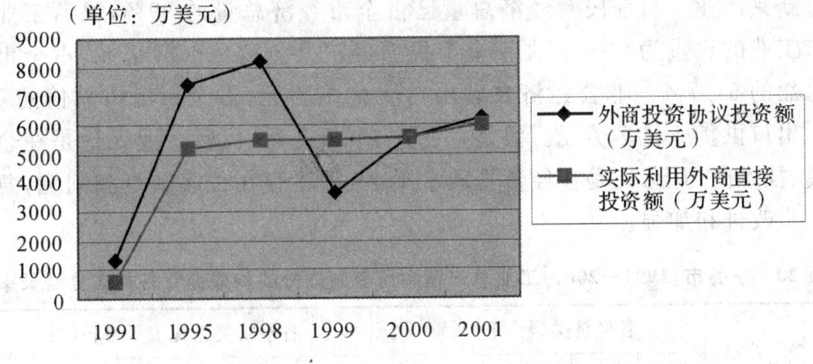

图 10　宁德利用外资合同外资额和实际利用外资变化

表 19 进一步计算了宁德市近年来的经济外向度和国际投资开放度这两个指标,来分析宁德市近几年的对外经济开放总体状况。这里,经济外向度是指出口总值占 GDP 的比重(缺进口总值的数据);国际投资开放度是指外商实际投资额占 GDP 总量的比重(由于国外投资数量都很小,因而在计算时予以省略)。显而易见,宁德市的经济外向度和国际投资开放度都处在较低的水平,但有逐步加强的趋势。

表 19　近年来宁德市的经济外向度和国际投资开放度

	国内生产总值（万元）	出口总值（万美元）	外商实际投资额（万美元）	经济外向度	国际投资开放度
1995	1201805	7005.35	5203	4.84%	3.59%
1999	2022885	4057	9049	1.66%	3.70%
2000	2187279	7402	9701	2.80%	3.67%
2001	2362256	10497	5985	3.68%	2.10%

①数据来源:《宁德 2002 统计年鉴》;②按当年价计算,且美元兑人民币汇率各年分别为:8.3,8.28,8.28,8.28;③从 2001 年开始,《宁德统计年鉴》对外商实际投资额的计

算口径统一改为实际利用外商直接投资额，故数值较小。

（六）所有制结构

2001 年宁德市工业总产值 2512565 万元。按所有制结构分，国有经济 77680 万元，占 3.1%；集体经济 16247 万元，占 0.6%；其他各类经济 452004 万元，占 18%；城镇个体和村及村以下工业 1966634 万元，比重最大，占 78.3%。表 20 和图 11 分别给出了近十年来不同所有制的工业企业总产值的变化状况。从中可见，在国家政策的鼓励和支持下，民营经济近年来在闽东异军突起，已成为经济发展的主力军。全市目前共有个体私营企业 5.71 万户，其中民营工业企业 3700 多家，从业人员 15 万多人，注册资本 23 亿元，经营领域涉及三大产业，涌现出了一批科技型农业、高新技术制造业、中介服务业等新兴产业。目前民营经济总量已占全市经济总量的 89%，民营工业占全市工业的比重为 90%。去年全市民营经济共创税收6.31亿元，占全市税收总额的 61.7%。非公经济自营出口 1 亿多美元，占全市出口总值的 74.8%，出口供货 6 亿多美元。但是，从另一个角度看，民营企业无论是在企业规模、技术能力上，还是在经营管理水平上，都还存在很多缺点和问题，急需进一步改进和加强。

表 20 宁德市(1991—2001)工业总产值中所有制成分的构成变化各类成分增长率

	工业总产值（万元）	各经济类型比重(%)				各经济类型比上年增长(%)				
		国有经济	集体经济	其他各种类型经济	城镇个体和村及村以下工业	工业总产值	国有经济	集体经济	其他各种类型经济	城镇个体和村及村以下工业
1991	198766	37.0	31.2	5.0	26.9	16.5	2.0	27.6	66.0	21.6
1992	291249	30.0	29.1	7.5	33.4	44.9	19.7	35.6	118.9	78.0
1993	555492	20.4	25.5	20.1	34.1	84.0	15.8	61.7	414.0	93.5
1994	918791	13.2	20.7	16.0	50.1	54.6	4.9	30.1	26.6	118.9
1995	1047714	14.0	21.8	11.0	53.2	11.7	10.4	17.6	－18.6	20.0
1996	1342865	11.8	20.9	13.4	53.8	26.2	－2.3	23.2	44.1	30.6
1997	1646132	9.3	20.8	11.8	58.0	24.1	－0.8	20.3	12.8	33.3
1998	1859642	6.5	4.0	11.2	78.3	17.9	－33.5	－25.5	42.7	36.0
1999	2036420	4.0	2.2	13.3	80.6	11.3	－28.9	－35.9	46.6	35.3
2000	2260014	3.7	1.7	15.3	79.2	11.5	－8.4	－1.0	25.9	4.1
2001	2512565	3.1	0.6	18.0	78.3	11.6	11.5	－17.6	32.0	7.3

①数据来源:《宁德 2002 统计年鉴》;②数据均按当年价计算。

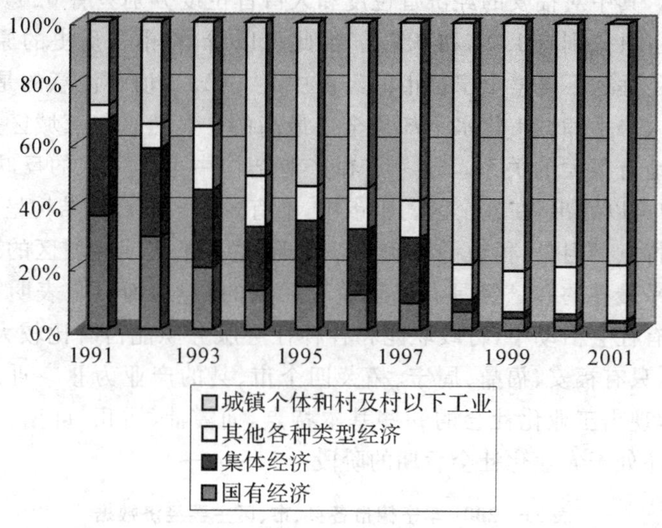

图 11　宁德市近年各类经济成分的比重变化

从以上的情况介绍和分析中不难看出，自改革开放以来，宁德市的经济发展有了很大进步，人民的生活条件也有了很大改善。但是，由于起步晚、底子薄等多种原因，目前宁德市经济发展的总体水平依然不高，很多地方仍然带有农业化社会的特点。这主要表现在：工业基础差；资本积累少；产业层次低；企业规模小；对外联系弱；人均收入少。因此，经济建设任重而道远。

第三节　中心城区（蕉城区）在市域经济中的地位与作用

蕉城区是三都澳海岸带中心城市的核心区域。显然蕉城区的经济发展状况对三都澳海岸带开发有着重要影响，需要对蕉城区在市域中的经济地位与作用做进一步的分析。

一、各区、县、市经济总体发展状况的比较

表 21 给出了 2001 年宁德市 9 个区、县、市的主要经济数据。从中可见：第一，无论是经济总量还是人口总量，蕉城区在市域内的首位度都很低，如

表 22 所示，其中对福安的经济首位度和人口首位度分别只有 0.83 和 0.69，对福鼎的也只分别有 1.04 和 0.74。由此可以看出，由于历史的原因，宁德市区现在还远远不是整个宁德市的经济中心。第二，值得注意的是，蕉城区的人均收入水平和城市化水平却是全市最高的。显然这与蕉城区是地级市机关所在地有很大的关系。这一点在产业结构中也有一定的反映。例如，从表 21 中可以看出，在九个区、县、市中，唯有蕉城区的产业结构呈现出Ⅲ＞Ⅱ＞Ⅰ的特点。但是，稍做了解就可以发现，这并不表明蕉城区的产业结构是全市水平最高的并已经具有了工业化后期的特点，而只是表明在蕉城区目前的所有社会活动中，行政职能和各种社会服务职能占有比较大的比重。相比之下，只有福安、福鼎、周宁、柘荣四个市、县的产业为Ⅱ＞Ⅲ＞Ⅰ的结构，开始体现出工业化社会的一些基本特点，而霞浦、古田、屏南、寿宁四个县基本上还处于农业化社会后期的阶段。

表 21 2001 年宁德市各县、市、区主要经济数据

	GDP 总量（万元）	人口（人）	人均 GDP（元）	产业结构（%）			城市化水平（%）
				一产	二产	三产	
蕉城区	413120	414636	9888	22.0	29.4	48.6	22.0
霞浦县	374608	512848	7311	37.8	28.3	33.9	12.5
古田县	279571	426534	6549	32.9	32.3	34.8	15.5
屏南县	104529	181839	5750	33.6	30.4	36.0	12.2
寿宁县	124498	254541	4898	36.0	36.1	27.9	7.9
周宁县	94058	193486	4876	26.0	41.5	32.5	10.3
柘荣县	78549	100374	7831	27.6	38.7	33.7	12.2
福安市	497926	601599	8264	22.4	47	30.6	18.4
福鼎市	395397	561073	7004	26.5	40.3	33.2	16.0

资料来源：《宁德 2002 统计年鉴》。

表 22 蕉城区对其他县、市的首位度

比较对象	霞浦县	古田县	屏南县	寿宁县	周宁县	柘荣县	福安市	福鼎市
GDP 总量首位度	1.10	1.48	3.95	3.32	4.39	5.26	0.83	1.04
人口总量首位度	0.81	0.97	2.28	1.63	2.14	4.13	0.69	0.74

资料来源：《宁德 2002 统计年鉴》。

综上所述，不难看出，就目前的情况而言，虽是地级市所在地，但宁德市区在整个宁德市域的经济影响却十分有限，因而，当前在整个市域的经济发展中很难起到龙头带动作用。因此，如何加速培育宁德市域的经济增长极核，充分发挥中心城市在整个市域经济发展中的核心作用，显然是亟待解决的一项重大课题。

二、中心城区(蕉城区)三类产业的基本状况

(一)第一产业

2001年蕉城区的第一产业国内生产总值9.08亿元,占全年国内生产总值的22%。农林牧副渔业总产值165671万元,其中农业42441万元,占总产值的25.6%;林业2181万元,占1.3%;牧业12958万元,占7.8%;渔业108091万元,占65.2%。据统计,蕉城区第一产业稳步发展,总产值逐年上升,但农业、林业的比重呈下降趋势,渔业的比重不断提高,已牢牢占据第一产业的主导地位。

(二)第二产业

蕉城区2001年第二产业国内生产总值12.15亿元,占全年国内生产总值的29.4%,完成工业总产值291917万元,其中轻工业207237万元,重工业84680万元,按当年价,比上年增长16%。工业品出口交货值占销售产值的24.9%,比上年提高3.4%。建筑业增长较快,全年实现建筑业增加值19540万元,比上年增长21.2%。表23列出了蕉城区近四年来的轻重工业比重及规模以上制造业的内部构成。从中可见,近年来蕉城区的工业总产值一直在迅速上升,但是轻重工业比例也呈上升趋势。这表明,蕉城区的工业结构目前仍处于工业化初期的发展阶段。这可以从以下三个方面得到进一步的证实:首先,企业规模普遍偏小;其次,产业结构转换速度较慢(例如,将2001年的工业结构与1998年相比较,计算得出的相似系数为0.875);最后,专业化部门的层次较低,如表24所示。

在蕉城区,2001年全部国有和年产品销售收入500万元及以上的非国有工业比重只占整个工业总产值的13.56%,这不能不说是一个非常低的水平。而更为引人注目的是,其中私营企业的比重又只占6.43%,说明宁德的民营企业尽管十分活跃,但绝大多数仍处于起步阶段或者说创业资本的积累阶段,自身的经济实力仍然十分有限。

表23　蕉城区近年来轻重工业的比重及制造业内部构成

	工业总产值(万元)	轻工业总产值	重工业总产值	轻重工业比重	制造业			
					总产值	第一类比重(%)	第二类比重(%)	第三类比重(%)
1998	1859642	1073975	785667	1.37	416895	62.53	21.67	15.80
1999	2036420	1129340	907080	1.25	248439	54.39	19.97	25.64
2000	258620	170871	87749	1.95	243674	37.56	14.70	47.73
2001	291917	207237	84680	2.45	270385	48.16	35.03	16.82

数据来源:各年宁德统计年鉴;所有数据均按当年价。

表 24 2001 蕉城区制造业专业化系数

	产业部门	专业化系数		产业部门	专业化系数
1	食品加工业	4.3851	13	橡胶制品业	0
2	食品制造业	1.1568	14	塑料制品业	0
3	饮料制造业	1.6644	15	非金属矿物制品业	1.4964
4	纺织业	0	16	黑色金属冶炼及压延加工业	4.6160
5	服装及其他纤维制品制造业	1.6168	17	金属制品业	0
6	皮革、毛皮、羽绒及其制品业	0	18	普通机械制造业	0
7	木材加工及竹、藤、棕、草制品业	1.1311	19	专用设备制造业	5.0140
8	造纸及纸制品业	0	20	交通运输设备制造业	0
9	印刷业	0.9794	21	电气机械及器材制造业	0.4097
10	文教体育用品制造业	17.0156	22	电子及通信设备制造业	0
11	石油加工及炼焦业	0	23	仪器仪表及文化、办公用机械制造业	4.0740
12	化学原料及化学制品制造业	0.3804	24	其他制造业	1.7454

数据来源:《宁德 2002 统计年鉴》。

此外,由表 24 可知,目前蕉城区制造业中相对于宁德市的专业化部门有文教体育用品制造业,专用设备制造业,黑色金属冶炼及压延加工业,食品加工业,仪器仪表及文化,办公用机械制造业,其他制造业,饮料制造业,服装及其他纤维制品制造业,非金属矿物制品业,食品制造业,木材加工及竹、藤、棕、草制品业(按专业化系数降序排列)等 11 个产业部门。与前面计算的宁德市的专业化部门相比,蕉城区的电气机械及器材制造业专业化程度很低,而普通机械制造业和交通运输设备制造业空缺。

(三)第三产业

2001 年蕉城区的第三产业国民生产总值 200738 万元,占全年国内生产总值的 48.6%,按当年价计算,比上年增加 9.2%。在第三产业中,比重最大的是第一层次,即商业、交通运输仓储邮电业,如表 25 所示;其次是第四层次,即国家机关、政党机关和社会团体的费用开支。毫无疑问,这也是蕉城区的产业结构之所以会呈现出Ⅲ>Ⅱ>Ⅰ状况的主要原因之一。值得注意的是,在这四个层次中,第一、四层次的比重逐年略有下降,而第二、三层次的比重则稍有上升。这说明,第三产业的内部结构正在逐步调整,新兴的服务业正开始渐渐发展起来。

表 25 蕉城区(1999—2001)第三产业的增加值及其构成

年份	第三产业增加值（万元）	流通类		服务类	
		第一层次比重	第二层次比重	第三层次比重	第四层次比重
1999	164778	36.92%	21.90%	9.59%	31.59%
2000	183753	35.96%	22.19%	9.97%	31.87%
2001	200738	35.18%	23.38%	9.85%	28.48%

数据来源：各年宁德统计年鉴。

(四)各产业对经济增长的贡献

2001 年蕉城区国内生产总值 413120 万元，按当年价计算，是 1978 年 GDP 总量的 71.6 倍；其中第一产业增加值 9.01 亿元，比 1978 年增长了 88596 万元；第二产业增加值 12.1 亿，比 1978 年增加了 119376 万元；第三产业增加值 20.1 亿元，比 1978 年增加了 199351 万元。图 12 显示了 1978 年以来蕉城区三个产业对国民经济增长的贡献。显然，第三产业的贡献最大，占 48.94%；其次第二产业，占 29%。由此可见，由于种种原因，蕉城区的第三产业一直发展较快，在蕉城经济中始终占据主导地位，而第二产业——尤其是工业则十分薄弱。无庸置疑，这种状况倘若继续长期存在，则势必会对整个宁德市的经济发展带来许多负面影响。

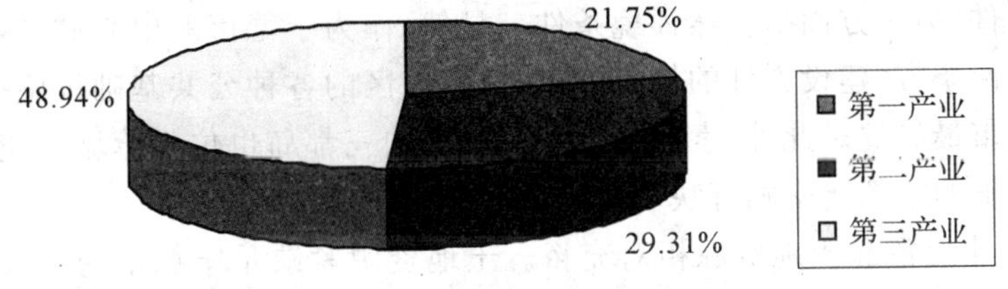

图 12 1978 年以来蕉城区三个产业对国民经济增长的贡献

(五)对外经济开放度

2001 年蕉城区外贸出口有较快增长，全年自营出口总值 744 万美元，按当年价，比上年增长 6%。全年新签利用外资合同数 7 项，占全市近三分之一；利用外资合同外资额 4019 万美元，占全市三分之二，比上年增长 201%；实际利用外商直接投资 1908 万美元，比上年增长 22%，也占全市近三分之一，并位居全市第一。表 26 给出了蕉城区近 10 年来利用外资的有关情况。从中可以看到，与全国一样，在渡过了东南亚金融危机之后，从 2001 年开始，外资投入又开始有所回升。但是，从总量上看，利用外资的规模仍然偏少，外资在推动当地经济发展中的作用依然十分有限。

表 26 1991 年以来蕉城区利用外资的基本情况

	1991	1995	1996	1997	1998	1999	2000	2001
实际利用外资合同外资额（万美元）	506	1865	1349	1466	6192	1809	1335	4019
实际利用外资额（万美元）	94	1698	2303	2713	5858	5205	1561	1908

①资料来源：《宁德 2002 统计年鉴》；②所有数据均按当年价；③从 2001 开始，实际利用外资的统计口径改为实际利用外商直接投资，不包括间接利用外资。

三、中心城区（蕉城区）经济发展的条件和潜力

从客观条件看，蕉城区经济发展的条件和潜力在整个地区中应该说既是最好的也是最大的。这里暂且不论宁德今后经济发展将要面临的几大机遇，而只从蕉城区现有的自身条件进行分析，就不难看出其所具有的几点优势：

1. 深水港口岸线较多。由前述已知，宁德的主要优势就是港口优势。而在宁德市内，又属蕉城区的港口条件最好。这不仅是因为城澳、漳湾、三都等深水岸线都在蕉城区，而且是因为这些岸线的交通配套条件在整个三都澳都是最好的，且离城市最近，因而建港条件最好。

2. 城市基础条件相对较好。这里的城市基础条件，一方面指公共基础设施条件，另一方面指自然环境条件。显然，作为宁德市的中心城区，在“一个中心两条带”建设方针的指导下，今后蕉城区的各种公共基础设施条件一定是全市最好的。此外，素有海上仙都之称的三都岛也位于蕉城区境内，与风光旖旎的三都澳交相辉映，构造出一种宜人的居住环境。

3. 水资源和土地资源相对充裕。土地资源紧缺是宁德市的一大缺陷。但在蕉城区，由于适宜围海造地的滩涂较多，又紧挨着中心城区，故经测算，在今后相当长一段时间内，经济发展将不会遭遇土地紧缺之苦。

4. 人力资源相对丰富。尽管从总体上说，宁德市的人力资源相当匮乏，然而在蕉城区人才却相对集中。因为是中心城区，因此各种科研机构和教学机构在蕉城区也相对较多。毫无疑问，这将为经济的长远发展提供一种最宝贵的支持。

5. 省内离福州市最近的地级市，因而在接受来自福州的经济辐射和产业转移最为方便。

第四节　宁德市在区域中的经济地位

众所周知,任何一座城市或一个地区的发展都不是一种完全孤立的空间现象。因此,为了把握其发展,不仅需要了解其所在地区的基本情况,而且需要了解其与周边地区的相互关系。为此,根据宁德的特点,这里进一步分析宁德市在福建省和我国东南沿海的经济地位,目的是从点(宁德)、线(东南沿海地带)、面(福建省)三者的关系中,清楚地识别和确定宁德市目前的发展态势和相对位置,从而为其发展策略的合理选择建立必要的基础。

一、宁德市在福建省的经济地位

表 27 给出了 2001 年福建省 9 个地级市的主要经济指标。从中可以看出,与其他城市相比,宁德市各方面都存在着明显的差距。这主要表现在以下四个方面:

表 27　2001 年福建省 9 个地级市主要经济指标

	GDP 总量(亿元)	人均 GDP(元)	产业结构(%)				区位商	城市化水平(%)
			一产比重	二产比重	工业比重	三产比重		
全省	4253.68	12362	15.31	44.77	38.68	39.93	1.00	21.10
福州市	1074.23	18034	12.35	47.07	39.40	40.58	1.03	29.16
厦门市	558.33	41111	3.95	53.14	47.17	42.92	1.13	51.90
莆田市	220.13	7321	17.00	49.55	41.41	33.45	0.98	11.84
三明市	272.08	10154	26.41	40.48	33.39	33.11	0.87	25.30
泉州市	1125.1	16320	7.26	52.83	47.47	39.91	1.09	14.26
漳州市	523.89	13265	22.79	39.79	32.47	37.42	0.91	17.19
南平市	240.88	7908	26.08	34.96	29.01	38.96	0.87	26.45
龙岩市	234.27	8154	24.15	39.15	32.72	36.70	0.90	18.36
宁德市	236.23	7261	28.20	36.29	28.64	35.50	0.85	15.38

①资料来源:《宁德 2002 统计年鉴》;②区位商是某地区非农产业比重与整个区域非农产业比重的比值,区位商越高表示该地区非农产业越发达。

(一)人均 GDP 水平低

2001 年,宁德市的人均 GDP 水平为 7261 元,为全省倒数第一,只及全省平均水平 12362 元的 59%,不要说离厦门(41111 元)、福州(18034 元)相距甚远，就是离南平(7908 元)、龙岩(8154 元)也有一段不小的差距。此外，尽管宁德的人均 GDP 与莆田比较接近，但莆田的二产比重和工业比重、基本建设投资、实际利用外资、外贸出口、城镇居民可支配收入、农村人均纯收入等指标都要高于宁德，因而经济总体状况大大好于宁德。

(二)产业结构落后

在全省 9 个地级市中，宁德市一产的比重最高，工业的比重最低(二产比重略高于南平市，居全省第二位)。显然，这也是造成宁德市人均 GDP 水平低的一个最主要的原因。福建省的产业结构劣于全国平均水平，而竞争力水平要高于全国水平；宁德市的产业结构还要劣于福建省平均水平，竞争力则略高于全省水平，产业结构和区域竞争力对经济增长的总的贡献低于福建省平均水平。

(三)经济发展速度偏慢

图 13 给出了近年来宁德市与福建省 GDP 增长速度的比较。显然，除了 1996 年和 1997 年以外，宁德市的经济增长速度在多数年份都要落后于全省平均水平，这不能不说是一个突出的问题。因为这意味着，如此下去，不仅不能弥补宁德市与其他地区之间的差距，反而会被其他地区越拉越远，而这一点在 2002 年也并没有明显的改善。根据 2002 年发表的统计公报，尽管宁德市在吸引外来投资方面取得了一定的成就，实际利用外商直接投资比 2001 年增长 14.6%，增幅高于全省平均水平 6.1%，居全省第三位，但在全社会固定资产投资、地方财政收入、城镇居民人均可支配收入等重要指标的增幅位次上却有所下降。

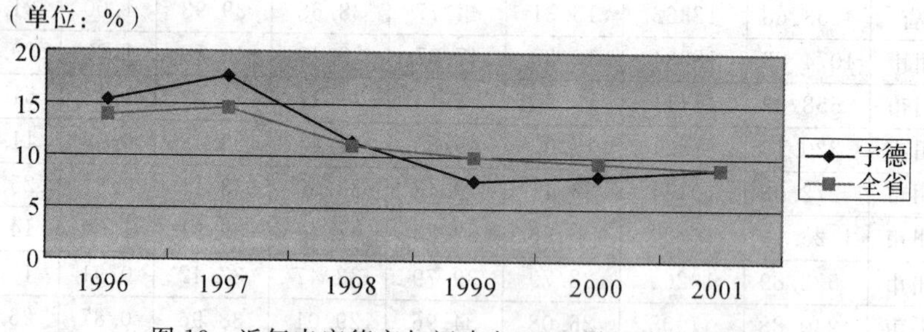

图 13 近年来宁德市与福建省 GDP 增长速度的比较

(四)城市化进程相对迟缓

2001 年宁德市城市化水平为 15.4%，滞后于工业化，低于全省平均水平 21.1%，略高于莆田和泉州，在全省处第七位。不仅如此，近年来宁德的城市化进程增长缓慢，城市化的发展速度远远不能满足经济增长的需要。市内的几个重要城区——如蕉城、福安、福鼎等都已经出现了空间拥挤的现象。如不及时解决，势必会拖累整个地区经济与社会的发展。

综上所述，不难看出宁德市的经济社会发展水平确实还是相当低的。这既从一方面提醒人们，在制定宁德市的发展规划时，决不能操之过急，脱离现实；但也从另一方面向人们预示，宁德市未来的发展具有很大的潜力。因为凡熟悉宁德市情况的人都知道，造成宁德市发展滞后的原因是多方面的，而且从某种角度讲，外部的制约因素要大于内部的制约因素。因此，一旦外部的情况发生了有利的变化，蓄积于内部的力量就会形成加快发展的态势，此时周边地区先行一步的压力就会转化成为促进宁德市的发展动力，即各种生产要素的快速集聚很可能会造就一种后发优势，从而推动宁德市取得一种跨越式的发展效果。

二、宁德在东南沿海的经济地位

东南沿海是我国未来 20 年经济发展的一条主轴线，宁德市恰好位于这条轴线的中点，这显然将为宁德市未来的经济发展提供一种得天独厚的条件。现在的问题是，目前宁德市在这条海岸线上的经济地位如何呢？之所以要讨论这个问题，是因为不同的经济地位将产生不同的产业关联和产业发展方向。

表 28 和图 14 分别给出了 2001 年宁德市与东南沿海 10 个主要城市的一些主要经济指标比较。显而易见，目前宁德的经济发展水平是这 10 个城市中最低的，因此人们也常常将其称为我国黄金海岸中的一条断裂带。而在其两边，则是我国两个最大的经济发达地区——长江三角洲和珠江三角洲，以及四个经济发展极为活跃的地区——温州、台州、福州和厦门。不言而喻，这四个地区的产业结构和产业高度都是不尽相同的。

表 28　2001 年东南沿海 10 个主要城市经济指标比较

城市	GDP 总量（亿元）	人均 GDP（元）	产业结构(%)				城市化水平(%)
			第一产业	第二产业	工业	第三产业	
上海	4950.84	37382	1.73	47.58	42.85	50.69	75.30
宁波	1312.69	24213	7.64	54.77	49.66	37.59	27.80
台州	747.51	13651	12.25	58.69	52.63	29.06	16.80
温州	932.08	12637	6.18	56.63	49.81	37.19	18.20
宁德	236.23	7261	28.2	36.29	28.64	35.5	15.38
福州	1074.23	18034	12.35	47.07	39.4	40.58	29.16
莆田	220.13	7321	17.00	49.55	41.41	33.45	11.84
泉州	1125.1	16320	7.26	52.83	47.47	39.91	14.26
厦门	558.33	41111	3.95	53.14	47.17	42.92	51.90
漳州	523.89	13265	22.79	39.79	32.47	37.42	17.19

资料来源：《2002 福建统计年鉴》、《2002 浙江统计年鉴》和《2002 中国城市统计年鉴》。

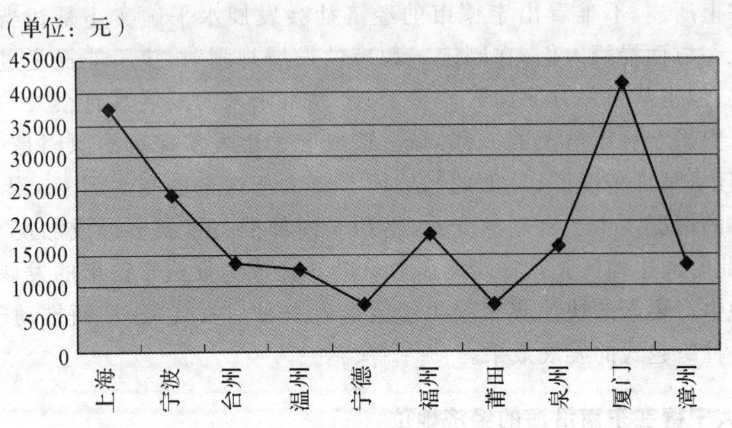

图 14 2001 年东南沿海 10 个主要城市人均 GDP 比较

以上信息有些什么意义呢？实际上，用产业联系的眼光看，图 14 曲线的形状可以说是极富寓意的。因为它形象地表明，在未来相当长一段时间内，宁德与其周边地区的产业关系和接受产业梯度转移的两个主要来源。

从图 14 可以看出，在宁德的左侧，从上海开始，其经济发展水平一路而下，正好代表着三个不同层次的经济发展阶段：工业化的中后期、工业化的中期和工业化的初期。显然，按照梯度转移理论，各地区的产业转移关系也将以上海为始点，大致分成两个阶段。这意味着只要条件具备，则在今后我国东南沿海地区的产业提升和产业转移过程中，以温州、台州为代表的浙江经济圈将为宁德市的产业发展提供丰富的动力。

目前，宁德与温州之间在工业、贸易、旅游、城市建设等方面的经济联系已出现日益加强的势头。仅在 2001 年和 2002 年，宁德通过两次招商就与温州签订投资项目 25 个，协议投资 20 多亿元。例如，福鼎毗邻温州，是宁德“对接”温州的前沿。因此，福鼎专门划出 73 公顷土地，建设“温州工业园”，由温州客商进行开发和招商。温州的“巨一集团”、“特福隆集团”等大型企业集团已开始将温州的制鞋等产业向宁德转移。与此同时，温州大量的民间资金也开始大量涌向宁德的房地产业，从而为宁德的城市发展增添了不少活力。

相比之下，在宁德的右侧，产业转移的情况将相对复杂一些。因为从图 14 可以看出，在厦门与福州之间，各地区的经济发展水平正好呈一个“J”字形，其中莆田处于该“J”字形的底部。因此，在福州以南地区经济发展后产生的产业辐射效应中，有相当一部分将难以抵达宁德。换句话讲，对于宁德来说，其南面的经济辐射将主要来自于福州。当然，由于福州与宁德之间的梯度差较大，因此福州溢出的不少产业也能对宁德的发展产生有力的推动。但是，宁德若要争取福州以南地区的产业转移，则必须努力创造出更多的有利条件。

通过计算温福宁三地的结构相关系数，可以考察目前三地之间的产业结构相关程度。计算结果表明，目前宁德与温州的产业结构相关程度较大，为0.4581；而与福州的相关系数较小，仅为0.2530。这说明在一般情况下，今后宁德与温州之间实行水平分工的可能性较大，而与福州之间实行垂直分工的可能性较大。

第五节　历史上制约宁德经济发展的主要因素

前已述及，宁德经济发展相对较慢是由多种因素造成的。归纳起来，这些因素主要有以下几个方面。

一、地形阻隔交通闭塞

宁德在全国沿海地区中具有独特的地貌，不仅多山地，少平原，森林茂密，而且山海直接相连，缺乏腹地。全部平原、山间盆谷、海边滩涂加起来其总和还不到全市面积的10%。这种状况的存在，不仅使工农业的发展严重缺少用地，而且使道路建造成本极高，道路通行十分困难，成为“闽道更比蜀道难”的典型代表。据统计，到1999年，全市公路总里程仅有4724.97km，平均每百平方千米为35.26km，其中国道只有2条计229.14km(104国道闽东段215.98km，316国道古田段13.16km)，省道7条818.20km，县道25条1054.84km，乡道48条615.41km，村道285条1876.38km，专用公路131km；路面状况中，高速公路19.3km，仅占0.4%，二级公路257.56km，占5.5%，其余则均为二级公路以下。

交通不便，一方面严重阻隔了区内外的经济交流，使得闽东的农副特产如茶叶、龙眼、油柰等在收获季节不能及时地运出市外，并使得外来投资者“望路兴叹”；另一方面，也严重阻碍了地区内部的协调发展。例如，在福温高速公路修通以前，从蕉城区出发，到市内任何一个县、市至少都要2小时，以至于沿海的优势无法完全发挥。

二、福建省政府注意力的影响

改革开放以来，福建省一直是全国经济发展较快的省份之一。但是，由于种种原因，在福建省的发展战略中，宁德市却始终处于一种被"边缘化"的状态。例如，尽管福建省政府在20世纪80年代初就提出了"大念山海经、建设八大基地"战略；90年代初又提出"沿海、山区一盘棋"和"南北拓展，中部开花，连片开发，山海协作，共同发展"战略；1995年省第六次党代会再次提出"以厦门经济特区为龙头，加快闽东南开放与开发，内地山区迅速崛起，山海协作联动发展，建设海峡西岸繁荣带，积极参与全国分工，加快与国际经济接轨"的战略，但实施的结果，宁德却总是被有意无意地搁在了一边。最为典型的是，直到不久前，在福建省的发展规划中，还是要把明明占有福建省三分之一海岸线和海域面积的宁德市与其他三个不靠海的地级市——南平、三明、龙岩——一起划为"山区"，而把其他五个靠海的地级市统称为"沿海地区"，并在全省重大产业的布局中全然不摆上宁德的位置。

当然，在当时的条件下，福建省的这种做法也可能并非全无道理。但是，毋庸讳言，这种做法对宁德经济发展的影响确是十分显著的。例如，由于关注程度不同，福建省对九个地级市的基本建设投资安排就有很大的差别。据统计，福建省2000年和2001年对各地级市的基本建设投资额，宁德市是最低的，而且与其他城市的差距颇大。

三、落后文化体制的影响

随着经济的不断发展，人们日益感受到，地方文化对经济发展所具有的潜移默化影响。例如，有关研究表明，浙江温州和台州一带之所以经济十分活跃，很大程度上与当地所崇尚的浓厚的商业精神和企业家精神息息相关。而据有关人士介绍，这些精神在宁德恰恰十分薄弱。

从现状看，佛教、道教和基督教在宁德都十分盛行。仅在蕉城区周围，庙宇和教堂的密集程度，就几乎到了国内所罕见的水平。历史上，道教是南方百姓的本生文化之一，佛教虽是外来文化，但在中国传播几百年之后，它对南方社会的影响之深，已使其几乎成为社会的一个重要组成部分。由于在本质上，佛、道二教都属于消极应世的文化，讲求随遇而安，满足于现实生活，无心改造世界，因而其过度传播，不可避免地会对地方经济的发展带来不小的负面影响。例如在宁德，"有钱捐庙，无心向学"的事例就比比皆是。对此应该引起足够的重视。

第四章　三都澳海岸带区域发展战略

和平与发展仍然是当今时代的主题，国际性、区域性的经济格局变化和产业、资金投向战略转移进程不断加快，区域之间、城市之间的经济竞争日趋激烈。笔者认为，三都澳海岸带开发既面临难得的战略发展机遇期，又面临前所未有的挑战，关键是借我国经济快速健康发展的东风，抢抓战略机遇期，充分认识、规划和发扬三都澳海岸带的区位、港湾资源优势，充分对接和运用国家政策和开放条件，以科学的发展观比较选择三都澳海岸带发展战略，科学地确定战略项目、战略措施、战略布局和战略对策，从而促进三都澳海岸带科学合理有效开发。

第一节　战略的提出和思想内核

21世纪初期，三都澳面临重大的战略选择。战略，一个宏伟的构想，一个庞大的计划，一个可能从根本上改变三都澳未来走向的设计。战略，应当贯穿“跨越、扩展、综合、协调、应变”的指导思想。

一、战略的提出

1.“战略(grand strategy)”概念，是1929年英国著名军事思想家利德尔·哈特首先提出来的。其涵义是一个国家和地区综合运用各种力量、灵活运用各种手段，以实现其长期发展利益和目标的一门高艺术和软科学。这一概念已被英、美等国广泛应用于军事、政治、经济领域，乃至国家整体战略。大战略，具有涵盖范围广、构成因素多、时间跨度长、构思气势大等特点。

2. 20世纪80年代以来，世界许多著名的学者和战略家在反思历史、总结经验教训的基础上，对发展理论和发展战略作出了新的选择和构想：把发展的视野从单一的经济增长拓展到多目标的综合发展；从注重物质财富的增长到全面考虑人的生存条件和人自身的素质与能力的发展；从争取一时的繁荣发展到确保生态、经济、社会的可持续发展；从被动的依附性发展到走自己有特色的开放性、内源性发展。这种以人为中心的、综合的、可持续的、内源性的发展观，实质上是世界各国走向未来的共同的价值取向。这些发展理论和发展战略，为我们选择三都澳未来发展战略提供了新的参照系。

3. 改革开放以来，宁德市随着福建省委省政府的一系列战略构想走过了20多年的发展历程。省里的发展构想概括起来有以下几个阶段：1981年，从资源开发角度提出"山海经"的战略思想；1982年，从科教兴省的角度提出了"以智取胜"的思路；1983年，从产业发展角度提出"乡镇企业打头阵"，从区域布局角度提出"山海两条线"的战略；1986年，又提出"山海经继续念，山海田一起抓"的指导方针；1991年，从区域布局角度提出了"两头拓展，中部开花，山海协作，共同发展"的战略构想；1994年，又提出"增创新优势，实现新跨越"的战略号召。这些战略都是在对历史的深刻反思、现实的客观评估、未来的可能观测的基础上提出的，有其合理的、科学的内核，对指导宁德市的发展起着重要的作用。但是，未来20年，三都澳的宏观大背景将发生很大的变化，三都澳实现新跨越的实践将孕育着新一轮的发展冲动，三都澳将不可避免地进入一个新的发展时期。在这样一个全新的时期，客观上要求从更高的层次、更广的视野、更大的范围确立新的发展战略。

4. 面向21世纪的三都澳呼唤大战略。三都澳要从经济小区域变为经济大区域，从封闭的区域转变为开放开发的前沿阵地，从无足轻重的区域变为对全局具有较大影响力的区域，必须更新旧的发展模式，突破原有的发展格局，改变传统的增长方式，实现数量和规模上的超常规扩张和整体内涵的创新性提高。三都澳海岸带区域在历史上很少有跨越性的大发展，历史留给当代三都澳人的家底是很单薄的。新中国成立后，人们曾经一度追求高指标、高速度，但终究只留下好大喜功的历史缺憾。改革开放到今天，三都澳的大局已发生很大变化，三都澳的往来客商从来没有像现在这样频繁，三都澳发展的空间从来没有像今天这样如此广阔，发展的机遇也从来没有像现在这样频频眷顾。正是在这种新的历史背景下，才有可能以大的视野、大的气势来构想未来，来实现三都澳的大发展、大跨越。

二、战略的思想内核

1. 战略有别于局部的、单项的、短期的一般战略，它是一种带有全局性、综合性、长远性的总体战略选择。三都澳人要从三都澳海岸带区情、区力特点出发，依据邓小平同志建设有中国特色的社会主义理论，顺应世界发展的潮流，向国家和省里要求，让三都澳站在新的更高的起点上选择迈向21世纪的港口开发战略思路。这一总体战略应始终贯彻和围绕"跨越、拓展、综合、协调、应变"的思想内核。

2. 谋求发展进程中的跨越。现代经济绝不是按部就班程式的结果，它为三都澳大踏步、跳跃式发展提供了可能。纵观世界经济发展历程，欧洲人需要200年才能做到的事情，日本人用50年就做到了，而韩国人仅仅用了30年就做到了。日本人、韩国人的成功，给世界以很大的刺激，也为三都澳在未来发展中实现大跨越增强了信心。这些"后发国家"之所以成功，除了本身的因素外，很重要的是可以凭借其"后发优势"，借鉴发达国家现代化过程中的经验教训，避免不必要的失误和挫折，从而赶上现代化的历史进程。三都澳在走向现代化的进程中，必须充分发挥"后发优势"，在与国际经济接轨、向国际惯例靠拢时应吸取西方发达国家发展过程中正反两方面经验，从高起点上跨越它们曾经走过的弯路，寻找新的途径，在创新中缩短与先进国家和地区的差距。尤其是要避免发达国家和一些发展中国家在现代化过程中，因为片面追求经济增长所引起的生态恶化、环境污染、资源过耗等负效应，在着力经济发展的同时，更加重视民族文化和传统的承继与现代更新，重视社会的综合发展，重视人自身的现代化。

跨越战略是一种高起点、跳跃式的战略。目标上是赶超型的，速度上是超常规的，策略上是采取新思路、大手笔。因此，在未来发展中，要十分注意抢占战略制高点，广泛利用世界最新、最先进的科技成果和方法，尽可能走出一条依靠方法创新和科技进步实现超常规发展的路子。产业结构要逐步向"三、二、一"逆向次序调整，尤其要重视第三产业中信息、金融等领航产业的作用，以带动促进第二、第一产业的发展。我们要建立多元的参照体系，吸收当代世界发展的新鲜经验，把握未来发展的最新趋势，突破一般发展轨迹，缩短或超越发展的中间过程。

但是，我们必须十分警觉这种跨越式发展的速成性所带来的负面影响，并在实施大战略中加以克服和避免。

3. 拓展发展空间。三都澳经济发展的"瓶颈"在于腹地狭小。然而，行政区域有界限，经济发展无界限，在看到有形的腹地的同时，更应该着眼于大腹地，形成新的腹地经济的概念。腹地不一定是后方，前方也可能是三都澳的腹地。江西、四川可能是福建的腹地，上海、广东乃至全球也都可以成为三都澳的腹地。现代经济，由于交通、通讯、信息等的飞速发展，国家之间、地区之间的相对距离正在缩短。三都澳除了加强交通建设，打开更多的省际通道外，要把注意力放在与外界加大信息、产品、资金、技术等流动上，形成商品销售网络，建立对外推移据点，拓宽吸收资金渠道。

向外，应放眼全球，进入亚太经济圈。这既是三都澳面临的紧迫任务，又是带有长远性的目标。亚太经济圈中，既有美国、日本等发达国家，又有“亚洲四小龙”等一批新兴的工业化国家和地区。进入这个经济圈，意味着要大大提高三都澳经济的外向度，意味着三都澳经济运行机制必须与国际接轨，意味着三都澳海岸带区域的生活水平和经济实力与发达国家和地区的差距不断缩小。要提高经济的外向度，除了推进对外贸易的改革和发展外，很重要的一点是采取跨国经营的策略，鼓励和支持包括乡镇企业在内的大中型企业走出去，兴办企业，有组织地开展跨国经营。因此，要大力发展工贸联合集团，积极筹建金融型企业集团，积极开拓综合商社型企业集团，拓展国际生存和发展的空间。

现代的拓展战略，要以联合、互利、平等、竞争为原则，实现区域经济间的互补互惠，共同发展。在实施扩展战略过程中，必然会遇到企业与企业间、地区与地区间的相互矛盾和冲突。这实际上也是一种博奕关系。在策略上，我们应当树立平等相待、互利互惠的原则，自觉地摒弃非合作的负和博奕以及零和博奕，而采取合作方式的正和博奕，即博奕双方的利益都得到增加，或者至少是一方的利益增加，而另一方的利益不受损害，因而整个社会的利益有所增加。

4. 着眼于综合整体效应。对三都澳的未来发展，省内外的专家、学者提出了许多建设性的战略思路。如出口导向战略、市场导向战略、高科技导向战略、科技兴市战略、智力兴市战略、开海兴市战略等。这些提法都是立足于三都澳的实际，从一个角度选择战略思路，有一定的合理性和现实依据。这种单一选择和单项推进虽然目标明确，重点突出，在一定程度上对全局具有牵动性的影响，但存在着应变能力弱、整体配合差、顾此失彼等局限性。面对未来20年这样一个时间跨度，影响三都澳发展的因素越来越多，关系更加错综复杂，三都澳与外部世界的相互依赖、相互制约性越来越大。这就要求对未来发展要着眼于各因素内在的有机联系，从整体上把握三都澳的全局，对区域发展、产业布局、资源配置、城乡关系、基础设施、生态环境等进行多元化的思考，作出综合性的选择。

5. 保持充满活力、可持续发展的协调。通过各种因素的有机组合，建立一个充满生机活力、可持续发展的三都澳海岸带，这是对三都澳长期发展至关重要的观念。协调战略必须考虑五个方面的协调：(1)经济内部产业间的协调发展；(2)经济布局中区域之间的协调发展；(3)经济与社会发展的协调；(4)经济发展与以人的全面发展为中心的社会整体发展的协调；(5)人与自然的高度和谐。

三都澳的发展战略，从本质上是提高三都澳人生活品质的战略。现代化的过程，是物质增长的过程，更是生存环境和生活品质改善的过程。发达国家和地区在饱受工业化过程环境污染等公害之后，越来越重视经济发展与环境保护协调，甚至把环境保护放在高于经济发展的位置上。三都澳未来的发展战略，必须树立新的资源、环境观。衡量生产率指标的分子是给人类带来的好处，分母是给环境带来的负担。对环境问题应当有前瞻性的规划与布局，选择一些对人类生存带有根本性影响的环境目标作为不可动摇的目标，同时把环境与发展统一起来考虑，在经济发展过程中尽可能选择与环境保护相协调的目标和措施，做到建设与保护并举。

三都澳的未来发展战略，与其说是三都澳的发展战略，倒不如说是三都澳人的发展战略。人的问题是一个带有根本性质的问题。现代化的过程，不仅是经济的现代化，更重要的是人本身的现代化。要把创造现代化社会的活动看作是培养、造就、锻炼新一代三都澳人的过程。三都澳的现代化，只能由具有现代意识、掌握现代科学手段的三都澳人创造出来。这应当成为确立未来发展战略必须明确的基本思想。

6. 运用灵活应变的策略。我们面对的是一个复杂多变的时代，21 世纪是一个激烈竞争的世纪，在保持战略坚定性的同时，必须十分强调战术的灵活性。迈向 21 世纪的福建，将不可避免地遇到许多新情况、新问题、新变化，我们要做好充分的思想和决策应变的准备，对有利因素要不失时机地加以利用，对不利因素要千方百计地加以克服。我们必须改变传统的、僵化的思维模式，提高应变能力和创新能力。要建立对各种变化作出敏感反应的信息系统和具有高度应变能力的机制；以市场为导向，根据市场需求来安排产业发展和调整产业结构；更充分地发挥企业家的自主意识和创新冲动，让每一个企业都保持最佳的出击状态；政府对经济的宏观调节也应当具有高度灵活的反应能力，更多地采用灵活变通的办法，对未来和问题进行超前预测并采取相应行动，把握战略的主动性和有利局势；三都澳人应该学会运用经济发展中的技巧，善于谋划轻取，出奇制胜，应用快速多变的战术，在一定时期集中人力、物力、财力实现重点突破。

第二节　宁德发展战略的演进

一个国家、一个区域的发展离不开战略的把握、引导和运筹。能否科学地制定、组织和实施发展战略，将直接影响这个国家或区域的生存、发展和进步。

一、发展的理性决策

把“战略”与“发展”联系起来，构成“发展战略”复合词组的，是美国耶鲁大学的教授赫希曼。他在其专著《经济发展战略》中最早将军事上的“战略”移植到发展经济学中，提出了“发展战略”概念。发展战略是一个综合性范围，它是以维护和促进发展为基本取向的具有系统性、长远性的决策准则与谋划，它体现了人类把握未来的一个决策理性。发展战略在研究探讨如何运用本身潜力、自然资源、区位、地理环境、发展布局、谋求社会经济发展中，具有区域性、整体性、前瞩性、长远性、主体能动性的特点。

发展战略理论历经了四个阶段，即从简约的经济发展到综合的社会发展，从以物为中心的发展到以人为中心的发展，从追求一时的繁荣发展到可持续发展，从被动的依附性发展到开放促进内涵性发展。

改革开放以来，宁德市的发展战略，在福建省发展战略的指导下，从宁德市实际出发发生了一系列变化。简单地说，就是从山区向沿海发展的转变，从脱贫向奔小康的转变，从以农村工作为主向农村工作和城市发展并重的转变。这些发展战略的转变过程，也是宁德从贫穷到温饱再到小康的奋斗历程，代表了宁德一个时期以来经济社会，特别是经济发展的轨迹，也从中引导宁德步入 21 世纪。

二、资源开发的跨越

在发展经济学中，一般认为农业对经济发展的贡献体现在四个方面：产品贡献、市场贡献、要素贡献、外汇贡献。一个地区在经济增长时期，特别是处于解决温饱阶段，通过自然资源的开发利用总是与农业联系在一起的。纵观三都澳的发展历程，其资源的开发利用可分为三个阶段既资源开发初始阶段、“三色企业”发展阶段、建设“海上闽东”阶段。

(一)资源开发初始阶段(1981—1990)

这一阶段是大规模摆脱贫困、实现温饱的阶段。这一阶段大概从 1981 年开始，与福建省提出“大念山海经”战略的时间基本吻合。这一阶段政府和群众工作的特点有：一是派驻工作队；二是落实资金和扶贫政策；三是共同组织生产，主要是家庭联产承包责任制的推广、落实，抓粮食生产和山海资源的开发，而主要精力是抓粮食生产；四是农民经营领域有所拓宽，自然经济开始向商品经济启航，农村综合商品率提高幅度比较大，农民收入大幅度增加，农村贫困人口大幅下降；五是发展乡村两级经济。

(二)"三色企业"发展阶段(1990—1994)

资源开发的初始阶段,所解决的只是摆脱贫困,解决温饱,但不可能实现致富,且农村经济发展每逢灾年,相当部分的农民总是不能稳定地解决温饱。宁德地区1990年提出发展"三色企业",实施"1153"工程。"三色企业",即绿色的林茶果竹,蓝色的水产捕捞、养殖业和白色的水能资源开发。

"三色企业"的提出,比资源开发初始阶段的"大念山海经"无论就内涵、外延和目标都更进了一步,体现了有组织、有计划、有目标、有整体的系统论观点,就其开发的整体是综合性的,有山、有水、有海,改变了初始阶段偏重于山的开发,而忽视海的价值和作用。

(三)建设"海上闽东"

建设"海上闽东"是1995年提出的,是对过去"耕海牧渔"、发展"蓝色企业"的延续和战略上的拓展,它跳出了单纯产业开发的局限,而把发展的空间和重点延伸乃至转移到海洋经济的发展上来。

最早关于闽东海洋的讨论,是由一篇在北京工作的闽东人孙展同志寄给当时的《闽东通讯》一封信《闽东是哪儿?》引发的,时间是1993年3月份。信中写道:"闽东是哪儿?问闽人,大家都会说是宁德一带。问外省人,却有许多外省人搞不清楚闽东到底是哪里的情况。答者只能说:闽东在全国的知名度不高。闽东拥有福建省最长的海岸线,为什么还有那么多人问:宁德或福安靠海吗?"信中指出:一方面,自改革开放以来,全国的热点新闻几乎都出现在沿海开放地区,但只有闽东例外。另一方面,闽东有时却又向外界输出让人们感到不合时代节律和地域概念、地域形象模糊的信息。20世纪90年代初,沿海一些地区放出风声要追赶亚洲"四小龙",一些全国性的报纸的头版头条却发出闽东是沿海唯一贫困地区的消息。让我们再看一下关于闽东的新闻报道的一些"字眼":"全国十几个贫困地区之一的闽东老区",这给人的印象是"穷"。"福鼎地处闽东,属老少边贫困山区",这给人的印象是"又偏又穷"。福安出了一个世界乒乓球冠军,这本是让外界了解福安的重要机会,但报道中只要提到陈新华的老家福安,前面往往加上了"山城"二字。"老区、山区、小城"这类字眼不时出现在有关闽东的新闻媒体中,久而久之,闽东就给人穷山僻壤的印象。信中提出要"塑造闽东海洋形象"。"闽东拥有900km的海岸线,而且都是未开垦的处女地,谁说将来不会出现像北戴河这样的"名滩"呢?谁说将来三都澳不会与上海港齐名呢?闽东可以通过造就名滩、名港来提高自己的知名度。

原福建省委书记项南说:"我做梦都想着福州至温州能通6车道的高速公路。公路一通,闽东的门就打开了。建议开辟闽东的海上交通,这不仅是6车道,而是60、600车道的交通线,闽东的天然良港世界少有,这么好的资源却长期在那里睡觉,实在令人痛惜。"

1995年,原福建省委书记贾庆林视察闽东时,向全省发出了"向海洋进军"的号召。1995年6月,宁德地区领导开展了沿海县(市)调研,反复论证制定了《宁德地区"海上闽东"建设发展规划》。以后的几年中,三都澳人坚持地在探索如何做好海地文章,取得了一系列的成果。

三、区域布局的调整

区域非平衡发展论认为,由于经济欠发达地区不具备平衡发展需要的全部资本及技术等资源,社会投资只能选择性地在若干区域进行,通过区域间的效应与产业间的联系效应而带动区域经济发展。法国经济学家弗朗索瓦·佩鲁于1955年提出发展极原理:在同一地区的具有创新能力的企业之间和产业之间形成的有机联系及由此而取得的增长,对其他广大地区的经济发展具有积极的带动作用。发展极的辐射作用和吸引作用表现在创新、产品市场、资本运作、规模效益上,发展极使生产、技术、人才、信息、贸易、金融、交通运输等高度聚集,形成中心城市为核心的、互相联系和互相贯通的经济网络,对相邻地区产生强大的吸引作用和辐射作用,带动周边区域的发展。

(一)"一个开发区、四个窗口"的区域经济布局

"一个开发区、四个窗口",即闽东赛岐经济开发区、霞浦三沙对台贸易窗口、福鼎边界贸易窗口、宁德三都军民共建精神文明窗口、古田黄田库区建设窗口。

1985年南京大学经济地理系师生在闽东编制了《宁德地区社会经济发展战略城镇体系规划》,确定在赛江流域的赛岐、甘棠、下白石、湾坞以及溪柄四镇一乡规划为闽东的经济社会中心,发展以沿海工业和港口为主的中心城市。

"一个开发区、四个窗口"的提出,改变了闽东长期以来没有明确的经济增长中心的战略状况,从某种程度上也说明闽东地方决策者已有清晰的区域布局意识,这是闽东发展史上的一大进步。但中心城市的形成,是经济长期发展的结果。至于把赛岐开发区发展成中心城市,也不是很简单的事。而赛岐开发区"热"不到几个月,重新步入徘徊时期。20世纪90年代中期,客观上要求对宁德区域经济的生产力布局必须进行重新的思考、探索和定位。

(二)"三个层次联动发展"战略

"九五"计划和2010年社会经济发展规划,及"海上闽东"建设发展规划,明确今后宁德发展方向。"以环三都澳区域为龙头,沿104国道及规划中的

温福铁路、沿海汽专线(现为福宁高速公路)为主轴,建设沿海经济繁荣带,辐射与带动内陆山区经济发展,实现全区国民经济持续、快速、健康发展和社会的繁荣进步。"

接着在1996年宁德地委工作会议又做了系统的讨论。今后一个时期,闽东区域发展的战略布局是:"实现三个层次联动发展。第一层次是以环三都澳区域为龙头的大经济圈;第二层次是以104国道、汽专线、温福铁路为主轴的沿海经济繁荣带;第三层次是内地经济开放带。全区要形成以环三都澳大经济圈为龙头,加快沿海开放开发步伐,促进内地山区迅速崛起,山海协作、优势互补、共同繁荣的新格局,积极参与省内外区域经济分工协作,努力使我区成为海峡西岸经济繁荣带重要组成部分"。"环三都澳经济圈是闽东发展的希望所在,必须有重大项目的启动和灵活政策的推动,在比较长的时间才能形成,在指导思想、战略部署和工作安排上必须抓紧抓好;沿海经济繁荣带是闽东近期发展的中心,必须促其快速成长,为环三都澳经济圈的开发奠定坚实的基础;内地经济开放带是全区奔小康的重点,必须主动接受辐射,加快开放开发步伐,进一步缩小与沿海的差距。三个层次必须主动对接、联动开发、共同发展"。1996年5月,《宁德地区国民经济和社会发展"九五"计划和2010年远景目标纲要》对此也作了详细的说明。

(三)构筑中心城市

闽东经济中心没有形成的一个重要原因在于中心城市长期以来的移动性。1997年,宁德市委(现蕉城区委)工作会议明确提出"树立闽东首府意识,争创一流工作业绩,加快中等港口城市建设步伐"的思路,要求全市人民明确作为闽东首府的宁德市必须发挥龙头作用。

1999年11月,国务院批准宁德地区撤地建市,使宁德地级市的区域经济发展布局和中心城市建设规划完成了长期以来的调整,这标志着宁德进入经济结构大调整时期,宁德的工业化、城市化进程将大大加快,三都澳海岸带区域及中心城市将迎来更加美好的发展前景。

第三节　三都澳海岸带区域开发战略意义

三都澳海岸带开发是以区位优势为出发点,以优良海洋资源(主要是港湾港口资源)为依托,以跨世纪区域经济(如亚太区域经济、中国经济等)崛起为契机,实现三都澳海岸带经济振兴的战略举措。最近,国务院领导也明确指出，深水港口资源是制约我国长远的稀缺的战略性资源，三都澳作为世界级的天然深水海港，地处经济快速成长的亚太地区，从战略层面认识合理开发三都澳海岸带港湾、港口资源等的重要意义，以唤醒各界人士关注三都澳，正确对待和评价三都澳，还长期被遗忘的三都澳以"公民待遇"；同时以科学的发展观正确制定三都澳海岸带的开发开放战略也显得十分必要。基于此，笔者就战略问题提出一些粗浅看法。

一、宁德市域经济振兴的关键之着

(一)促进区域中心城市做大做强

近年宁德市经济发展偏慢、实力上升不快的原因，除了没有立足区位优势、资源优势及基础设施建设滞后等之外，关键是缺乏一个地位突出、实力明显的区域中心城市和分工合理的城镇群体系，从而未能形成优势互补、协作双赢的区域分工格局。三都澳海岸带开发必须做强做大宁德中心城市，不仅要着眼于4578平方千米的三都澳海岸带三县市(即蕉城区、福安市和霞浦县)，而且还要着眼于1.29万平方千米的宁德市区域(包括前述三县市及福鼎、古田、周宁、寿宁、柘荣、屏南等六县)。不仅要将其建设成三都澳海岸带经济中心，而且要朝着宁德市区域政治、经济、交通、文化等综合性中心城市发展。笔者认为通过三都澳海岸带的开放开发，将有利于增强中心城市的经济竞争力，进而做大做强中心城市。

(二)促进宁德市域经济的跨越式发展

目前，宁德市域经济总体较为落后，主要农产品不能自给，没有大型工矿企业，第三产业发展较慢，先行行业发展滞后。为实现跨越式发展，三都澳海岸带产业发展要确立以创汇农业和生态农业为基础，以临海工业为重点，以港口运输等第三产业为主体的区域产业体系。近中期的发展方向是首先建立起该区域临海型大工业为龙头，第三产业协调发展的框架。中远期的方向是该区域建成一个大型国际中转贸易港口及国际贸易、临海工业、海洋开发与旅游诸产业先进发达的综合性的区域中心城市，即海峡西岸经济区北翼的中心城市。依据这一思路，宁德市将以三都澳海岸带为龙头，通过各产业和各区域的分工协调发展，从而促进宁德市域经济的振兴和繁荣。

(三)促进宁德市人民生活水平的提高和社会文化事业的发展

经济的振兴和繁荣，必将促进区域精神文明建设。通过三都澳海岸带城市发展，以市带县，以城带乡，有利于全面建设小康社会，也必将进一步促使区域文化、教育、科技、卫生、体育等方面的发展和繁荣。物质文明、精神文明和政治文明共同发展，将成为三都澳海岸带带动宁德市走向未来的重要标志。

二、省域经济发展的重要举措

(一)有利于发挥全省海运综合优势

福建港口优势明显,全省能容纳5万吨以上船舶进港的港湾有沙埕港、三都澳、罗源湾、湄洲湾、厦门港、东山湾等六大港湾,其中有的能直接满足10万吨,甚至30～50万吨级船舶进港。但长期以来,福建省港口建设比较缓慢,配套水平低,货物吞吐量小,压船压港现象严重,深水港湾资源优势未能有效发挥。近年来福建省大力开发厦门港和湄州湾,东山湾和罗源湾的开发也在加快。三都澳海岸带港湾资源的开发,将带动海峡西岸经济区北翼港口群建设,促进全省港口的开放、开发和港口体系的建立和完善,为全省扩大开放创造更为有利的条件。

(二)加快海峡西岸经济区现代化进程

闽东南福州等五地市经过十多年的开放开发,已成为福建经济发展的龙头区域。加快三都澳海岸带发展,使宁德市由落后区域超常规迎头赶上,并力争2020年基本实现现代化。

(三)促进全省区域经济协调发展

依山面海是福建省显著的自然地理特点之一,促进山区、沿海协调发展是福建经济发展的全局部署,三都澳的开放开发,其辐射影响区域可以延伸到南平市,南平市可以三都澳为其物资出口的主要出口通道和进口的重要靠岸地点。南平是福建省粮林基地及水电、冶金工业基地,而宁德市是福建重要渔业基地、临海工业基地、中转港口及对外贸易窗口,诸产业互补性较强。因此,三都澳开发将促使福建省北部各地市横向联合,从而有力地促进省内各区域间分工和协作,有利于全省区域经济健康、协调发展。

三、全国性意义

(一)填补中国海岸带发展布局空间缺陷

宁德市长期以来没有发挥区域优势,资源开发步伐缓慢,成为我国沿海唯一的成片贫困地区。三都澳海岸带开发目标是建设国际中转大港及临海型大工业基地。通过深水岸线开发及陆域交通建设,其物资集散腹地可涉及闽、浙、赣、湘诸省,并成为对台贸易的重要港口,随着海峡两岸局势的缓解,交往的增强及贸易的扩大,势必促使三都澳海岸带的发展。临海型大工业的布设、区域龙头产业和支柱产业的建立和发展,将带动相关基础设施建设和一、三产业配套发展,促使宁德市国民生产总值较快增长,从而弥补中国海岸带发展布局的空间缺陷,促使中国东南沿海岸线成为中国东南经济圈发展的主轴线。

(二)疏缓中国海运紧张局面

改革开放以来,我国经济蓬勃发展,港口货物吞吐量急剧上升与港口建设落后状况形成了突出矛盾。21世纪是海洋经济的世纪,中国必须加快沿海港口的开发利用,为进军海洋提供良好的基地保障。三都澳海岸带开发,不仅是实现了孙中山先生的遗愿,更重要的是崛起了一座富有影响力的新兴港口城市,增加了港口货物吞吐量,对国内其他港起明显的分流作用,减少压船压港损失,提高中国海港运营效率,缓解中国海运的紧张局面。

(三)扩大长江沿线内陆省份同沿海地区的交流

三都澳海岸带开发,通过东西向铁路线宁德—南平—江西,不但可以对南方东西运输大动脉浙赣线—湘黔线进行明显的物资分流,减缓其压力,而且还可以进一步沟通福建同江西、湖南以至贵州、四川诸省的陆运联系,扩大三都澳海岸带和福建省的经济辐射影响范围,加深内陆与沿海的经济联系,实现资源互补、横向协作、共同发展。上述内地省份还可借助东西铁路通道以三都澳为进出口岸,参与亚太经济圈竞争,增强利用外资的力度和广度,壮大外向型经济。

(四)促进海峡两岸交流和共同发展

党中央、国务院要求抓紧做好两岸交流和共同发展的工作。有关港口、机场正抓紧因应规划。三都澳海岸带的加速开发,发挥其地理区位与港口资源优势,完全有可能发展成为对台贸易的重要“窗口”与“桥梁”。大宗对台物资可经此中转入台,台货亦可经此进入大陆市场,促进两岸共同发展。近几年,临近三都澳的三沙港涉台贸易活跃,已为三都澳引进台资打下了一定基础。由此可见三都澳开放开发必将有力地推动闽台经济合作。

四、三都澳海岸带走向世界的战略措施

当今世界经济发展呈现出两个明显的趋势:一是世界经济重心正向亚州太平洋地区转移。处于这一地区的日本、亚洲“四小龙”以及中国大陆等均以其强劲的增长势头,展示了勃勃生机。二是世界各国日益重视海洋的开发,因此有科学家预言,21世纪将是海洋经济时代。同时我国坚持对外开放政策的实施,使之与世界经济联系交往日益紧密。正是这些背景情况,使区域得天独厚的港湾条件迎来了崭新的发展时期,因为世界经济重心和开放的中国都将需要建设世界级的深水大港作为经济交往的载体。

该区域将借这个机会,充分利用其资源优势以及其他条件,通过大开放、大开发、大发展,使三都澳海岸带参与省内、国内,甚至国际的经济循环系统,走向全国乃至国际舞台,成为海峡西岸经济区的新增长极。

第四节 三都澳海岸带区域开发的指导思想和基本原则

一、三都澳海岸带开发指导思想

根据我国改革开放形势发展的要求和三都澳海岸带区情的特点，三都澳海岸带开发的总体思路是：以科学的发展观为指导，融入建设海峡西岸经济区，从三都澳海岸带区情特点和宁德市经济振兴需要出发，抓住战略机遇期，充分发挥三都澳深水港湾资源和独特经济区位优势，重点加强交通基础设施建设、引进大型重工业项目，建设东南沿海新兴的重工业基地，形成海峡西岸经济区新兴的经济增长极，规划建设环三都澳海湾型城市，实现经济超常规、跳跃性发展。

二、三都澳海岸带基本原则

（一）坚持统筹规划、分工协作的原则

要根据三都澳海岸带区域的区位、资源特点、开发现状及现行区划属性等，对区域进行功能定位分工，合理布局生产力，形成以“众星拱月”的港口全方位大开发格局；要树立三都澳海岸带观念和港口“一盘棋”思想，从全局利益、长远利益出发，实行地域相互分工又相互协作的区域特色经济；遵照经济发展规律，合理科学有序地开发各种资源，尤其是港湾资源要做到因地制宜“物尽其用”，要“深水深用、浅水浅用、小港小用”，宜在近期开发的应尽快开发利用；近期无力开发的，也要做好远景规划和资源保护，力求形成三都澳海岸带区域合理的港口群体、产业结构和城镇体系。

（二）坚持内外结合、外向为主的原则

三都澳海岸带开发是一项浩大系统工程，既要立足该地区的优势条件，又要抓住国内外有利的时空机遇，将三都澳海岸带开发置身于国内外经济发展的大背景之下，放眼21世纪，立足宁德市，服务全国，面向世界，充分运用两个市场、两种资源、两类资金，合理地配置生产要素，并要不断扩大三都澳海岸带对外影响，吸引外资力，加快启动性大项目落户建设，带动三都澳海岸带开发。要树立双向腹地的观念，既要拓宽周边经济腹地，扩大内联范围，又要对外拓展经贸合作，主动引进，特别是台资、侨资的引进，形成对内

对外两个扇面辐射，推进三都澳海岸带资源有效开发和经济快速发展。

（三）坚持重点倾斜、全面发展的原则

要对宁德中心城市实行重点开发、倾斜发展以产生更大集聚效益。同时，要加快城澳、漳湾、甘棠、下白石、溪南、下浒等新区的重点开发，以及山、海资源协调开发。注意从利益分配、布局协调、效益优先上合理调整资源利用与新区发展之间、产业开发与环境保护之间的关系，促进三都澳海岸带区域经济、社会的全面协调发展。

（四）坚持市场导向、优选产业的原则

既要充分发挥三都澳海岸带区域海洋、港口、淡水、旅游等方面的资源优势，又要遵循市场导向原则和加大优势资源的开发力度，组织实施围绕港开发的具有现实发展和潜在发展优势的开发工程；在产业结构方面，既要重视传统产业的改造和提高，又要重视新兴产业的建立和发展，特别是能够带动全局经济发展的关联性强的电力、钢铁、石化等重点产业项目开发建设，以迅速增强区域经济实力，为相关产业和下游产业发展奠定基础，并以国内市场为依托，以国际市场为导向，走"市场开拓——资源开发——外引内联——产业进步"的外向型主导的国土经济发展路子，建立起优化的产业结构。

（五）坚持基础先行，政策引路的原则

基础设施的建没是国民经济发展的先行条件和战略重点。三都澳海岸带的基础设施现状虽有较大的改善，但总体上仍然滞后于国民经济发展的需要。主要是交通运输落后、水电开发不足、海运优势尚未确立、腹地联系差，为此必须重点突出区域港口建设，加快改造和建设公路，积极筹划铁路、机场，以尽快形成相对发达的区域立体交通网络，同时加快水、电、邮电、通讯的配套发展，创造良好的投资环境，大胆开放，不断拓展试验空间，吸引外商投资建设。

（六）坚持依靠科学技术和科学管理进步的原则

针对三都澳海岸带经济基础较为薄弱、产业技术条件较差、管理水平不理想等状况，必须加快科技进步和人才培养，动员和组织科技力量投入资源开发、经济发展的主战场，必须搞好先进技术的消化、吸收、创新和推广，重视高新技术对传统行业的改造，培植技术含量较高的新兴行业，走传统技术与新兴技术相结合的道路。推进资源深度、广度开发，充分发挥科技是第一生产力的作用，为区域经济提供有力的支撑，把国土开发整治提高到一个新水平。

（七）坚持开发利用和保护治理并重的原则

三都澳海岸带资源开发必须做到经济、生态、社会效益相统一，摆正主导开发和综合发展的关系，以获取最大的整体效益，努力使资源优势得到最合理的应用。该地区生态环境比较脆弱，而保护生态环境又是该地区经济发展不容改变的基本要求，决不可盲目发展污染严重但又不可补救的工业而造成其他行业不可挽回的损失。同时要保护好不可再生的自然资源，寓开发于治理，以治理推进开发，重点做好三废处理，防范破坏性资源开发，保护矿点、水源、港湾、耕地，并营造和改良森林植被，促进生态效益、经济效益和社会效益的协调统一。

(八)坚持军民兼顾的原则

三都澳海岸带区域开发必须协调好沿海军事基地与地方经济发展的关系。学习借鉴国外军港、商业港、工业港相兼容的具体做法。既保证国防建设必需性，又最大限度地发挥三都澳海岸带深水港在区域经济发展中的作用。

第五节　三都澳海岸带区域开发的总体方向和重点

三都澳未来发展战略的总体目标，是追赶亚太地区经济发展的浪潮，借鉴和吸收发达国家和地区的文明成果，动员一切可以动员的资源和力量，使三都澳海岸代区域成长为海峡西岸经济区充满活力的、有强劲持续发展势头的区域，在全国率先基本实现现代化。

一、三都澳海岸带开发的总体方向

三都澳海岸带开发的总体方向是充分发挥深水港湾资源、独特经济区位、较为丰富的淡水资源、国内外经济发展的时空机遇等条件构筑中国沿海新兴的港口工业基地，并以超前的胆量和勇气规划建设环三都澳滨海大道、三都澳往江西方向的蔬港铁路，提前建设三都澳往江西方向的高速公路和福安往寿宁、浙江方向的高速公路。同时构筑环三都澳海湾型城市，以带动三都澳海岸带区域迈入一个大开发、大引进、大投入、大发展的经济腾飞的历史阶段。

(一)建成我国黄金海岸带上新兴的港口经济增长极

港口经济是世界各港口城市带动本地区甚至本国的经济发展的现代区位优选型经济。前已述及三都澳海岸带资源最突出的优势是优越区位和深水港湾优势，同时辅有陆、海、淡水、旅游等多种配合相宜的资源，具备发展综合型港口经济区的先天条件。论自然环境条件,三都澳海岸带拥有可媲美世界上任何一个一流港口的天然条件,只是由于多方面后天不足的原因,长期封闭状况和社会基础条件落后状况才使三都澳深水港湾资源未能得到适时的开发,使这个历史上一度有过繁荣港口经济的海湾区域成了我国东南海岸带上"经济低谷区"。但随着中国区域的快速健康成长,福温高速公路的建成通车,三都澳海岸带区域基础设施面貌发生了巨大变化。自2003年6月福温高速公路通车以来,三都澳知名度日益扩大,受到了国家、省及各界人士的高度重视和极大关注,包括世界500强的企业在内纷纷前来三都澳考察洽谈三都澳港口开发和建设临海型港口工业,并且两年来,大唐电厂已在三都澳的湾坞动工建设360万千瓦的火电厂,韩国蒲项钢铁联合企业已经委托钢铁设计院在三都澳论证选址建设大型钢铁企业,福建省船舶集团已决定在福安下白石建设船舶工业基地。可见三都澳正在成为沿海新兴的港口经济的增长极。

(二)建设成为国际性中转港和大区域性进出口货物集散地

我国经济蓬勃高速增长,对外经济贸易往来日渐扩大,要大力发展港口运输业,尤其是加快建设区位条件好的大型、特大型天然深水良港势在必行。作为世界一流的天然深水良港三都澳具有港阔水深、航道稳定、避风泊稳的理想条件;地理位置也十分优越,就国内圈层,她位居我国海岸线中点,处在长江三角洲、珠江三角洲、台湾海峡经济区三大经济发达区域的地理重心位置;就国际圈层,三都澳海岸带处在太平洋国际主航线的中心位置。三都澳海岸带地质结构稳定,地基承载力大,而且负10m以下深水岸线距岸只有50m,建港适宜方便,其得天独厚的港口资源优势是周边地区无法相比的,因此要最大限度地利用三都澳海岸带优越的港口、区位优势,加大对外开放力度,外引东南亚地区,内连港澳台地区及浙、赣、湘、粤地区,力争拓展更广阔的腹地,强化进出口门户的集散功能,大力开展国际性中转业务(尤其是水转水业务),使之成为我国东南沿海立足宁德市、服务全国、面向亚太的国际性中转港和大区域性的进出口货物集散地。

(三)建设成为福建省新兴的临海重工业基地

三都澳海岸带除了拥有得天独厚的港口、区位优势条件以外,还拥有较丰富的淡水资源,以及一定的滨海平原及丰富的浅海滩涂可供开发成为工业用地,可以满足大规模发展各类临海工业的需求,港口、区位、供水、用地有机结合的充分条件为其他海湾地区所不多见,为发展大进大出的临海工业提供了难得的发展条件。临海工业在三都澳海岸带发展潜力很大,工业门类选择的备选性很广,尤其有利于发展钢铁、电力、船舶修造、机电等大型重工业和出口贸易加工工业。因此,在今后发展中要优先注重开发建设重大临海工业项目作为区域经济发展的启动，促进三都澳海岸带大跨步地建设成福建省重要的临海重工业基地。

(四)建设成为宁德市区域经济中心和新兴产业繁荣带

目前，三都澳海岸带产业基础较薄弱、行业分散、规模小，尚未形成一个明确的经济中心，经济发展凝聚力低，难以形成经济规模效益和综合效应。改革开放以来，以蕉城、福安、霞浦三县市城区为典型的地区经济已取得一定发展，随着三都澳海岸带的扩大开放开发，将涌现一批新兴的产业驻足落户三都澳海岸带。要在资源优化配置和区域合理分工的基础上，加速传统产业改造，加快新兴产业建立，壮大产业经济实力，确立以生态农业为基础，以临海重工业为主体，以第三产业相对超前发展的区域产业体系，通过环三都澳海岸带交通网络基础设施衔接，整合优化蕉城、福安、霞浦产业布局，形成三都澳海岸带经济结构体系和环三都澳城镇群(环三都澳海湾型城市)体系，最终形成产业结构合理、经济发达、内外沟通的产业集聚带，并凸现几个在国内外有影响力的产业集群，带动环三都澳海岸带形成宁德市的区域经济中心。

二、三都澳海岸带开发的战略目标

坚持三都澳海岸带总体开发方向，通过以资源合理开发利用为基础，以外向型经济发展为主导选择，以重大项目建设作启动，加强区域国土资源开发整治，加快区域经济发展速度，逐步实现上述提出的新兴经济区对外开放的“窗口”功能、国际性深水港的中转功能、福建临海工业的基地功能、宁德市经济的中心功能。通过这几个互相关联的区域经济发展功能链，使未来的三都澳海岸带在全国性和全省性的区域分工中占据应有地位，尤其是作为国家大型深水港口、全省电力能源基地、福建石化工业基地、冶金基地、临海工业基地、海洋产业基地等突出地位；促使区域经济实力明显增强，经济总量大幅增长，到2020年三都澳海岸带总的经济发展水平应接近或达到我国沿海百万级人口城市的经济发展先进水平。

三、三都澳海岸带基本任务

(一)立足资源优势，加强深水港湾优势资源综合开发和合理配置

1. 港湾资源方面

三都澳海岸带水域总面积约714km^2，岸线总长574km，其中深水域(10m以下)170km^2，可开发的深水岸线约73km，是三都澳海岸带最大宗、最宝贵的资源财富。要加快港湾资源开发，务必遵照“深水深用，浅水浅用”开发原则，做好岸线利用和港口布局规划，处理好港口建设和保护的关系，使

港湾资源得到最为有效的开发利用和保护。城澳港、漳湾港、三都澳港、赛岐港、溪南港，东冲港，依码头性质分为国际中转港、石油港、工业港、货运港和其他性质港区。近中期，要加快建设完善赛岐、下白石、漳湾等港区，加快建设城澳深水大港，建设泊位从1～30万吨(远期50万吨)码头泊位若干个，并加强运输船队建设，大力发展远洋运输；远期要把三都澳建成一个设施完善、技术先进、疏港便捷、内外相通的大型港口群体。

2. 海洋资源方面

三都澳海岸带海域广阔而且海洋物产丰富，海洋有“半壁河山”之重要地位，应着手做好大规模开发海洋的先行工作，以迎接21世纪海洋经济时代。主要是大力开发利用海洋渔场和浅海滩涂，大力发展海洋运输业和海洋捕养结合。在加强浅海开发利用的同时，要发展远洋运输船队，要发展海洋产业，积极参与国际竞争，要充分利用海洋物产，如海盐、贝、藻、鱼、蛎等，大力发展海洋食品、海洋化工、海洋生物工程和海洋物产综合开发利用。要重视海洋生态环境的保护治理，不可盲目发展会造成海洋生态环境严重破环的不加“三废”处理的工业项目和建设项目。

3. 水资源方面

三都澳海岸带水资源较为丰富，能满足大部分地区发展工业用水，为省内其他海湾区域不可多得的优势条件。主要是合理开发利用水资源，因地制宜，综合发挥水利、水电、水运作用，以满足工农业生产用水及缓和能源、交通紧张局面。水源工程建设方面，要有步骤地开发霍童溪流域、七都溪流域、交溪流域等，有序兴建大型蓄水工程；对规划区核心区的经济发展，要建设一批水厂并要考虑长远的“北水南调”的趋势；适时做好霍童溪、杯溪、罗汉溪等引水工程，满足大工业及缺水区发展工业的用水需求；水能资源方面近期重点开发穆阳溪流域、七都溪流域的水电资源，中远期考虑开发霍童溪流域、交溪流域的水电资源，要利用该地区多处有利的地形和水系、配合今后大型火电厂的发展。

4. 矿产资源方面

主要是对占优势的非金属矿产加快开发和利用，以开发储量大、分布广、品位高、开采经济的花岗岩、高岭、石英沙、紫沙陶土、叶腊石等为主，发展多品种、大批量、高质量、高附加值、多创汇的建材工业，并利用该地区深水岸线优势建立宁德市建材中转基地。

5. 旅游资源方面

三都澳海岸带旅游资源丰富，自然景观和人文景观交相辉映，景点构成联系强，发展旅游业潜力大。要加强旅游资源的开发和保护，构建大旅游经济“软”“硬”环境，划定旅游景点区和旅游路线，逐步升格旅游业，使之成为今后发展重点产业之一。近期重点建设青山岛景点、下浒海滨浴场、渡假村等旅游点及其旅游服务，并开辟省内外多条旅游路线；中远期规划全方位开发建设旅游业，使三都澳海岸带成为福建省重点旅游区之一。

6. 土地、气候及其物产资源方面

土地资源的合理开发利用以保护和稳定耕地为目标，提高土地使用效率，避免滥开滥用。随着经济发展，人增地减是一个必然趋势，因此要积极利用海湾众多的滩涂资源，在不影响回淤的情况下，开展人工造地，尽量做到"用一造一"，稳定耕地总量。三都澳海岸带区域还拥有各种小气候，宜于发挥中亚热带气候优势，发展经济作物和名、优、新、特水果。对该地区一批具有地方特色的名优特农副产品要提高加工和综合利用水平，要"种、养、加"相结合，加大力量开发闻名遐尔的茶叶、食用菌、水果、水产等，增加创汇出口。

(二)合理布局产业，形成产业集群

三都澳海岸带产业基本现状是：虽有长足的发展，但产业基础仍较薄弱，产业结构及其布局有待优化，产业经济总量小，自我推进能力有限。今后三都澳海岸带产业发展应具有质和量的大长进，必须综合本身固有优势和外部有利环境机遇，积极利用区内外的两个市场、两种资源、双向资金，坚持以开放促开发的原则，走最适合该地区区情和发展需要的"高起点、跳跃式"的发展新路子，逐步做到"两头在外，大进大出"，以利用外部投资的增量带动现有产业的存量，促使产业结构超常规的转换升级。主要应表现在利用港口开发优势，吸收国内外原材料和资金、技术，发展钢铁冶金、石油化工、电力能源、交通运输等基础产业，奠定和增强区域经济的发展势头和后劲，同时形成不同地域的比较优势的生产综合体、重点开发区和产业聚集带，全面振兴三都澳海岸带经济。

确立以创汇农业为基础，以临海大工业为主体，新兴的第三产业相对超常发展的区域经济体系。产业发展方向是首先建立起临海型大工业，努力使该地区建设成为国际中转、临海工业、商贸、旅游以及海洋开发等产业先进发达的地区。

在实现区域产业发展战略上分两步走。第一步以项目带动开发，首先建立临海工业区，选择大进大出的基础产业，建立新兴的钢铁、石油、化工、电力、建材等支柱产业。以第二产业为发展重点来带动基础经济的飞跃。第二步在新兴产业发展的基础上，进一步发展下游加工产业、海运业、海洋产业、高科技产业、金融、贸易及其相适应的第三产业。

产业结构及其布局要摆脱区域经济小而全的单一思维，要从内外封闭的均衡化发展思路转到外向的、开放的非均衡化发展思路，即要从区域实际出发，选择最有利于三都澳海岸带经济实力增长和发展后劲的产业作为重点产业，搞好项目的布局，形成有区域特色的支柱产业体系和区域分工格局。三都澳海岸带重点产业选择为冶金工业、炼油及石油化工工业、电力工业、交通运输业、食品加工业、建材工业、机电工业、创汇农业、轻工纺织工业、船舶工业、旅游业等。这些重点产业的发展要因时因地作不同侧重；产业发展布局要以宁德中心城市为依托，要以东侨开发区、闽东工业园区、湾坞—下白石为重点，以福宁高速公路、温福铁路和环三都澳滨海大道为轴线，沿城澳—飞鸾—铁基湾—东侨—蕉城—漳湾—七都，福安—赛岐—甘棠—下白石—湾坞，霞浦—盐田—溪南—东冲半岛等滨海平原展开，促使三都澳海岸带原有分散的城镇优化整合成环三都澳海湾型城镇群。

（三）加快三都澳疏港基础设施建设，改善投资硬环境

基础设施的相对滞后是三都澳海岸带经济落后的最主要也是最直接的影响因素，因此，三都澳海岸带的基础设施必须集中必要的人力、物力、财力搞好先行建设。基础设施建设的主要任务是围绕建立临海工业和开发港湾资源，适度超前规划建设交通基础设施，建立以高速公路、铁路、海上交通、机场相结合的立体交通网络；发展高效、敏捷、畅通的通讯网络和信息综合交换网络；能源工业要大力开发山区水电和发展临海型火电相结合的电力工业结构，建成华东电力工业基地之一；同时大力加强水资源开发利用和重点供水工程。

在基础设施建设中，要特别加强重点项目开发建设，做到合理布局、配套完善，通过政策引路加快发展。重点是交通运输业，建设温福铁路、宁德到江西高速公路、大吨位码头泊位及其疏港道路等建设项目，打通环三都澳滨海大通道，开拓扩大出海口，并要通过支线项目建设形成高效畅通的环三都澳铁路和公路路网和港口体系。还要大胆规划论证建设三都岛跨海大桥的可行性方案，最终把三都澳海岸带最终建成基础设施完善、技术先进、路网合理、内外相通的国际中转大港。

（四）优化区域经济结构和城镇体系格局，做大做强中心城市

三都澳海岸带经济结构的总体构想是“一条轴线、三个综合发展区、五个中心发展带”，实现“以点连线带面”的区域经济格局推进策略。规划考虑按漳湾—蕉城组团，飞鸾—城澳组团，赛岐—甘棠—下白石组团、盐田—溪南组团和霞浦城关—长春—下浒组团等布局建设。随着经济进一步发展，将出现环澳沿轴分布的四级城镇格局，即以宁德为中心城市，以福安、福鼎为次一级中心城市，以漳湾、飞鸾、城澳、溪南、三都等为卫星城镇和以它们为纽带连接其他广大乡镇和农村所构成的三都澳海岸带城镇体系和城乡网络。要注意发挥中心城市和次中心城市的作用，促进城镇化水平提高和城

镇体系发育，使区域城镇从联系松散的农业型为主的小城镇群体逐步转变成为关联紧密、分工明确的以港口和临海工业型为主的三次产业综合发展的环三都澳海湾型城镇群（或环三都澳海湾型城市）。

（五）进一步扩大开放，大力发展外向型经济

世界经济结构调整，资金投向战略转移，特别是经济重心向亚太地区转移，香港回归和闽台经贸合作的时空机遇的到来，将十分有利于该地区利用优越的港湾资源、特殊的政策优惠、丰富的劳动力资源等广泛吸引外资、侨资和港、澳、台资，兴办“三资”企业，确立三都澳海岸带作为我省沿海对外开放前沿阵地和闽台合作窗口的应有地位和作用。

（六）切实协调好开发利用和保护治理的关系，搞好自然生态环境保护

要用生态经济的观点来指导三都澳海岸带的经济发展，合理利用和保护好土地、自然水、森林、旅游等自然资源，以完善的法律和行政手段，有效地加强环境监测、环境保护和环境管理；有效地控制并治理水土流失，加快发展绿化造林，重视对交溪、霍童溪、七都溪等河流开发利用与综合治理的工作。使各流域的水能、航运的开发与流域治理密切地结合起来，做到“青山常在、绿水长流”。城市和主要开发区，要根据环境容量和城市性质进行环境功能划定，重点防治水污染，要合理配置工业，严格排放标准，综合防治“三废”，积极有效地处理好工业项目建设与港湾环境保护之间的矛盾问题。在区域内应大力宣传建设生态城镇和乡村，保持三都澳海岸带山青水绿、空气清新、环境优美，使生态环境得以良性循环。

第六节 产业结构重构与提升策略

三都澳海岸带拥有世界天然深水良港和良好的海洋生态环境，劳动力成本低廉，交通瓶颈已经打开，区域合作条件良好，根据优势产业分析，具备发展重化工和劳动技术密集型制造业的优越条件。因此，要充分利用全球产业转移以及加入WTO，国内产业重构的发展机遇，依托大型深水良港，积极培育区域主导产业，做大做强传统优势产业，拓展新兴产业和高新技术产业。

一、培育区域主导产业

主导产业的发展必须建立在区域已有的或潜在的经济优势之上。主导

产业的培育不仅可以带动相关产业的发展，还能够有效促进区域经济结构的转型和刺激区域经济的增长。宁德深水港口资源丰富，建港条件得天独厚，具有发展临海重工业的优越条件，必须选择钢铁、能源、石油化工和造船业作为经济发展的主导产业。

(一)钢铁工业

临海大型钢铁厂的建设将有利于带动宁德城市的发展。目前，宁德冶金工业已有一定的规模和基础，主要有铁合金冶炼和小型炼轧钢等。要以漳湾钢铁项目和三祥冶金、闽东冶金集团福润公司为骨干，整合市内其他冶金工业相关企业，形成冶金产业集群。钢铁工业应重点生产国家政策鼓励的热轧超薄板，高档冷轧薄板，家电、集装箱及汽车用板，冷轧硅钢片。

建立钢铁产业集群。钢铁产业是一个前、后相关联度都非常大的产业，因此如何尽可能提高钢铁产品在当地的深加工能力，显然对提高钢铁行业对当地经济的带动作用有着重大影响。在这方面，上海市宝山区的经验十分值得借鉴。作为宝钢的所在地，宝山区积极发展冶金及配套延伸加工业，如集装箱制造业、钢结构业、电梯制造业、有色金属压延加工业、金属新材料业、为宝钢配套的备品备件加工业等六大行业，取得了十分可观的经济效果。从宁德现有的产业状况来看，在三都澳海岸带区域积极发展钢铁的下游产业和配套产业也是有一定基础的，需要进一步大力发展电机、船舶修造、冶金等关联产业。

(二)能源工业

电力工业是能源工业发展重点，而宁德缺煤少油。但宁德拥有丰富的水力资源，目前已开发中小水电 76 万千瓦，仅占可开发装机容量的 38.7%，供发电网络齐全。伴随区域快速发展，东侨开发区、闽东工业园用电负荷将大幅增长，因此必须充分发挥深水岸线和抽水蓄能优势，建设大型火电厂和水电站。

(三)石化工业

目前宁德石化产业基本上以化肥、农药、无机盐、有机化工为主。因此，应抓住石化工业在福建省布点的机会，争取更多的石化中下游产业项目落户宁德，以石化中下游深加工系列开发为重点，发展三大合成材料及其精细化工、塑料制品、建材、包装材料、农膜等产品。开发石墨化油焦、高温石墨电极产品、生物农药、环保农药、高效洗涤环保型产品、蜂窝化工填料、新型高效脱硫剂、高吸水性树脂、高性能建筑外墙系列涂料等。要以宁德白莲花化工公司、联谊化工厂、俊杰磁业公司、大扬工业公司、屏南榕屏化工厂、寿宁精细化工企业为骨干，整合石化产业，逐步建成全国最大的氯酸盐生产基地和福建精细化工基地。

二、做大做强传统优势产业

宁德的传统产业主要是指电机电器和船舶修造为主的制造业，但在更大的区域范围却没有明显的优势。尽管传统产业对宁德的经济发展起着重要的拉动作用，但其竞争力不强是一大弱点，因此做大做强传统优势产业十分重要。

（一）机电工业

机电工业已是三都澳海岸带区域制造业的重要支柱之一，主要产品为船舶、电机、水泵、汽车摩托车零部件、电子按摩器、计算机不间断电源等。机电工业主要在于巩固发展电工电器、船舶、汽车摩托车零配件等主导产品，发展机电一体化以及环保设备、农业机械和电子等特色产品，运用低碳高硅主体、球墨冶金、精密铸造等技术，发展高效节能电机、微特电机、智能电器、传感器、电子保健医疗产品、电子仪表和成套设备仪器控制系统等。与此同时，重点建造万吨泊船，培育新型船舶设计与制造能力。同时，积极引进矽钢片、漆包线、精密铸造、电机轴承等上游企业，大力发展以电机为动力的系统产品、成套设备等下游产品，延伸产业链，增强电机电器产业整体竞争力。

目前，三都澳海岸带区域的机电工业主要分布在福安市。为推动电机电器产业的规模化和集群化经营，引导个体和民营经济由分散到联合，由量的扩张到质的提升，还必须加快培育电机电器行业龙头企业，壮大万达、安波、德丰等电机企业，围绕龙头企业发展配套的中小企业，促进产业适当集聚发展。在产业空间布局上，可以引导机电优势产业逐步向闽东工业园等条件更加优越的地区转移，形成产业集群。

（二）食品工业

食品工业主要包括食品加工、食品制造和饮料制造。要以传统食品工业现代化为方向，重视技术改造和科技创新，推动效益化生产，促进食品工业由低层次加工为主逐步向深层次加工过渡，加快发展水产品、水果、食用菌、茶叶等食品加工行业，开发绿色食品、方便食品、功能食品及保鲜深加工技术，积极开发海洋生物食品，开发适合旅游的水产方便食品，生产速冻、保鲜食品以及食用菌系列保健饮品和营养食品。目前，宁德食品工业企业分布相当分散，规模偏小，要通过资产整合，扶持具有一定经济实力的大型知名企业，形成规模效应和品牌效应。

（三）建材工业

三都澳建材业发展迅猛，已初步形成以石材为主体、墙体材料为重点、蕉城虎贝生产基地为依托的产业体系。今后建材工业要重点发展中高档建筑陶瓷和新型建材及制品，加强石材新品种开发，提高石材深加工附加值，发展异型材、石雕、墓碑等高档石材；突出开发高附加值的新型建材产品，开发合成型、复合型及智能型材料，开发新型内外墙体和室内装饰装修材料；发展高性能陶瓷和新型功能陶瓷等。要进一步壮大建材工业规模，培育龙头企业，以白莲花化工为骨干，整合中小型石材企业，形成建材产业链。

做大做强传统优势产业的重要途径就是积极增加技术含量和提高技术层次。其一，在技术和设备引进后通过消化、吸收和再开发，掌握和创新核心技术，增加产品的技术含量，从技术上优化制造业；其二，逐步改变"三来一补"这种引进外资的模式，采取措施使核心技术与一般技术、设备和管理同步引进，从而使引进项目成为优化制造业的领头羊；其三，通过市场竞争淘汰一些不符合社会化大生产及环保要求的企业，促进产业内部构成的合理化。

三、拓展新兴产业

（一）拓展房地产业

城市化的发展为房地产有效需求开辟了广阔市场，房地产业是现代城市经济发展中的支柱产业。因此，要建立健全的房地产市场体系，提高市场运作效率以及市场竞争的公平性，保护好投资者的利益，从而更多地引入有层次的房地产投资，并提高宁德房地产业的核心竞争力。其中包括策划能力、决策能力、开发能力、融资能力和管理能力等；要积极引进境内外有相当实力的大型房地产商或开发商参与宁德的房地产成片开发，从而在引入资金的同时，引入管理经验，提高整个开发的层次，优化宁德的面貌；要提高房地产业的科技水平和房地产开发的现代化程度，促进产业增长方式的转变，提高房地产投资中的技术含量，降低每单位投资中的成本；要不断优化投资开发结构，积极推进住宅产业化，提高房地产所有从业人员的素质，改革和创新房地产企业的管理模式与方法。

按照"建设新区，改善旧城，开发沿海"三个层次逐步展开。新区积极发展经济适用房、商品房和商住楼宇；老城区结合旧城改造，建设综合商贸区；沿海重点建设高档商品房、度假村和别墅。房地产开发要秉承可持续发展思想，引入现代住区规划概念，重视地方人文元素和符号运用，形成独特的建筑物风格。同时重视城市绿脉、文脉的延续和演绎，构成有机疏散、布局有序的城市空间和富有表现力的城市轮廓线，打造山海亲水人居环境。

（二）港口物流业

三都澳海岸带位于长江三角洲和珠江三角洲连接地，同三高速公路、104 国道、大型深水良港、温福铁路、闽东机场，以及规划中的 201 省道、宁德—邵武高速公路，使得三都澳的区域性交通枢纽的地位日益凸现，是长江三角洲人流、物流、资金流、信息流进入海峡西岸经济区的门户，具备发展综合交通枢纽、港口物流业的条件。目前港口物流业主体仍是以传统运输、仓储为主，联运、散装、集装化运输程度较低，现代意义上的第三方物流企业还未形成。要利用良好的区位条件，以港口建设为契机，以中心城市为依托，以快速交通网络为骨架，发展国际性港口中转贸易运输业、国际远洋直达运输业，建成区域性人流、物流集散地；促进大流通和电子商务的逐步融合，构筑物流交易平台，形成传统经济与网络经济有效结合的现代物流业，建设物流基地和物流配送中心，培育和发展第三方物流；重点培育自动仓储、保税区仓库、物流追踪GPS系统、数据通信服务、送货上门服务、物资补给、中介服务、外币结算等功能。

（三）拓展旅游产业

树立"大旅游"的观念，通过市场化的运作机制，依赖现代信息技术和现代化的旅游设施，积极拓展旅游产业，使其发挥更大的产业优势，这样不仅可以提供更多的就业机会，还能为城市积累更多的财富。

以成熟精品景点和宁德中心城区为依托，坚持政府引导与市场化运作相结合，出精品道路，以高知名度、大市场潜力、综合效益好的垄断优势资源为基点，配套开发周围辅助性旅游区，并配套相应的旅游基础与服务设施，形成组合式旅游区的集群。

宁德市域拥有太姥山、鸳鸯溪2个国家级风景名胜区，支提山、九龙漈瀑布群、柘荣东狮山、古田翠屏湖4个省级风景名胜区，同时又是全国畲族人口最聚居地区。拥有山海川岛、畲族风情、宗教文化、野生动植物、避暑气候等旅游资源。当今旅游业寻求的"阳光、海水、沙滩、绿色、空气"应有尽有，发展旅游的条件得天独厚。2001年，宁德市域接待国内外旅游者120万人次，旅游收入1.8亿元，旅游业发展初具规模，但旅游经济总量不高，仍处于发展的初级阶段。

应加强市场细分和产品定位，实施资源整合，培育精品。以山海旅游和生态旅游为特色，以文化和度假休闲为重点，大力发掘观光农业、乡村旅游、生态旅游、海上渔城探秘、健身体育旅游、攀岩、探险、科考、美食、母亲文化、畲乡风情、宗教朝圣、港口城市旅游等非大众性旅游产品，将三都澳建成海峡西岸经济区北翼山海特色风情旅游区，东南沿海知名的滨海旅游强市；把旅游业培育成为区域第三产业龙头、国民经济新的增长点和新的支柱产业，努力以三都澳海岸带为核心，在宁德市域范围内构建大旅游格局，逐步形成"一带"（沿海观光度假旅游带），"五区"（都市综合旅游区、太姥山海川岛观光度假旅游区、环三都澳海市风情旅游区、鸳鸯溪—九龙漈生态旅游区、翠屏湖—临水宫朝圣旅游区)，“六线”(沿海蓝色滨海观光休闲旅游线、山区绿色山水生态旅游线、畲乡风情旅游线、宗教朝圣旅游线、闽浙山海畲情旅游线、武夷—太姥山海川岛旅游线)的旅游开发总体格局。其中都市综合旅游区可划分为霍童溪生态旅游区、海上渔城度假旅游区、东湖岚湾休闲旅游区和金涵畲族文化旅游区。

霍童溪生态旅游区。包括支提寺、瀛洲击水、霍童洞天、那罗延窟、霍童生态峡谷、将军山、渔溪胜景、古瀛洲明清古街等景点。重点开发生态旅游、科考、探险、漂流、宗教、文化旅游等产品。支提寺景区以重振支提山天冠菩萨道场名气，重建道教鹤林宫为主；霍童溪以溪河为纽带，逐步开发峡谷深处以及两岸山岳景区，继续挖掘古文明遗产，弘扬线狮、击水等民间文化传统，增加旅游的可参与性。

海上渔城度假旅游区。包括三都澳海上渔城、青山岛、斗帽岛风景区、鸡公山、橄榄屿等景点。重点开发观光农业、度假休闲、美食、宗教文化、军体旅游等产品。完善三都澳海上田园旅游配套功能，增强参与性；三都岛挖掘历史文化内涵，建设三都澳海洋史博物馆，修葺天主教教堂和修道院；青山、斗帽发展现代农业、海岛观光度假，探索分时度假形式；鸡公山、橄榄屿作为国防教育基地，完善冒险、极限生存、军事对抗等特种旅游产品。

东湖岚湾休闲康体旅游区。包括南漈公园、继光公园、碧山风景区、东湖公园、塔山公园等景点。重点开发海滨度假、休闲娱乐、康体疗养、水上运动、城市旅游、商务会展等旅游产品。东湖塘依托塔山公园、东湖公园建成以海为主题的海滨主题公园和半岛度假区，以海滨度假休闲、康体疗养、商务会展为主；完善南漈公园、继光公园、碧山风景区休闲娱乐功能，增加市民周末休憩场所；岚湾建成以休闲娱乐、水上运动、城市旅游为主的城市主题公园。

金涵畲族文化旅游区。包括中华畲族宫、畲族寨等景点。重点开发民俗旅游、文化旅游、寻根祭祖旅游、农家乐等旅游产品。进一步完善中华畲族文化村，建设畲族风情街，保留和再现麒麟畲寨、上金贝原始村寨等具有浓郁畲族特点的特色村落，挖掘和修复民族艺术和民族手工艺品，举办畲族文化节。

四、拓展现代服务产业和高新技术产业

目前三都澳海岸带区域以发展传统制造业为主，正逐步向临海重化工业发展。要积极培育科技产业化体系和科技服务社会化体系；建设全市高新技术成果孵化基地、产学研基地和新型企业管理、工业生产经营人才培训基地——闽东大学和技术学院；逐步建成高技术产业相对集中的产业带，建

设高新产业技术园区。要拓展以金融保险、商贸商务、流通、信息、文化、科教等功能，加快闽东学院、物流园区等功能区块建设，健全区域中心城市的综合服务功能，提升辐射能力。

第七节　三都澳海岸带区域开发的空间布局

三都澳海岸带开发的战略布局要遵循因地制宜、合理分工、适度倾斜、突出重点、梯度推进、循序渐进、优势互补、共同发展的原则，逐步形成生产力布局合理化、科学化。

一、综合开发总体布局构想

依据三都澳海岸带开发的总体方向和目标，为了实现区域资源合理利用和优化配置，未来三都澳海岸带开发布局要以宁德市为依托，以港口开发为重点，以疏港公路及高速公路互通口乡镇为主轴线，沿环澳沿岸滨海平原展开，突出宁德城区、闽东工业园区、城澳港区、漳湾港区、溪南工业区、东吾洋区域开发建设，形成分工明确、各具特色、关联紧密、协调发展的三都澳海岸线区域发展带，发展该地区点轴面联通的多方位扩散推进的"点轴式"开发格局。

"一条轴线"。主轴线是以高速公路和温福铁路为骨干，自城澳飞鸾—宁德城区—漳湾—福安下白石、甘棠、赛岐、湾坞、溪尾—霞浦盐田、城关、洲洋、溪南，构成了环三都澳城镇群。在这条主轴线上，鉴于飞鸾至赛岐段是目前该地区经济较为繁荣、基础设施较好、港口资源丰富、与外部沟通联系较便捷、外向型经济发展势头较强劲以及拥有对外开放优惠政策条件较多的地带，应成为区域经济发展的核心区，也是未来宁德市的重要工业聚集带和综合经济发展带，成为宁德市经济发展的"龙头"带动宁德市山海资源的全面开发。但由于该地区经济相对还不很发达，资金积累能力有限，经济发展的自我推进能力不强，而近期国家又不能进行大规模投资开发建设，因此在布局建设上必须争取石化、钢铁、电力等大运量的工业项目在该地区落户，以大项目启动港口开发，以港口开发促进工业建设，做到港口开发与工业建设并举，充分利用国内外"两个市场"、"两种资源"进行大开发大发展，争取更高层次的开放，力争把该地区建设成为我国东部黄金海岸带上新兴的外向型经济开发区。具体包括宁德中心城市核心区、城澳港区、漳湾工业区、福安城区、赛甘下经济开发区、霞浦城区、溪南工业区、东吾洋区域开发区。这些功能区通过发挥其区位、资源和政策优势，扩大开放，加快建设，使其成为主轴线上对外对内辐射的枢纽，区域经济增长的极点和未来该地区城镇体系的中心城镇或主要城镇。

二、综合开发分区布局

(一)宁德中心城市核心区

该区位于澳西南的宁德市区，地处三都澳海岸带的核心地带，范围包括蕉南、蕉北、城南、金涵、东侨开发区。该区为宁德市政府驻地，是宁德市政治、经济、文化中心，地理位置优越，交通通讯便利，陆上交通有104国道及福宁高速公路、温福铁路等交通走廊过境，科技人才相对集中，并且还拥有宽阔的陆域、量丰质优的水资源、较好的工业基础设施。该地区生产布局是以无污染的食品、轻工、电子等重点项目为骨干，积极、发展创汇农业和商贸、金融、科技教育、旅游等第三产业。同时因经济空间的拓展，未来大宁德城区规划建设应以漳湾建成能源石化城和城澳建成中转商港为两翼，把现有城区、漳湾重化工业区、城澳中转港口工业区联为一体，形成宁德中心城市。

(二)漳湾重化工业区

该地区位于澳西滨海地区，包括漳湾、三都、七都镇。陆域开阔平缓，深水岸线条件优越、淡水资源丰富、地质条件良好，是建设重化工业区的理想地域，该地区以炼油和化工为主导产业，可布局兴建港口电站、钢铁厂等大型工业项目，也可建设海洋化学工业、化肥工业等项目。

(三)城澳中转港区

该区位于澳南岸，背靠飞鸾、外连鉴江，该区段深水岸线优越，可泊20～50万吨级船舶，拥有国家一类开放口岸。城澳可与国际国内海运大动脉相沟通，发挥中转功能。飞鸾、鉴江前沿有较多的陆域及可供围海造地的滩涂，是发展国内国际大型泊位、进行大宗货物中转、远洋运输和大型船舶修造及其他港口外贸加工业发展的理想选址。规划在该区建设一系列大型船舶修造厂，发展以花岗岩、陶瓷为主的建材工业基地，利用飞鸾东侧滩涂地紧靠城澳中转港又有高速公路互通立交、温福铁路站及区位优越等条件，除部分用于城澳港仓储用地外，其余用于建设港口工业；利用城澳一类开放口岸的优势，在该地区建立保税区。从长远考虑，为解决该地区水资源不足，要从七都溪、霍童溪引水，港区近期主要为水水中转，随着港口建设的不断扩大和深入，城澳港应为区内、省内、国内，甚至国际航班提供中转服务，因而疏港公路、铁路也应加紧建设。

(四)湾下综合经济区

该地区位于宁德市最大河流交溪下游(赛江)沿岸，范围包括下白石、湾坞、溪尾，交溪从白马门汇入三都澳，河运、海运联为一体，沿岸线可建300至10000吨级码头港址10多个，现已开发下白石5000吨码头，是三都澳海岸带港口群体的有机组成。公路有104国道和浦赛线等通过，对外交通便捷，成为宁德市现有的交通枢纽及重要的物资集散地，规划温福铁路和沿海高速公路经过该地区。该地区工业基础较好，民营经济发展迅速，经贸较为繁荣，业已形成全国知名的民间船舶修造中心和贸易市场，是目前三都澳海岸带产业经济重心，也是粮果蔬等农副产品的重要生产基地，以电机电器、船舶修造、冶金、建材等为主导产业。

该地区在三都澳海岸带经济中占据重要地位，是规划开放的前沿阵地与内陆腹地的衔接部。规划布局中小型船舶修造厂，利用大量的辉石闪长岩、花岗闪长岩等高中档雕刻用石及丰富的高质量建筑用砂，大量的高岭土矿，开发建材。陶瓷工业，利用该地区水资源丰富，陆域较宽阔平坦的有利条件发展化学工业、冶金工业等。同时通过加快基础设施建设，改善投资环境，争取引进钢铁、水泥、化肥等大项目，培育新兴支柱产业，进一步带动区域经济发展。同时积极实施“海上船都、陆上粮仓”的战略，建立宁德市最大民间船舶市场和科技养殖园区、茶叶育苗区、粮食生产区等，建成港、贸、农、技全面发展的经济繁荣区。

（五）福安城区

本区位于三都澳海岸带交溪纵深地带，包括韩阳镇全部、坂中乡和城阳乡部分用地。本区曾为地区专署驻地，文教、卫生等公共设施较齐全，规模较大，是福安市政治、经济、文化中心。城区交通便利，104国道经过城区，距赛岐港仅28km。机电工业是福安城区现状工业的支柱，是“闽东电机”的发祥地，现已基本形成产品配套、专业分工协调、技术力量较全面的工业生产体系。根据本区现有地位、主导产业、发展条件分析，本区的规划布局应利用“闽东电机”的发源地和较全面的工业生产体系，增创新优势，建立东南沿海独有的“电机电器城”，同时通过技术引进、吸收、消化、创新，加大食品工业、化工工业、轻工业规模建设，进一步促进工业产品上规模、上档次、上市场、创高效。

（六）溪南港口工业区

本区位于澳北岸，包括盐田、溪南2个乡，该区港湾深水条件好，有足够的陆域和可供围海造地的滩涂，目前环溪南半岛公路已建成，规划建设自盐田互通口通向溪南的铁路支线、高速公路连接线；兴建溪南至长腰岛、溪南至东安岛陆岛公路桥，建设环岛路网体系，打通陆岛通道，为岸线开发创造疏港交通条件，因此通过引水工程建设，本区是发展火电、冶金、造船等重工业及水水中转、水陆中转港口的好地点。

(七)霞浦城区综合开发区

本区位于澳东北霞浦县城区,包括霞浦松城和洲洋2个乡镇,本区地处闽浙要冲,改革开放以来,与台湾的往来逐年增多,第三产业较发达。该区交通便利,规划的温福铁路、汽专线都从城区边缘经过,该区为霞浦县的政治经济文化中心,近年来以食品工业为主导,化工、电子、仪表、轻加工业以及冶金机械工业等较具优势。

(八)东吾洋区域开发区

本区位于澳东霞浦县内,包括东冲半岛的全部和沙江镇的大部分地区。该地域目前经济欠发达,资源开发滞后,基础设施较薄弱,以农业、水产业为主,工业较弱。但本区拥有得天独厚、适宜海水养殖的东吾洋、福宁湾,以沿岸特殊的水土气候条件,有发展南亚热带水果生产的资源优势。拥有东冲半岛深水岸线,是三都澳海岸带深水港群的主要发展地之一,并且拥有沙滩洁净柔软平坦、海滨风光秀美怡人、气侯冬暖夏凉、海产资源丰富的下浒海滩,是海滨度假村的理想选址,远期将得到很好的开发建设。随着福宁高速、温福铁路支线的建成,以及展望兴建东冲—鉴江海底隧道,本区未来的经济战略地位将明显提高。本区最大的制约因素在于水资源不足,须进行跨流域跨地区引水。在布局上,近期应以大力发展海水养殖、建成海产基地,大力发展晚熟龙眼、荔枝及蔬菜等创汇农业,同时利用其优越的深水岸线条件与城澳港共同承担三都澳海岸带大型船舶的中转分工。远期应着力发展本区独特的海滨度假旅游业,开发建设高科技产业园区。

第五章 三都澳海岸带港口资源评价与港口经济发展

由区域经济学中的增长极理论可知,在工业化初期,一个地区能否获得较快的经济发展,除了创新能力之外,关键在于是否具有和能否利用有着重大经济价值和竞争优势的独特的自然资源。宁德依山傍海,山海资源十分丰富,有的资源还形成了一定的特色产业。但仔细分析便不难发现,与周边其他城市相比,港口资源和水资源才是其最主要的优势资源。宁德的出路在海上,只有通过合理开发与充分利用其天下难得的海湾资源,逐步形成港口优势,并不断将港口优势转化为产业优势和经济优势,宁德的腾飞才会有坚实的基础。正因为此,所以宁德市委、市府一再提出"以港兴市、以市促港"的战略,并明确把宁德港,特别是三都澳港的开发视为是影响全市经济与社会发展的重大课题。

众所周知,三都澳是我国最优良的天然港湾。但是,对于三都澳是不是有可能建设成大型的综合性枢纽港,一直是众说纷纭。为此,本课题的主要特点是采用区域经济学的原理,将三都澳港的开发利用放到我国整个沿海港口建设这个大环境中加以探讨。这就是说,笔者不仅从技术的角度出发对三都澳港的开发可行性进行了论述,更重要的是从经济的角度出发,以经济腹地的分析为抓手,对三都澳港的开发价值和发展前景进行了一定的研究。

第一节 我国港口资源现状分析

一、大陆与香港港口资源现状分析

我国大陆海岸线长约18400km,目前共有沿海港口165个。到2002年底,沿海港口共有中级以上生产性泊位3260个,其中深水泊位696个,总吞吐能力15亿吨;已基本形成了由20个主枢纽港为骨干、以区域性重要港口为辅助、地方中心港口为补充的层次分明的港口布局体系,如图15所示。

(一)基本情况

2002年(见表29),上海、宁波、广州、天津、青岛、秦皇岛、大连7个港口的吞吐量已连续两年超过亿吨,其中上海港吞吐量已达到2.64亿吨;上海、深圳、青岛、天津、大连、宁波6个港口已跻身世界30大集装箱港口之列,并具备接卸超巴拿马型集装箱船的能力,如表28所示。根据统计,我国近年来上海、深圳、青岛、天津和广州5个港口完成了约60%沿海集装箱吞吐量。由此可见,我国沿海大港在集装箱运输方面具有规模优势。

表29 2002年中国及亚洲前三十大集装箱港

排名	港口	吞吐量(吨)	比上年增长(%)
1(1)	中国香港▲	19000000	6.10
2(2)	新加坡	16800000	8.20
3(3)	韩国釜山	9436307	16.90
4(5)	中国上海	8610000	35.80
5(4)	中国台湾高雄	8493000	12.60
6(8)	中国深圳	7613754	50.00
15(18)	中国青岛	3410000	29.20
23(28)	中国天津	2410000	19.90
26(32)	中国广州	2180000	26.00
28(31)	中国台湾基隆	1918598	5.70
30(50)	中国宁波	1860000	53.70

注:①括号中为2001年排名;②有▲者为据港务局发表的数字变更;③深圳为赤湾、盐田、蛇口三港的合计。

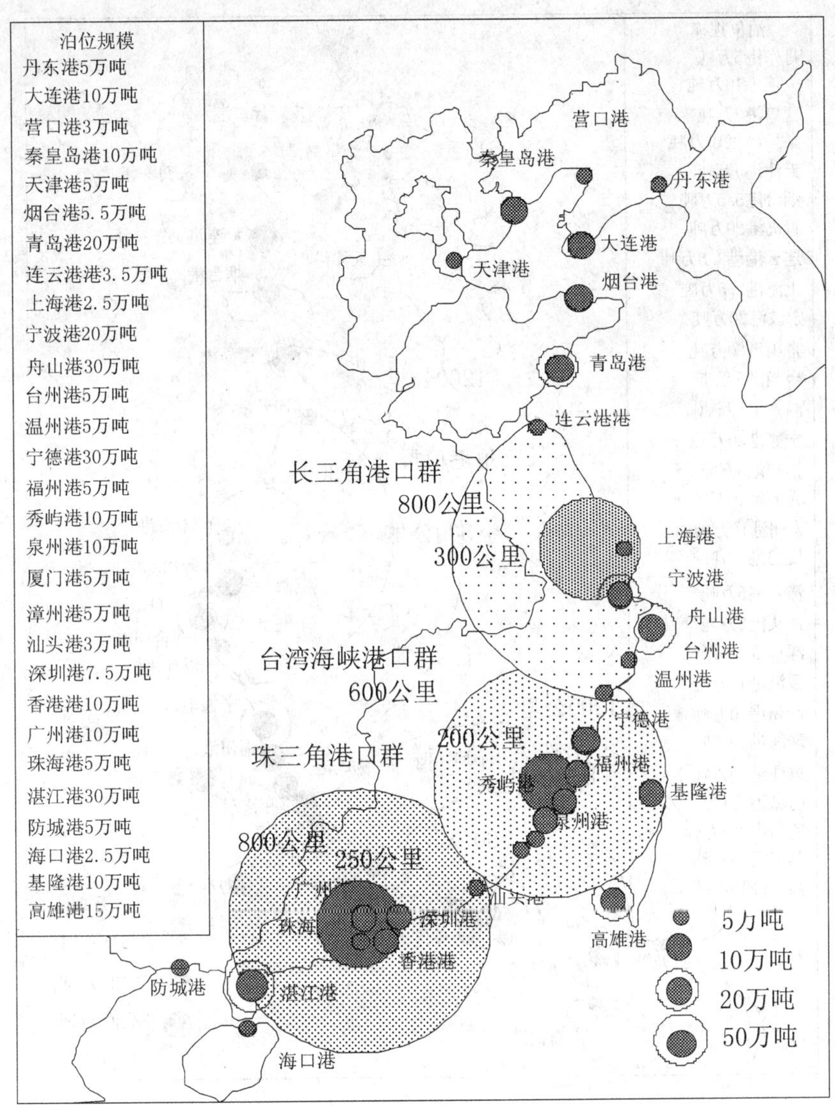

图 15　中国主要港口分布与泊位规模

如果加上香港港，则在我国沿海港口中，发展最快的是三大港口群（见图 16），即以香港港、深圳港和广州港为代表的珠江三角洲港口群；以上海港为代表，宁波港、舟山港、南通港、连云港港和张家港港为辅助的长江三角洲港口群；以大连港、天津港、青岛港为代表，营口港、秦皇岛港、烟台港为辅助的环渤海港口群。这三大港口群依托三大城市圈，既相互竞争又相互补充，形成了拉动中国经济腾飞的“三驾马车”。

考虑地区经济发展，尤其我国沿海地区经济的高速增长，港口腹地的经

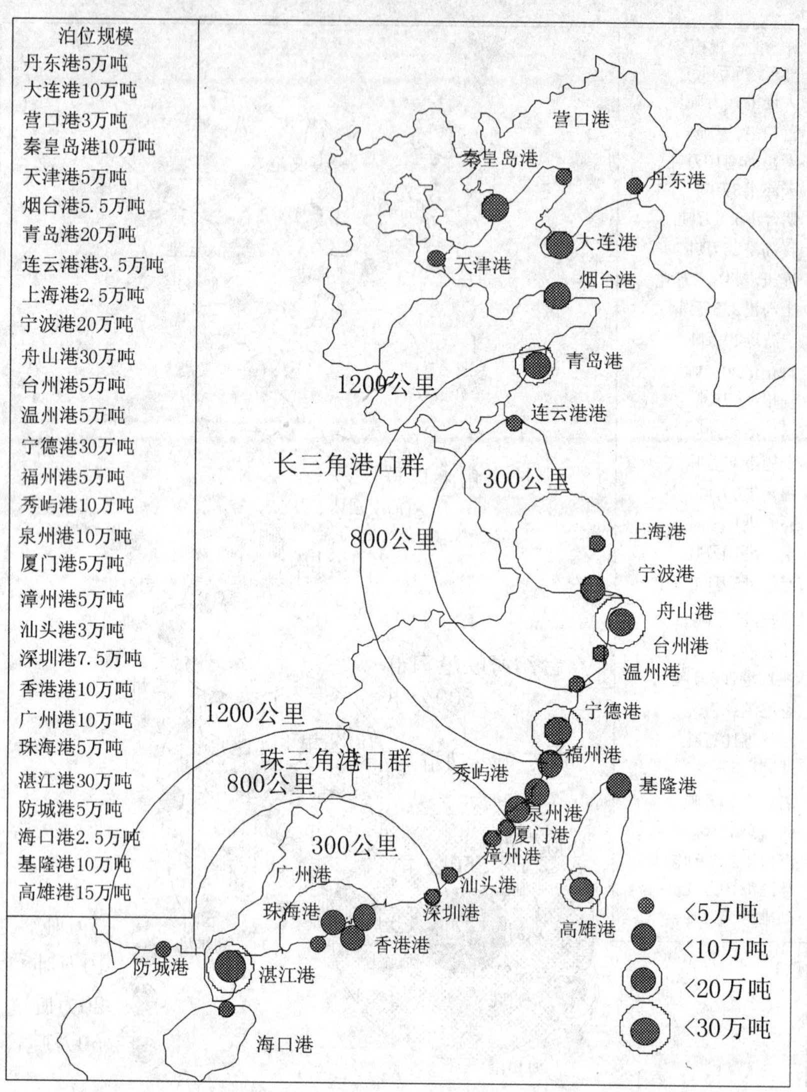

图 16 三大港口群现行的经济腹地

济发展与港口间的经济联系，还有相邻港口之间的联系与同一源地港口之间的有关因素，我国港口又可划分为 7 个港口地域组合类型区域，即东北、华北、黄淮、华东、东南、华南和西南沿海 7 个港口组合类型区（见表 30）。

表30 中国沿海港口的地域组合及其港口分工概况

组合区名称	位置	腹地大致地域范围	主要港口职能类型
东北沿海	辽东半岛及附近沿海	东北地区三省,内蒙古东部	中心枢纽港:大连;分流港:营口;地区港:锦州、丹东
华北沿海	渤海西海岸	华北地区北部和中部,西北地区、东北部	中心枢纽港:天津;专业输出和地区港:秦皇岛港、黄骅;地区港:京唐港
黄淮沿海	胶东半岛及附近沿海	华北地区南部及其以南至秦岭淮河以北地区,西北地区东南部	中心枢纽港:青岛;分流港和地区港:烟台;专业输出和地区港:连云港、日照;地区港:威海、龙口
华东沿海	长江三角洲及附近沿海	长江流域大部,浙江中北部	中心枢纽港:上海;水路中转港、分流港:宁波、南通;工业港:宝钢、金山石化;地区港:张家港、舟山
东南沿海	台湾海峡西岸及附近沿海	浙江南部,福建全部,广东东部,江西东部和东南部	中心枢纽港:厦门港;地区港:福州、汕头、温州、泉州;水路中转港与专业输出港:湄州湾港、东山港
华南沿海	珠江三角洲及其附近沿海	广东中部和北部,江西西部和西南部,湖南中部和南部,广西东北部	中心枢纽港:香港—广州;分流港和地区港:蛇口、赤湾、盐田;水路中转港:盐田、高雄;地区港:珠海、江门惠州和内尾
西南沿海	雷州半岛及北部湾西岸	广东西部,广西大部,海南西南部,云贵川大部,海南全部	中心枢纽港:湛江;专业出口港与地区分流港:八所、防域;工业港:洋浦;地区港:海口、北海、钦州、三亚

资料来源:陈航等提供的资料,1993。

(二)港口地域组合

1. 珠江三角洲港口群

珠江三角洲是世界上最大的消费市场和最大的产业集聚带之一。改革开放以来,珠江三角洲经济一直保持着良好的增长势头,外商投资持续增加,集装箱货物急剧增多,从而为地区内港口提供了充足的箱源。同时,珠江三角洲地区也是华南地区最重要的集装箱吞吐地,其主要港口的集装箱吞吐量占整个华南地区集装箱吞吐量的73%左右。主要的代表港有香港港、深圳港、广州港。

(1)香港港

香港港是世界上最重要的转口贸易港之一,也是中国内地最重要的转运中心。这在集装箱运输方面表现得非常明显。2000年全国2348万吨港口吞吐量中,410万吨输往香港或来自香港(其中内地输往香港的货物中,

36%为中转货;而香港至内地港口的货物中,51%为中转货)。在珠江三角洲地区,约有70个小型港口成为香港港的喂给港。但随着越来越多的货物在内地港口直接付运,香港港的功能地位受到一定的削弱。例如,有调查报告显示,在内地输往海外的货物中,五年前有55%是经香港输出,而现在已大幅降至35%,但是从总体上看,周边港口的发展对香港还是利大于弊。

(2)深圳港

深圳港集装箱运输业正处于加速成长期。2002年深圳港还位居高雄港之后,而据深圳港务局最新公布的统计数据却显示,2002年上半年深圳港完成集装箱吞吐量458.48万吨,同比净增42.29%,已经超越了高雄港。由于集装箱吞吐量的迅猛增长,2002年上半年,全港集装箱专用泊位负荷率超过180%,盐田港区更是超过了200%。集装箱通过能力不足已成为制约深圳港更上一层楼的"瓶颈"。"十五"期间,深圳港计划投资156.5亿元人民币,再建10个集装箱泊位,新增吞吐能力340万吨,形成东部以盐田、西部以蛇口赤湾和妈湾整合体、大铲湾三足鼎立的港口主体格局。目前,深圳港与香港港的差距已在不断缩小,但在近中期内并不会动摇香港港枢纽港的地位,但可以成为香港港的重要分流港。

(3)广州港

2002年,广州港的货物吞吐量已超过1.5亿吨,集装箱吞吐量也达到218万吨。但是,航道的制约令广州港难以摆脱支线港的定势。此外,广州港还缺乏与深圳港竞争区域性集装箱枢纽港的条件,两港的差距正在进一步扩大。从现状看,华南集装箱港口的关系由优势互补转化为竞争与互补的态势已经大抵形成。但值得注意的是,最近一个时期,多年来未有突破的粤港一体化进程再度开始紧锣密鼓地进行宣传,两地高层频频互动,力图通过淡化经济边界,构筑大规模的城际交通,整合物流,实现经济的双赢共荣。可以预计,如果此举成功,则珠江三角洲将形成以香港为龙头,以深圳、广州为两翼,以珠江三角洲各小型港口作为喂给港的大型港口群,或称华南国际航运中心。

2. 长江三角洲港口群

长江三角洲港口群地处太平洋西海岸、中国大陆海岸线中部,位于南北沿海航线和长江黄金水道"T"型航线的交汇点。腹地资源不仅包括长江三角洲地区,而且还包括整个长江流域。目前国际社会普遍认为,以上海为中心的长江三角洲地区作为世界六大城市群之一,随着国际经济社会一体化进程的加快以及中国经济实力和地位的逐渐增强,将能进一步促进整个腹地与国际联系的拓展和地位的提升,并使之成为21世纪世界经济增长的重点地区之一。主要的代表性港口有上海港、宁波港。

(1)上海港

随着上海国际化大都市地位的逐步确立和以上海为核心的长江三角洲经济圈的快速发展，上海港近年来获得了巨大的进步，其吞吐量已连续3年超过2亿吨，2002年更是高达2.64亿吨，比上年增长19.4%，在世界港口排名中跃至第四位。2003年上半年，上海港的集装箱吞吐量已非常接近世界排名第三位的韩国釜山港，并大有超过之势。为了达到把上海港建设成为国际航运中心的目标，上海从2002年6月开始在杭州湾长江口外的崎岖列岛兴建洋山深水港区。按照设计，该港区最终将容纳50多个大型集装箱泊位，深水岸线长达20km，形成的集装箱年吞吐能力约为2500万标箱左右。洋山深水港区一期工程已在2005年年底建成并投入试运营，其主要内容是在小洋山至镬盖塘岛之间建设5个集装箱深水泊位，港区陆域面积约1.53 km^2，可停靠第五、第六代集装箱船，同时兼顾有8000个标准箱位的超大型集装箱船的靠泊要求。

(2)宁波港

宁波港2002年货物吞吐量达到1.54亿吨，集装箱吞吐量的增长尤为迅猛，已跃居世界第30位。宁波港下属的北仑港区航道水深可满足30万吨巨轮进港的需要，25万吨级船舶满载可直接靠泊作业。深水岸线后方的陆域平坦宽广，是发展港口堆存、仓储，建设滨海工业区的理想之地。据报道，“十五”期间，宁波港将通过进一步完善进口铁矿中转、国际集装箱远洋中转、大型原油成品油储存中转和大型液体化工产品储存中转等5个基地来加快深水枢纽港和国际集装箱干线港建设的步伐。

3. 环渤海港口群

环渤海地区是北方最大的集装箱海运中心，大型港口有大连、天津、青岛等港。2001年11月，天津港率先成为北方第一个亿吨大港。其后，大连港货物吞吐量超过亿吨，秦皇岛港成为第一个亿吨煤炭输出港。2002年12月，青岛港吞吐量突破1.2亿吨，跃升为世界集装箱大港十五强之一。环渤海地区四个亿吨大港各有特点，具有合作的基础。大连港腹地包括东三省和内蒙古，出口粮食、货物，因矿产资源丰富，货运吞吐量与天津相当；秦皇岛是个专业性较强的港口，主要从事煤炭运输；青岛港以山东半岛为腹地，是综合性大港，集装箱发展很快；天津港是中国港口功能最齐全的综合性港口之一，是大宗散货和集装箱的干线港，腹地最广阔，包括北京、天津、河北、内蒙古、山西、青海、宁夏、甘肃等省份，也是陆上交通最为便捷的港口。北方三大港货柜海上运输，大都先用小货柜船运到香港或日本神户后，再转运到目的港。青岛港老港区和新港区进港航道水深都在14.6m以上，航道最深达21m，拥有最大货柜专用码头、最大原油码头和矿石码头，有条件建设为北方国际航运中心。

二、台湾港口资源现状分析

目前台湾省主要港口有高雄、基隆、台中、花莲等。高雄港航道和港区水域水深11.3～16.0m,可供15万吨级海轮进出港和停泊,承担台湾进出口货物的一半以上,为台湾最大的对外开放门户和货物集散中心,同时也是吞吐量超亿吨的世界大港之一。基隆港港口水域面积约250万平方米,最大水深15m,航道水深10.5～13.5m,可供10万吨级船舶进出港。

高雄港和基隆港是世界著名的国际贸易港口。1998年高雄港货物吞吐量位居世界第一位,达到3.28亿吨。自1993年起,高雄港成为世界第三大货柜港。但是,2000年釜山港取得大陆转口货柜而超越高雄港后,高雄港排名一再下滑。

近年来,高雄港集装箱吞吐量成长率趋缓,且与第一及第二名的中国香港、新加坡差距越来越大,其原因主要是台湾地区本身产业经济的"结构转型"。从1980年代初期以来,台湾地区的劳动密集型加工外销产业因为工资、土地等诸多生产要素成本的提高以及1986和1987年新台币对美元汇率的节节升值,而不得不外移,即去寻找更低生产成本的代工基地。岛内产业逐步向资本密集型、技术密集型发展。而资本和技术密集型的高科技产业,其产品大多具有"轻、薄、短、小"的特点,因此反映在海运需求上,便是为出口贸易服务的海运市场(以集装箱运输为主)不再有大幅度的增长。在这种情况下,全球各大航商指派"干线母船"(大型集装箱船,约3000～6000标箱级)挂靠高雄港的意愿也开始下降。

高雄港为了缩小与中国香港及新加坡集装箱营运量成长的差距,采取"扩大转运性货源"的策略。过去高雄港"转运性货源"的集货腹地主要为东南亚各国的中小型港口。1997年4月开始营运的福州及厦门与高雄间的"境外航运中心"两岸航线,为高雄港"扩大转运性货源"策略带来了发展的机遇。目前,"扩大转运性货源"策略除了要确保由已有的东南亚各国中小型港口与高雄港之间的集货航线所带来的集装箱货源之外,还希望能更进一步地争取在已成为加工外销工业成品新兴生产基地的大陆沿海中小型港口与高雄港之间开辟更多的集货航线。若此举成功,则将使高雄港的集货腹地延伸到福建沿海及内陆全境、广东东北部沿海、浙江南部沿海等区域。

表31给出了1997年4月以来厦门港与高雄港之间的直航箱量。令人遗憾的是,试点直航虽然实行了四年多,但是成效依然十分有限。由于台湾方面坚持对货物实行"不通关"、"不入境",只能转运的政策,造成了许多不便:一方面船舶实载率低,另一方面两岸来往货物又不得不绕道转运,形成

舍近求远的局面。以2000年为例，高雄到福州港的65147个标箱中，空箱为36192个，占55.55%。这无疑是很大的浪费，也阻碍了该航线的正常发展。由此可以想见，倘若全面直接三通得到实现，海峡两岸港口的得益都将会大大增加。

当前，海峡两岸三大集装箱枢纽港群"香港、高雄、上海"已初步形成。目前，海峡两岸航运界已有一些有识之士提出，为了避免集货腹地重叠引发掠夺性竞争，而代之以互补性，有必要通过"市场区隔"的概念以从事港埠行销，即香港以珠江三角洲及珠江流域，上海以长江三角洲及长江流域，高雄以温州至汕头沿海中小港口为其各自的集货腹地。这样，将可共创"海峡两岸金三角"之格局。

表31　厦门高雄直航箱量表

（单位：吨）

年份	总量	高雄至厦门	厦门至高雄
1997—1998	378056	172772	205237
1999	330960	153551	177456
2000	397152	197159	199993
累计	1106168	523482	582686

资料来源：《厦门日报》2001年2月11日。

福建是台湾同胞的主要祖籍地，台胞中80%祖籍是福建，两岸方言相同，习俗相近，文化和宗教联系难以割舍。近年来，两岸的民间贸易、人员往来日益频繁。港口已经成为两岸经济、文化交流的重要窗口，发展前景广阔。由于高雄港是目前"台闽"两地中规模最大、条件最好的港口，因此如果"三通"得以实现，则其最有可能成为闽台港口群中的主枢纽港。这样，"台闽"之间就有可能形成像"粤港"那样的"前店后厂"的经贸关系。显然这种"前店后厂"的经贸关系越密切，海峡两岸的经济就越繁荣，"台闽"就越有可能成为一个经济共同体，或者称"海峡经济圈"，而台闽港口群的意义也就越大。

三、福建港口资源现状分析

（一）福建省主要港口情况

福建地处长江三角洲与珠江三角洲之间，沿海共有6个主要港口。2001年底全省生产性泊位341个，其中万吨级泊位42个；总吞吐能力7448.4万吨，其中集装箱130.5万吨。根据国家的港口规划，厦门为全国沿海的主枢纽港，福州为支线港。此外，泉州港近几年发展迅速。福州、厦门、泉州三港吞吐量都超过2000万吨，占全省的86.52%，集装箱吞吐量占全省总吞吐量的98.45%。目前福建沿海港口的主要作业区位于厦门东渡港区、福州青山港区、湄洲湾南岸鲤鱼尾等深水专业化泊位区，随着厦门海沧、福州外港、湄洲湾南岸的建设，福州、厦门、泉州的地位将更为突出。

关于福建省沿海货物吞吐量的流向和流量：①福建是能源缺乏大省，煤炭、石油和成品油等多由外省调入，具体而言，主要从北方天津、秦皇岛、连云港等调入煤炭，从宁波、上海、西亚及南亚等地调入原油和成品油。此外，每年还要从东北、江苏、浙江等地调入相当数量的玉米、大米等粮食类货物。②矿建材料外贸出口日本、南亚，内贸出口主要为中国香港、中国台湾、上海、天津、广东等沿海地区。③外贸集装箱流向以近海的香港、日本为主。与台湾高雄港试点直航之后，台湾方向的运量平稳增长，2001年台湾方向约占全省集装箱运量的三分之一。远洋集装箱运输业务从1997年开始起步，流向以美国东部港口为主，到2000年已达19万吨的规模。内贸集装箱以上海港、青岛港为主。显然，与上述三大港口群相比，福建省港口的规模明显偏小。这无疑是与福建省港口腹地的范围和经济发展水平有密切关系的。同时，这也意味着，无论从哪个角度看，福建省的港口群都不可能取代上述三大港口群的功能和地位。换句话说，福建省的港口要发展，只能从海峡两岸的关系中找出路。

根据《福建省沿海港口发展布局规划(初稿)》，到2020年，福建省港口将形成"二主二重三个层次"的港口布局结构。这里，"两主"指厦门港和福州港；"两重"指作为区域性重要港口的湄州湾(含湄洲湾南北两岸港区)和泉州港(不含湄洲湾南岸港区)；"三个层次"指主枢纽港、区域性重要港口和地方性港口。根据该规划，厦门湾(含厦门港管辖港区和漳州港招银港区)将尽快发展成为国际集装箱干线港，并逐步建成现代化国际性多功能的综合港口，以及力争成为国内第一个全方位、综合性的自由港；福州港是我国水运主通道上的枢纽港，是以能源、原材料、矿建和国际集装箱为主、客货兼营的多功能综合性港口，是腹地内具有工业港特色的内、外贸运输并重的对台"三通"重要口岸；湄洲湾(含湄洲湾北岸莆田市港口、湄洲湾南岸泉州市港口)作为福建沿海的新兴区域性港口，近期是一个以工业港为主，为临海工业服务的工业中心港，远期可发展成为具有深水中转等多功能的现代化综合性港口。

如把三都澳港区置于台湾海峡港口群中考虑，其自然条件明显是最好的。换言之，在闽台两地的八大深水港中，只有湄洲湾与三都澳才真正具有建造特大型深水港，即15万吨以上的特大型码头的条件。而这在今后的港口建设中，将会成为一个越来越重要的因素。随着船舶运输越来越倾向于大型化和集装箱化，对港口航道、岸线的水深以及港池面积大小的要求也会越来越高。对此，表32给出了部分集装箱船的技术参数，可供参考。

表32　集装箱船吨位、尺度及吃水深度

船型	吨	吨位/万吨	长度/m	宽度/m	吃水深度/m	航线
第一代	700～1000	1.0	150	22	8.0～9.0	沿海喂给航线
第二代	1000～2000	1.5～2.0	175～225	25～30	9.5～10.5	沿海喂给航线
第三代	2000～3000	3.0	240～275		10.5～12.0	沿海喂给航线
第四代	3000～4000	4.0～5.0	275～295	30～32	11.5～12.5	远洋航线
第五代	4000～6000	5.0～7.5	280～300	32.2～39.4	11.5～13.5	远洋航线
超巴拿马型	5400		280	40	12.5	远洋航线
第六代	8000		345	45	14.0	远洋挂靠航线

资料来源：根据《集装箱运输学》和《宁德港口总体布局规划（初稿）》整理。

但不容否认，与三都澳相比湄洲湾有许多自身的优点。这不仅表现在它目前已有的开发基础上，更表现在它所处的地理位置上，即它更接近福建省的经济发展中心，同时离高雄港也更近。但尽管如此，也并不能掩盖或者抹杀三都澳的开发价值和意义。而且，从某种角度看，如果采取比翼双飞的港口开发政策即同时开发三都澳和湄洲湾，将一定会对福建省的经济发展产生更大的推动，并将大大有助于整个福建省经济布局的进一步改善。综上所述，可以认为在现在的航运格局下，三都澳港区的直接腹地主要在宁德市范围。但如果航运格局发生变化，即如果有必要在闽台地区开辟特大型深水港的话，则三都澳港的腹地很有可能会大大增加。

第二节　三都澳海岸带港口现状分析与开发评价

一、三都澳海岸带港口发展历史

审视三都澳海岸带开放开发历程，三都澳海岸带腹地经济的发展是它功能发挥的原始动力。特别是自清朝末年1899年5月在三都澳海岸带设立福海关，第一次从官方角度确认并发挥了三都澳海岸带的港口经济功能，使三都澳海岸带初步展示了国际贸易商港的雏形。

(一)历史上城镇发展达到一定规模

20世纪30年代初是三都澳海岸带最繁华的阶段。那时三都镇居民有上万人,拥有外、中、里三个街区,由一条美丽的滨海林荫道联结起来。外街靠近码头,码头两侧是绿地广场。广场内侧是当时福建三大海关之一"福海关"的关署。一踏进街就看到挂有"中央银行"、"交通银行"、"农民银行"、"福建省银行"、"合作金库"等牌子的金融机构;有美孚洋行、亚细亚油行、南洋兄弟烟草公司等英、美、德、日商行分销处,还有许多专做码头生意的商店、菜馆和旅社。出了外街,穿过一个小足球场大的操场便进入中街,这里有鱼行、肉铺、杂货、果蔬、理发、成衣等商店;有警察局、水警队、盐局、税务所、邮政局、海关俱乐部,还有松岐中心小学、百克诊所和耶稣教小礼堂等。再往里走,是拥有两道拱门的"衙门"大院,那是当时海军陆战队的旅部,出了这里便进入里街,镇上的码头搬运工人、海关水手、泥水匠等劳动人民都在此聚居。这三个街区旧时统称为松岐塘,往西延伸是龙骨塘,那里有亚细亚油码头,美孚油库、锯木厂、贮木场、省立三都中学和三都特种区区署(相当于县一级建制)。往东延伸是港口塘,塘外是德士古董洋行油码头。三都镇的背后是罗厝里、孙厝里和里澳三个自然村,那是有天主教主教住楼、小教堂和女修道院。再往上的山坳,便是英国籍海关税务司官员住的三座别墅。

岛上最喧闹的季节是每年的春夏之交。清明一过,宁德市各县的"天山绿茶"、"坦洋工夫"便一船船集中到三都集中到三都码头,从这里装轮转运到福州和上海;"立夏"一夜,官井洋黄瓜鱼接踵而至,沿海各地数以千计的渔群集于青山、斗帽岛海面。"民国"海军舰队的军舰往往也在此时驶进港来,在海面有较具规模的邮政局,而且有电报局,国外来函只要写上"中国三都澳"便可寄达,由此也可推知当时它在国际上的知名度了。

(二)流通和金融业空前发达

商贸的扩展带来金融业的繁荣。三都澳海岸带是宁德市各县物资进出口集散的好地方。过去商贾云集、轮帆如梭,市场经济鼎盛繁荣直接或间接地促进了内地经济的发展。据记载,清乾隆三年(1738年)曾设宁德税务总口,下辖九个口岸,总口年征银就达15000两。1899年三都澳海岸带正式设立福海关。从此,三都澳海岸带的市场经济活动有了一个新的变化与发展。英、美、德、日等13个国家接踵而入,互相争占市场倾售洋货,如"洋油"(煤油)就有亚细亚、德士古、美孚、光和四家行口;"洋料"(化肥)就有狮马、娥媚两大公司;日商设有"朋兴"、"西辉"三大商行经营茶叶,其余烟草、洋靛、轮船等有两家公司竞争。

官井洋黄瓜汛时,千帆竞发,水波闪灼,蔚蓝壮观。薄暮收网停泊招贩,内地渔贩早已护待沽，福州渔商便用轮船和大帆船前来收购，不少商贾则以现货临时摆滩设点进行销售，在海面上还游着许多别具一格的“浮店”(即餐船)，为渔船、商船煮食赚钱，银行、税务部门也都组织临时小组深入渔场市场，都以三都澳海岸带的青山、斗帽为集散地，鱼换线，线买货，热闹非常。上市的黄瓜鱼味道鲜美，宁德市各县渔商总是通宵达旦赶来抢购。黄瓜鱼被称为长命寿的“金圣鱼”，民间有“红裙当掉再去裁，黄瓜不吃明年业”之说，所以瓜汛季节是三都澳海岸带市场最活跃的时期。

随着三都澳海岸带市场活动的扩展，金融界也伸足其间，融通调济和积聚资金。除早期的海关银行外，先后还有中央、交通、农民三大分行。据查中国银行、实业银行、福建银行以及“合作金库”等金融机构，都在岛上分别设立办事处，连教会也办汇丰银行，专搞汇兑业务，它用英文字写汇条到福州就可拨款。与此同时，各地商贾也纷至沓来办起了保险公司，有普安、先施、永安、仁济、福安、扬子、源安、华安、太吉、华侨等十家。民间钱庄蜂拥而立，有福州人办的泰余钱庄、洽记钱庄，福安人办的裕宁钱庄，兴化人办的建南钱庄，海军旅部办的宁兴钱庄等15家。三都岛上办起这么多公私的金融机构，直接带动宁德金融业的发展。

(三)港口功能地位的历史追溯

历史上，三都澳一直是福建省最繁华的港口之一。三都澳海岸带于1899年5月8日设立福海关，从此，在长达半个世纪中，三都澳海岸带成为当时福建最繁荣的商港之一，一直是我国著名的对外通商口岸。直到20世纪30年代末期，日寇四度狂轰滥炸和纵火焚烧，基础设施破坏殆尽，三都澳海岸带渐渐萧条了。建国后的相当长的时间内，三都澳海岸带扮演了重要的军事战略要地的角色，为新中国的安定、发展与繁荣作出了重大贡献。

三都澳海岸带的开放，可追溯到福建省早期的海洋事业史。据史载，早在晋太康四年(283年)，福建最早的造般业的“温麻船屯”就建在三都澳海岸带。五代十国年间(907—960年)，其船运业“北通新罗(朝鲜)，南通占城(越南)、天竺(印度)等国”，航海家郑和明永乐五年(1407年)“航海而至”，登上第二次下西洋之路；明景泰三年(1452年)，三都澳设河泊所；明嘉靖四十年(1561年)，倭寇人三次攻宁德县城，嘉靖四十一年再次入侵掳民数千人至日本，同年八月，戚继光在三都澳海岸带横屿歼倭千余。清顺治十三年(1656年)关成功率舟师进三都澳海岸带；清康熙二十三年(1684年)开海禁通商，在三都澳海岸带设税务总口，辖9个口岸，钦差内务府官员督收税款；清康熙五十七年(1747年)福建巡托周学健为开发三都澳海岸带事具折上奏：“各界若一经开辟，数邑者得藉以谋生”，奏折还要求清帝“一并驰禁区，令殷实之士前往开辟”；清乾隆十五年(1750年)船泊三都洒屿，设关东湖；清道光二十六年(1846年)英"74"号船进行海域勘测,并出版彩色三都澳海图。可以说,18世纪三都澳的贸易"南连广奥,北抵江浙,达诸外域,无所不通,为海疆的门户也"。

在近代史上,三都澳更极尽繁华,盛冠八闽:光绪二十二年(1896年)开办"大清邮政",置"三都澳邮政总局",设"三都澳邮界",在全国大中城市划分的35个邮界中,列第21位,居于福州、厦门之上;清光绪二十四年(1898年)正式开放三都澳为对外贸易港口。

1899年5月8日,三都澳设立当时福建省三大海关之一——福海关。西方列强纷纭在三都岛设立领事馆。英国人首先在此修建货场、油泊位各一个;美国人建油泊位一个和"美孚"、"德士古"油库;德国、日本、瑞典、俄国和葡萄牙等13个国家21家公司相继在这里设立洋行。清政府在此设有2家轮船公司、3家银行分行、15家保险公司和钱庄、36家工商企业的办事机构。1900年日本大阪商船会社开辟三都澳至福州航线,中国民间船务公司开辟至新加坡和辽宁牛庄航线。美国开辟三都响至苏门答腊航线,1914年又开辟至青岛、烟台、宁波等航线。1905年铺设了三都海底电缆,成立了大清帝国电报局,并在三都澳设立气象台与马尼拉、香港、上海、东京等地气象台联网预报气象,为频繁往业的贸易船队服务。随即各种商店、歌台舞台舞榭、别墅、教堂鳞次栉比,港区人口骤增至5万人,三都澳云集五洲商贸,吞纳四海樯帆,呈现一派殖民地式的繁荣景象。

抗日战争期间,三都澳受日寇四度狂轰滥炸和纵火焚烧,基础设施破坏殆尽,渐渐萧条。新中国成立后,由于种种的历史原因和三都澳所处的军事战略地位,屡屡错过经济发展的战略机遇期。

从以上各项建港条件的分析可以看出,三都澳港湾资源是个非常突出的优势资源,建港条件十分优越。其深水域之大,深水岸线之长,在国内同类型港口中都是首屈一指的。

二、优越地理区位与资源条件

(一)优越区位条件

三都澳雄踞太平洋西岸中部和中国海岸线的中点,处在我国长江三角洲、珠江三角洲(含港澳)和台湾省等三大经济发展特区的中心位置。随着世界经济发展趋势和重点的转移,环太平洋经济圈的兴起,其在世界经济发展中的重要战略地位正在不断提升。

亚太地区是20世纪末和21世纪初世界经贸最活跃的地区,与经贸活动相适应的海运业也是充满生机。该地区拥有世界1/6的港口,聚集了世界上十大吞吐量港口中的七个,十大集装箱吞吐量港口中的六个。宁德港口通过与亚太地区大型港口的比较研究，不仅可以正视自身与世界大型港口的优势与劣势所在，而且能够洞察世界港口的发展方向，确立宁德参与21世纪亚太航运市场竞争的角色有重要意义。

宁德港口的航道水深为35m（35～125m），与亚太乃至世界主要港口相比优势明显（见表33）；此外三都澳海岸带海岸线长317km，其中可建深水泊位的岸线长72km，比世界大港鹿特丹港还长7km，是横滨港的4倍。从航道水深和深水岸线指标来看，三都澳具备成为世界一流深水良港的条件。

表33　世界主要港口水深对比表

港　口		现有港口水深/m	航道水深/m
中国	三都澳、三都澳城、上海	17～43	35～125
		17～26	35～125
		10	7
荷兰	鹿特丹	17.0＋	22
爱尔兰	班特里湾	30.5	
科威特	艾哈迈迪	30.5	
英国	利物浦	28.8	13
	伦敦	15.2	16.7
沙特阿拉伯	塔朱拉角	25.8	13.4
法国	马赛福斯	23.0	
巴林	达斯岛	21.3	
瑞典	哥德堡	20.6	
美国	纽约		9～14.6
	旧金山		16.8

（二）港口自然资源优势

1. 得天独厚的深水港湾

三都澳是久负盛名的天然港湾，是“中国最大、世界少有”的深水良港。深水岸线长达72km，是北仑港（目前中国最大深水港）的5倍，比日本横滨港长54km，比世界第一大港鹿特丹长7km，属世界第一位；而且深水线距岸一般只有50m左右，便于修建10～50万吨的泊位群。可使用的海域面积约430km²，其中深水域面积达174km²，是鹿特丹港的8倍，亦属世界少有。

三都澳口东冲水道宽3km，口内主航道被鸡公山岛和荷叶礁分为两部分，东西部水道宽各1.5km，主航道水深35～125m，无碍航暗礁，水道优良，50万吨油轮可高速进港。

宁德港口的航道水深在中国沿海港口中首屈一指，航道水深是宁波的1.75倍、大连的2倍、泉州的2.3倍。宁德港口的最大潮差为7.8m、平均潮差5.52m,在中国沿海港口中位居前列。一方面三都澳潮差大有助于低潮或正常潮位时段无法进港的大型船舶乘潮进港,另一方面潮差大不利于港口的装卸作用,但总体上对三都澳这样的深水港湾来说弊大于利。

2. 岸线绵长开发潜力巨大

三都澳海岸带海岸线长317km,其中可建深水泊位的岸线长72km,是北仑港(我国目前条件最好的深水港)的5倍,湄洲湾的3.6倍;且深水岸线距岸一般只有50m左右,对建港十分有利。城澳港区从沙帽至狮子礁长7.5km,岸线前沿水深达50多米,可供建1~30万吨泊位25个,其中10~30万吨级泊位8个。溪南港区自赤龙门至七星礁长约6km,岸线水深10~25m,可建设1~20万吨级泊位20个。表34为宁德港口岸线利用规划详情。

表34 宁德港口岸线利用规划表

(单位:km)

矿石名称	自然	岸前水深	岸前利用现状	规划岸线	港口岸线
总计	187				61.9
(一)三都澳内规划岸线	124.3				40.9
城澳岸线(下龟鼻—虎尾角)	13.3	8~30m	建有城澳万吨级码头及数个石材装卸泊位	港口岸线	13.3
东冲外岸线(猴仔山—五头羊)	7.5	10~3m	处于自然	港口岸线	7.5
东冲内岸线(五头羊—岐头鼻)	13.2	5~2m	处于自然	港口岸线	
关厝岸线	7.6	5~2m	处于自然	港口岸线	7.6
溪南岸线	8.5	3~2m	处于自然	港口岸线	
长腰岸线(牛鼻峰角—鼻堡壁角)	3.1	8~2m	处于自然	港口岸线	3.1
白马门岸线(坪冈—台角)	3.4	8~2m	建有数个石材码头,其余未用	港口岸线	3.4
漳湾(内)岸线(熨斗村—深潇塘)	3.6	8~1m	建有2座3000吨级码头,其余未用	港口岸线	3.6
漳湾(外)岸线(深潇塘—樟—官沪岛)	7.3	5~2m	处于自然	港口岸线	
南埕岸线	1.3	0m	建有小码头	港口岸线	1.3
金蛇头岸线	1.1	0m	建有小码头	港口岸线	1.1
南埕—金蛇头之间	7	0m	处于自然状态	港口岸线	
橄榄屿岸线	4.2	5m	处于自然状态	港口岸线	
礁头岸线(下龟鼻—礁头)	4.0	8~1m	为特殊使用要求专用岸线	港口岸线	
三都岛东北侧岸线	4.6	2m	处于自然状态	港口岸线	

续表

矿石名称	自然	岸前水深	岸前利用现状	规划岸线	港口岸线
青山岛环岛岸线	14.5	0～1m	处于自然状态	旅游岸线	
斗帽岛环岛岸线	3.5	0～2m	处于自然状态	旅游岸线	
鸡公岛环岛岸线	4.7	2～2m	处于自然状态	旅游岸线	
三都澳口沿岸岸线	11.9	5～2m	处于自然状态	旅游岸线	
(二)赛江流域规划岸线	14.4				4.7
赛岐岸线(镇区沿岸)	0.6	5～1m	建有500吨级码头和其余数个小码头	港口岸线	0.6
林炉岸线(林炉里—下塘)	0.6	5～1m	处于自然状态	港口岸线	1.6
半屿岸线(鳌屿岛—半屿)	6.0	4～1m	处于自然状态	工业岸线	
甘棠岸线(甘江—奎聚)	4.7	0m	处于自然状态	城市生活岸线	
凤山岸线(凤山沿岸)	0.7	5～1m	建有小型码头	港口岸线	0.7
下白石岸线(下白石镇区沿岸)	1.8	7～1m	建有3000吨级码头	港口岸线	1.8
(三)三沙规划岸线岸线	20.8				2.4
小古镇岸线(烽火门水道沿岸)	2.4	7～2m	建有3000吨级码头及数个小码头	港口岸线	2.4
三沙镇区岸线(三沙角—三沙镇区)	3.4	0m	部分岸,线建有避风渔港其余未用	城市生活及其他岸线	
锋火岛岸线(含割山屿)	15.0	5～2m	处于自然状态	旅游岸线	
(四)沙埕规划岸线岸岸线	30.0				13.9
八尺门岸线(八尺门水道南岸)	1.0	5～1m	处于自然状态	港口岸线	1.0
铁将岸线(铁将岛沿岸)	1.5	5～1m	处于自然状态	工业岸线	
金屿岸线(金屿—花眉岩)	2.9	10～1m	处于自然状态	港口岸线	2.9
杨岐岸线(金屿—杨岐)	3.4	7～1m	在建5000吨级码头,其余未用	港口岸线	3.4
杨岐开发区岸线	0.6	5～1m	处于自然状态	城市生活岸线	
后港岸线(杨岐开发区—垒石鼻)	1.3	10～1m	处于自然状态	工业岸线	
澳腰岸线(马井鼻—垒石鼻)	1.2	10～1m	处于自然状态	港口岸线	1.2

续表

矿石名称	自然	岸前水深	岸前利用现状	规划岸线	港口岸线
钓澳壁岸线	2.5	17～2m	处于自然状态	港口岸线	2.5
南镇岸线(美岩鼻—公鸡礁)	0.9	3m	建有小渔业码头,其余未用	渔业岸线	
福建头岸线	1.4	10～1m	处于自然状态	旅游岸线	
小白露岸线(沙埕湾口门外)	3.9	0m	处于自然状态	特殊岸线	
罗唇岸线	2.0	7～1m	建有海军码头	特殊岸线	
流江岸线	2.0	8～1m	建有海军码头	港口岸线	
沙埕岸线(旧城鼻—沙埕镇区)	2.6	5～1m	处于自然状态	港口岸线及城市生活岸线	2.6
沙埕镇区(内)岸线	1.5	0m	建有 500 吨级码头,其余未用	渔业岸线	0.3
沙埕镇区(外)岸线	1.3	3m	处于自然状态		

3. 丰富的淡水资源和一定数量的可供围垦的滩涂资源

三都澳海岸带的宁德、福安、霞浦三县市滨海平原面积不大,但可通过滩涂围垦造地补充陆域用地不足问题,总体上可满足港口建设和大型临港工业项目布局的用地需要。环澳的七都溪、霍童溪、交溪、杯溪等河流不仅水能资源丰富,而且可为三都澳海岸带的开发提供较为充裕的淡水资源。

4. 日益改善的基础设施条件

交通条件:我国沿海同三高速公路的福州—宁德段已经通车,沿海高速铁路将在近期开工建设,制约宁德发展的交通条件已经有了较大的改善。邮电通讯:环澳的宁德、福安、霞浦三县(市)均已建成万门程控电话,可直接与世界各地通话;环澳沿岸的国家重点项目沪榕光缆工程已竣工投产。供水供电:宁德、福安、霞浦均已建成日供水 4 万吨以上的水厂,城澳港区新建日供水 4 万吨水厂项目的第一期工程(日供水 2 万吨)已进入施工前准备阶段;22 万伏输变电工程已建成并与省电网并网运行,32 万千瓦的芹山水电站、20kW 的洪口水电站即将开工建设。

不难看出,三都澳海岸带是建造某些大型临港型工业,如钢铁厂和火电站,以及各种外向型工业的一块宝地,能够满足建造各种大型港口的几乎全部技术要求。

5. 水域宽阔泊位多作业方便

三都澳高潮时水域面积约 714km^2,低潮时水域面积约 430km^2,水深大于理论深度 10m 的深度水域有 173km^2,是鹿特丹的 8 倍。

三都澳港湾口小腹大，避风性能好，全年大于6级风的天数仅6天，不动不淤，整年可以作业。宁德港口的最大波高仅为2.31m，与中国沿海港口相比波高较小。在中国沿海乃至亚太地区，宁德港口的自然条件都最为优越。

三、宁德市水运输现状的特点和规律

宁德市地处福建东北部，三面倚山，濒临东海，拥有长溪(赛江)、霍童溪两主要水系。长久以来因受地形制约，陆路交通条件比较落后，所以水运一直是宁德市生产、生活中的主要交通手段。近年来宁德市进行了大量的基础设施建设，其中高等级公路和公路里程得到较大提高，使陆路交通条件有了较大改善，一定程度上促进海上运输的发展。装卸的货物主要由赛江港区进出。根据历史统计资料(见表35)，自1990年起宁德市港口有较为完整的吞吐量记录。纵观宁德市港口发展历程，虽然港口基础设施规模和吞吐量一直处于较低水平，但是与其他港口一样其水运输量与经济发展水平是密切相关的，主要表现为以下几个特点。

表35　宁德市港口历年总吞吐量统计

(单位：万吨)

年份	1991	1992	1993	1994	1995	1996	1997	1998	1999	2000	2001
吞吐量	98	93	115	140	138	132	124	183	182	221	261

(一)宁德市经济基础和发展规模决定了港口吞吐量的水平

1991年宁德市港口总吞吐量为98万吨，从1994年到1997年港口吞吐量呈下降趋势，到1998年至2001年港口吞吐量又呈上升态势，2001年港口吞吐量也仅达261万吨。1991年、1995年、2001年宁德市港口总吞吐量分别占全省港口总吞吐量的6.5%、4%、3.1%，相对与全省港口总吞吐时，宁德市港口吞吐量一直处于较低水平；三个特征年宁德市国内生产总值分别占全省国内生产总值的5.6%、3.3%、3.2%，宁德市的港口吞吐量比例(占全省值)和国内生产总值比例(占全省值)是十分相应的，因此宁德市港口吞吐量处于较低水平是符合水运经济发展规律的，宁德市经济基础和发展规模决定了其水运吞吐量的水平。

(二)宁德市港口吞吐量总体上与经济同步发展

虽然宁德市港口基础设施建设起步较晚，规模较小，至2001年前3000吨级泊位仅6个，吞吐量总体水平亦不高，但港口货运还是十分活跃的，其特点是通过大量分布沿海岸线的、与地方经济和企业关系紧密的小泊位、小道头就近装卸，发挥了水运对地方经济的应有作用；另一方面由于吞量基数太小和企业规模不足的两大主导因素影响，造成某些货种在某些年份运量会上下波动,致使总吐量在数值上的波动,形成某些年份总吞吐量的增长率产生负值,但是如果从较长的总吞吐量历史记录来分析,宁德市港口吞吐量总体上与经济发展是同步的。

(三)宁德市经济产业结构决定了港口吞吐量产生"一高一低"的现象

"一高"是指长期以来宁德市港口吞吐量中"进港"的货物所占的比例很高。据吞吐量统计资料,在扣除能源类、矿建类货种后,港口转进宁德市的水泥,钢材,化学肥料及农药,化工原料及制品,轻工、医药产品,农、林、牧、渔业等原料和产品,远超过转出的相应产品,一般年份"进港"货种的吞吐量占港口总吞吐量的比例保持在60%~75%。参照其他港口吞吐量构成和腹地经济产业结构,比较后可以说明,工农业生产的产品难以满足本市的需求,同时产量又不足以大量出口外地,所以相应地必须输进各种原料和产品以满足自身消费和生产需求。

"一低"是指长期以来宁德市港口吞吐量外贸货种所占比例很低,直至1999年时才有所改善。1998年以前港口吞吐量中,外贸货吞吐量最多也不超过总量的10%,1999年后渐升至25%,1999年后如果扣除外贸矿建运量,其他货种外贸运量也不超过总量的3%。现有的资料表明,1995年宁德市外贸出口总值7005.35万美元,合资、外商独资的规模以上工业企业单位数仅37个,出口交货值近7.7亿元,这些指标与沿海其他地市相比,充分反映出宁德市外贸行业总体的落后,从而难以带动本市的港口外贸货种的吞吐量。

(四)宁德市港口吞吐量中能源、水泥、矿建类货种所占比例较高

福建省是能源资源贫乏大省,特别是无烟煤、焦炭、石油、汽油,液化气等物资,因此能源资源一直是福建省沿海各港口的运输货种之一。宁德市的能源资源占总吞吐量的比例相对与其它货种也是较高的,2001年能源类货种占总吞吐量的比例为6%。但近年来由于能源结构转向环保型,煤炭的运量有所下降,特别是民用能源采用陆运的液化气后,总体上能源类货种吞吐量有所下降。

福建省矿建类资源拥有量较为丰富,集中在花岗岩、玄武岩、各种类砂、高岭土、叶腊石等原料、半成品、成品的内外贸。目前,宁德市玄武岩、高岭土、叶腊石等非金属矿物类货种所占港口吞吐量比例高。2001年占总吞吐量的比例为48%,并且长期以来一直保持长的趋势。该类货种的吞吐量对宁德市港口总吞吐量的发展态势有直接的影响。

(五)宁德市港口主要为本市服务,集装箱等货物由福州港等转运

根据调查表明,宁德市港口出港的货物完全在本地生成,进港货物完全在本地消费,很小部分转运到与南平市相邻的地区。通过港口的内贸货物流向为上海、浙江、福州、广东等地,外贸货物流向为日本、中国台湾地区、印

度、新加坡等地。因为集装箱生成量不足和基础设施缺乏，宁德市港口集装箱运输基本是空白，但是机电、石材、农牧渔特色产业的产品，小有规模，每月大约保持300～400吨通过陆路运往福州、厦门、宁波等港上船出运。

四、港口性质与功能

三都澳海岸带自然条件优越，长期以来，由于军事战略的需要，一直被辟为军事禁区，水上运输开发利用程度较低。近年来，随着宁德市经济的发展和对外交通条件的改善，大规模开发三都澳海岸带的条件已经日益成熟。鉴于三都澳海岸带可以利用的深水岸线有城澳、漳湾、白马、溪南、关厝埕、东冲等，它们均可停靠5～10万吨的大型船舶，有的甚至可以停靠30万吨的大型船舶，而目前除城澳港区有一座万吨级泊位外，其余均处于自然状态，至今未得到有效利用，因此三都澳港口的开发基础薄弱，但三都澳港口的开发潜力大，发展前景广阔。

《福建省沿海港口发展布局规划》对三都澳港的性质定位为："宁德市国民经济发展服务的地方性港口"，但"未来可在三都澳逐步建设中转贸易和临海工业大型港口"。在最近完成的《宁德港口总体布局规划（初审稿）》中，对三都澳海岸带港的定位为：是宁德市经济和对外交流的重要依托，是福建省综合运输网的重要组成部分，是临海产业发展的重要基地，将成为为地方经济发展服务的综合性港口。

《福建三都澳海岸带国土开发总体规划（送审稿）》对三都澳港区性质定位是：综合性中转商港；承担分流福州港的任务；承担宁德市域、浙南甚至中国东南沿海的水陆联运任务，联系远洋海运与沿海海运的桥梁。其功能为：具有装卸储存、多式联运、运输管理和运输代理、通信和信息功能，具有以港兴城功能，具有国防安全功能。

（一）港口的性质

三都澳港是宁德市经济和对外交流的重要依托，是福建省的综合运输网的重要组成部分，是临海产业发展的重要基础，应放眼全国港口深水港湾岸线资源稀缺的战略高度来认识和定位，认识三都澳不能站在宁德，就三都澳论三都澳，而理应以科学的发展观，审视和定位三都澳在未来中国的经济发展和布局的大战略中确定座标系。三都澳港包括城澳港区、溪南港区、漳湾港区、赛江港区、湾坞下白石港区以及关厝程港区和东冲港区。

三都澳港是以地方的集装箱喂给和件杂货运输为主。一旦大型钢铁企业在漳湾落户，漳湾港区将逐步发展成为三都澳重要临海工业港区。赛江港区是以小型件杂货运输发展起来的港区，是现在宁德港的主体港区，但受航道条件的限制将逐步被城澳和漳湾港区取代。

三都澳港是宁德市近期建设的主要港区，将以地方的集装箱喂给和件杂货运输为主，随着大型钢铁企业在漳湾落户，三都澳港区将逐步发展成为宁德市重要临海工业港区，但受航道条件的限制将逐步被三都澳港区取代，三都澳港的性质如下：

1. 福建省沿海港口的重要组成部分，完善福建省沿海港口分层次布局规划

经过改革开放20年的发展，福建省沿海港口已经形成福州港、厦门港、泉州港、漳州港、莆田港、宁德港等六大港口，宁德港地处福建沿海北部，其经济腹地覆盖闽东北和浙南。是闽东北和浙南地区货物水上集疏运输的主要港口，是福建省沿海港口的重要组成部分。根据全省沿海港口发展布局规划，福建省沿海港口发展将形成主枢纽港、区域性重要港口和地方港口的分层次布局，宁德港具有为地方经济发展服务的鲜明的特点，宁德港口发展完善了福建省沿海港口的分层次布局。

2. 腹地内以能源、原材料及矿建材料运输为主，多功能的综合性港口

宁德港口腹地缺乏煤炭、石油、天然气等能源，腹地发展临海工业也缺乏大宗原材料等，均需省外或国外调入。此外，腹地内石材类矿建材料资源丰富，可向国外、省外输出。同时腹地范围内的浙南等地，民营企业发达，大批工业品需要水上运出，因此宁德港在相当长的时期内是一个以能源、原材料及矿建材料运输为主，件杂兼营的多功能综合性港区。

3. 一个具有鲜明临海工业港特色的港口

宁德港多数港区水深港阔，码头后方可形成较大片规模的陆域，可供临海工业开发建设，形成经济发展支柱产业，是迅速提升宁德经济的主要途径。建设和发展港口，是临海工业进一步发展的关键。宁德港口初期开发的模式是以临海工业和促进临海工业港起步，为临海工业开发服务为主，具有鲜明的临海工业港特点。

4. 具有促进宁德市经济发展的作用

宁德市三面环山，一面临海，山区五个县（古田、屏南、周宁、寿宁、柘荣）交通不便，经济发展受到制约，人口规模和经济总量相对较少，缺乏促进经济较快发展的资源条件。而海四个县市区（蕉城、福安、福鼎、霞浦）均临海，拥有三都澳和沙埕港两个天然良港，海上资源优势明显，现有人口规模和经济总量相对较大，主要经济指标均居宁德市前几位，是宁德市经济的主要组成部分。开发利用港口资源，发展港口经济，加快沿海县市经济快速发展并形成一定规模。带动山区县经济发展，从而促进宁德市经济整体提升，缩小与省内其他兄弟市的差距。

5. 具有改善全省生产力布局的作用

宁德市目前尚没有一个较大型的支柱产业，是全省九地市中唯一没有大型产业布局的地市，利用沿海港湾深水建港优势，吸引大型临海工业落户宁德，将平衡和改善全省生产力重心的布局。

6. 是对台湾地区通行的重要口岸

宁德港口直接面对我国台湾地区。宁德市渔场是福建、浙江以及台湾地区渔民传统的捕鱼作业点。三沙港区、沙埕港区是国务院批准的对点小额贸易，对台劳务输出和台轮停靠点。每年都有大批台轮进驻沙埕、三沙从事小额贸易，两地语言相通，民俗相近，与台湾地区的特殊关系，决定了宁德港口的重要作用。

综上所述，三都澳港的性质为：是福建省沿海港口的重要组成部分，能够完善福建省港口分层次布局规划，是腹地内以能源、原材料及矿建材料运输为主，多功能的综合性港口，具有临海工业港特色，具有促进宁德市地方经济发展，具有改善全省生产力产业布局的作用，同时也是对台湾地区通行重要口岸。

(二)港口功能

1. 历次规划中宁德港口功能定位

《福建省沿海港口发展布局规划(2000—2020)》：宁德港是为宁德市国民经济发展服务的地方性港口，主要功能是为各开发区的临海工业开发和招商引资服务。

《宁德市港口总体布局规划(2001—2020)》：宁德港是福建省沿海港口的重要组成部分，完善福建省沿海港口分层次布局规划，是腹地内以能源、原材料及矿产建材料运输为主，多功能的综合性港口，是一个具有鲜明临海工业港特色的港口，具有促进宁德市经济发展的作用，具有改善全省生产力产业布局的作用，是对台“三通”的重要港口。

2. 港口的基本类型

从不同的角度出发，可以对港口做不同的分类。例如，从港口的主要用途和功能出发，一般可以把港口分为商港、工业港、综合港、军港、渔港、避风港等；从港口与货源地的关系出发，可以把港口分为口岸港与中转港等；从港口在运输网络中的地位出发，又可以把港口分为干线港、支线港和喂给港等。为了便于讨论问题，对若干种港口做简要介绍。

(1)商港。商港通常是某个地区物资与人员的集散地。不过按照不同的功能，商港又可以分为货运港和客运港；而按照货运的不同性质，货运港又可以进一步分为普通港和专业港。普通港是综合性的，为多种货物的装卸与中转服务；专业港则专门或主要为某一种货物的运输服务，如煤炭、矿石等。

(2)工业港。工业港也有两种主要类型：一种是以原材料生产如钢铁、化肥等等为主的工业港；另一种是为各种加工业中心服务的工业港。

(3)综合港。综合港一般是依托大城市的枢纽港，往往兼有商港及工业港等多种性质和功能，因而可以综合性地为多方面的需求服务。综合港一般由众多港口泊位组成，内部也有合理分工，有些子港因此带有专业港的性质。

(4)口岸港。口岸港系指具有集散功能的港口，即这些港口本身具有一定范围的客源地和货源地。港口主要为所在地区提供各种人员交流和物资交流服务。

(5)中转港。纯粹的中转港指那些本身没有商品货源，只是起编组、中转作用的港口。显然，与口岸港相比，纯粹的中转港只有服务功能，没有集散功能。

(6)干线港。干线港的功能主要是为远洋干线班轮提供挂靠服务，同时也开辟一定数量的近洋班轮航线。成为干线港的条件是必需具有广泛的腹地运输需求、优越的地理位置、能够接纳大型全集装箱船的港口与航道以及高效的港口综合服务体系。我国目前规划的干线港包括环渤海地区的大连港、天津港、青岛港；华东地区的上海港、宁波港；东南沿海的厦门港；华南地区的深圳港和广州港。

(7)支线港。支线港的功能主要是开辟近洋班轮航线，同时为干线港提供喂给服务。就我国而言，近洋班轮航线主要指驶往远东地区和东南亚地区的航线。我国规划的支线港包括沿海的营口港、秦皇岛港、烟台港、连云港港、温州港、福州港、汕头港、珠海港、湛江港、防城港、海口港以及长江下游的南京港、南通港、张家港港、镇江港等港口。

(8)喂给港。喂给港的主要功能是为干线港和支线港提供喂给服务。此类港口大多为沿海和江河的中、小型港口。

3. 三都澳港口功能定位

笔者认为上述港口规划对于宁德港口的功能定位，过分于拘泥于现状，没有充分地考虑和认识深水港湾作为国家稀缺地战略性资源在国家所扮演的角色，宁德港口建设前景的分析的基础之上，对三都澳港口的功能定位作出调整：为临海工业服务的深水工业港；福州港的深水协作组合港和国际性中转港；区域性的现代化综合港。

4. 三都澳港区各作业区功能定位

三都澳港区下辖七个作业区，包括漳湾、溪南、关厝埕、城澳、东冲、白马和三都岛。

(1)漳湾作业区、溪南作业区、关厝埕作业区。以临海重化工业为依托，以发展为大型临海工业基地服务为主，和为后方临海工业园区服务为辅的作业区。

(2)城澳作业区、东冲作业区。重点开发大型泊位，远洋货物、集装箱运输，建成以远洋货物和国际集装箱运输为主的国际性中转港，其中城澳作业区力争成为辐射闽东北、浙西南和赣东北地区的区域性现代化综合性港区。

(3)白马作业区。重点发展近洋件杂货，并且发展为电力等重化工业服务的专业性工业港区。

(4)三都岛以件杂货和旅游港为主。

5. 三都澳港区性质与功能定位的思考

在服从国家总的经济发展战略的前提下，任何一个港口的发展定位都至少要考虑三个具体条件，即港口自身的技术经济条件(含经济腹地)、港口所在城市的功能和航运的战略地位。

鉴于三都澳港的交通区位，对三都澳港的开发利用只能在闽台港口群的框架中加以设计。对此，可以分三个阶段加以讨论。

(1)近期(2003—2010)。在这一段时间内，由于海鑫钢厂和大唐电厂都将相继投产，因此煤炭、矿石、钢铁的运量将会有较大幅度的增加。但是，估计其他方面的经济发展尚不会有很大的突破，因此对一般货物的运输将难以形成大的需求。同时由于三都澳海岸带附近不少港口都能满足第四代及以下集装箱船的吃水要求，而宁德的陆上交通相对不便(此时温—福铁路还没通车)，港口的集疏运设施也有待完善，所以近期内基本上不会有支线船舶在此停靠。基于此，这段时间内三都澳的港口功能应主要定位为大型工业港和喂给港。

(2)中期(2011—2020)。在这一段时间内，海鑫钢厂和大唐电厂都将进一步扩容，并将有可能带动其他钢铁企业也落户于三都澳，因此煤炭、矿石、钢铁的运量仍将会有较大幅度的增加；同时在交通改善和钢铁工业的带动下，各种临港工业和地方经济都将会有一个大的飞跃，且腹地有可能进一步增加，因而一般货物的运输需求—主要是集装箱也会开始急速上升。不过可以预料，只要不出现特别大的意外，到那时“三通问题”将能获得根本解决。所以在这种情况下，如果航运技术不产生大的变化，则高雄港和基隆港作为国际贸易中转港的地位将不会动摇，而三都澳的港口功能除应继续定位为大型工业港之外，还可以考虑定位为区域内重要的综合性港口。

(3)远期(2020 年以后)。此时对三都澳港的定位主要取决于航运技术的变化。也就是说，如果前面提及的特大型集装箱货运成为必要，则三都澳港区也很有可能发展成为太平洋西岸的大型综合性中转港。

总之,三都澳港的前途,一方面取决于宁德市的经济发展,另一方面则取决于航运技术的变化。宁德市的经济发展水平越高,海运越是趋向于船舶大型化和集装箱化,三都澳港的优势就越是明显。

6. 三都澳港区功能划分

(1)装卸储存功能。为了保证车、船高效率运转,港口必须具有现代化、高效率装卸手段,充足的仓库堆场,使港口能以最快的速度,最优的装卸质量、安全可靠的储存设施完成货物的装卸与储存任务。

(2)多式联运功能。港口是由一种运输方式转换为另一种运输方式的起点,因此港口必须具备多式联运功能。为此港区必须具备通往内陆的现代化的集疏运手段,港口设施必须与通往内陆的公路、铁路等各种交通基础设施有效地衔接起来,并通过有效的运输组织和管理手段,实现货物的多式联运。

(3)运输管理和运输代理功能。严密的管理及科学的货源组织、广泛的代理,可组织货物流通的高效率、高效益。港务局已经形成一整套港内调度及船舶代理、货运代理、外轮代理等机构。随着市场运行机制的确立和深入,港务局起到良好的组织管理作用,使分散的货物代理汇集成集约化的货流。

(4)通信和信息功能。港口即是客、货、车、船流动的中心,又是港口生产、管理指挥中心,是交通、经济、商贸、金融等各种信息交流的集散地,因此港口的通信信息功能十分重要。完善的通信信息中心和网络,以高效率地指挥、协调港口的生产和管理,同时还要有先进、完善的对外通信信息网络及时沟通车、船、港、站和用户。现代运输的服务、货流信息流应在物流之前,而绝不能滞后。

(5)具有以港兴城的功能。宁德沿海县市尚没有形成一个具有较大幅射能力的中心城市,港口的发展将促进沿海中心城市的早日形成,港兴城兴,具有以港带城,以港兴城的功能。

(6)具有国防安全功能。宁德沿海直接面对台湾,现有三都澳港区和沙埕港区,具有一定军事功能,为保证祖国统一,其码头设施应贯彻“平战结合”的原则,兼顾战备的要求,保障战时军备物质运输需要。

综合所述,宁德港口的功能为:具有装卸储存、多式联运、运输管理和运输代理功能,具有以港兴城功能,具有国防安全功能。

五、三都澳海岸带开发利用中存在的主要问题

三都澳海岸带港口的开发虽有很大的优势,但也存在一些问题,主要有以下几点:

(一)港口的集疏运条件不便

长期制约宁德及三都澳海岸带开发的最重要的原因是区域交通条件的

滞后。宁德地处闽东山区，境内海拔1000m以上的高山近千座，长期以来交通不便，城市发展缓慢，也极大地制约了三都澳港口开发。随着福宁高速公路的建成通车，三都澳海岸带的交通条件虽有了很大改善，但从高速公路到城澳、溪南、关厝埕、东冲地疏港公路和铁路尚未建成。且由于山地丘陵地阻隔，疏港交通基础设施的投入巨大，宁德市域地财力不足于支撑，必须有大的财团和争取纳入国家统筹建设的盘子。

(二)港口建设的基础设施有待完善

三都澳海岸带可以利用的深水岸线绝大多数仍处于自然状态，没有得到开发，港口建设的基础条件较差，加之港口建设大多需要填海造地，而周边县市的经济基础薄弱，港口的开发建设在很长一段时期内必须依赖外资的推动。

(三)港口产业支撑未形成规模

长期以来经济发展滞后，城市经济基础薄弱，第二产业发展尚未形成规模，除外来投资外，在短期内，本地还不能发展起与港口建设相配套的大型临海工业。

(四)有关方面没有引起足够的重视

没有引起国家和省决策机构地重视，纳入国家大盘子尚有困难。还需要做大量和许多有效的宣传工作。

(五)台海局势未明朗，制约了投资者的积极性

新中国成立以来，三都澳因靠近台湾海峡，长期被作为海军基地而制约了港口的开发。就是在目前，台海局势也仍然是决定三都澳海岸带开发的重要因素。由于三都澳港口的近期开发在一定程度上要依赖外资的推动，因此台海局势的走向将极大地影响三都澳海岸带的开发进程。

第六章　建设三都澳海岸带临海工业基地

第一节　三都澳海岸带建立钢铁产业基地的自然条件

一、漳湾钢铁产业基地条件分析

(一)厂区自然条件

1. 气象条件

宁德市属亚热带海洋气候。根据福建省气象局1961—1990年气象观测的统计。其主要气象数据如下:年平均气温19℃,极端最低气温(1月)-2.4℃,主导风向东南风,最大风速大于40m/s。

该地区具有光能充足,热量丰富,雨量充沛的特点。每年85%降雨多集中在3~10月温暖和炎热的季节里,其中7~9月为台风季节,占36%,5~6月为梅雨季节,占27%,全年无霜期长达286~312天。

2. 潮型及潮位

根据三都澳海洋站1960—1979年实测资料分析,三都澳为正常半日潮。潮流运动形式为往复流。三都澳平均潮差4.20m,最大潮差7.23m,涨潮平均流速0.24m/s,流向约北偏西,落潮时平均流速0.71m/s,流向为南偏东,纳潮量大,潮差大。因落潮流速大于涨潮流速,且与港口水道方向一致,因此具有冲淤作用,并且对污染物具有较大的交换能力和稀释扩散能力。

1969—1975年实测资料统计如下:累计最高潮位5.25m,平均高潮位

3.08m，平均海平面0.39m。

3. 厂区地质条件

漳湾厂址位于三都澳经济开发区的临海工业区内，该区的规划用地均为山坡与滩涂地。开发区已预定提供漳湾厂用地面积约12km²，基本上满足建厂需要。

该区地质状况较好，该区的区域稳定性属稳定区，地质及土壤结构适宜建厂。但表层软土不能作为重要建筑物的持力层，下层碎石土及微风化花岗岩可作为桩基持力层。

据福建省地震局近几十年的观测，三都澳海岸带今后百年内，在一般场地遭遇的最大烈度（地震基本烈度）为6度。

4. 口岸条件

距漳湾约30km的城澳港是1993年经国务院批准对外开放的一类口岸，其对外开放的海域为32km²，深水海岸线7.5km，现口岸联检机构已健全，外国籍船舶可随时进出港，通关环境条件良好。

5. 土壤质量状况

对三都澳海岸带土壤质量现状进行表明，三都澳及其周边地区，土壤pH值为5.06，偏酸性。土壤中八种重金属含量均相当于福建省土壤背景值范围。表明该区土壤环境质量情况尚未受到重金属污染。三都澳海岸带土壤中主要重金属含量见表36。

表36　三都澳海岸带土壤中主要重金属含量

（单位：mg/kg）

元素	站位数	三都澳平均值	福建省土壤背景值
CU	7	19.3	21.6
PB	7	37.0	34.9
ZN	7	74.8	82.7
CD	7	0.0354	0.054
NI	7	16.8	13.5
CR	7	41.4	41.3
HG	7	0.047	0.081
AS	7	7.76	5.78
PH	7	5.06	4.70

资料来源：霞浦县计划委员会。

（二）交通运输条件

1. 水路运输

三都澳地处中国海岸中部。水路南方至福州马尾港80海里、厦门港

215 海里、广州黄浦港 577 海里、湛江 700 海里，至香港 490 海里；北方至温州 155 海里、宁波 357 海里、青岛 773 海里、上海港 406 海里、大连港 854 海里；东方至台湾基隆港 166 海里。

三都澳地理位置适中，恰居我国南北海岸的中点，北距温州 145 海里、北仑港 345 海里；南距福州 66 海里、厦门 223 海里、青岛 763 海里、大连 691 海里、榆林港 815 海里、台湾基隆港 150 海里。陆上汽专线建成后至福州不足 100km、鹰潭 549km，地理位置十分适中，这对建设大型工业企业的原料运入和成品运出极为有利。

三都澳水深湾宽，高潮位时拥有 714km^2 的水域面积，水深大于（水深指理论深度基准面以下，下同）10m 以上，深水岸线 73km，且深水处距岸边近，绝大多数在 200m 以内，水下工程量小，栈桥短，建港投资省。

三都澳内 10m 以上深水域达 173km^2，并有多处 15m 以上水深的理想锚地 80 多平方千米，湾内随处可停泊大吨位的巨轮，而且为泥质锚地，锚着力强。

三都澳东冲口窄处仅 3km，是澳内唯一的出海口，口内主航道被鸡公山分为两部分，东部东冲口水道宽 1.5km，水深 50m 以上；西部鸡公山西水道宽 1.5km，水深 44m 以上；澳外航道水深大于 40m。主航道无碍船暗礁，水道优良，10～50 万吨级的船只可自由出入三都澳。

三都澳内不冻不淤，风平浪静，历史平均大风日数 17.5 天，历史最高大风日数 42 天。每年台风平均 3～4 次，最多 5～6 次，多发生在 7～9 月份，台风影响时，港内风力一般为 6～8 级左右。年平均雾日 4.5 天，多为下半夜形成，9 时左右消失。从风和雾的情况分析，有利于船舶的装卸作业。

漳湾厂址所在的三都澳是我国天然良港之一，湾外水深 40m 以上。海湾口小腹大，水深浪小，水域面积约 262km^2，港湾避风性能好，且不淤不塞，基本上可实现全天候作业。漳湾港位于三都澳西北湾顶鸟屿东侧卢门港。码头距湾口约 32km，其中湾口至三都岛东端北侧的灶屿，水面宽阔，水深达 30m，从灶屿至拟建厂址的 8km 航道水深条件相对较差，航道水深在 7～16m 之间，可通航中小型船舶，大型船舶无法通航。经疏浚后，可以通航 15～20万吨大型船舶。目前航道已布有一些简易助航设施，各类船舶可借助这些助航设施安全航行。

三都澳湾内的港澳现已建成万吨能多用码头 1 个，另还有 3 个（漳湾、赛岐、下白石）3000～5000 吨级集装箱和散货码头。

由上可见，漳湾厂将来生产所需矿石、焦煤、部分辅材及产品都可常年利用水路进行运输。三都澳湾内现有的码头可供为施工建设使用。

2. 铁路运输

福（州）温（州）铁路是国家规划建设的“八纵八横”铁路主干线路网中沿

海大通道的重要组成部分。计划于2004年开工,2007年建成通车。福温铁路沿海准高速铁路属国家一级干线,线路等级1级,且双线电气化,速度目标值200km/h。温福铁路在宁德蒋澳设有铁路二级站,并且在漳湾、溪南规划有疏港支线接线点。特别是距漳湾临海工业区在6km以内,且地势较平坦,接线投资省,运输方便,有利于漳湾厂原燃料运入和产品运出。

3. 公路运输

目前有104国道纵贯宁德市南北。省级干线"八纵九横",即省道201线,起点于厂址附近的漳湾下塘码头,终止于漳州市东山县,省道下甘线横穿东西。

黑龙江同江至海南三亚的高速公路纵贯宁德市南北,已建成并全线通车。高速公路的漳湾互通口距拟建厂区仅6km。距离可作为施工材料和重件码头的漳湾下塘3000吨级集装箱杂货码头仅1.5km。由上可见,漳湾厂公路运输条件良好,便于组织生产。

4.航空运输

福州有大型国际机场,通达国内外各地,宁德到福州长乐机场,上高速公路约需1小时,到温州机场约需2.5小时。

(三)供水条件

宁德市境内水资源丰富,根据市水利局提供的资料,七都溪为离厂区最近的主要河流,其供水能力可以满足本工程用水要求。详细情况是:

七都溪流域面积约333.45km^2,多年平均年径流量达4.57亿立方米,枯水期径流量为2.56m^3/s。七都溪现已建有5座水库。为保证钢厂用水,闽东电力公司将在七都溪建设官昌水库,现已完成初步设计。官昌水库上游集雨面积约300km^2,水库坝高60m,库容约6000万立方米,年调节水量达1.5亿立方米,年平均径流量达5m^3/s,可完全满足漳湾工程的近期供水要求。

离厂区较远的霍童溪水量充沛,多年平均年径流量达25.5亿立方米,最枯流量4.4m^3/s,洪口水库电站建成后,最枯量20m^3/s。可作为钢厂远期的供水水源。

(四)环保条件

1. 大气环境

大气环境影响受两方面条件的制约:一方面是钢铁厂污染物排放量的数量和排放方式;另一方面所在地区的环境状况、地形、气象条件、环境容量、扩散污染物等的影响。该地区主导风为东南风,其下风向没有敏感的环境保护区,对建厂也是有利的。该地区地势比较平坦、开阔,风速较大便于污染物的快速输散,因此扩散条件较好。另外,静风频率较低,不致于造成局部地段污染。

但是该地区建设大型钢铁联合企业，仍然要注意环保设施的投入，减少钢铁厂排放的大气污染物对周围景观和公众健康的影响，在钢铁厂周围建设有一定宽度的防护林带、美化环境，吸收有害气体和工厂噪声；将影响减低到最小程度。

漳湾厂位于宁德市区的下风向，濒临东海，废气稀释扩散容易，且宁德市目前尚无大工业项目布局，大气环流质量良好，环境容量较大。三都澳海域污染源不多，水质状况优良，该海区风速较大，扩散条件较好，便于污染物快速输送。同时，由于三都澳退潮流速大于涨潮流速，潮流呈往复流，具有净化污染物的作用。钢铁企业的废水、废气经处理后可达标排放，对环境影响不大，不致于造成局部地区污染。加强控制和强化管理，把污染减少到最低可容纳的程度，保持区域环境不低于国家二级标准。

2. 海水水质

钢铁联合企业排出的水体污染物主要是油类，来自机械润滑损失的机油，此外是悬浮物(铁皮颗粒)，另外在焦化厂会有大量含酚、氰及氨类废水。对上述废水目前均有较成熟的办法治理。钢铁厂将建立综合污水处理厂做到达标排放；另外污水排放口拟选择在长鼻尾和大鼻头附近排向官井洋，其优点是该处水深流急，具有较大的稀释扩散能力。三都澳海域辽阔、潮差大，纳潮海域面积约 714km²，平均潮差达 4.20m，一个潮期要退出 2936262 万立方米的水量，又为标准半日潮往复流，落潮流速大于涨潮流速(落潮流速为 0.71m/s)，另外排水口距东冲口距离近，有利于向外海排污。据有关部门预测湾内水量约 10 天左右交换一次，因此该海域具有较大的稀释扩散自净能力以及较大的环境容量。另外钢铁厂排水拟采用自然排水方式，即在海水退潮时排水，涨潮时尽量排水。因此，预计钢铁厂排水不会对三都澳海域的水质有太大影响，可以满足海水水质二级标准的要求。

为防止钢铁厂废水排放对海域的影响，应对排水加强管理，防止跑昌滴漏，设置必要的监测仪器做到达标排入。

三都澳海域不仅是良港，而且湾内生物资源丰富，种类繁多，海水养殖业发达，钢铁厂排水对海生物影响范围和程度，是个比较复杂的问题，待项目立项后专题研究留在环境影响评价中作出结论。

(五)评价

1. 宁德漳湾可建设 15～20 万吨级码头及相应的航道条件，铁路公路交通方便，为主要钢铁企业原材料及产品的运输及降低生产成本提供了有利条件。

2. 宁德市有充足的水源和电力，且当地水、电价格较低，适合大型钢铁厂的建设需要。

3. 用地不占良田耕地,地质地貌条件适宜钢铁厂建设需要。

4. 环境容量可以符合钢铁项目的需要,但在项目的设计和建设过程中要注意环保设施的投入,做到达标排放。

二、霞浦溪南钢铁基地条件分析

(一)厂区自然条件

福建省三都澳港湾中的霞浦县溪南镇具有较好的建设水运量大的大型工业的综合条件,它有一个难得的深水港口码头,此处建设有20万吨级以上大型吨位的码头,后方约有25km²可围垦开发的浅海滩涂和陆域,且工程地质条件比较理想,水源充足,交通方便(国家有规划),用电可以解决,是环境容量大的理想的建厂厂址。它同时具备建设其他任何大型工业的条件和大型国际矿石中转码头条件。还有其他地方可以建设工业企业的厂址。

1. 气象

霞浦地区属亚热带海洋性气候,有着充足阳光、热量丰富、雨水充沛的特点。根据福建省霞浦县气象局历年来气象观测统计:年平均气温118.5℃,极端最高气温(7月)39℃,极端最低气温(1月)-3.4℃,常年主导风向为东南风,频率为12%。全年平均风速为2.2m/s。

2. 地质地貌

溪南近海为内海湾滩涂,地形平坦,较大河流有位于溪南镇北侧的杯溪,流域植被覆盖。属海积平原,海积层向海陆交错,海积软土层厚度多为20m左右,溪南腹地园缓低丘,分布残积层较厚,地形平整。

霞浦县土地资源丰富,可利用建设工业企业的土地较多,但结合交通运输,建港条件,供水、供电情况,工程地质,环境保护等条件综合平衡认为溪南镇近处,西南起下山、大鼻头,东到长鼻尾,东北到溪市镇北面左湾、芹头一带,可围垦和已耕种的土地约25km²,可供工业企业用地,此处简称“溪市区域”。

该地带内断裂构造较为发育,走向以北东向为主。北东向的断裂主要有半路里—牛胶岭断裂、青山—西岩断裂、白露坑断裂、南岸—甘棠断裂、大部分属张性、扭住断裂,北西向的断裂主要是西江—南岸断裂、属扭性断裂。断裂的发育说明工作区曾受到过强烈的构造运动,但以上断裂构造规模小、延伸短,对场地的稳定性不存在直接的或隐伏的影响。

据1990年版的1∶4000000中国地震烈度区划图以及有关单位(国家、省地震局与建委)所发的使用规定通知,本区地震某大烈度为6度。

根据地质条件,将其分为4个区(码头区、Ⅰ区、Ⅱ区、Ⅲ区):

码头区:龙鼻村附近、岸边水深局部10m以上,海域水深37~42m。

Ⅰ区(临海):上部分布大面积软土(淤泥),具有高压缩性、高灵敏度;含泥陈卵石、厚度达 8.15m,承载力标准值 fk=420kPa;中等风化—微风化凝灰熔岩,承载力高。

Ⅱ区(临近Ⅰ区):黏土及淤泥质土,承载力低;卵石层厚度达 11.25m,承载力高;残积粘性土,承载力标准值 fk=240kPa;全风化一强风化花岗岩,承载力标准值达 300kPa 以上。

Ⅲ区(丘陵):碎石素填土、耕植土层厚度既含泥卵石层厚 2.2m,承载力高;中砂及残积土,承载力标准值 fk=150~240kPa,该上层受地下水作用后强度较弱;全强风化凝灰熔岩,承载力高。

综上所述,整个溪南地区无滑坡、崩塌或泥石流等不良地质现象,上层有软土,不宜作为持力层,含泥砾卵石层及中等微风密友熔岩是理想的桩基持力层。溪南区域工程地质条件好,适于建设大型工业企业。

(二)土地资源

霞浦县地处三部复的北部和东面,三都澳内水域有二分之一在霞浦县境内,其中可围垦开发的浅海滩涂约 18000 公顷。这些浅海滩涂属国家所有,标高在 0~4m 间(黄海、高程,下同)均可围垦作为工业企业用地。浅海滩涂中绝大部分尚未开发利用,围垦占用上述土地,具有不占良田、不搬迁村民、不影响农民生产等优点,且征地费用低廉,是较好的工业用地。

(三)交通条件

1. 铁路、公路运输

温福线在宁德市经过宁德、赛岐、盐田、霞浦、福鼎等地。宁德市规划修建盐田—溪南—长腰的铁路专用线,在盐田站和温福线接轨,为溪南钢铁项目建设提供了有利条件。

2. 公路运输

地区规划建设环澳公路网体系,打通陆岛运道,为岸线开发创造疏港交通条件,其中建设盐田—溪南—长腰岛连接线,道路标准为普二级,在盐田接通汽专线。

(四)供水

1. 资源量

霞浦县地处太姥山脉东南麓,属中亚热带海洋性季风气候,东亚季风和夏秋风带来大量太平洋水汽为霞浦县降水的主要汽水来源、霞浦县水资源由降水补给,全县多年平均年降水量在 1200mm 至 1900mm 之间,由西北、东北部山区向东南沿海递减。全县多年平均年降水量为 1490.60mm,年降水总量为 22.204 亿立方米。境内水资源(包括地表水和地下水),多年平均年径流量为 12.5156 亿立方米。

入境水资源来自境外汇入的河流茜洋溪、杯溪和七都溪,多年平均年入境水资源量为5.6269亿立方米。

霞浦县多年平均及不同保证率水资源总量见表37。

表37　霞浦县多年平均及不同保证率水资源总量表

（单位：亿平方米/A）

保证率＼水资源总量	境内(包括地表水及地下水)	入境客水	合计
多年平均	12.5156	5.6269	18.1425
$P=50\%$	12.0151	5.4181	17.4332
$P=75\%$	9.2608	4.4100	13.6708
$P=90\%$	7.2588	3.6433	10.9021

资料来源：霞浦县计划委员会。

2. 地表水源

杯溪为霞浦县最大的河流，发源于霞浦县柏洋境内，由北往南流经王离店。至盐田入海。干流全长45km，流域面积约285.2km²。多年平均年径流量2.93亿立方米。多年平均流量为9.29m³/s。上游建有东岭溪水库，坝址控制流域面积约42立方米。该水库作用为引杯溪水入邻流域罗汉溪上游的溪西水库，年引水3400万立方米。

罗汉溪为县内第二大河流，主流发源于柏洋上勃头村，流向由西北向东南，流径江边，桥头至后港入海。主干流长38km，总流域面积约206.4k立方米，多年平均年径流量2.13亿立方米，多年平均流量为6.75m³/s。在上游建有溪西水库，总库容3960万立方米，控制流域面积约53k立方米。

七都溪发源于福鼎县，流经牙城，在牙城凤阳入海。主干流长58km，总流域面积约334k立方米，多年平均年径流量为4.22亿立方米，多年平均流量13.38km³/s。县境内流域面积约88.3k立方米，干流长18.5km。

茜洋溪发源于拓荣县，流径霞浦县西坪、柏洋入福安市，最后在福安赛歧入海。霞浦县境内控制流域面积223m³/s，多年平均年径流量为2.59亿立方米，多年平均流量8.21m³/s。在霞浦县境内尚未开发利用。规划在柏洋乡建前洋浪潮头水库，总库容约4600万立方米，兴利库容3300万立方米。水库下游兴建装机容量为1万千瓦电站。

3. 地下水资源

霞浦县地下水资源蕴载量为9960万立方米，其存在形式有基岩裂隙水和松散岩类孔隙水两个类型。基岩裂隙水蕴藏量为7747万立方米，主要分布在内陆山区和半岛岛屿，分布面积1400km，占全县陆地总面积的94%，水文地质条件较差，不易开采。松散岩类孔隙水蕴藏量为2120万立方米，主要分布在罗汉溪，七都溪入海口一带的河口平原孔隙承压水，另外在溪南等滨海山间洼地和小平原,存在着孔隙潜水。这类地下水分布面积虽小,但富水性均匀,含水量埋存浅,适宜建井取水。据地质勘探部门资料,溪南地区地下水资源较为丰富,可作为大型工业基地的部分补充水。但目前尚无详勘资料,地下水的利用将在下一阶段工作中进行。

4. 水源水质

杯溪地表水水质分析资料见表38。霞浦县城地下水水质分析资料见表39。

表38 杯溪地表水水质分析表

项目	单位	数量	项目	单位	数量
水温	℃	24	酚	mg/l	0
溶解氧	mg/l	64	氰	mg/l	0
高锰酸钾指数	mg/l	2.0	汞	mg/l	0
五日生化需氧量	mg/l	1.2	六价铬	mg/l	0
非离子氮	mg/l	0	砷	mg/l	0
硝酸盐氮	mg/l	0.24	铅	mg/l	0.001
亚硝酸盐氮	mg/l	0.001	锌	mg/l	0
氯化物	mg/l	2.02	铅	mg/l	0
硫酸盐	mg/l	6.18	镉	mg/l	15
总硬度(as cao)	mg/l	5.56	锰	个/ml	8400
总硬度	mg/l	5.56	细菌总数	个/ml	8400
总碱度	mg/l	11.2	细菌总数	个/ml	2300
总铁	mg/l	0.12	大肠菌群		
总磷	mg/l	0.022			
氟化物	mg/l	0.15			

资料来源:霞浦县计划委员会。

表39 霞浦县地下水水质分析表

项目	单位	数量	项目	单位	数量
水温	℃	21	汞	mg/l	0
色度		<5	挥发酚	mg/l	0
浑浊度		<3	砷	mg/l	0
臭和味		无	氰化物	mg/l	0
肉眼可见物		无	氟化物	mg/l	0
PH		7.0	硫酸盐	mg/l	0.001
总硬度	mg/l	163	氯化物	mg/l	0
锰	mg/l	0.008	总铁	mg/l	0
铜	mg/l	0.010	硫酸盐氰	mg/l	15
锌	mg/l	0.220	细菌总数	个/ml	8400
铅	mg/l	0.004	大肠菌群	个/ml	8400
镉	mg/l	0		个/ml	2300
六价铬	mg/l	0			

资料来源:霞浦县计划委员会。

5. 水资源评价及开发利用程度

根据当地水利部门资料，用水现状以1990年为例，全年用水量见表40。现状水平年用水总量221342.39万立方米，占霞浦县多年平均水资源总量18.1425亿立方米的11.8%左右，未被开发利用的水资源仍有16亿立方米左右，修建相应的水利工程则可以为工农业提供大量用水。

表40 1990年全县各部门用水量汇总表

（单位：m^3）

工业用水	农业用水	城镇生活用水	农村家庭用水	牲畜用水	年总用水量
404.70	19718.8	215.23	888.62	115.04	21342.39

（五）大气环境质量状况

溪南镇附近尚无大中型工业污染源，镇上以农业为主，人口密度小，主要污染源为村民炉灶，而燃料类型又多为林木、山草类，很少用矿物燃料，污染源单一，成分简单，无有害物存在，因此大气质量基本未受到污染，环境质量将更优于霞浦县城。

霞浦县设置环境监测站对县城布设三个常规监测点，但在溪南镇尚未有常规监测资料。本报告列出霞浦县三个测点的有关监测数据。供判别该地区大气环境质量时参考。

表41为霞浦县环境监测站1996年三个到点的TSP、SO_2、NO_x的监测结果。

表41 霞浦县空气质量监测结果

（平均值，单位：mg/n立方米）

监测点	功能	SO_2	NO_x	TSP
三涧堂	对照点	0.002～0.004	0.005～0.013	0.040～0.090
民族中学	民居区	0.002～0.005	0.005～0.016	0.10～0.22
烤镘厂	工业点	0.002～0.006	0.011～0.022	0.10～0.16
标准值（二级）		0.06	0.04	0.20

资料来源：霞浦县计划委员会。

由表可知，SO_2年年日均值在0.002～0.006mg/n立方米之间，全部符合二级空气质量标准（0.06mg/n立方米）。NO_x年日均值在0.005～0.022mg/nm^2之间全部符合二级气质量标准（0.04mg/n立方米）；TSP年日均值在0.04～0.22mg/n立方米之间，也基本符合二级空气质量标准（0.20mg/n立方米）。

以上结果说明，该地区空气环境质量是良好的，而溪南区域尚没有工业布局，大气环境质量将较市区有更多的环境容量。

（六）评价

1. 溪南可建设15～20万吨级码头及相应的航道条件，铁路公路交通方便，为主要钢铁企业原材料及产品的运输及降低生产成本提供了有利条件。

2. 溪南土地资源较为丰富，建设大型港口条件优越，铁路、公路运输方便，水资源充足，环保条件优良，地质条件好，无拆迁工程量，供电有保证（大唐电厂在福安湾坞已动工建设360万千瓦火电厂）。在此建设大型钢铁厂是可行的。

3. 环境容量可以符合钢铁项目的需要，但在项目的设计和建设过程中要注意环保设施的投入，做到达标排放。

第二节　日本发展临海钢铁产业的成功经验

我国正处于从一个钢铁生产大国提升为钢铁生产强国的重要时期，三都澳海岸带钢铁产业发展要在国际国内座标系中找准位置和把握战略机遇，就离不开国际国内关于钢铁产业发展的宏观政策环境和客观规律，这方面借鉴日本发展钢铁产业的经验，对我们正确判断建设三都澳海岸带钢铁产业形势，少走弯路是有帮助的。

众所周知，日本国土面积37万多平方千米，仅占世界陆地面积的0.3%，是一个典型的人多地少的国家，矿产资源很贫乏。钢铁工业所需要的原料、燃料几乎全部进口，其中铁矿石的对外依赖程度接近100%，炼焦煤的对外依赖程度超过90%，锰矿石、莹石等辅助原料对外依赖度为100%。原材料、燃料输入地区遍及全世界。铁矿石的海上平均运输距离1963年为9445千米，1970年为111685千米，1975年为11516千米；相比之下，同期美国铁矿石的海上平均运输距离分别为4000千米、4148千米和4876千米。日本海上平均运输距离是美国的2倍多，运输成本也相应比美国高得多。日本在资源方面并不占优势，却得以在20世纪70年代开始取代美国成为世界钢铁生产的中心，原因何在呢？

一、第二次世界大战以后日本优化钢铁产业布局

第二次世界大战以前，日本钢铁企业布局考虑的主要因素是靠近原料、

燃料基地，以便就近取材，降低成本。日本第一个现代化钢铁联合企业——八幡厂就建立在北九州煤矿附近；釜石钢铁厂则直接建在铁矿石产地——釜石铁矿附近。

第二次世界大战以后，日本工业高速发展，钢铁消费量日益增多。由于国内原料和燃料日益缺乏，需要从海外大量进口，因此为了能够大幅度降低运费和成本，促使日本在20世纪60年代初做出了一个重要决定，即下决心调整钢铁产业的布局，将新的大型钢铁企业全部建在海上交通运输条件便利的太平洋沿岸——主要集中在京滨、阪神、中京、濑户内海、北九州这五大工业区，如所示。由于这个决定，到1978年，据日本通产省的统计，当时日本的钢铁联合企业便已经全部建在了沿海；38个A类专业大厂（员工数在1000人以上）中，有32个建在沿海，占89.4%；56个B类厂（员工数在500～999人之间）中，沿海率为67.2%。由表42可以看出，经过这样调整，日本钢铁企业的临海率远远超过了其他发达国家，从而为日本钢铁产业获得国际竞争优势打下了坚实的基础。日本采用临海型大型钢铁企业布局的主要特点是：

表42　1974年世界主要产钢国家临海型钢铁厂所占比重

国家	临海厂数（个）	设备能力（万吨/年）	全国设备能力（万吨/年）	临海率（%）
日本	21	9822	12002	81.9
美国	4	1670	14062	11.9
西德	1	540	6060	8.9
法国	2	1150	3150	36.5

资料来源：《日本钢铁工业地理》，冶金工业出版社，1981。

（一）接近消费区

战后日本建立的21个钢铁联合企业中，有19个企业、99.7%的生产能力集中在太平洋沿岸的带状地区（图17），而这些地区同时也是日本工业最集中、钢铁消费量最大、经济最繁荣的地区。例如，根据统计，1976年，这五大工业区占占全国钢铁工业产值的85.3%，钢铁消费量的83.9%。由此可见，日本最大的钢铁生产区也就是最大的钢铁消费区。不言而喻，作为一个每年消耗7.8千万吨钢铁的工业化国家，钢铁厂接近消费地区，不仅可以大大减少运输费用，而且可以大大提高相关产业之间的关联度，而这又反过来促进了钢铁企业的发展。

（二）便于原料、燃料、产品的运输

如前所述，日本钢铁工业的主要原料、燃料几乎全部依靠从国外长距离进口，因此运输量特别巨大。例如，1976年，日本钢铁工业消耗的原料、燃料共达 3 亿吨，再加上产品外运量，运输量总计高达 4 亿吨多。因此如何节省运输费用，对于降低生产成本、提高企业竞争力便具有重大意义。

日本海岸线长达 30000 千米，沿岸曲折，深水岸线较多，建港条件良好。显然，在这种情况下，选择把大型钢铁企业建在能够停靠巨型船舶的港口边上，原料与燃料的运费便能大大降低。因为船舶越大，运费越省。例如，从表 43 可以看出，当专用油轮的吨位从 2.1 万吨提高到 47.7 万吨后，运费指数几乎下降了 2/3。

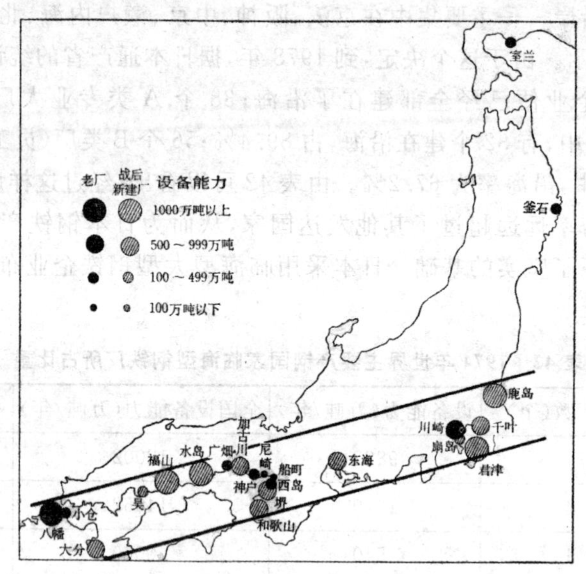

图 17　日本钢铁工业布局

资料来源：《日本钢铁工业地理》，冶金工业出版社，1981。

表 43　专用油轮吨位及运费比较

年份	1945	1955	1965	1970	1975
油轮吨位（千吨）	21	47	130	326	477
吃水量（英尺）	30	38	54	82	93
运费指数	100	72	54	44	36

资料来源：《日本经济的发展》，辽宁人民出版社，1979。

（三）接近水源

据统计，日本钢铁工业用水量占全部工业用水量的 28.7%，占全部工业淡水用量的 25.7%，仅次于化学工业，居各类产业的第二位。钢铁工业的海水用量则占整个工业海水用量的 36.5%，居第一位。

日本将大型钢铁厂建立在沿海有助于解决工业用水问题。第一，日本大型钢铁联合企业都建在海岸的河口附近,可贮存更多的淡水;第二,在河口及河流下游,有利于对河流进行阶梯式开发,建设水库,保证大钢铁厂四季的供水平衡;第三,沿岸建设大厂便于利用大量海水作间接冷却水,降低淡水用量。

(四)便于解决能源

日本钢铁工业耗能占全部工业耗能的38%,居第一位。例如:1975年耗油900万千升;1974年耗电718亿度,占全部工业用电的32.2%。

将大型钢铁厂建在沿海,也有助于解决能源供应问题。一方面,在沿海五大工业区冶炼的石油量占全国的88.8%,因而可由炼油厂直接向钢铁厂供应重油;另一方面,该地区还集中了全国77%左右的火电站,所以用电非常方便。

(五)规模效益显著

日本的实践证明,建大厂比建小厂的单位设备投资省,产品成本低,劳动效率高。年产1200万吨的钢铁厂比年产500～800万吨的钢铁厂在吨钢设备投资上节省10%～15%,产品成本降低5%～10%。而年产500～800万吨的钢铁厂又比年产250万吨的钢铁厂在吨钢设备投资上节省5%～10%,产品成本降低20%～25%。

总之,通过采取建立临海型大型钢铁企业的办法,日本钢铁工业大大改善了由于资源匮乏、运输成本高所造成的种种不利因素,从而极大地降低了成本,增强了产品的国际竞争力。日本的这种成功经验也引起了世界主要产钢国家的重视,纷纷学习和仿效。例如,韩国的浦项制铁、意大利的塔兰托钢铁厂、美国的伯利恒钢铁厂以及中国的宝钢等都是在借鉴日本经验的基础上而建立起来的。

二、注重技术进步提高劳动生产率

战后日本钢铁发展初期,由于设备落后,原料昂贵,导致产品的成本很高。例如,1950年,日本棒材的离岸价格为77美元/吨,而当时的德国(以下简称德国)为57美元/吨,法国为59美元/吨。由于日本的钢铁产品价格远高于其他发达国家,因此在国际市场上没有丝毫竞争力。

从1951年至1970年,日本政府对钢铁工业连续实行了三次合理化计划,以加大对钢铁工业的投资力度。通过积极引进国外的先进设备和对原有的设备进行大规模的技术改造,日本的钢铁工业在短时间内便发生了翻天覆地的变化。表44给出了日本、美国、德国三个世界上的主要钢铁生产大国在20世纪60～70年代钢铁工业劳动生产率的比较。从中可以看出,日本的劳动生产率在1965年为159.6吨/人,还远低于美国的227.5吨/人。但到了1975年,日本的劳动生产率就已经达到421.0吨/人,从而远高于美国的249.6吨/人。10年间,日本钢铁行业的全员劳动生产率增长了2.64倍,而美国的全员劳动生产率值只增长了1.1倍。

与此同时,日本钢铁企业的生产设备效率和各项技术经济指标也得到大幅提高。从表45、表46、表47可以看出,1975年,日本的高炉出铁率是美国2倍多,是德国的差不多3倍;日本的高炉炼铁焦比也远低于美国和欧洲主要工业国家;产钢能耗和连铸比则要大大优于美国。

表44 日本、美国、德国三国钢铁工业劳动生产率比较

(单位:吨/人)

年份	1965	1967	1970	1971	1972	1973	1974	1975
日本	159.6	235.5	312.4	347.3	397.1	493.1	482.6	421.0
美国	227.5	226.6	249.4	237.7	264.3	280.3	272.0	249.6
德国	118.4	133.5	200.0	190.4	210.8	232.0	243.7	192.0

资料来源:《日本经济的发展》,辽宁人民出版社,1979。

表45 主要国家每座高炉出铁率

(单位:1000吨/年)

年份	日本	美国	德国	法国	英国
1970	1097	499	420	258	256
1973	1500	651	485	308	294
1974	1559	537	529	331	248
1975	1671	537	567	407	233

资料来源:《日本经济的发展》,辽宁人民出版社,1979。

表46 主要国家高炉炼铁的焦比

(单位:kg/t)

年份	日本	美国	德国	法国	英国	苏联
1965	507	656	668	780	680	599
1970	474	630	558	630	625	575
1971	447	627	520	595	610	566
1972	438	608	487	563	580	564
1973	434	597	495	559	577	558
1974	437	609	517	552	606	549
1975	440	611	497	533	608	546

资料来源:《日本经济的发展》,辽宁人民出版社,1979。

表 47　美国和日本钢铁工业技术指标比较

技术指标	产钢能耗(kg 标准煤/t)				连铸比(%)		
年份	1973	1976	1978	1979	1979	1980	1981
美国 A	912	945	894	1076	16.9	20.3	21.1
日本 B	693	718	681	678	50.2	59.5	70.7
A/B	1.31	1.32	1.31	1.59	0.34	0.34	0.30

资料来源:《国外钢铁工业技术经济指标》,冶金工业部情报研究总所,1982。

三、以大型钢铁联合企业为基础,建立综合性工业基地,对改善地区经济结构,提高经济效益有重要作用

从世界主要产钢国家发展钢铁工业的历史来看,随着钢铁工业基地的建设,特别是随着大型钢铁工业基地的建设,都会在相应的地区逐步形成不同规模的综合性工业基地,对改善地区经济结构,提高经济效益有重要作用。不论是苏联的乌拉尔、乌克兰,还是美国的五大湖工业区都在不同时期先后经历了以钢铁工业基地为基础,向综合性工业基地发展的过程。德国鲁尔工业区战后初期由于工业结构单一,一度呈现萧条。从 20 世纪 50 年代到 70 年代,鲁尔经历了改变以煤钢为主的单一工业结构,逐步向综合性工业区发展的过程。在 1958 年至 1970 年期间,鲁尔区新建了 400 个工厂,1970 年以后还有一些工厂陆续迁入鲁尔区。新建的有汽车制造、炼油、化学纤维、电器、纺织、兽药和农药、玻璃制品等工厂,这对改善鲁尔工业区的经济结构起了很大的作用。

日本鹿岛是世界上有计划地以钢铁为基础建设大型综合性工业基地的一个比较突出的代表。在 20 世纪 60 年代初,鹿岛还是一片荒凉的沙丘海岸,经过十多年的边建设边生产,到 70 年代中期,它已成为日本最大的工业基地之一。至 1978 年计划建设的六十个企业中已经投产的有四十个以上。目前,鹿岛已成为一个钢铁、炼油、石油化工以及电力为骨干,多种行业结合在一起的综合性工业基地,具有规模大、技术先进、厂区布局紧凑以及综合利用资源、注意环境保护等特点。日本人自称,鹿岛是日本战后建成的十多个以钢铁和石油化工为中心的大型联合企业中"最有组织最有计划建成的",也是"最完善合理的未来型联合企业"。

可见日本钢铁产业发展之所以成功主要依靠综合比较优势,特别是科学合理的布局临海型钢铁产业,快速的技术进步,规模化和集群化的经营。三都澳海岸带钢铁产业的发展完全可以借鉴日本的钢铁产业的发展经验和做法,在三都澳海岸带地区布局临海型钢铁产业,采用先进的工艺,并延伸产业链,形成以钢铁工业为龙头和基础的综合性的重工业基地。

第三节 钢铁工业发展的基本趋势

一、21世纪上半叶钢铁工业仍居重要地位

钢铁大工业生产一百多年以来，钢铁一直是最重要的结构材料，在国民经济中占据举足轻重的地位，钢产量也在很长时期内被当作衡量一个国家经济实力最重要的指标之一。据专家预测，在今后20年到40年甚至更长的时间里，不仅在发展中国家，而且在工业发达国家，钢铁工业仍然是举足轻重的基础原材料工业。

(一)工业发达国家钢铁工业仍然是重要的产业部门

以美国为例，钢铁工业虽是衰退比较严重的传统工业部门，但仍具有明显的优势地位。据美国钢铁协会的报告，钢铁工业在美国仍是第四的工业部门。1983年美国钢铁工业全年销售总额达到484亿美元，其中钢铁部分销售额达到73亿美元。钢消费量占全部金属消费总量的90%以上。美国钢铁工业由300家公司组成，其中92家公司生产粗钢，遍及美国39个州。美国钢铁工业拥有庞大的产业大军，年产钢能力仍为1.35亿吨。据统计，1972—1992年的20年间世界钢的年消费量和累积量都翻了一番。西欧国家用钢铁和有色金属制造的产品的国民生产总值占全国国民生产总值的比例达72%～74%，而俄罗斯用钢铁和有色金属制成的产品的国民生产总值所占的比例高达70%；俄罗斯钢铁用量占全国结构材料总用量的比例高达92%。

(二)中等发达国家的经济社会发展后来居上的经验证明了钢铁在经济社会发展中当之无愧的地位

在中等发达国家或地区中，钢铁工业发展最快的是韩国。20世纪70年代，韩国在政策上、财政上和外贸上大力扶植和资助钢铁工业的发展，利用海外的煤和铁矿石，建设沿海钢铁厂，积极引进外资和先进设备，钢铁生产能力增长很快。1975年达到295万吨，1980年为856万吨，1984年钢产量达到1294万吨，出口钢材609万吨。韩国从1970年4月至1981年2月，用10年10个月的时间建成了蒲项钢铁厂，年综合产钢能力为850万吨，投资为39.3亿美元，外资占53.3%，吨钢投资费用为462美元。到1983年5月，扩建到910万吨的规模，成为世界上规模合理、工艺技术和设备先进的大型钢铁联合企业之一。钢材的成本仅为日本的70%，以压倒的价格优势，进入了“钢铁王国”——日本。

巴西也是世界上钢铁工业发展较快的国家之一。1950 年其产钢仅 75 万吨。在 1978 年利用部分外资兴建了钢坯年生产能力 300 万吨的图巴朗钢铁厂。巴西 1983 年产钢能力达 2100 万吨,钢产量 1460 万吨,人均钢消费量达到 120kg,人均国民收入达 1788 美元。同样,中国台湾省是亚洲钢铁工业发展较快的地区之一。

(三)从经济和社会的长远发展战略来看,发展中国家的钢积蓄量少,钢消费量远未饱和,还需要大量的钢材,因而需要建立和发展自己的钢铁工业

美国卡恩在《今后 200 年》和《世界经济的发展》中,提出了“大过渡”的理论,认为世界处于“大过渡”的转折时期。在发达国家,产业处在结构调整阶段,但连续性发展大于突变性发展。对于发展中国家来说,工业化仍然是发展的必由之路。因此,发展中国家,可以同时利用几次技术革命的成果,采取最优化的产业结构,缩短工业化的进程。一方面,要抓住新技术革命时机,发展高层次产业和新兴工业部门;另一方面,要利用新技术革命的成果和钢铁工业自身的最新技术,利用世界上最廉价的金属矿物资源,加速钢铁工业发展,以满足其经济社会起飞和加速工业化,稳定发展阶段对钢铁的巨大需求量。以中国为例,人均钢产量目前只有 40kg 多,仅为世界人均产量的 1/4,即使到本世纪末,钢产量达到一亿吨,人均钢产量也只有 80kg,仅占世界人均钢产量的一半,和工业发达国家人均钢产量 500kg 相比,还相差甚远。所以,中国必须借助后发优势和优良的港湾条件大力发展自己的钢铁工业。

(四)钢铁材料在基础原材料中继续保持绝对优势地位

据估计,若世界金属资源储量再增加 10 倍,同时还有 50%废金属再回收使用,那么,铁可用 300 年,铝可用 90 年,铜可用 100 年。也就是说,铁等重要元素还可以用上 100～300 年,这就为钢铁工业,尤其是为第三世界国家发展钢铁工业提供了充分的廉价原料条件。同时,钢铁材料在强度、加工性能、价格、生产工艺、用途等方面的优势,都是其他材料所不能比的。据估计,各种基础原材料“比强度折算价格”(即同一强度价格):钢材为 8 美分,铝为 29 美分,陶瓷为 30 美分,炭素纤维为 38 美分,钛为 1.25 美元。据美国杜邦化学公司研究报告,20 世纪 60 年代塑料和金属材料的比例为 2∶10080 年代为 8∶100。也就是说,21 世纪初金属材料在“材料世界”中仍将占统治地位。

二、我国钢铁产业仍然保持适度发展的趋势

第一,尽管我国钢产量从 1996 年起已经连续 7 年位居世界第一,并在 2002 年达到创纪录的 1.82 亿吨,近年钢铁产量见表 48。但是按人均消费量计算,却还少得可怜,即不到人均 140kg。显然,这与发达国家在工业化中期普遍达到人均 500kg 以上的水平相比,还相距甚远。因此哪怕只按人均 250kg 的水

平计算,到2020年前后,我国的钢铁需求量也将达到4亿吨左右。

表48 我国钢铁工业近年来的发展状况

年份	1996	1997	1998	1999	2000	2001	2002
钢铁产量(万吨)	10035	10789	11413	12364	12579	14139	18224
比上年增长(%)	7.9	7.5	5.8	8.3	1.7	12.4	28.9

资料来源:①《中国2002钢铁工业年鉴》,《中国钢铁工业年鉴》编辑委员会,2003;②《2002年钢铁工业统计年报》,http://www.mmi.gov.cn。

第二,目前我国正处于全面建设小康社会的工业化中期阶段。根据国家的发展规划,到2020年,我国的人均GDP将从目前的1000美元左右提高到4000美元左右。而根据国际经验,这段时间也是钢铁需求量增加最快的时间。图18和图19分别反映了日本和美国经济发达国家在人均GDP达到4000美元之前,钢铁产量与人均GDP之间线性增长的趋势。

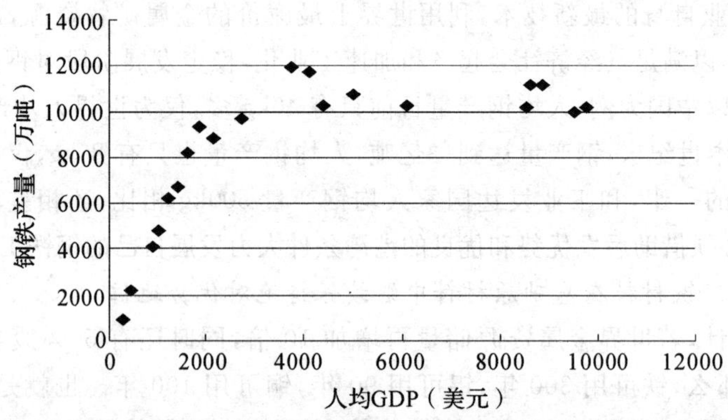

图18 日本人均GDP与钢铁产量的关系

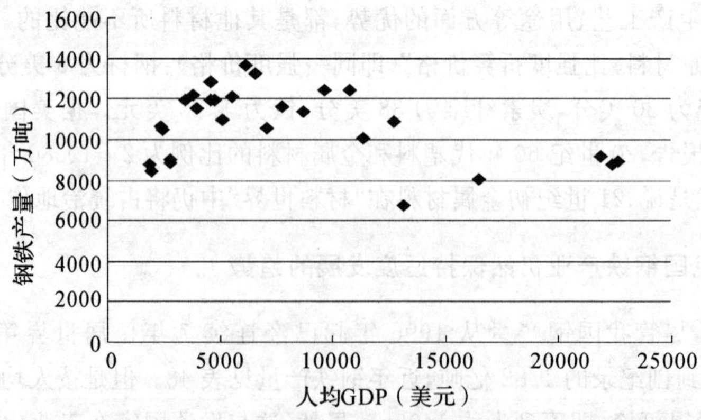

图19 美国人均GDP与钢铁产量的关系

第三，跨入21世纪，我国的居民消费开始带有明显的工业化中期色彩，即住房、汽车等钢铁消耗量大的高档耐用品的消费已纷纷开始进入居民家庭，并由此推动了产业结构的提升；同时受国际产业转移的影响，各种制造业包括装备制造业在我国也开始大量发展。在这双重因素的拉动下，国内的钢铁需求已经出现大幅度攀升。这与日本、韩国的情况完全吻合。例如，从1970年起，韩国的工业开始起飞。由于历史的原因，韩国的钢铁工业十分薄弱。为此，韩国政府专门制定了《钢铁工业发展法》。1970年4月，世界著名的蒲项钢铁厂开始兴建。韩国的钢铁工业由此走上了一条快速发展的道路。表49和表50反映了20世纪70年代韩国几个工业门的发展情况和90年代韩国钢铁工业的发展情况。

表49　20世纪70年代韩国几个工业门的发展情况

机械(亿美元)	61.4(1970)	734.4(1972)	246.0(1973)	446.0(1976)	970.9(1978)
汽车(万辆)	3.72(1975)	4.96(1976)	8.58(1977)	15.80(1978)	20.13(1979)
造船(万吨)	0.46(1962)	61.25(1975)	68.40(1976)	64.85(1977)	77.59(1978)

资料来源：①《战后南朝鲜经济》，张世和，中国社会科学出版社，1983；②表中括号内数字为年份。

表50　20世纪90年代以来韩国钢铁产量和增长情况

年份	1991	1992	1993	1994	1995	1996	1997	1998	1999	2000
钢铁产量(万吨)	2600	2806	3302	3374	3674	3890	4255	3989	4104	4312
增长率(%)	12.5	7.9	17.7	2.2	8.9	5.9	9.3	−6.3	2.9	5.1

资料来源：①《中国2002钢铁工业年鉴》，《中国钢铁工业年鉴》编辑委员会，2003；②《国际统计年鉴'98》，刘洪主编，中国统计出版社，1999。

随着我国经济结构和产业结构调整的逐步深化，钢铁产业的产品结构也需要不断调整。工业用材需求量将在较长时间内保持较高的增长水平，钢材消费结构将逐步实现由"以建筑钢材为主→以建筑钢材与工业用材并举→以工业用材为主"的转变。因此如何适应钢材市场需求变化的这一趋势，将成为钢铁行业产品结构调整的一项长期的重要课题，同时这也是钢铁企业在如何结合自身特点、适应市场形势变化、不断提升竞争力时所必须面对的一种挑战。

第四，由于我国人口基数庞大，因此我国实现工业化的过程将相对较长。根据党的十六大报告，我国要到2020年才能实现基本工业化，这就意味着，我国重化工业的生命周期也相对较长。换句话说，钢铁工业在我国的发展绝不只是热几年的问题，而是要热几十年的问题，显然这一点对于钢铁企业的投资和钢铁企业所在地的地方经济的发展是十分有利的。

因此，未来20年至30年内，我国钢铁工业的发展将会出现三个基本趋势：第一，钢铁需求量还会有较大幅度增长；第二，钢铁产业的集中度和企业规模都将继续扩大；第三，钢铁产业的布局将会积极地向沿海，特别是具有深水港口岸线地区转移；第四，钢铁产业在20～30年内仍然是拉动区域经济快速增长的重要产业；第五，钢铁产业将日益走向规模化、集群化和优质化。

三、我国钢铁工业的发展特点与问题

(一)企业规模小，产业集中度低

2001年，我国共有钢铁生产企业3176家，而其中年产钢100万吨以上的企业只有47家，由于钢铁生产具有典型的规模效应，因此规模偏小严重影响了企业的经济效益。见表51、表52显示了2002年中国10大钢铁企业的钢产量。由计算可知，这10大企业的产量只占同年全国总产量的42%。

表51 我国钢铁工业企业基本概况

年份	1995	1999	2000	2001
钢铁工业生产企业数(个)	1639	1042	2997	3176
年产钢50～99万吨	17	18	13	11
年产100万吨以上	21	30	37	47
其中：年产500万吨以上	4	4	4	4
钢铁工业总产值(现价)(亿元)	4047.46	3469.4	4732.90	5707.31
钢产量(万吨)	9535.99	12395.4	12850.00	15163.44

资料来源：《中国2002钢铁工业统计年鉴》，《中国钢铁工业统计年鉴》编辑委员会，2002。

表52 2002年中国10大钢铁企业钢产量

排名	钢厂名称	2002年	2001年	增幅%	排名	钢厂名称	2002年	2001年	增幅%
1	宝钢集团	1948.4	1913.5	1.82	6	马钢	538	477.4	12.69
2	鞍钢	1006.6	879.2	14.49	7	唐钢	506.5	392	29.21
3	首钢	817.1	824.8	−0.93	8	攀钢	500.4	465	7.61
4	武钢	755	708.5	6.56	9	华菱集团	491	406.1	20.9
5	本钢	620.7	490.6	26.51	10	包钢	481.6	421	14.4

资料来源：《宏观冶金》，2003年第2期。

(二)钢铁产业布局不合理，专业化和规模化程度严重偏低

在我国，除了上海宝钢之外，绝大多数的大型钢铁企业都布局在中西部地区。这种布局主要反映了在封闭经济条件下的一种资源取向性，但在如今铁矿资源与水资源的依赖关系、区域经济的格局等都已发生很大变化。

(三)工艺及技术装备落后，产品结构不尽合理

国内冶金行业的工艺及技术装备除宝钢以外，大多属于20世纪70～80年代的技术水平，与先进国家相比有较大差距。很多企业精料基础还未建立，一些大企业仍采用热烧结矿工艺；铁水预处理、炉外精炼处理技术普及程度远远不能满足品种质量提高的要求。我国钢铁行业能耗高、环境污染严重，吨钢能耗比世界先进水平高出20%～30%，主要原因是铁钢比高，高炉余压发电、干熄焦等大型有效的节能环保装置配备率低，高炉、转炉煤气等余能余热回收利用率低。这种状况的普遍存在导致我国钢铁行业的竞争力明显低于国际大型钢铁企业。此外，我国钢铁产业的产品结构仍然很不合理。各种低附加值产品的产能严重过剩，而高附加值产品的产能则严重不足。例如，2002年我国出口钢材545万吨，而进口钢材2449万吨。三峡工程所用的钢材绝大多数都是从日本NKK进口的。

(四)铁矿石供给不足愈发严重，对外依赖性大大增加

我国铁矿资源主要分布在辽宁的鞍山本溪地区、川西的攀西地区和河北的冀东地区等。已探明的铁矿石储量约486亿吨，但可开采储量不足180亿吨，且97.5%为贫矿，平均含铁量只有32.7%。因此随着我国钢铁工业的大量发展，铁矿石供给不足问题日显突出。以1997年产铁矿石原矿2.56亿吨，耗费铁矿储量约5亿吨计算，可供开采的年限不到40年。即使假设以后探明新矿可增加10年开采，50年后我国的铁矿资源仍是个大问题。因此我国钢铁业所需铁矿石的来源构成由自产为主变为以进口为主、自产为辅已是不可逆转的趋势。据统计，2000年全国铁矿石原矿产量2.4亿吨，进口铁矿石6997万吨，用进口矿生产的生铁占全国生铁总产量的1/3。预计到2005年后，进口量将达到8000万吨/年，这相当于铁矿石进口量第一的日本目前每年进口量的2/3。

第四节　三都澳海岸带发展临海钢铁产业的重要意义

一、优化全国钢铁产业的布局结构，增强海峡西岸经济区经济实力

(一)优化全国钢铁产业布局结构

我国钢产量虽居世界第一，但钢铁企业主要分布在北方和长江中下游，而华南和东南沿海地区的钢铁工业十分薄弱，而中国东南沿海又是钢材的

主要消费区，供需矛盾突出(见表53)。在三都澳建设钢铁产业基地，将填补东南沿海没有大型钢铁厂的空白。除满足本省钢材需求外，还可以满足广东、广西、湖南、江西，以及港、澳地区的钢材需求，不仅缓解了钢材远距离运输的压力，还可进一步促进海峡西岸经济区经济发展。

表53　2001年福建、广东和浙江主要的钢铁生产企业情况

<table>
<tr><th>企业名称</th><th>钢产量(万吨)</th><th>所在省份钢产量(万吨)</th><th colspan="2">产量占所在省份总产量比例(%)</th></tr>
<tr><td>福建省三钢(集团)有限责任公司</td><td>146.23</td><td>155.27</td><td colspan="2">94.18</td></tr>
<tr><td>广东韶关钢铁集团有限公司</td><td>142.29</td><td>356.00</td><td>39.97 A</td><td rowspan="2">93.24
(A+B)</td></tr>
<tr><td>广州钢铁企业集团有限公司</td><td>189.64</td><td>356.00</td><td>53.27 B</td></tr>
<tr><td>杭州钢铁集团公司</td><td>167.78</td><td>182.48</td><td colspan="2">91.9</td></tr>
</table>

资料来源：《中国2002钢铁工业统计年鉴》，《中国钢铁工业统计年鉴》编辑委员会，2002。

(二)三都澳具备开发深水港的优越条件，适合利用国外矿石资源发展大型钢铁企业

目前国内外钢铁企业竞争十分激烈，只有具备合理规模的现代大型厂才有竞争能力。我国钢铁产量近2亿吨，而国内矿石资源满足不了需求，铁矿石自给率有逐年下降的趋势，目前仅达73%(按产铁比例)，每年企业每生产1吨的钢消耗矿石约1.5～1.6吨。目前我国主要从澳大利亚和巴西进口矿石。如从澳大利亚运至我国北仑港，每吨海运费10万吨级以下轮船10美元，10万吨级以上(含10t级)轮船6～7美元。巴西运至北仑的海运费，比从澳大利亚至北仑约高出一倍。大轮船运输矿石十分经济的。根据过去的统计，如以5万吨级轮船运输1t矿石运费1，则10万吨和15万吨级轮船的国际运费由表54可知，大轮船的运费大大低于小轮船。15万吨级轮船的运费仅仅是5万吨级轮船的53.5%～57%。

溪南具有开发10～20万吨级深水港。自然条件十分有利于使用大型轮船，运输矿石，降低海运费，发挥钢铁企业规模经济效益，形成较强的企业竞争能力。

表54　10万吨和15万吨级轮船的国际运费

航线	5万吨级	10万吨级	15万吨级
澳大利亚丹皮尔—中国北仑	1	67%	57%
巴西图巴朗—中国北仑	1	65.2%	53.5%

(三)三都澳邻近东南亚各国,可以发挥出口优势,消化大型钢铁厂部分产品

三都澳具有四通八达的海运条件,就近印尼、越南、菲律宾、泰国等钢铁企业是基础相对薄弱的东南亚国家。在三都澳建设大型钢铁厂,可以通过海运向东南亚部分钢材,占领东南亚市场。

(四)三都澳地处沿海,又是侨乡,有利吸引外资,发展大型钢铁厂

三都澳地处沿海,又是侨乡,改革开放以来,福建吸引了大量的侨资和外资,在利用外资发展地区经济上取得了很大成绩。这些条件有利于三都澳引进外资,建设大型钢铁厂。

二、建设三都澳钢铁工业基地符合内地钢铁企业持续发展的需要

北方省是国内外闻名的煤矿生产基地,盛产无烟煤、动力煤和炼焦煤,对发展钢铁工业甚为有利。可是,铁矿资源的储量及品位并不很理想,矿源逐渐枯竭,铁矿入炉品位连年下降,被迫采用远距离运输的进口矿,以平衡不足。此外缺乏发展钢铁工业的水资源。在新形势下,许多为把钢铁产业继续做大做强,根据资源有限的情况,依照冶金行业"十五"规划的指导,做出战略东移的决策,因此在三都澳可选择直接使用进口矿发展钢铁工业的厂址。

三、建设三都澳钢铁工业基地符合国家钢铁工业结构调整的需要

2001 年全国进口热轧薄板 263 万吨,进口冷轧薄板约 900 万吨。"十五"期间,国内热轧、冷轧板材产能有较大幅度的增长,但与快速增长的消费要求相比,仍是供不应求,且有较大的缺口,据初步预测,到 2005 年热轧薄板缺口量在 400 万吨左右,冷轧薄板缺口量在 340 万吨上下。

2001 年国内板带比只达到 41%,而国外发达国家的板带比已达到 60%,相差约 20 个百分点。"十五"规划预计年国内板带比将增加到 45%,虽然为此,还是与发达国家有较大差距,缩短这个差距需要进行长时间的艰辛努力。在宁德市建设以板带材产品为主导的大型钢铁厂,其根本宗旨就在于努力提高国内的板带比,以适应国内制造业的需要,有利于保持我国作为世界制造业中心的地位。

福建省 2001 年消费钢材总量约 650 万吨,即建筑用钢材约 400 万吨,生产用钢材约 250 万吨。福建省的钢材消费总量在全国来说是比较大的,虽然比不上江苏、广东、山东(约 900～1000 万吨),但排名在全国居前列。而福建省生产的钢材,2001 年为 333 万吨,自给率仅 50%多。省内所产的钢材中 90%为建筑用材,即线材 105 万吨,螺纹钢筋 197 万吨。热轧板材和一次冷

轧板都为空白，目前仅有镀层生产线 3 条（镀锡板 2 条，镀锌板 1 条），2001 年实产 22.5 万吨，所用原板全靠省外供应。

福建省目前的钢材生产结构与经济发达省份、钢材消费大省的地位很不相称，据福建省"十五"规划，作为全省经济发展支柱产业的机械、汽车、化工及船舶等制造业将在"十五"期间以较高的增长速度发展，对板带材的需求越来越大，而现实的品种供应空白，势将导致板材供应缺口也越来越大，这将严重制约省内汽车建材支柱产业的快速发展，不利于福建省优势产品在国内外市场的竞争，和进一步扩大市场份额，因而福建省发展热、冷轧板材，以及宽厚板是亟待解决的问题。

利用宁德市优越的海港条件，建设的板带材产品为主导的现代化大型钢铁厂，将从根本上解决福建省钢材结构不合理的问题，填补福建省几十年来不生产热轧、冷轧板材的空白，极大地促进全省国民经济健康地发展，为海峡西岸经济区北翼中心城市建设奠定产业基础。

四、建设三都澳海岸带钢铁工业基地是促进福建省经济发展的需要

福建省各地区经济发展，受多种原因制约，呈现较大的差距。宁德市经济发展滞后，经济总量小，至今没有一个省属或中央管的大型项目布点，宁德与省内其他经济发达地区相比，差距正在扩大之中。然而，宁德市却蕴藏着巨大的发展潜力，对发展基础材料工业具有场地开阔，不占良田；交通方便，海运条件优良；水电资源供应有保障等等优势。

由此可见，在宁德市规划建设大型钢铁厂是十分理想的。随着钢铁工业项目布局落地。宁德市的经济总量将会有一个质的飞跃。与此同时，大型钢厂的建设还将带动宁德市一大批产业的发展，增加就业机会的同时，使经济总量进一步增加。大型钢铁厂建设将成为宁德市经济发展的新增长点，其带动作用十分明显。由此使宁德市的经济发达程度赶上先进地区，福建全省经济发展将进一步增强。

五、符合我国钢铁工业产业布局政策

国家冶金工业"十五"规划实施要点中指出："……冶金工业发展应逐步向钢材市场容量逐渐增多的地区转移。""……冶金工业应逐步向利用进口矿条件较好的沿江、沿海地区发展。"

我国是世界钢铁第一生产大国，钢产量已连续五年名列世界第一。但我国铁矿石资源的不足，制约着我国钢铁工业的发展，近十多年来国内铁矿产量均无法满足钢铁冶炼的需要，铁矿石进口量逐年增加，目前我国用进口矿生产的生铁已占到总生铁产量的 40% 左右。2001 年，我国自产铁矿石

21701万吨，同时还进口铁矿石达9239万吨。自加入WTO后，随着经济全球化的发展，我国钢铁工业将直面国际市场激烈竞争。为能在国际市场中占有相当的份额，充分利用“两种资源”，发展我国钢铁工业将是我国一项长期的发展战略。

福建省宁德濒临东海，拥有我国最好的天然深水良港，不冻不淤，无涌浪，常年可进出10～20万吨甚至30万级吨的巨轮。利用得天独厚的港口优势，在宁德市建设真正意义上的临海大型钢铁厂（以生产板带材为主），将可充分利用国内外“两种资源、两个市场”发展我国钢铁工业。这样做不仅符合国家产业发展政策，而且还能积极促进全国钢铁工业布局更趋完善，钢铁结构调整更加合理。同时，对新建的临海大厂来说，将可降低生产成本，增强产品的竞争能力。

六、建设三都澳钢铁工业基地符合国内消费市场

近十年来，我国钢材消费稳步增长，每年平均增长10.5%。2001年全国钢材产量1.57亿吨，进口1722万吨，出口470万吨，消费总量高达1.69亿吨。1996年以来，从总量上看，全国钢材需求基本平衡，但从品种上看，出现了结构性的过剩与短缺。全国钢材市场出现了线材产品供大于求，板材产品尤其是高质量的、高附加值的品种依然短缺，继续靠进口弥补不足。以2001年为例，全年进口薄板总量1170万吨，其中热轧普薄板263.1万吨，冷轧商品薄板带549.6万吨，涂镀层板357.7万吨。从各方面数据分析，我国钢材消费总量还将持续增长；从不同品种来看，线材、螺纹钢等各种建筑用钢材的需求力度相对减弱。各种板材高附加值产品的需求大幅度增加，并逐步在整个需求结构中占据主要地位。通过三都澳发展技术含量高的进口替代产品，符合国家的钢铁市场的利益。

第七章 做大做强做优区域中心城市

三都澳海岸带区域正处在城市化快速推进和城市格局调整重组的关键时期，探索如何做大做强做优中心城市的发展思路，需要有宏观的视角、前瞻的眼光、开放的思维和动态的时空理念，这就从客观上要求我们必须从宁德的实际出发，认识城市发展的优势、劣势、机遇和挑战，从而找出宁德城市发展的新途径、新答案和新未来。

城市化是伴随区域工业化和社会经济现代化出现的社会现象，城市的形成提高了工业生产的组织程度，促进了生产力的提高和社会的文明进步。当前我国正在努力加快社会主义现代化建设步伐，同时又面临着人口、资源、环境问题的严重挑战。积极推进城市化进程，对于实现可持续性发展战略有着极其重要的意义。

第一节 中心城市功能再造

在经济全球化、知识经济和我国加入 WTO 的时代背景下，三都澳海岸带拥有世界少有的天然深水良港，浓郁、人性、有序的文化和社会机理，以及区域合作的理想区位，这一切为三都澳海岸带在新的国际分工中占据有利位置提供了可能和机遇，也为该区域实现跨越发展，成为投资兴业的新高地提供了契机。

三都澳海岸带历史悠久，早在新石器时期，先民们就在这里劳动生息。晋太康三年(282 年)划侯官县(今福州)温麻船屯设温麻县(治所在今霞浦县沙江镇古县村)为本区行政建制之始。后唐长兴四年(933 年)升感德场为宁德县，在漫长的历史长河中较早就成为县级行政中心所在，然而近代由于行政中心的不断更替，使区域的中心城市一直处于摇摆不定的状态，制约了经济和社会的发展。

一、地区行政中心城市位置不断变迁

（一）霞浦为地区行政中心，三都澳为海防重地

三都澳海岸带区域曾经谱写过盛冠八闽、浓墨重彩的海洋篇章。自宋嘉祐八年（1063 年）设六县巡检司于长溪（今霞浦县），统领长溪、罗源、宁德、长乐、连江、福清等六县海防。元丰三年（1080 年）移驻烽火澳（今霞浦县古镇）改称烽火巡检司，辖长溪、宁德两县海防。至元二十三年（1286 年）长溪升为福宁州，领福安、宁德两县。洪武二十年（1395 年）倭患严重，置福宁卫指挥使司。明景泰三年（1452 年）设河泊所；嘉靖年间辟北方漕运航线；成化九年（1473 年）升福宁县为州。清顺治十八年（1661 年）成立福宁总镇，统领水陆标兵，辖福宁、漳州、泉州及温州各兵府。康熙二十三年（1684 年）三都澳设海关税务总口。据此，不难看出，三都澳海岸带的历史最早是与海防联系在一起的。

（二）霞浦为地区行政中心，三都澳成为商埠和对外贸易口岸

清咸丰元年（1851 年）建宁茶客将红茶制法传入福安坦洋，遂制成畅销国内外的"坦洋工夫茶"。清雍正十二年（1734 年）福宁州升为福宁府，本州设霞浦县，时福宁府为福建省十府之一。光绪二十四年（1898 年），清廷准开三都澳为商埠，次年设立福海关，三都澳正式开放为对外贸易港口。西方列强纷纷设立领事馆、洋行、学堂、医院、电报局、教堂，修建货场、油库和泊位，开通至新加坡、苏门答腊等航线。与此同时，制茶、航运、造船和商贸随之得到迅速发展，冶炼、竹木铁器制作、砖瓦制造、食品加工、制糖、榨油也有一定发展。民国元年（1912 年）废府、州、厅建置，实行省、道、县三级地方政制，区内各县并属东路道（后称闽道）。民国十四年（1925 年）废道，各县直属省政府。民国二十三年二月，全省划为十个行政督察区，第二行政督察区设在福安。民国后期还出现了纺织、造纸、印刷业、度量衡制造等现代工业萌芽。第二次世界大战期间，三都澳几经日军轰炸，基础设施破坏殆尽。

（三）福安为地区行政中心，三都澳为以食品加工业为主的区域

1949 年 9 月闽东解放成立中共福建省第三地方委员会（同年 11 月改为中共福安地委）、福建省第三行政督察区专员公署（次年 3 月改为福安专区专员公署），驻地福安。至此，福安作为地区的行政中心得到发展。宁德则作为辖县，产业以农业为主，工业在极其脆弱的基础上艰难起步，建立了以食品加工业、非金属矿采选业和非金属矿物制品业为主工业体系。同时，由于

三都澳地处海防前线,辟为军港后一定程度上限制了现代工业的发展,加上国家投资少、福建省生产力布局倾斜于福厦漳泉莆地区,交通不便、信息闭塞,一直作为地方小城镇在建设和发展。

二、关于中心城市性质的回顾

1970 年以来,宁德市的行署驻地搬迁到宁德市(现蕉城区)。之后,宁德(蕉城区)城市总体规划至今已编制、修订了三次,第一次是 1981 年由福建省建筑工程学校编制的《宁德县城总体规划(1981)》,第二次是 1987 年由南京大学进行修改的《宁德县城总体规划调整(1987)》,城市性质是"宁德县域政治、经济、文化中心"。1988 年宁德撤县建市,宁德市性质定位为:宁德地区行署驻地,宁德市(现蕉城区)政治、经济、文化中心。

(一)《宁德市总体规划修编(1994)》

宁德撤县建县市后,1994 年建设部八达公司负责编制《宁德市总体规划修编(1994)》。这次规划确定了宁德市在不同区域层次内都具有十分重要的战略地位,主要包括:

(1)将建成太平洋西岸规模宏大的中转工业港;

(2)逐步形成"福建—台湾经济圈"中的重要三通口岸;

(3)福建省具有全局意义的新经济增长中心;

(4)带动宁德市社会发展、经济腾飞的中心城市。

将中心城市性质确定为:宁德市的政治、经济和文化中心,是以发展食品加工业为主的滨海中转港口城市。

(二)《福建省城镇体系规划(1997)》

福建省城乡规划设计研究院于 1999 年完成的《福建省城镇体系规划(1997—2010)》(综合报告)提出:今后要把沿海港口城市发展作为重点,一方面使港口带动和支持城市经济发展,另一方面为城市向滨海发展,合理布局提供新的空间,推动海峡西岸繁荣带建设。该规划对宁德的功能定位是全省二级中心,将宁德中心城市性质确定为福建东北部区域中心,滨海港口城市;提出"重点发展临海工业,建成滨海港口工业城市"。

(三)《宁德市城镇体系规划(1999)》

福建省城乡规划设计研究院于 1999 年完成的《宁德市城镇体系规划(1999—2020)》确定宁德中心城市性质为政治、经济、文化中心,重点发展临海工业,建成滨海港口工业城市。城市发展选择组团式布局结构:漳湾以石化、电力为主体的重工业基地,三都澳为原油吞吐深水港区,飞鸾是地区性水陆交通枢纽,东侨开发区及宝洋围垦区成为新建城区和新型工业基地,城澳为对外开放的深水港区。

(四)最近相关研究报告

2001年宁德市政府工作报告提出:实施东拓南移面海战略,逐步将宁德市建设成为滨海港口城市。2002年宁德市政府工作报告提出:按照建设绿色滨海中心城市的要求,加快新区开发,扩大城市规模,培育中心城市,提供城市功能,增强市民城市意识,全面推进城市化进程。2002年中共宁德市委陈少勇同志"在全市对外开放、再就业、增收节支工作会议上的讲话"提出"构建宁德滨海中等港口中心城市"的设想。2003年陈少勇同志在全市经济工作会议上的讲话提出"着力实施区域经济发展、全方位开放、改革推动战略,加快产业转移承接基地、港口经济和临海工业基地、绿色食品生产供应基地、生态旅游休闲基地建设步伐"。2003年9月,城市发展战略研讨会上,与会专家将宁德的城市性质定位为大型深水海港,福建省以冶金为主的重化工基地,政治、经济、文化中心,现代化滨海生态城市。

关于城市地性质定位,笔者赞同福建省发展研究中心副主任杨益生同志的观点,认为中心城市地性质为海峡西岸经济区北翼中心城市,现代化生态型港口工业城市。

三、中心城市功能再造

未来20年,中心城市经济发展主要在于:融入经济全球化进程,把握加入WTO机遇,开发三都澳深水良港,发展临港重化工业,建设机电食品造船制造业基地,做大中心城市,推动宁德经济的全面振兴,将宁德建设成为融山、海、港、工、城一体的现代化生态城市。

(一)开发三都澳海岸带深水良港

三都澳为世界一流的天然深水良港,具有开发成为中国巨型深水港口群的潜力。

首先,三都澳港口地理位置极佳。21世纪的港口布局将逐步脱离现今以欧美、欧亚、亚美三大主干航线为规范的国际枢纽港的传统体系,而出现一个由赤道环球中心港—区域性枢纽港—区域性喂给港组成的新型全球港口网络。亚太地区将是21世纪世界经贸最活跃的地区,中国参与经济全球化为开发三都澳大型深水港提供契机。目前亚太地区拥有世界1/6的港口,聚集了世界十大集装箱吞吐量港口中的六个。三都港居中国海岸线中点,紧靠赤道环球航线,台湾海峡北口,北距大连1581km,南距榆林港1575km,东距基隆277km,地理位置适中,从长远看,将可能建设成为环太平洋经济圈的中国大陆重要对外口岸。

其次,建港条件优越。三都澳东冲水道宽3km,口内主航道被鸡公山岛和荷叶礁分为两部分,东西部水道宽各1.5km,主航道水深35～125m,在中国沿海港口中宁德港口的航道水深是宁波的1.75倍、大连的2倍、泉州的2.3倍,50万吨油轮可高速进港。三都澳海岸带可建深水泊位的岸线长72km,是北仑港的5倍,湄洲湾的3.6倍,日本横滨港的4倍,比世界大港鹿特丹港还长7km,且深水岸线距岸一般只有50m左右,其中城澳港区从沙帽至狮子礁长7.5km,岸线前沿水深达50多m,可建设1～30万吨泊位25个,其中10～30万吨级泊位8个。溪南港区自赤龙门至七星礁长约6km,岸线水深10～25m,可建设1～20万吨级泊位20个。20万吨级杂货船、50万吨级大油轮、第四和第五代国际集装箱轮船可以自由进出港区。此外,三都澳港湾口小腹大,避风性能好,全年大于6级风的天数仅6天,不冻不淤,整年可以作业。

(二)发展临港重工业基地

要提升中心城市地位,扩大城市规模,必须以临海重工业为突破口,大力承接国内外冶金等大型企业的转移,同时融入形成中的福建沿海重化工产业集群。利用三都澳海岸带开放开发的契机,充分利用港口优势,吸收国内外原材料、资金和技术,发展钢铁冶金、石油化工、电力能源和交通运输物流产业,通过这些大项目的带动形成新的城市主导产业。

(三)建设机电食品造船制造业园区

充分利用宁德市域人力资源丰富和机电、食品、造船等制造业的优势,大力承接周边发达地区制鞋、成衣、汽摩配、电子装配等劳动密集型产业,建设机电、食品、造船等制造业基地。

1. 东侨机电高新技术产业开发区

机电工业已是福安市制造业的重要支柱之一,主要产品为电机、水泵、船舶修造、汽车摩托车零部件、电子按摩器、计算机不间断电源等。由于电机电器率先参与全球性经济分工,宁德电机电器产品出口到世界各地,涌现了宁德电机、万达电机等国家、省知名企业和品牌。部分电机企业已在国外设厂,双福船舶有限公司建成的万吨轮船已通过美国船检协会的检验,马头造船公司3万吨船坞投产开创了万吨船舶修理的新局面。目前,部分机电企业开始重视产品研发,已与十余所高校达成技术合作攻关协议。但总的看来,机电产品结构不合理,在全国有影响力、市场占有率高的名牌产品不多,高技术含量、高附加值的产品较少,在激烈的市场竞争中容易受到较大冲击。为推动宁德电机产业的规模化和集约化经营,引导个体和民营经济由分散到联合,由量的扩张到质的提升,必须加快培育机电行业龙头企业,壮大万达、安波、德丰等电机企业,围绕龙头企业发展配套的中小企业,促进产业适当集聚发展。

2. 宁德食品等轻工业园区

食品工业是宁德传统优势产业，对带动种植业、养殖业及农业产业化的发展意义重大。2001年，宁德市食品工业企业实现产值60亿元，占全市工业的24%。利用同三沿海高速公路宁德北互通口建设宁德食品等轻工开发园区，加快发展水产品、水果、食用菌、茶叶等食品加工行业，开发绿色食品、方便食品、功能食品及保鲜深加工技术，积极开发海洋生物食品；注重茶叶深加工，重点开发超微绿粉茶、保健茶、降压茶、降糖茶以及以茶为原料的饮料和保健食品，扩大"天山银毫"、"白琳功夫"、"坦洋功夫"等名茶生产规模；开发适合旅游的水产方便食品，生产速冻、保鲜食品以及食用菌系列保健饮品和营养食品。与此同时，承接周边发达地区制鞋、成衣、汽摩配、电子装配等劳动密集型产业。

3. 湾坞船舶修造基地

重点建造万吨驳船，构建以造、改为主，修、拆为辅的行业结构；培育大型成套设备和新型船舶设计与制造能力。

(四)完善中心城市经济文化交通功能

城市是区域经济发展的载体。改革开发以来，宁德经济发展开始起步，但发展速度不快，城市实力不强，除了基础设施严重滞后，深水港资源没有得到利用外，关键是缺乏一个地位突出、实力明显的中心城市作为依托。

宁德现状中心城区蕉城，2001年国内生产总值达41.4亿元，二产增加值12.2亿元，财政总收入10729万元(不包括市直单位)，在宁德市域居于中等偏上地位。从宁德市分县市(区)人口密度看，蕉城、霞浦人口密度不及福鼎、福安高。再从宁德市分县市(区)经济密度看，蕉城与福鼎、福安GDP的密度处在同一水平。此外，蕉城区国内生产总值、社会消费品零售总额和工业生产总值指标在整个宁德市域分别居于2/9位、3/9位和4/9位，均位于中游偏上水平，但工业生产总值的绝对数值仅为福安的38%、福鼎的66%，差距较大。综上所述，不难看出，宁德中心城区虽为区域行政中心驻地，但其经济地位不及福安和福鼎，中心城市功能不强。中心城市功能再造需要强化中心城市的经济、文化、交通、教育等方面的功能。

(五)营造山海港工城生态城市

强调充分利用自然地貌与山海风光，建设多层次、多功能、高效益的城市大生态环境体系，将城市绿地系统与自然风光融为一体，形成"山、海、城、湖"融为一体的现代化生态型港口工业城市。

第二节 城市发展容量分析

古希腊哲学家亚里士多德曾说过:“人们为了生活,聚居于城市;人们为了生活得更好,居留于城市。”现代城市的发展面临环境的恶化、资源的约束,需要我们重视可持续人居环境的营造,为居民提供舒适、优美的生活空间。据此,城市发展容量的分析就显得至关重要。城市发展容量具有三条基本原则:(1)使用可再生资源的速度不超过其再生速度。(2)使用不可再生资源的速度不超过其可再生替代物的开发速度。(3)污染物的排放速度不超过环境的自净容量。从中心城市规划区地环境容量看,宁德可以发展成为60万人口的大城市。

一、土地资源容量分析

宁德背山面海,陆域腹地有限,城市建设用地扩展主要在于沿海滩涂的围垦。

(一)农田保护区面积小

宁德市域现有耕地面积约151309.9公顷,主要包括灌溉水田65087公顷和望天田63033.7公顷(合占耕地面积的84.7%),人均0.05公顷,是典型的人多地少地区。因此农田保护区应该得到重点保护。根据《福建省土地利用总体规划》的安排,到2010年,基本农田保护面积控制在151443.3公顷,比现有耕地面积略有增加。全市耕地实占土地总面积的11.3%,城市建设除了耕地外,丘陵、冈地和滩涂等发展空间还比较大。

(二)围海造地成本低

宁德市域滩涂处于相对平衡和稳定状态,多为泥质,部分为沙泥质,厚度一般在20m左右,工程地质条件差,基础造价高。数百年来,宁德人民一直在围滩造地,仅建国后就先后围垦43片滩涂,增加耕地3025公顷。

据初步统计,宁德市现有滩涂48454.4公顷,仅三都澳海岸带海湾内就发育约28400公顷浅海滩涂(海图上测量)。表50列出的15片滩涂,其总面积约16024公顷,可作为城市未来开发利用,其中在宁德中心城市周围就有7860公顷的滩涂可供利用。

表 55　可作为未来开发利用海洋滩涂分布

序号	乡镇	位 置	面积(公顷)
1	飞鸾	碗窑—金蛇头	2667
2	漳湾	横屿—樟屿—鸟屿—官沪岛—洪水岛—竹屿山—漳湾岛—三角顶	2000
3	漳湾	西陂塘	667
4	下白石	猪槽屿—云淡门东侧—云淡门北侧—南浦后山	600
5	三都	三都岛东南侧	467
6	三都	三都岛西北侧	200
7	湾坞	白马港东西侧	867
8	盐田	白马港东侧盐田港西侧	467
9	盐田	盐田港东侧	1000
10	溪南	溪南镇西南	1000
11	沙江	沙江镇南	3000
12	长春	长春镇东侧	2000
13	溪南	东安岛南北侧	400
14	鉴江	鉴江湾北侧	333
15	下浒	下浒西侧	333
	合计		16000

根据围垦造地(含填方)成本估算,围垦造地成本约 3000 万元/平方千米。因此,在不破坏生态环境的前提下,丰富的滩涂资源为宁德提供了投入少、效益高的造地条件。

(三)土地整治有潜力

宁德中心城区附近和三都澳海岸带(宁德市、福安市和霞浦县)区域面积约 4577km^2,其中陆域面积约 3863km^2,海域面积约 714km^2。与三都澳海岸带开发关系较为密切的 20 个乡镇,土地总面积约 1856km^2,耕地为 260.15km^2。如三都澳海岸带土地分类表所示(表 56),共有 393.09km^{2}未利用的荒草地、沙地、裸土地和沼泽地,可以改造出一定的耕地用于置换城市建设占用土地。

表 56　2000 年三都澳海岸带土地利用现状分类面积总表

（单位:亩）

	耕　地	园　地	林　地	未利用土地	居民及工矿用地	交通用地	水　域	合　计
宁德市								
城　区	1650.36	801.94	4657.58	1825.11	814.60	78.71	231.54	11241.85
漳　湾	1857.40	491.84	1385.38	531.09	511.08	41.08	215.64	5029.50
七　都	1055.60	545.12	4385.22	718.81	200.85	39.75	292.10	7224.10
八　都	1554.84	518.95	6045.02	1709.77	153.71	44.65	602.91	10629.85
飞　鸾	896.16	479.24	4336.81	4289.33	282.46	55.48	207.02	10546.48
三　都	1041.22	211.67	3657.93	2681.15	285.70	36.27	166.31	8080.26
福安市								
赛　岐	1437.71	644.55	3484.60	1190.80	389.92	100.26	967.16	8215.00
甘　棠	2210.25	765.58	5335.98	1301.10	332.90	76.00	758.75	10780.54
下白石	1692.71	297.71	6242.34	1424.45	301.82	68.30	588.62	10627.95
湾　坞	1911.93	245.21	5825.02	1024.29	192.66	61.83	755.02	10015.99
溪　尾	584.61	120.78	4043.16	426.17	121.48	35.88	887.56	6219.65
霞浦县								
城　区	831.70	1170.31	6556.27	3368.46	80.24	168.31	302.92	14700.97
长　春	2267.05	678.84	4637.58	6281.71	404.95	186.31	836.55	15292.99
北　壁	659.68	42.91	2764.47	2812.35	145.03	14.37	92.92	6531.72
下　浒	1205.63	191.85	4551.44	2439.09	591.85	68.01	271.90	8619.78
沙　江	2449.59	736.91	3529.91	4612.49	283.31	91.11	4612.49	14194.58
溪　南	1531.11	440.09	5720.81	1759.84	401.03	85.80	2262.12	12200.81
盐　田	1181.16	459.24		893.06	247.34	89.04	1748.65	15448.41
累　计	26015.37	8842.74	89141.39	39309.08	1358.58	17893.27	17893.27	185600.47

注:宁德市城区包括蕉城、城南、金涵、霞浦县城区包括松城和州洋。

二、淡水资源容量分析

(一)淡水资源充足

宁德市域属于中亚热带海洋性季风气候,温暖湿润,雨量充沛,水资源丰富。宁德市多年平均径流深 1142.2mm,径流总量达 135.89mm,其中地下水约 25.78 亿立方米,主要河流有大金溪、七都溪、霍童溪、交溪、杯溪、古田溪、罗汉溪。宁德市水资源总量为 150.1 亿立方米,人均占有水量 4742 立方米,高于全省人均水平 3600 亿立方米。2001 年,全市人均水资源量 4827

立方米，人均综合用水量440立方米。宁德市水资源总量及其分布见表57。

表57　宁德市水资源总量及其分布

	面积(km^2)	多年平均总量(亿立方米)	地下水
宁　德	1360	13.97	4.17
福　鼎	1461	16.72	2.85
霞　浦	1490	13.38	2.52
福　安	1882	16.50	3.44
古　田	2371	18.78	5.22
屏　南	1471	17.5	2.99
寿　宁	1424	18.36	1.65
周　宁	1046	13.71	1.69
柘　荣	553	6.97	1.25
合　计	13058	135.89	25.78

注：水资源总量包括古田溪的迳流量，古田溪水库库容5.74亿立方米。

2001年全市年用水总量为14.28亿立方米，其中农业灌溉用水11.05亿立方米，占总用水量70.47%；工业用水1.6984亿立方米，占总用水量11.9%；农村生活用水1.01亿立方米，城镇生活用水0.5215亿立方米。全市总用水量约占当年水资源总量的9.1%，因此城市发展基本不会受水资源的制约。

（二）城区淡水资源丰富

宁德中心城区附近和三都澳海岸带地势由西北向东南呈阶梯状倾斜，除古田溪、罗汉溪之外，皆汇入三都澳。其中以交溪和霍童溪两水系为最大，其流域面积约占宁德市水系流域面积的65.5%。

如表58所述，宁德市域多年平均年径流量为43.85亿立方米，其中地下水10.13亿立方米。2001年年用水总量为5.96亿立方米，其中农业灌溉用水4.25亿立方米，占总用水量71.37%；工业用水0.979亿立方米，占总用水量16.4%；农村生活用水0.45亿立方米，城镇生活用水为0.28亿立方米。总用水量约占多年水资源总量的10%左右。综上所述，宁德市中心城区人口按照人均用水量1.0吨/日计，淡水资源可以满足大城市发展用水需求。

宁德市城市污水的最终接纳水体为三都澳。三都澳潮水属正常半日潮，潮流运动形式为往复流。退潮时退出水量29.3262万立方米。三都澳平均潮差4.20m，最大潮差7.23m；涨潮平均流速0.24m/s，流向约北偏西，落潮时平均流速 0.71m/s,流向为南偏东,纳潮量大,潮差大。又因落潮流速大于涨潮流速,潮流又成往复流,且与港内水道方向一致,但对污染物交换能力和稀释扩散能力差。

表 58 三都澳海岸带水系一览表

(1)交溪水系	交溪(西溪)发源于浙江省庆元县举水,交溪上游分为西溪和东溪两支,西溪河长 103km,流域面积约 1178km²,多年平均径流量 14.64 亿立方米,多年平均流量 46.42m³/s。东溪河长 94km,流域面积约 2092km²,多年平均径流量 25.76 亿立方米,多年平均流量 81.64m³/s。穆阳溪在廉首注入交溪,干流长 132km,流域面积约 1389km²,多年平均流量 52.8m³/s,多年平均径流量 17.67 亿立方米。西溪为交溪的主流,东、西两溪于湖塘坂汇合后始称交溪,交溪干流由湖塘坂至赛岐又称富春溪,区间流域面积约 228km²,河长 36km,多年平均流量 148 m³/s,径流量 2.3 亿立方米。交溪干流由赛岐到白马门河段又称赛江,区间流域面积约 349km²,河长 32km,多年平均流量 203m³/s,年径流量 3.3 亿立方米。交溪水系至下白石流域面积约 5549km²(至白马门为 5638km²),年径流量 67.935 亿立方米。
(2)霍童溪水系	霍童溪发源于政和、屏南、周宁三县交界丛山之中,上游主流棠口溪和支流后垅溪汇合于金钟后称霍童溪,流经洪口、霍童、九都、八都等乡镇,注入三都澳。流域面积约 2244km²,主流长 126km,多年平均径流量 27.3 亿立方米。
(3)七都溪	七都溪发源于宁德市虎贝乡山中,干流长 58km,落差 820m,流域面积约 333.45km²。
(4)金溪	又名大金溪,发源于宁德、罗源、古田交界的顶旗峰,经后溪、中房百丈龙潭、金涵、东湖塘水闸流入三都澳,全长 29km,流域面积约157.33 km²,多年平均径流计量 2.16 亿立方米。已建金涵水库,库容 1628 万立方米,装机 1050kW。
(5)杯溪	发源于霞浦柏洋乡,流经崇儒、盐田并由盐田港注入三都澳。干流长 38km,流域面积约 285.2km²。年平均年径流计量 3.14 亿立方米,多年平均流量为 9.5m³/s。
(6)罗汉溪	发源于霞浦县柏洋乡的土勃头村,流经江边、桥头至后港注入福宁湾。干流长 38km,流域面积约 206.4km²,多年平均年径流量为2.17亿立方米,多年平均流量为 7.8m³/s。上游已建一座中型水库(溪西水库),库容为 3950 万立方米。

然而,三都澳是省级自然保护区,即大黄鱼繁殖保护区。根据《福建近岸海域环境功能区划》(1999 年 3 月 20 日)(表 59),宁德市近岸海域规划为一级保护区。水质监测部门 1998 年水质监测结果表明,三都澳(在海域在白马门、官井洋、东冲、礁头布设 4 个监测断面)海域水质 4 个断面都为第二类水质标准。1998 年宁德市工业废水排放总量为618.97万吨,其中 COD 为

1894.50吨。据此，城市污水应该在进行二级生物处理后，COD 浓度降到80mg/l 左右。

表 59 宁德市近岸海域环境功能区划表

海域名称	范围	主导功能	辅助功能	区划类别	水质标准
沙埕港内湾	礁岩以西沙埕港内湾海域	海水养殖	码头、纳污	三	二
沙埕港外湾	礁岩至南镇海域	海水养殖	码头	二	二
福鼎东部海区	北起南镇、南至牙城湾口，包括牙城湾、敏灶湾、情川湾和硖门湾沿岸海域	贝、藻类综合发展区	盐业	二	一
霞浦东部海区	北起牙城，南至北壁，包括牙城湾、里山湾和福宁湾沿岸海域	海洋捕捞和海水养殖	码头、纳污	二	二
盐田港	大楼、岱岐头连线以内至盐田	海水养殖广		二	二
三都澳西部海区	包括卢门湾大楼、象溪连线以西	海水养殖、旅游	码头	三	二
官井洋	龟鼻、佛头角、虎屿头、瓦窑前、东安、大屿、舟子角、东洛岛、可门角、陶沃、虎尾、鸡公山岛、斗帽岛、白称潭、打石场、叠石、青屿、渔潭北顺次连线所围的水域	大黄鱼繁殖保护区		一	一
东吾洋	大屿、东安连线以内	海洋捕捞、海水养殖			

(三)大气环境

中心城市背山面海，常年主导风向为东南风，全年平均风速 2.2m/s。大气环境容量较大。由环境空气质量现状监测结果可知，宁德城区环境空气现状质量良好，SO_2、NO_x 可达《环境空气质量标准》(CB3095—1996)一级标准，TSP 由于施工和交通的影响部分点位超一级标准，但均可达二级标准。从总体上来说，中心城市环境空气现状质量均优于国家空气质量二级标准。今后在合理布置工业用地、迅速普及天然气和调整产业结构、发展高新技术产业的基础上，能够满足海湾城市的大气环境质量要求。

三、发展空间容量分析

目前宁德市区行政区划与城市发展现状不相适应，不利于行政管理效能的发挥。为把宁德建成21世纪现代化中心城市，以更高的要求和标准规划未来，根据宁德城市行政区现有土地和环境容量以及发展中心城市的需要，建议在目前的蕉城区建立两个行政区。

行政区划调整理由是：(1)三都澳海岸带是宁德未来城市建设的关键，三都澳海岸带的开发必须采取共同开发战略。目前，三都澳海岸带是由漳湾、七都、八都、飞鸾、三都等五个不同的乡镇而组成的区域。通过建立新的行政区，可使三都澳海岸带的各乡镇统一安排空间布局，满足三都澳海岸带生态环境建设的需要。(2)宁德市市区2002年底人口为17.4万，经济基础低于福安，中心带动作用弱。城区面积过小，发展空间明显不足，不能适应未来发展需要。通过建立新的行政区，实现做大做强中心城市的需要。(3)满足城市发展对用地规模和环境容量的需求。建立新的行政区可以提高城市环境容量，整合三都澳海岸带的资源条件，满足大城市人口、生产、生活和休闲等各方面的用地平衡，使中心城市具有更为广阔的发展空间，以充分发挥中心城市优势。同时，综合利用城市基础设施，可以降低城市基础设施费用，加速周围城市经济发展。(4)建立新的行政区是各个乡镇实现双赢的关键。目前，宁德的经济和城市发展速度正在加快，城市建设迫切需要统一规划、协调发展。成立新的行政区可使中心城区获得发展空间，而随着市区的统一发展和做大做强，各乡镇的产业结构得到提升，农村城市化也赢得了发展后劲，为大宁德发展带来强劲的动力。

四、城市发展合理规模

城市发展合理容量是指一个地区在一定的生产力、一定的生活水平和环境质量的条件下所能承受的人口数量，它主要和本地区面积、气候条件、生物资源、矿产资源、经济发展水平、生活条件、人口数量有关，此外社会制度、法律完善程度、道德水准、观念、习惯以及环境意识也有影响。全市海岸线、滩涂、岛屿约占全省1/3。特别是三都澳海岸带，水域面积约714km^2，深水岸线72km，其中城澳港区可供建1～30万吨泊位25个，是建设第三代、第四代港口的理想港址，是福建省21世纪发展的潜在战略空间。河谷平地以及可围垦的滩涂将为城市发展提供用地条件，丰富的港口资源、水资源、旅游资源具有巨大的开发潜力，具备构建“大城市”的资源潜力。

第三节　城市规模分析预测

宁德作为区域性中心，人口规模偏小。要提升宁德市的区域地位，营造良好的投资环境，就必须提高城市综合实力，“做大”中心城市成为必然的选择。本次规划预测，中心城区人口规模2020年达到60万，市域城市化水平达58%。

宁德市“十五”计划提出国民经济和社会发展的主要目标是：国民经济保持快速增长，经济结构战略性调整取得明显成效，经济增长质量和效益显著提高，到2010年主要经济指标逐步接近福建省平均水平。

一、城市经济预测

经济增长是城市人口增长的推进器。从城市经济学的角度看，经济增长与城市人口增长存在对应关系。

（一）现状经济水平

2007年宁德全市GDP总量为470.51亿元，人均GDP为15500元，财政收入33.41亿元，其中地方财政收入20.18亿元。2006年蕉城区GDP总量57.22亿元，人均GDP为13495元。宁德市GDP总量在福建省排名较后，“十五”期间宁德市人均GDP增长较快，增长率达到10%。

（二）GDP总量预测

根据宁德市委一届六次会议精神，《宁德市城镇体系规划（1999—2020）》和《宁德市国民经济与社会发展第十个五年计划纲要》提出的经济增长指标，对宁德市未来的经济增长按高、中、低三个方案预测，增长速度如表60所示。

表60　宁德市(2008—2020)GDP年均增长速度预测值

（单位：%）

预测期限	低方案年增长率	中方案年增长率	高方案年增长率
2008—2015	9.00	12.00	15.00
2016—2020	8.00	10.00	12.00

注：2010年的增长目标，根据《宁德“十五”计划纲要》提出的9%为低方案增长速度；以《宁德“十一五”规划纲要》提出的2010年GDP超过600亿，增长率12%为中方案增长速度；以宁德市党代会精神，2010年要达到全省人均GDP23202元的水平，增长率15.00%为高方案增长速度。考虑到2016年以后增长速度有所减缓，增长速度也做适当调低。

根据上述三组数据，以 2007 年 GDP 为基数，结合表 60 中 GDP 年均增长速度预测值，可以得到 2008—2020 年 GDP 总量的高、中、低三个方案的预测值(表 61)。

表 61 宁德市域 GDP 总量预测值(2008—2020)

(单位:亿元)

年份	低方案	中方案	高方案
2008	512.86	526.97	541.09
2009	559.01	577	728
2010	609.32	644	837
2011	664.16	706	921
2012	723.94	774	1013
2013	789.09	848	1114
2014	860.11	930	1226
2015	937.52	1019	1348
2016	1012.52	1117	1483
2017	1093.52	1224	1632
2018	1181.01	1341	1795
2019	1275.49	1470	1974
2020	1377.53	1611	2172

二、市域总人口预测

(一)户籍人口现状

2006 年宁德市市域户籍人口为 328.10 万人，近 20 年人口自然增长率比较低，机械人口增长比较高。1985—2006 年宁德市域户籍人口情况如表 62 所示。

表 62 1985—2001 年宁德市域户籍总人口数

年份	市域户籍总人口(万人)	年份	市域户籍总人口(万人)
1985	264.54	1996	312.86
1986	267.44	1997	316.50
1987	270.69	1998	319.01
1988	274.29	1999	321.85
1989	278.3	2000	323.57
1990	290.09	2001	324.69
1991	294.16	2002	325.44
1992	297.89	2003	325.81
1993	301.96	2004	326.74
1994	305.58	2005	327.04
1995	309.34	2006	328.10

资料来源:《宁德市统计年鉴》(1985—2006)。

(二)户籍人口预测

1. 趋势外推模型

根据宁德城市1985—2006历年户籍人口,进行户籍人口随年份增长的回归模型预测。本次预测采用回归模型,即:一元线性回归模型(LIN)、对数模型(LOG)、增长模型(GRO)、逻辑斯蒂模型(LGS),其模型回归方程和检验参数值如表63。

表63　户籍人口回归方程及检验参数值

模型名称	模型方程	相关系数 R	F 检验值	信度
LIN	$Y=7785.4+4.0561\times T$	0.972	515.16	1～0.000
LOG	$Y=-61126+8084.95\times \mathrm{Ln}T$	0.972	520.69	1～0.000
GRO	$Y=e^{(-21.689+0.0137\times T)}$	0.965	407.60	1～0.000
LGS	$Y=1/(1/1000+(1.8E+14)\times 0.9807^{T})$;Upper bound=1000	0.968	449.36	1～0.000

注:Y为预测年份的人口数,T为预测年份。

从表63可见,一元线性回归模型(LIN)、对数模型(LOG)、增长模型(GRO)、逻辑斯蒂模型(LGS)的相关系数、F检验值和信度均符合检验要求。

利用上述模型对宁德市域的户籍总人口进行预测,预测结果见表64。

表64　宁德市域未来主要年份户籍总人口预测值

(单位:万人)

主要年份	LIN模型	LOG模型	GRO模型	LGS模型	综合预测值
2005	347.0	347.1	323.5	341.42	339.76
2010	367.3	367.2	346.5	363.6	361.15
2015	387.6	387.3	371.1	386.4	383.10
2020	407.9	407.3	397.4	409.8	405.60

2.综合增长率模型

1985—2006年宁德市域户籍人口年均综合增长率为13‰,“九五”期间的年均综合增长率为6.75‰。近20年来,宁德市户籍人口增长率呈现逐步降低的趋势。然而,一方面,随着宁德市港口和钢铁等重工业的发展,带动整个地区的经济发展和人口增长,人口增长速度将会加快;另一方面,宁德市域人口将要进入新一轮的人口增长高峰期。综合以上两方面因素,预测2002—2020年户籍人口的年均综合增长率将达到1.2%。综合增长率模型:

$$Y = y\times(1+\alpha)^{(T-t)}$$

其中:Y为预测年份户籍总人口数,y为基年的市域户籍人口数,T为预测年份,t为基年年份,α为平均增长率。

根据宁德具体情况得预测方程如下：

$$Y = 324.69 \times (1 + 0.012)^{(T-2001)}$$

根据上述模型预测城市户籍人口见表 65。

表 65 宁德市域未来主要年份户籍总人口预测值

（单位：万人）

主要年份	市域户籍总人口（万人）
2010	361.5
2015	383.7
2020	407.3

3. 综合预测结果

综合上述两种方法预测结果，得宁德市域户籍总人口（见表 66）。

表 66 宁德市域未来主要年份户籍总人口综合预测值

（单位：万人）

主要年份	市域户籍总人口
2010	361
2015	383
2020	406

（三）暂住人口预测

宁德市域 1998—2001 年的暂住人口情况如表 67 所示。

表 67 1998—2001 年宁德市域暂住人口值

（单位：万人）

年份	市域暂住人口（万人）
1998	4.768
1999	3.381
2000	3.553
2001	3.086

资料来源：宁德市公安局。

考虑到宁德交通条件得到改善，可能依托港口进行大规模开发等，暂住人口数量将有所增加。但是，由于周围的福州和浙江南部对宁德的强大的吸引作用，暂住人口增加不会很快。预计 2005 年暂住人口 3.5 万人，2010 年暂住人口 5 万人，2020 年暂住人口 8 万人。

（四）城市总人口预测

户籍人口和暂住人口之和为城市总人口。宁德城市总人口规模如表 68 所示。

表 68　宁德市域未来主要年份总人口预测值

（单位：万人）

主要年份	市域总人口
2010	366
2020	414

三、城市化水平预测

（一）城市化水平与人均 GDP 相关分析

2001 年宁德市域城市化水平为 33.1%，城镇人口共有 107 万人，同期的非农人口 48.9 万人，占总人口的 15.4%。城镇人口与非农人口关系如表 69。

表 69　城镇人口与非农人口比例

年份	非农人口（万人）	城镇人口（万人）	城镇人口/非农人口
1997	44.37	88.99	2.01
2000	48.915	108	2.21
2001	49.93	107	2.14

资料来源：《宁德市城镇体系规划（1999—2020）》、宁德市第五次人口普查资料。

城镇人口/非农人口平均比例为 2.12，1997 年以前比例采用 2.0，1998 年以后比例采用 2.17，由此得到 1985—2001 年的城镇人口和城市化水平值（见表 70）。

表 70　1985—2001 年宁德市域非农人口和城镇人口值

	市域非农人口（万人）	市域城镇人口（万人）	市域城镇化水平（%）
1985	32.79	65.58	24.79
1986	33.53	67.06	25.07
1987	34.55	69.1	25.53
1988	35.12	70.24	25.61
1989	35.97	71.94	25.85
1990	37.35	74.7	25.75
1991	38.05	76.1	25.87
1992	38.97	77.94	26.16
1993	39.75	79.5	26.33
1994	47.11	94.22	30.83
1995	48.32	96.64	31.24
1996	49.58	99.16	31.69
1997	44.37	88.99	28.12
1998	45.85	99.49	31.19
1999	47.6	103.29	32.09
2000	48.92	106.15	32.81
2001	49.93	108.35	33.37

资料来源：宁德市统计年鉴（1985—2001）。

根据宁德市域1985—2001年人均GDP(见表71)和城市化水平值,进行一元线性回归和逻辑斯蒂回归分析,得到回归模型(1)和模型(2)。

表71　1985—2001年宁德市域人均GDP

年份	人均GDP(元)	年份	人均GDP(元)
1985	468	1994	2877
1986	491	1995	3949
1987	590	1996	4698
1988	752	1997	5509
1989	863	1998	6082
1990	988	1999	6373
1991	1127	2000	6838
1992	1377	2001	7401
1993	1943		

1. 一元线性回归模型

$$Y = b_0 + b_1 \times T \tag{1}$$

自变量T:人均GDP

因变量Y:城市化水平

b_0=24.856684　b_1=0.001142

相关系数:0 .92284

F检验值:86.09959　信度:1～0.0000

预测的结果的相关系数、F检验值和信度均符合检验要求。

2. 逻辑斯蒂回归模型

$$Y = 1/(1/U + b_0 \times b_1^T) \tag{2}$$

自变量T:人均GDP

因变量Y:城市化水平

b_0=0.23542　b_1=0.999923

相关系数:0 .92312

F检验值:86.46052　信度:1～0.0000

预测的结果的相关系数、F检验值和信度均符合检验要求。

(二)人均GDP预测

根据宁德市域GDP预测值(见表61)和总人口预测值(见表68),可以计算出未来主要年份的人均GDP值(见表72)。

表72　宁德市域未来主要年份人均GDP增长预测

（单位：元）

主要年份	低方案	中方案	高方案
2010	14123	17603	22876
2020	26956	38919	52455

（三）城市化水平与城镇人口预测

利用预测的人均GDP值（见表72）和模型（1）和模型（2），可以计算出未来的城市化水平预测值和城镇人口数（见表73）。

表73　宁德市域未来主要年份城市化水平预测值

模型	主要年份	低方案	中方案	高方案
LIN	2010	40.99	44.96	50.98
	2020	55.64	69.30	84.76
LGS	2010	40.65	43.98	48.28
	2020	50.97	56.05	58.54

2005年、2010年城市化水平预测值，我们采用两种模型高、中、低三种方案的平均值作为预测结果；而对于远期2020年的城市化水平预测值，我们考虑到线性模型长期预测的不准确性，以逻辑斯蒂模型为主来预测远期的城市化水平值，并综合参考了《福建省城镇体系规划（1997—2010）》、《宁德市城镇体系规划（1999—2020）》、《宁德市国民经济与社会发展第十个五年计划纲要》所提出的城市化水平发展目标值，得出如下综合预测结果（见表74）。

表74　宁德市域未来主要年份城市化水平与城镇人口预测值

年份	城市化水平（%）	城镇人口（万人）
2010	45	165
2020	58	240

四、城镇体系人口分布

宁德中心城市2001年总人口约为18万人，根据宁德市域城镇人口预测值，考虑到今后宁德区域中心城市地位的提升和港口的大规模综合开发，并参照《福建省城镇体系（1997—2010）》、《宁德市城镇体系规划（1999—2020）》，2010年和2020年宁德市城镇体系等级规模结构规划如表75和表76。

表 75　宁德市城镇体系等级规模结构规划(2010)

城镇规模分级	城镇数量	城镇人口(万人)	城镇名称
20万～50万人	1	35	宁德
10万～20万人	3	39	福安、福鼎、霞浦
5万～10万人	3	20	古田、屏南、周宁
2万—5万人	10	30	寿宁等10城镇
<2万人	60	41	略
合计	77	165	
中心城市人口占市域城镇人口比重:21.2%			

表 76　宁德市城镇体系等级规模结构规划(2020)

城镇规模分级	城镇数量	城镇人口(万人)	城镇名称
>50万人	1	60	宁德
20万～50万人	1	30	福安
10万～20万人	3	42	古田、福鼎、霞浦
5万～10万人	6	38	屏南等6城镇
2万～5万人	20	42	霍童等20城镇
<2万人	58左右	28	略
合计	89	240	
宁德占市域城镇人口比重:25.0%			

五、中心城市人口规模预测

(一)比例法

由表75和76,可以得到宁德中心城市未来主要年份人口规模预测值(见表77)。

表 77　宁德中心城市未来主要年份人口预测值

主要年份	市域城镇人口(万人)	中心城市人口(万人)	占市域城镇人口比重(%)
2010	165	35	21
2020	240	60	25

(二)趋势外推法

利用趋势外推法,对宁德中心城区的人口进行预测。现有的中心城区人口数据如表78。

表78　宁德中心城区现有人口资料

年份	中心城区人口(万人)
1997	12.95
2000	15.63
2002	18.2

资料来源:《福建省城镇体系(1997—2010)》和《宁德市城镇体系规划(1999—2020)》。

计算出的年均增长率为6.5%,按照这个增长率外推,得到以下人口增长结果(见表79)。

表79　宁德中心城区人口外推预测

年份	中心城区人口(万人)
2010	29.3
2020	54.8

由于漳湾钢铁项目一期500万吨钢铁项目将带来约1.5万人的职工和家属,二期1200万吨钢铁项目又将带来约4.5万人的职工和家属。另外,远期建设的大学城学生和教师约为1万人。综合考虑以上因素,调整后的人口预测结果如表80所示。

表80　宁德中心城区人口预测

年份	中心城区人口(万人)
2005	25
2010	35
2020	62

综合以上两种方法,宁德中心城区的人口预测为2005年25万人,2010年35万人,2020年60万人。

第四节 城市景观生态结构营造

宁德城市建设与开发正以前所未有的规模展开，协调好经济效益与生态环境效益、维护人与自然的和谐是宁德城市发展的基本目标。根据现代生态学和景观生态学的原理和方法营造城市景观生态结构。宁德市景观生态结构设想是：维护城市山地丘陵林地和深水海域基质的生态服务功能，设立生态敏感斑块保护区和城镇斑块生态建设区，保障四条主廊道和若干条次级廊道，控制、建设和改造重要的生态节点，形成"井"字型的系统完整的城市景观生态结构网络。城市的主要发展方向是"东拓面海，北展南移"，漳湾、西陂塘、铁基湾将是城市新区的所在。生态城市构建需要可持续的城市景观生态结构，在宁德，营造宜人的人居环境离不开山海自然生态系统的利用。

一、山海自然生态系统平台

宁德市自然生态系统主要由山地生态系统和海洋生态系统组成，呈西北—东南走向的河流生态系统是山海自然生态系统的纽带。宁德市在欧亚板块与太平洋板块长期相对作用中形成了自己的山海体系，太姥山、鹫峰山脉斜贯本区西北部和中部；中南部峰峦叠嶂，河流发育；东南部丘陵起伏，水系纵横，交溪、霍童溪和七都溪三条水系流入东海，大金溪贯穿城区，滨海平原及港澳滩涂展布；东部直面台湾海峡，怀拥深水避风天然海湾——三都澳。宁德陆地生态系统以山地丘陵常绿阔叶林为基质，海洋生态系统以广阔的深水海域为基质，形成山海复合型自然生态系统，为动物和人类提供了特殊的生存环境，有利于增加物种的多样性和保持生态稳定性，为宁德建设生态型城市提供了得天独厚的自然条件。

二、城市生态环境系统

（一）城市生态服务功能分析

生态服务功能是指生态系统与生态过程所形成及所维持的人类赖以生存的自然环境条件与效用，它不仅为人类提供了生产生活原料，而且是人类赖以生存的生命支持系统。根据生态经济学、环境经济学和资源经济学的研究成果，在所有土地利用类型中，单位生态服务功能价值林地、水域及草地最大，园地、耕地其次，城镇用地、交通用地和未利用土地(裸地)极小。宁德陆地生态系统中，林地、耕地、园地、水域面积所占比例较大(见表81)，尽管未利用土地占了21.19%，但以丘陵荒草地和沼泽滩涂地为主。可见宁德市陆地生态系统的服务功能价值总体很高，其中林地和耕地起决定性作用。

表81 宁德市土地利用结构现状

(单位：亩)

	耕地	园地	林地	未利用土地	居民及工矿	交通用地	水域	合计
城区	24755.42	12029.08	69863.69	27376.7	12218.97	1180.71	3473.16	168627.73
漳湾	27860.93	7377.61	20780.7	7966.4	7666.16	616.15	3234.58	75442.53
七都	15834.04	8176.74	65778.3	10782.09	3012.69	596.25	4181.44	108361.55
八都	23322.66	7784.24	90675.24	25646.52	2305.65	669.82	9043.66	159447.79
飞鸾	13442.16	7188.54	65052.21	64339.95	4236.86	832.24	3105.28	158197.24
三都	15618.26	3175.09	54869	40217.32	4285.51	544.05	2494.64	121203.86
下白石	25390.58	4465.63	93635.1	21366	4527.39	1024.54	8829.96	159419.2
合计	146224.1	50196.93	460654.24	197694.98	38253.23	5463.76	34362.72	950699.9
比例	15.67%	5.38%	49.38%	21.19%	4.10%	0.58%	3.68%	

注：城区指蕉北办事处、蕉南办事处、金涵乡和城南镇。

宁德市海域面积占了整个海洋生态系统的绝对比例，水深又无污染，大面积的海域发挥着极高的生态服务功能，但近年来浅海滩涂围垦建设，沿澳港口工业兴建，威胁着海洋生态系统的生态服务能力。综上所述，山地丘陵林地、海域(包括内陆水域)对宁德整体生态环境非常重要，是构成本区生物多样性最重要的载体，是城市建设和开发过程中需要加以保护和维持的重点。

(二)城市生态敏感区分析

生态敏感区泛指对人类具有特殊生态价值的地区，相应的规划方法就是强化对这类地区的保护。对城市而言，生态敏感区是指城市的水源涵养、新鲜空气补充、土壤维护、野生动物繁殖的区域，包括城市的河流水系、滨水地区、山地土丘、稀有植物群落、部分野生动物栖息地、自然保护区等。结合宁德实际状况，确定宁德生态敏感区主要有城市周边林地基质、基本农田保护区、三都澳海湾、三都岛风景区、三都澳滩涂湿地生物多样性保护区、官井洋海域大黄鱼繁殖保护区、白马港海湾、霍童溪、七都溪、大金溪、东湖塘、金涵水库。生态敏感点为重要的人文景观点、廊道交汇处及公园，分布在霍童溪、七都溪和大金溪的入海口以及各溪流的交叉口。敏感因子是指具有很高生态服务能力的生态系统，宁德土地利用结构中林地、耕地和河流所占比例大，是维持宁德自然生态平衡的敏感因子。

三、城市景观生态结构分析

景观生态结构是景观生态功能的存在基础，只有保证景观生态结构的完善才能实现景观功能的高效发挥。以生态环境系统分析的结果为基础，划分并完善城市景观的基本结构元素，串联起景观系统的各个环节，使其成为一个稳定坚强的网络系统。

（一）基质

宁德市自然生态系统的基质是由山地丘陵常绿林地和深水海域共同组成的。林地基质主要分布在市区的南部和西部，连续性较强，市区东部直面三都澳海湾，林地和海域的生态服务功能价值很高，为宁德市提供了良好的生态环境基础。

（二）斑块

宁德市斑块体系主要包括农田斑块、湿地斑块、城镇斑块以及岛屿斑块。农田斑块主要分布在西陂塘与漳湾的海积平原、金涵水库下游、井上组团与碧山之间的冲洪积平原。湿地斑块包括金涵水库、东湖塘、西陂塘等水域；滩涂是生态系统比较脆弱的湿地类型，三都澳海湾拥有三都澳滩涂湿地水禽红树林保护区，分布在城区蕉南、三都、漳湾等地。城镇斑块主要由现城区和周边城镇组成，现城区斑块面积较大，但其内部山丘林地、湿地斑块间隔穿插，具有良好的生态环境，其他城镇斑块面积较小，分散镶嵌在基质环境中。岛屿斑块有三都岛、青山岛、斗帽岛、鸡公山等几十个岛屿，三都岛和青山岛处在深水域中，均大于 5km^2，岛上常绿林地生长茂盛，为许多动物提供了良好的生存环境。

宁德市城市建设与开发大规模展开，农田、水域、滩涂等自然斑块不断侵占，生态系统的稳定性和多样性受到威胁。随着岛屿斑块上人类活动强度的提高，如果不加保护，岛屿斑块及周边海域长期形成的生态关系也将遭受一定的破坏。

（三）廊道

宁德的河流廊道有七都溪、霍童溪及穿越城区的大金溪；沿海湾岸线连接重要湿地生物斑块的湿地生物廊道，是海陆生态系统的连接地，也是重要的生态敏感地带；从城区西南山脉到城北碧山，再沿东北方向直到漳湾工业区是连接度高的山体廊道，不仅是动物栖息的重要通道，也是重要的生态环境保护地；交通道路廊道有 104 国道、高速公路和施工中的温福铁路等。目前的河流廊道基本保持了良好的水质，但两岸绿地较少，尤其城内河道大金溪的生态价值没有得到充分利用；交通道路廊道的绿化较差，104 国道和高速公路对山体廊道的连续性具有阻断作用；沿东湖塘岸线和沿海湾岸线的绿化建设和景观营造欠缺。

（四）节点

宁德各溪流交叉口和河口构成重要的城市生态节点，穿越城区的大金溪入东湖塘处开发密度较大，东湖塘入海口是重要的湿地水禽红树林保护节点，同时也是防潮工程建设的重要地段。104国道和高速公路切断了西南—东北向的连续山体廊道，在它们的节点处需注意生态防护建设。

四、城市景观生态系统建构

建构宁德市景观生态结构的具体设想是：维护城市山地丘陵林地和深水海域基质的生态服务功能，设立生态敏感斑块保护区和城镇斑块生态建设区，保障四条主廊道和若干条次级廊道，控制、建设和改造重要的生态节点，形成“井”字型的系统完整的城市景观生态结构网络。

首先，宁德市周边山丘林地和深水海域是重要的生态服务区，维护的重点在于保证与其他自然斑块的衔接和自身的连续性，限制城市用地的发展范围。

其次，生态敏感斑块具有特殊的生态价值，必须予以保护，提高它们的联系。这些斑块包括前文的农田斑块、湿地斑块和岛屿斑块。城区及各城镇是生态建设区，保留其中大片的绿色斑块，利用河流廊道连接分散的小型斑块。

第三，通过生态廊道的构建提高上述基质及自然斑块的联系，包括四条主廊道和若干条次级廊道。四条主廊道除前文的一条山体廊道、一条湿地生物廊道外，新构建两条廊道分别是从金涵水库绕碧山到东湖塘流入海湾的河流廊道和从西陂塘穿过山谷到漳湾入海的绿色生态廊道。次级廊道体系主要为主廊道延伸出的次级河流系统组成。控制104国道、高速公路对自然斑块与基质之间的阻断。

最后，控制、保护四条主廊道交叉形成的生态节点，维护东湖塘和西陂塘入海口的生态环境，提高深入城区的东湖塘口的生态质量，对104国道和高速公路与自然生态廊道的节点加以控制和绿化建设。

五、城市用地适宜性评价

影响城市用地适宜性的因素包括地区的地形地貌、工程水文地质、生态保护、城市用地现状以及特殊用地的限制等。城市用地适宜性评价的评价因子具体有地面高程、坡度、地基承载力、地震烈度、地下水位、水腐蚀状况、生态空间保护、城市用地现状及特殊用地。对评价因子进行分类，不同评价因子采取不同的评价方法，最后进行综合分析，得出各方向的城市用地适宜性和发展容量。

(一)坡度与高程分析

综合考虑坡度和高程的因素，通过计算机辅助计算得出用地潜力以及可供围垦的滩涂用地（铁基湾 26km^2 左右，漳湾钢铁项目 13km^2 左右），对宁德城市建设用地进行潜力评价见表 82。

表 82 宁德城市建设用地潜力评价

范围(度,m)	现状面积(km^2)	围垦后面积(km^2)
＜15 度并且＜50m	83	132
＜15 度并且＜100m	102	151
＜30 度并且＜50m	98	147
＜30 度并且＜100m	130	179

(二)限制因素分析

城市建设用地方向还受城市用地现状、地形地貌、生态空间保护等因素限制。

(三)水文地质条件分析

定量评价地基承载力、地震烈度、地下水位以及地下水与海水腐蚀状况。评价以城区和东侨开发区为核心，分为西北至金涵(WN)、北至七都镇与西陂塘(N)、东北至漳湾(EN)、东至城区沿海和三都方向(E)、东南至飞鸾与铁基湾(ES)五个方向，向南向西被高山所阻，是不可建设用地。根据评价因子的优、良、中、差四级，分别打分为 5,4,3，因子评级打分标准参照表 83。根据得分矩阵，假定各因子的权重均为 1，加权得到各发展方向的总分，低于 8,8～12,13～16,16 以上分别为不可建设用地，工程适宜Ⅱ$_2$，工程适宜Ⅰ$_1$，适宜用地四级。

表 83 城市用地工程地质条件评级打分标准

适宜性(评级,打分)	地基承载力(KPA)	水腐蚀	地震烈度(度)	地下水位(m)
适宜(优,5)	＞500	无	＜Ⅱ	＞2
工程适宜Ⅰ$_1$(良,4)	200～500	有但弱	＜Ⅵ	1～2
工程适宜Ⅱ$_2$(中,3)	80～200	较强	＞Ⅶ	0.5～1
不可建设用地(差,1)	＜80	强	＞Ⅷ	＜0.5

宁德市山区包括中低山、丘陵，基岩广泛，地基承载力 1000～4000kPa，仅低丘、台地平缓处有较厚的残积层，如漳湾岩性有黏土、粉砂黏土，承载力一般 180～475kPa；该区仅飞鸾断层分布较密，蚀变强烈，不良地质现象如滑坡、崩塌、水土流失为主，地下水水量贫乏，一般不具腐蚀性。

冲洪积平原分布于宁德城关、金涵、七都等，上部为中—薄层冲洪积物，下部为残积土或风化岩石，土体主要包括碎石土、砂性土、黏土，土体承载力平均在160～550kPa之间。地下水一般埋深0.5～2.2m，基本不具腐蚀性。

海积平原分布在东湖塘、南埕、西陂塘等地，均为围垦而成，高程0.3～3.5m，第四系沉积较厚，一般15m以上，岩性为淤泥、淤泥质土，承载力40～60kPa，主要在西陂塘平原东侧和南埕、漳湾平原边部及三都平原等地；另外，南埕和漳湾平原边部距陆地较远地区，岩土组合复杂，厚度大，承载力80～2000kPa，空间差异大；地质条件复杂，地下水有腐蚀性，地基土软，建筑的不均匀沉降是本区的主要地质问题。

滩涂、海湾主要分布在飞鸾湾、漳湾、七都湾、下白石等地，地势平坦开阔，标高0.5～2.0m，第四系沉积物覆盖厚，厚度一般在2.15～60.4m，地层复杂，地质情况与海积平原类似；海水、地下水具有腐蚀性。宁德市地震烈度为Ⅵ度，建筑用地类型除海滩、海域为Ⅲ类外，其余均为Ⅰ或Ⅱ类。

根据上述宁德工程地质条件对五个方向的评价指标定量评级打分(见表84)。结果是，金涵水库和七都西陂塘平原的城市工程地质条件相对较好，漳湾和飞鸾滩涂广布，工程地质条件其次，城区东部沿海最差。

表84　城市用地工程地质条件评级打分表

评价因子	WN	N	EN	E	ES
地震烈度	良	良	中	中	中
水腐蚀	良	中	中	中	中
地基承载力	良	良	中	中	中
地下水位	良	中	中	差	中
地震烈度	4	4	3	3	3
水腐蚀	4	3	3	3	3
地基承载力	4	4	3	3	3
地下水位	4	3	3	1	3
合计	16	14	12	10	12

(四)评价结果

综合上述各部分评价结果，宁德市适宜性建设用地的发展容量分别为：金涵水库南部约有2.4km^2，三都岛西北有1.1km^2，向北在西陂塘和七都镇附近包括13.7km^2，漳湾地区除已经圈地约13.2km^{2}的钢铁项目和需保护的生态空间外，还有约21.6km^2，跨东湖塘东侨开发区面积约有8.7km^2，铁基湾有滩涂面积约26.1km^2。

六、城市开敞空间系统

(一)城市开敞空间系统分析

城市开敞空间作为城市中人与自然和谐的媒介，是城市环境的主要载体，也是城市与大自然相互沟通的通道。宁德市区依山傍海，溪流穿城，拥有丰富的自然景观。常绿林地大面积分布，绿化广场、小游园及街头绿地散落点布，形成了以山、海、溪、林为特色的城市自然开敞空间体系。但城市开敞空间数量少，质量和等级低，体系不够完善。

(二)城市开敞空间系统构建

根据宁德城区的自然生态条件和建设生态型城市的要求，调整目前宁德城市开敞空间的组织结构及功能，构建与周边山海自然生态系统协同发展的城市开敞空间整体格局。

宏观上，城市北部和西部的山体空间作为宁德常绿林地的发育地，是宁德长期的生态环境保护地。利用基本呈东南—西北走向穿越城区的大金溪，楔入城市内部的266公顷东湖塘，漳湾钢铁项目与东侨开发区之间滩涂保护的狭长空间以及西陂塘地带，建立与夏季主导风走向相同的山水绿化开敞空间通道，由河流、水面、滩涂湿地和山体共同组成，沟通市区北部、西部、中部山地和东部海湾，分隔城市建设区，加强环境空间的开敞性，增加城市环境容量。

在城市建设区，由碧山及其东北向连续山脉、南漈山公园、继光公园、金蛇头公园、塔山等森林公园体系和河流体系统一联系成为宁德开敞空间体系的骨架，并利用上述山水绿化通道沟通与周边山体和水体的联系；提高城市道路绿化带宽度，利用道路绿化带连接城区和各功能组团的公园林地体系、绿化广场、街头绿地和小游园，将遍布主城区和各功能组团的成片绿化联系成为覆盖全市的完整系统。这样，形成宁德市“山环水绕，山中有城，城中有水”宜人的可持续人居环境。

七、城市用地发展方向选择

综合考虑景观生态结构营造和城市用地评价的结果以及创建宜人的可持续人居环境的发展目标，金涵水库南部需要采取一定安全措施，方可作为建设用地。向东至沿海方向的沿海滩涂不宜作建设用地。三都岛是重要的风景区和军事驻地，不宜进行大规模的城市兴建，从现城区至漳湾一带部分地区可采取工程措施作为建设用地。向北在西陂塘和七都镇附近为海积平原，也是近期城市用地发展的适宜方向；飞鸾镇铁基湾可作为宁德远景发展的适宜方向。概括起来城市的主要发展方向是“东拓面海，北展南移”，漳湾、西陂塘、铁基湾将是城市新区的位置所在。

第五节　理想城市空间结构

城市空间结构是城市社会经济活动的空间载体和空间投影，宁德由中小城市发展为大城市，成为地区性中心城市、海港城市、现代化生态园林城市、重工业基地，必然要求拓展现有城市空间，构建与其性质和功能相适应的理想城市空间结构，即“一核两翼、四轴五点”式城市空间结构。

三都澳优良的海湾，沿海高速通道的形成，临海重工业基地的建设，一个栩栩如生的现代化大型生态海港城市正向我们走来。那么，未来宁德的理想城市空间结构是什么呢？

一、终极状态：三都澳海岸带海湾城市走廊

大都市区、城市群、都市连绵带等都是新型城市地域区域演化的主流方向。三都澳是世界少有的天然深水良港，随着区域经济的发展，环三都澳城市走廊将是本区城市发展的终极状态。在区域城镇体系的演化中，将经历如下两个过程。

（一）从游离分散到群体组合

目前，三都澳海岸带虽然分布有大大小小的城镇十多个，但是城镇之间联系松散。虽然分布有宁德（蕉城区）、福安、福鼎和霞浦“四小虎”，但其规模都偏小，职能趋同，海港对城市发展的带动作用和空间聚合效应很不明显。

三都澳海岸带建港条件优越，开发海港，通过整合资源，功能协作，让游离分散的城镇以群体的姿态参与全球化竞争是宁德发展的必然选择。纵观海港城市的发展，具有从单中心向多中心，单港口向组合港，个体城市向城市群发展演化的趋势。就三都澳海岸带而言，在近期，城市将随各个港区的布局呈多点共生的态势。三都澳海岸带可建设深水港的岸线分散于城澳、漳湾、白马门、三都岛、溪南、东冲等地，伴随各港口的开发，城镇将呈现组团增长的空间特征；在远期，组团分散的城镇将为众多分工明确、联系紧密的海港城市群所取替。组建大型组合港已经成为当今海港发展的主流，世界著名大港几乎都是由众多相邻港口构筑成的大型组合港，三都澳海岸带各海港的配套协作度要求进一步提高，形成环海湾组合港，进而带动三都澳海湾城市群的形成。

(二)从分散组团到城市走廊

三都澳海岸带城市空间具有轴向扩展的可能,最终将形成海湾城市走廊。

首先,宁德城市空间在内生的空间扩展推力作用下,沿104国道和宁德路呈现触角延伸的态势,表明其空间增长已经进入“触角延伸”的阶段。其次,三都澳海岸带海港群的开发将形成若干港城互动的组团,加之山海相夹的地形条件和生态环境保护限制,城市建设不可能无限扩展,将逐步形成分散组团空间模式,进入轴向扩展的第二阶段。第三,同三高速公路、104国道、福温铁路、海滨大道等快速通道网的建设,使原先分散的组团之间联系更加紧密。此外,一些新的“居住—工业”体也将沿快速通道生长。于是,一个由原先港口群带动的城镇组团和新生长的“居住—工业”体共同构成的,沿快速通道布局的“串珠”式城市走廊得以出现。

三都澳海岸带以快速通道网为轴线,依托现有城镇基础和海港条件,形成以宁德市区为核心城市,福安、霞浦城区为次级中心,三都岛、城澳、飞鸾、漳湾、下白石、湾坞、溪南、下浒为重要专业职能组团,以及七都、八都、溪尾、盐田、鉴江、长春、沙江、北壁等小城镇共同构成的海湾城市走廊(见表85)。其中,三大中心城市与邻近港区相互作用,形成的港城聚合体,即宁德—漳湾—城澳、福安—赛甘—湾下、霞浦—溪南为城市走廊的重点发展空间。

表85 三都澳海岸带海湾城市走廊空间结构

层次	城市名	功能
核心城市	宁德(蕉城)	大型深水海港组合城市,冶金为主的重工业基地,食品、材料为主的制造业基地,宁德政治、经济、文化中心,现代化生态园林城市。在三都澳海岸带城市群中居于核心地位
次级中心城市	福安	以机电、造船工业为支柱综合性中等城市
	霞浦	以地方特色食品工业为主、商贸业发达的综合性中等城市,对台贸易窗口
重要的专业职能组团	漳湾	核心城市的重要组成部分
	城澳	
	三都岛	
	赛岐—甘棠	福安南拓的新城区,机电、造船工业基地
	下白石—湾坞	能源工业、建材工业和中型船舶制造业基地
	溪南	陆域开阔平坦,深水港建设条件较好,规划预留为三都澳海岸带港群的大型船舶水中转港和大型临海工业区
	下浒	海产品生产加工基地,旅游型城镇
	三都岛	以中心城市宁德为依托的大型旅游度假区

二、动力之源:地区中心与生态港城

随着宁德市中心城市确立,同三高速公路和福温铁路等沿海快速通道网的建设,宁德工业园、漳湾钢铁基地启动,城澳港的建设以及三都岛旅游开发等一系列新机遇的到来,宁德市空间拓展将产生新的需求和指向。

(一)从海滨城市到海港城市

长期以来,宁德虽然坐拥良港,但并不具有海港城市的功能和空间特征。港口作为小型中转商港,产业衍生性弱,对城市的带动作用不强,城市偏安一隅,仅能称作一个中小型海滨城市。深水港的建设,临海工业的上马,商业港具有向工业港和综合性大港演变的趋势,港口对城市发展的带动将大大增强。城市规模大幅度扩张,需要拓展新的功能空间,包括新港区、临港工业基地、出口贸易加工区、配套生活区以及商贸服务区。港与城在功能和空间上关联度进一步加强,将实现由海滨城市向海港城市的转型。

(二)从行政中心到地区中心城市

如前所述,宁德作为地区行政中心,经济中心地位并不突出。为了建设宁德中心城市,宁德必须提升经济地位,利用业已打开的交通瓶颈,相对丰富的土地和劳动力资源,依托海港优势,加快工业化进程,通过工业化带动城市化。因此,工业用地的布局及其与城市其他功能区的协调是宁德城市空间结构构建的重要内容。

(三)从原生山海城市到生态园林城市

宁德坐山拥海,原生的自然环境为城市创造了良好的生态基础。今后,随着城市规模的扩大,工业化的推进,环境和生态的危机可能凸现。为此必须在城市发展控制容量和适宜用地发展方向内进行城市空间构建,建设用地中保留适当的绿色开敞空间,营造生态园林城市。

三、发展模式:节点生长与集聚效应

(一)节点生长:高速公路时代的城市

交通方式的变革总会带来城市空间结构的更迭。进入高速公路时代,交通干线的交汇处,往往成为城市空间拓展的生长点。因此,宁德市区同三高速互通口附近区域,包括漳湾、西陂塘(宁德工业园)、东侨、飞鸾—铁基湾一带将成为宁德中心城市优先拓展的空间。

(二)集中紧凑:工业化时代的城市

宁德城市的发展很大程度上依靠工业的带动。重工业和制造业作为城市主导产业,对基础设施,尤其是快速交通和大运量交通体系的倚赖性强。集中紧凑模式,作为基础设施投入最为经济,启动快、集聚效应明显的城市形态,切合宁德经济实力较弱、城市发展规模较小的状况,是一个理性的选择。

四、城市形态:由集中团块走向紧凑组团

(一)现状:集中团块向触角延伸

宁德市城市空间形态表现为集中团块状向触角延伸演化,城市用地集中在蕉城区,东侨新区正处于零星开发阶段。在新近通车的同三高速公路建成以前,104国道一直是城市对外交通的主要通道,城市沿线伸展,成为城市空间延伸的长轴。宁德路建设后,城市沿路形成新的触角。

(二)规划:构建紧凑组团式城市

根据宁德市建设海港城市、地区中心城市、重工业和制造业基地以及生态园林城市的要求,在分析其空间拓展的需求和趋势基础上,以最大程度发挥集聚效应,聚合要素,加快城市发展,加强港城功能耦合,生产生活配套,以人工自然协调为目标,构建新的城市空间形态。考虑同三高速公路、福温铁路穿越城区的状况,确定未来宁德城市空间形态为:在相对集中的空间范围内,以交通干线和自然山体、水体相分隔的,由中心城区和若干职能组团所构成,通过城市快速路网相联通的紧凑组团式城市。

确定宁德中心城市由七大组团构成,分别为东侨组团、蕉城组团、宁德组团、漳湾工业组团、漳湾生活组团、城澳组团和三都岛组团。各组团既相对独立又紧密相连。

五、内部结构:一核两翼,四轴五点

依据理想的紧凑组团式城市空间形态,根据各组团的发展条件和要求,宁德城市内部空间结构确定为“一核两翼,四轴五点”。

(一)一核

东侨组团内,以东湖为核心组建集政务、文化、体育、商务中心为一体的城市核心区。其中,东湖北岸组建政务中心、文化中心;利用东湖岛新建的体育场,并进一步扩建完善成为全市体育活动中心;东湖以南,结合高新技术园区,发展信息咨询、金融保险等高级生产性服务业,建设商务中心。

(二)两翼

(1)西翼:蕉城组团作为老城区,发挥其传统商贸业发达的优势,规划为商贸和居住功能为主的居住生活组团;(2)东翼:漳湾生活组团作为工业配套居住区和规划临海高尚居住区,配备完善的公共设施,构成大型居住生活组团。

(三)四轴

(1)主轴:以环海湾的同三公路和规划滨海大道为城市发展主轴,向北

发展宁德工业组团、漳湾生活组团和漳湾工业组团，向东南发展城澳组团和远景飞鸾—铁基湾组团。(2)次轴 I：宁德快速路的建设，带动城市由蕉城组团向东侨组团以及大学城方向拓展，为近期城市发展的次轴。(3)次轴 II：漳湾疏港公路，为远期带动宁德组团、漳湾生活组团和漳湾工业组团发展的次轴。(4)次轴 III：贯穿漳湾生活组团，上自岚湾，下至大学城的岚湾大道为城市南北向的另一次级发展轴线。

(四)五点

大学城、宁德工业园、临海工业园、城澳港区、三都岛旅游度假区是宁德空间发展的五个战略要点，对提升宁德市文化、经济地位，发挥海港优势，展示山海特色具有深远意义。

六、空间组织：功能耦合，层级网络

(一)功能区组织

宁德中心城区由中心区、综合居住区、工业区、港区等特质鲜明的组团通过功能耦合形成有机整体。海港、重型临海工业在宁德城市空间布局上举足轻重，由于两者受到深水岸线分布以及后方陆域空间条件的限制较大，具有明确的空间指向性，城市其他功能组织须以港区和临海工业区的布局为限定因素，结合城市功能的空间扩散，通过新城市功能区的构建，实现生产与生活、流通与贸易、生产与流通的有机联系。具体表现为沟通两翼、统领全城的东侨核心区的布局，介于核心城区和临海工业区之间的漳湾综合生活区的配置，以及远景介于核心城区与城澳港区之间飞鸾—铁基湾新城市中心区的建设。

(二)层级网络构造

在功能耦合，各分区强化联系的总体格局下，宁德中心城市通过多层次的中心组织，构筑城市服务功能的层级网络体系，以加强各分区功能组织的相对完整性，减少不必要的交通量，并提高开发建设的灵活性。城市中心分为四个等级，分别为市级中心、片区中心、片区次中心和居住区级中心。其中，市级中心为东侨组团的城市核心区，服务范围覆盖整个市区；两个片区中心，即漳湾综合生活区中心和老城区中心，分别服务于城市东西两翼生活片区；片区次中心在东西两翼生活片区内各分布有一个，服务于其所在的居住区。另外，在临海工业园内配置一片区次中心，服务于厂区；居住区级中心分散布局于各居住区。

七、用地布局：工业居住，各得其所

在业已确定的城市空间发展模式、形态与结构的宏观框架范围内，根据功能空间组织的要求，对城市的主要用地进行布局。

1. 公共设施用地：面积874公顷，占总建设用地12.34%，人均14.6m²。根据城市中心的层级网络体系，在各级中心集中布局。

2. 居住用地：面积1815公顷，占总建设用地25.63%，人均30.3m²。主要分布在核心区以及东西两翼大型居住生活片区内。此外，在民营工业园区内，根据分期发展的思路，相应配套三个小型居住组团；将原金涵乡居民点发展成为一个设施完善的居住区。

3. 工业用地：面积1322公顷，占总建设用地18.7%，人均22.0m²。临海工业集中布局于漳湾鸟屿围海区域，利用该区域较好的航道水深条件和后方完备的公路、铁路集疏运系统；高新技术产业布局于东侨新区南部，同三高速互通口东南侧，利用便捷的交通条件和紧邻城市中心服务区的优势；其他工业集中布局于宁德工业组团，在现有宁德工业园的基础上，依托高速公路、疏港公路、104国道等交通干线，向北拓展。

4. 对外交通与道路广场用地：对外交通用地面积386公顷，占总建设用地5.5%，人均6.4m²；道路广场用地面积1014公顷，占总建设用地14.3%，人均16.9m²。其中，对外交通用地由高速公路、铁路、国道及其站场构成；道路广场由快速路、主干道、次干道和支路组成。

5. 绿地面积1412公顷，占总建设用地19.9%，人均23.5m²，高于国标上限，一方面是由于宁德地处山地，另一方面也是基于"生态园林"的城市目标。以自然山体、水体绿化为主，在城市建设密集地段和视觉景观节点区域适当留空，作为绿色开敞空间，沿海、沿河、沿路进行带状绿化，形成点、线、面结合的绿化系统。具体城市建设用地平衡表见表86。

表86 城市建设用地平衡表

序号	用地代号	用地名称	规划面积（公顷）	占城市建设用地（%）	人均（m²）
1	R	居住用地	1814.87	25.63	30.25
2	C	公共设施用地	874.01	12.34	14.57
3	M	工业用地	1321.62	18.67	22.03
4	W	仓储用地	187.49	2.65	3.12
5	T	对外交通用地	386.35	5.46	6.44
6	S	道路广场用地	1013.69	14.32	16.89
7	U	市政公用设施用地	38.48	0.54	0.64
8	G	绿地	1411.59	19.94	23.53
9	D	特殊用地	32.26	0.46	0.54
合计		城市建设用地	7080.35	100.00	118.01

注：2020年市区的预测人口为60万。

八、远景展望:港城融合,一带双心

(一)港城融合

一方面,中心城市的发展壮大,需要新的发展空间;另一方面,随着城澳港由商港向综合港的转变,现有港区陆域空间不能满足发展需要,港口用地向二线拓展,衍生出更多的产业,如出口加工、外贸金融,甚至科技研发等,港城关系趋于紧密化。于是,在港城双方扩张的推力作用和港城融合的引力作用下,处于两者之间的飞鸾—铁基湾一带成为城市和海港空间拓展的必然选择。

(二)新城市中心

远景规划围垦铁基湾,贯通海滨大道经围垦区至城澳港,连通其他城市主干道,以现代化、高标准的新城模式发展铁基湾。新城以高级商务、国际贸易、会展中心为核心,形成新的城市中心区。充分展示海滨城市特质,以临海地带为重要开发空间,规划为以娱乐、游憩为主要功能的亲水空间。与港区联系密切的工业、仓储用地在近城澳港一侧集中布局,中心区布局于近主城一侧。此外,配套布置高级居住区、普通居住区以及相应的商业、文体、医疗等公共设施。

(三)海湾带形城市

宁德中心城市形态将由紧凑组团式走向海湾带形城市,城市结构将由原来的"单核"变为"双核",城市沿海湾发展轴线被进一步强化,海港城市的特色更加鲜明。

第六节 城市战略空间与整合

宁德要建立紧凑组团式的中心城市,必然积极拓展城市战略空间:建设东侨新区,确立城市新中心;建设宁德工业园和临海工业园,为产业重构提供空间;建设大学城,以提升城市创新能力;建设城澳港和漳湾港,积极开发海港资源;建设三都岛等旅游度假区,提高城市生活质量;建设漳湾物流基地,发展现代物流业。在拓展城市战略空间的同时,实施城市空间整体发展战略,达到最大发挥空间组合效益的目的。

一、城市战略空间

根据宁德市的城市性质,在构建理想城市空间结构的过程中,应当以东

侨新区、工业园、大学城、新港区、旅游度假区和物流基地作为城市战略空间进行拓展与整合。

（一）东侨新区

以东湖为中心建设东侨新区。东侨新区东临大学城，西接老城区，处于城市的中心位置。在东侨新区的东湖以北组建政治文化中心，集中城市的行政文化功能，由市政府、图书馆、博物馆、艺术活动中心、民族文化中心等大型行政与文化设施组成，形成节奏明快、文化气氛浓郁，富有现代感又不乏地方和民族特色的标志性区域。在东侨新区的东湖以南，塔山公园和站前路之间、汽车客运站以东的街区内，构建由商务中心（CBD）和国际贸易中心（ITC）组成的商贸中心区，就近服务高新技术产业，提升宁德商贸业的品质，打造与国际接轨的生产性服务业环境。利用东湖半岛、塔山、大门山及东湖水域，建设城市休闲娱乐中心和体育中心。在东侨新区南端，接近高速公路互通口布置东侨工业区，发展高科技产业。东侨新区开发中，需注意对水体（东湖）和山体（塔山、大门山、金蛇山等）的保护和利用，以此作为营建生态园林城市的重点区域。

（二）工业园区

宁德中心城区的工业基础非常薄弱，宁德工业园和临港钢铁工业园区。

1. 宁德工业园

宁德工业园作为发达制造业基地规划与建设。该园区位于城市西北部，同三高速和漳湾港疏港公路交接处。该区土地平整，交通便利，依托同三高速公路、疏港公路、104 国道以及施工中的福温铁路，与外界联系便捷。宁德工业区以发展机电、食品、建材等制造业为主，并利用漳湾港口条件发展加工贸易和转口贸易，近期可依托自身力量建设成为宁德经济新增长点。该园区工业用地呈“L”型布置，园区南部和东部配套布置生活区，既相对集中，又充分顾及园区分期开发的可能，园区西侧布局区域物流中心和长途汽车站。

2. 临港钢铁工业园

依托漳湾的深水岸线，利用横屿—樟屿—岛屿和官沪岛—洪水岛—竹屿山—漳湾岛—三角顶的围垦土地，建设临港钢铁工业园。该区土地平整，淡水和电力充足，距离深水岸线较近，可以建设工艺先进、清洁生产的现代化钢铁联合基地。同时，在深水港区布置仓储和物流基地。

漳湾生活区作为临港钢铁工业基地的生活配套区，与岚湾隔湖相望，山、湖、海、工、城融为一体，将建设成为宁德城市的亮丽风景线。该区按四个生活区布置，远期考虑区级政府驻地。

（三）大学城

为了完善宁德中心城市功能，提升中心城市地位，发展宁德文化教育，在临海、近山，自然条件优美，交通便利的漳湾生活组团南部规划建设融教学科研为一体的大学城。原有宁德师专进入大学城组建宁德大学，新建宁德工学院（含职业技术学院），整合教育科研资源，建设宁德高等教育和研发中心，带动产业创新，为制造业基地培训人才。

大学城东北部规划研发基地，大学城中心布局体育馆、图书馆等公共设施服务中心，南北各布置大学一所，环山临海建设高教生活园区。

（四）大型购物城

利用高速公路南互通口和快速道路系统，在东侨新区、漳湾生活区和大学城之间布置大型综合购物中心（shopping mall）。

（五）新港区

1. 城澳港区

城澳港重点开发大型商用集装箱和大件杂货码头泊位，同时发展大宗散件货物中转和远洋运输等，并配套加工贸易区和物流区。港区现有可建设用地不到 $1km^2$，挖山填海造地约可达 $4km^2$，远期在飞鸾镇北侧围填滩涂，发展港口外贸加工工业。在口岸联检等服务管理机构设置的基础上，建设金融、信息、咨询、娱乐等高级海港商贸服务中心。近期提高现有飞鸾至城澳的公路等级，远景规划滨海大道经铁基湾至港区，建设温福铁路至港区支线。

2. 漳湾港区

漳湾港区包括内外两段岸线，其中内岸线自熨斗村至下塘村深潇塘，长3.8km，可驶入 5000t 级船舶，规划为漳湾作业区的中小型港口发展岸线；外岸线自深潇塘至樟屿转向喉咙岐再至官沪岛前沿长 7.7km，发展为大型临海工业基地服务为主和后方临海工业园服务为辅的作业区。同时规划一级疏港公路，连接 104 国道，并从留屿互通口和同三高速公路连通，从福温铁路漳湾站引支线经至喉咙岐码头。

（六）旅游度假区

三都岛风景优美，环境宜人，规划为旅游度假区，将其营造为宁德“海上天湖”的一颗明珠，发挥其名片效应，提升城市的知名度和影响力。岛上土地较为紧张，仅在岛西北和西南部有土地可供建设，应注意适度开发，保护生态环境。

东湖和岚湾及其周边地区可结合滨湖景观带建设城市的“绿肺”和“蓝心”，并开发现代游乐设施和畲族风情观光，形成滨湖人性化、生态化的城市空间，成为都市休闲娱乐空间。

（七）物流基地

宁德为充分挖掘海港潜力，充分发挥海陆交通联运的优势，在同三高速公路漳湾互通口与疏港公路交接处规划大型物流基地，并建设长途汽车站。配套完善的基础设施和服务设施，吸引大型物流和配送企业在此集聚，建设成为宁德市服务的物流中心。

二、城市空间整合

宁德新战略空间的成长离不开城区的扶持，而城区的更新和发展也需要新空间的带动，两者的有机联系密不可分。据此，应以基础设施为保证，以政府政策为导向，实现各战略空间和城区的全面对接。

（一）钢铁城与城区对接

根据“点—轴”发展理论，漳湾钢铁项目上马后，会成为三都澳海岸带的一个重要经济增长点和城市增长中心，形成宁德中心城区和漳湾之间的生长轴线，城镇发展会沿着这条轴线展开。宁德应积极建设沿这条轴线的基础设施，以现有的104国道、同三高速公路和即将修建的海滨大道为骨干，形成两者间的高效联系的路网。并建立物流基地，配套电力电讯，给水排水等市政设施，给钢铁项目的发展提供最有利的条件。漳湾钢铁基地及其生活服务区则应依托老城区的金融、行政、服务和基础设施，形成双核互动的局面。在宁德老城区和漳湾之间则应保护其山体和生态绿地，以绿楔的形式嵌入城区，以形成功能融合，空间分离的特征。

（二）新区与城区对接

东侨新区将建立成功能完善，设施现代化的城市核心区。新区开发，通过组建新的政务文化中心、开发新型居住区，转移老城区原有的部分职能，缓解老城区用地紧张，用地结构不合理的局面。转变城市空间沿路蔓延的局势，实现城市空间的有序拓展。通过快速联系通道，将新区与城区连接成为有机整体。

（三）港区与城区对接

城澳港的发展将由商业中转港逐步转化为综合性港口，对城市产业的带动作用将逐步加强，和城市的联系将更为紧密，在城市的空间上将相互融合。城澳港港区陆域面积较小，远景将围垦铁基湾滩涂，利用临近东侨新区的区位优势，发展转口贸易加工，将该围垦区发展成为集加工贸易和综合服务业为一体的新区，拉动东侨新区乃至老城区的发展。修建海滨大道和由同三高速飞鸾互通口接至港区的疏港公路，加强与城区联系。开发中应保护山体和滩涂湿地，避免城市无序扩张。同时，漳湾港应和漳湾物流基地共同建设，并与临海工业区和宁德工业区的建设相互促进，共同发展，利用疏港铁路和疏港公路将漳湾港区和城区紧密联系起来。

（四）工业园区与城区对接

整合宁德工业园和漳湾物流中心，结合其现有路网，利用104国道、疏港公路和同三高速与城区建立紧密的联系通道，以发挥城区的社会经济支持作用和工业园的经济带动作用。同时在宁德工业园和城区之间应保留现有山体，使其成为城市重要的生态空间，并避免城市无序扩张的天然屏障。

(五)旅游度假区与城区对接

三都岛和主城区隔海相望，是城市景观的重要节点，是城市的重要功能组团。加强三都岛和主城区的联系，可开辟岚湾至岛西北部、金蛇头至岛西南的两条游艇航线。在提高可达性的同时，保持海岛的相对游离状态，有利于生态环境的维护，保持旅游度假区的品位。

东湖和规划的岚湾景区，作为城区的生态用地契入城区，结合山体和海体形成城市的绿肺和蓝心。该区将是宁德城区未来发展的生态依存区，必须本着保护、优化自然生态环境的原则去考虑开发，处理好保护和开发的关系，旅游区和城区的关系。实施开发管制，制定系统、细致的旅游度假区开发规划，结合城区进行旅游资源的整体开发。

第七节 城市形象设计

山、海、湖、城是宁德城市形象的构成元素。宁德城市形象的定位是：中心城市，海港城市，生态旅游城市。宁德港城的特色主要在于：(1)海上明珠——宁德中心城市；(2)坐山拥海——绿色海港城市；(3)中西合璧——多元建筑风格；(4)山海奇观——生态旅游城市；(5)畲族风情——独特文化城市。

一、透视山水灵润的城市形象

(一)城市形象构成元素

城市形象是城市整体化的精神与风貌，是城市全局性的形象，包括城市的整体风格与面貌，城市居民的整体价值观、精神面貌、文化水平等。通过对宁德城市形象设计，可以将城市整体的精神与风貌等特质予以提炼、升华，塑造独特的城市文化形象，充分发挥城市功能，推动城市全面发展，创建名牌城市。

宁德地属亚热带季风区，雨量充沛，日照充足，温度适宜，规划区内包括了丘陵、平原、湖泊、河流、湿地，间杂着山涧、瀑布、森林等景观，城区东缘即为世界著名的深水良港三都澳。山清水秀既是大自然的造化，也是上天对宁德的恩赐。优越的自然条件为宁德市打造新城市提供了条件。宁德城市形象设计的元素概括起来主要有以下几点：

1.突出宁德的特色意识。打造湖光山色、碧海蓝天的海滨港口城市。

2.突出宁德的生态意识。使自然环境系统、经济生态系统和社会生态系统各个方面协调配合，维护并改善宁德的生态环境，符合可持续发展的战略要求。

3.突出宁德的区域中心意识。体现其作为长江三角洲和珠江三角洲的联结地带，福州和温州之间的中心城市的地位。山、海、湖、城是宁德城市形象的构成元素。

(二)城市形象定位

城市形象定位是指从城市的现状与历史发展脉络出发，充分发掘城市形象资源优势，着眼于历史、现状、未来的辨正统一和对城市形象的评价和塑造，体现积极向上、符合城市发展进程的客观规律，对今后城市发展起长期、稳定、根本作用的因素进行综合分析研究。在此基础上对城市形象建设的目标和发展方向进行定位。

城市形象不单纯是一个美学问题，它融合了城市的政治经济、人文历史、自然地理、市民心理、艺术创造和时代特征等诸多要素，因此必须进行系统策划、精心设计。城市形象设计和建设应根据本城市的优势条件，突出本城市的特色。因此结合宁德优越的地势条件，以及丰富的旅游资源，宁德城市形象的定位是：中心城市、海港城市和生态旅游城市。

二、亮出宁德港城的特色名片

城市的形象涉及社会、经济、文化的方方面面，近期宁德形象拟注重下述五个方面，力求通过城市形象策划对提高宁德城市品位起重要作用。

(一)海上明珠——宁德中心城市

宁德中心城市的形象可从两方面加以体现：(1)快速通道建设。福宁高速公路建成、温福铁路的定线建设及城澳万吨码头和三都澳海岸带的开发建设，加强了宁德同省内和省外的联系。(2)东侨开发区建设。东侨开发区是宁德的中心地区，良好的开发可以改善区域投资环境，激活投资市场。东侨应以生态环境为磁心，以商业、文化体育、旅游业为磁力，吸引市民和游客。宁德应抓住这次发展的契机，成为福建省会福州及浙南中心城市温州之间 500km 地段上一座崭新的中心城市。

(二)坐山拥海——绿色海港城市

三都澳海岸带依山临海，风光绮丽，自然景观资源和人文景观资源交相辉映。郭沫若也曾赋诗“良港三都举世无，水深港阔似天湖”。海港景观的营建主要在于：

1. 岸线布置

工业岸线在综合考虑城市排污、水利、生态平衡的情况下谨慎布置，由于工业岸线位于三都岛的北部，是景观上的重要节点，是城市的"门面"，应反映港口城市的独特风貌，起到港口门户的作用。在布置生活岸线时要遵循共享性原则。滨海地区是景色最优美的地区，应由全体市民共同享受，必须切实保证岸线的安全性和可观赏性。在用地项目上看，生活岸线上可布置休憩、商业、旅游和文化体育设施，少布置办公楼，不布置工业项目，以利于对广大市民开放。同时，规划生活岸线时要考虑到全市的需求，把市区的活动引向水边，以开敞的绿化系统和景观空间、便捷安全的交通系统把市区和滨海地区连结起来。港口岸线在布置大宗的中转货运时应当注意将滨海地区景观放在全市整体层面来考虑，反对只顾单体建筑的"视野开阔"，而阻挡城市通向水边的视线走廊。

2. 视觉轴线的开发

本次规划开辟了三条空间视觉轴线，即当船只从三都澳驶入，绕过山峦叠嶂的青山岛，分别到达三个岸线地景观轴线。沿途的建筑高低错落，有着强烈的韵律感。

3. 滨海大道

蔚蓝一线，海滨大道，她像一串长长的珠链，纵揽起宁德海岸美不胜收的山海风光；她更如一支有力的巨笔，画出了一条未来宁德城市发展的轴线，沿大道的三条不同功能的岸线向人们徐徐展开一幅宁德得天独厚的滨海风景长卷。滨海大道的另一重要的意义在于描绘出一个城市发展图景，彰显城市未来发展战略。大道贯通南北两岸，且随着福温铁路的定线，同三高速的运行，蕉城、福安、霞浦三个地区的联系日趋紧密，最终形成以蕉城、福安临海工业为主导的三都澳海岸带产业群和以宁德中心城市为主体的三都澳海岸带滨海城市组团。

(三)中西合璧——多元建筑风格

土耳其诗人纳乔姆·希克梅有句名言："人的一生中有两样东西是永远不会忘记的，这就是母亲的面孔和城市的面貌。"

1. 地标和特色街区

宁德的城市里充满着大大小小的地标，它们是一种符号，引导你去解读这个城市。当你走在城市的特色街区中，感受淳朴的民风，你会惊喜地发现一些西方建筑的元素正在被融和，并被赋予新的生命。

街道和广场是形成城市景观特色的文化空间。作为一个城市，应当有一两处经过精心规划设计、富有地方风格的城市广场，代表着这个城市的经济繁华度和文化水准。火车站、长途汽车站等重要交通节点，不仅是城市交通的命脉，更是对外宣传城市形象的窗口，这些节点的设计直接影响外地游客对宁德的第一印象。

2. 从绿色走向蓝色的建筑风格变化

西部的畲族乡和保护街区，形成了浓郁的传统建筑风格，中部东侨新区和宁德工业园区突显了宁德的现代城市形象，东部沿海建筑群则向我们展示了滨海城市的风貌。三种不同的建筑带用青山绿水做过渡，在空间上形成了由山地走向海洋，由传统走向现代的时序。

(四)山海奇观——生态旅游城市

宁德市三面环山，一面临海。地势自西北向东南倾斜，西南、西北、东北三面高，中部凹陷并向东南面开口临海，大致呈三级梯状地势格局，区内山峰林立，丘陵起伏。这种特殊的地貌构造及外力作用铸就了许多天然美景。这里山展雄姿，水放异彩，现有福鼎太姥山、屏南鸳鸯溪两处国家级风景名胜区。太姥山屹立于东海之滨，巍峨挺拔，以石奇、洞异、峰险、雾缈称奇，享有“海上仙都”之美称。鸳鸯溪谷幽林茂、石奇水秀，是中国唯一的鸳鸯、猕猴自然保护区，素有“爱侣圣地”之盛誉。其独特的人文景观和自然景观令游客流连忘返。

同三高速公路的贯通，不但为宁德经济社会的发展创造良好的基础条件，更为旅游产业创造优先发展的环境。抢抓机遇，充分发挥高速公路的综合效应，使福宁高速公路成为聚集各种生产要素的有效载体，成为宁德加快实现全面建设小康社会的发展之路。在旅游方面，宁德不但要成为福州、温州的后花园，更要成为福建省连接以上海为中心的长江三角洲旅游市场的桥梁。随着高速公路的贯通，宁德近可吸纳福州、温州等周边城市上千万客源，远可拓展到长江三角洲和珠江三角洲乃至港澳台旅游市场，加入国内外旅游大循环。

(五)畲族风情——独特文化城市

宁德市是畲族的主要聚居地，从唐朝开始至明清时期，畲族先民从闽、粤、赣三省交界一带陆续迁移到宁德。目前畲族人口有17万人，占全省畲族人口的二分之一，全国的四分之一。宁德畲族分布9县、市、区，124个乡镇及街道办事处，现设立8个畲族乡和福安市畲族经济开发区。

畲族作为中华民族的一个古老民族，源远流长，在历史的长河中，形成了鲜明独特的习俗风情。畲族有自己本民族的语言，通用汉族文字。畲族人民喜唱山歌，在日常生活和劳动中，他们常以歌代言，以歌传情。畲族传统节日、婚俗、武术、医药等也别具一格，富有民族色彩，为宁德增添了一道亮丽的风景线。建议以宏扬民族文化为精神，设畲族风情村、民俗博物馆，让更多的人了解畲族文化的精髓。

第八节　城市流动空间组织

城市流动空间组织，其目的在于对流动所依托的空间媒体（交通运输、信息技术等基础设施）进行合理的配置，以保证城市各流动主体得以顺畅快捷地流动，从而使城市竞争优势得以有效发挥。新世纪宁德流动空间组织主要在于快速流动、大流量流动和非物质流的把握。

我们生活的世界环绕着各种流动而建构——人与物的流动、资本的流动、信息的流动、技术的流动、组织性互动的流动、影像声音和象征的流动。流动是社会组织中的一个基本要素，在现代社会经济、政治与生活的整个运行过程中起着支配性的作用，城市竞争优势的锻塑、城市空间的拓展和组合、城市功能区的对接，均离不开城市流动空间的外部支撑。流动空间是通过流动而运作的共享时间的物质组织，由信息系统中的技术基础设施、远程通信以及高速交通运输构成，形成信息化社会的关键物质基础（孙世界、吴明伟，2002）。“流动的空间（the space of flows）”最先由 M. Castells 基于电子网络而提出，主要运用于信息化领域，但 M. Castells 又认为“流动的空间”不应该仅仅指电子空间。流动空间以流动主体来区分，可从两个层次来描述：(1)实物流（人流、物流等）空间，通过航空、水运、铁路、公路、城市快速路、城市干道、站场和物流基地等流动媒体实现；(2)非实物流（资本、信息、技术流等）空间，通过电子、信息网络等流动媒体实现。

一、流动空间组织原则与目标

可以毫不夸张地说，没有流动就没有城市和区域。区域一体化是流动空间组织的原则和目标。宁德市宜采用不平衡发展战略，分层次按阶段通过流动空间组织逐步实现区域一体化的目标。近期，主要加快宁德市区经济发展和空间拓展，尽快形成区域经济增长极，以增长极的带动和辐射整合宁德中心城区周边地区，特别是三都澳海岸带的城镇群，构筑“三都澳海岸带城市群带”；中远期，以城市群作为整个宁德市域的强辐射中心，通过各个方向的基础设施发展轴推动区域一体化进程。

区域性公共设施空间布局，按照统一安排、合理布局、避免冲突、重点突出的原则，在充分利用现有设施的前提下，建设区域共享的网络化公共设施。与此同时，整合区域公共设施资源，健全公共设施体系，实现公共设施资源的区域共享，提高公共财产(public goods)投入的产出效益。此外，改善区域共享的大型公共设施的通达性，通过区域交通运输网络和城市干道网的协调发展，扩大大型公共设施的区域服务范围，增强区域服务能力。

区域性基础设施按照市场调节和适度超前的原则，统一规划和建设区域交通运输网络、区域供水、电力设施和信息基础设施等，跨行政区协调各种设施的空间布局、建设标准、建设时序、运营管理，实现共建共管和共用共享，推动区域城镇空间组织网络化。

在追求经济跨越式发展、空间大拓展的同时，建立在环境建设和生态目标基础之上的区域经济发展，在追求区域经济发展的同时不突破环境承载力限制。同时，结合产业的发展实施能源环保控制与管制。近期，由于重点发展钢铁、机电、建材等高能耗产业，在提高能源利用效率的基础上适当放宽控制；远期，在产业结构升级的基础上最大限度控制区域的总体能耗，以满足现代化的生态园林城市的要求。

二、实物流空间组织

实物流空间组织，主要在于对交通基础设施的建设和空间布局，以实现人流、物流等顺畅快捷的流动。

(一)区际通道网建设

区际通道网建立在高速流动的条件下，主要包括航空、高速公路等交通流载体。本次规划主要从两个层次进行区域的通道网建设：宁德市域和三都澳海岸带。

1. 航空港

航空网络具有良好连接结点和门户，是快速交通和通达的重要标志。宁德境内规划建设霞浦水门4C级军民合用机场，对提高宁德综合交通水平具有一定的作用。但是，由于其级别较低，未来大部分的航空运输主要还是依托福州长乐国际机场。规划构想：近中期依托同三高速公路及联络线，缩短宁德与福州长乐国际机场的时空距离；加快宁德市空港与大区域航线网络(主要是华东航空线网)的全方位连接，注重发展支线运输，加快空港的配套设施的建设。远期扩大宁德市机场的规模和服务范围，提升空港的区域等级地位和辐射能力。

2. 高速公路

高速公路主要为区域与区域间、区域内部主要城镇间提供快速、直达的公路客货运输，是区际和区间相互联系的主要通道，也是衔接主要交通枢纽以及水运、空运之间的主要联结方式。同三高速公路的建成大大改善了宁德区域交通条件，优化了市域投资环境。然而，这条纵向通道对于支撑宁德跨越式发展仍显薄弱。因此，宁德市域高速公路规划为：依托同三高速公路，加快三条横向快速连接线建设，布局纵向内陆快速通道，建成以宁德为中心的“三横两纵”高速公路网（见表87）。

表87　宁德市域高速公路规划构想

高速公路	线路走向	规划期限
纵向通道1	同三高速福宁段	现状
横向通道1	宁德至邵武线	规划近中期
横向通道2	宁德至古田、三明（依托省道S309下甘线）	规划远期
横向通道3	宁德至福安、柘荣、寿宁（依托104国道）	规划远期
纵向通道2	宁德市域内陆，南北贯通西部各县市	规划远景

（二）大运量交通空间组织

大运量交通主要包括铁路和港口等传统大运量交通流载体。

1. 温福铁路

据我国港口统计资料显示，沿海港口城市进出港口的运输量中平均60%由铁路来承运。因此，铁路运输是宁德港口城市建设的重点。

温福铁路近期将动工建设，该铁路将宁德与福州、温州两个区域经济中心紧紧地联系在一起。规划构想：近期建设温福铁路干线，中期建设支线铁路、疏港铁路和配套系统（如铁路站场、相应的物流中心等），远期注重区域内部铁路网的建设。

2. 大型海港

宁德市现有三都澳、赛江、三沙、沙埕等四大港区，三都澳城澳港区和白马港区为国务院批准作为国家一类口岸。规划设想：近期重点建设城澳万吨泊位群、漳湾和湾坞深水工业港，中期开发白马、溪南深水工业港；远期发展东冲、关厝埕深水港区。

疏港公路依托同三高速和104国道，并考虑与规划构想的其余快速通道相衔接（见表88）。

表88　三都澳海岸带沿海港口群疏港公路

港区	相应疏港公路	公路等级
城澳港区	同三线飞鸾互通接至城澳港区约13km	一级公路
漳湾港区	同三线留屿互通接至漳湾临海工业区约2km	一级公路
关厝埕、溪南港区	同三线盐田出口接至港区约40km与42km	一级公路
东冲港区	同三线霞浦出口接至港区约90km	一级公路
白马门港区	同三线下白石互通接至港区约12km	二级公路
下白石、林炉港区	同三线下白石互通接至港区约1km与8km	二级公路

疏港铁路近期主要考虑城市内部的漳湾港区和城澳港区与福温铁路相衔接。(1)宁德站——漳湾港口(暨钢铁厂)支线，总长10km，地方铁路II级；(2)城澳港区——由飞鸾出口接入福温铁路，接线长20km，地方铁路I级。

(三)城市交通网组织

城市交通流空间主要由城市快速路、城市干道、车站、站场、停车场、物流中心等流动媒体组成。道路网是城市交通流的基本媒体。

1. 城市道路网密度

宁德现状的城市干道网密度为1.8km/km²，远低于国家标准。规划设想：近期2.2km/km²以上，远景达到2.5km/km²以上。

2. 路网等级结构

宁德现状道路等级对城市快速路未加区分，而主干道、次干道与支路的线网密度分别为48%、28%、24%，路网等级结构明显不合理，并呈“倒三角”分布，支路密度不够，交通集散点与干道系统缺乏过渡性连接，不利于“机非分流”以及不同出行距离交通之间的分离，也不利于不同道路的功能发挥。规划控制路网等级结构为快速路∶主干道∶次干道∶支路＝10∶20∶25∶45。

3. 城市快速路

城市干道网通过“四横三纵”的快速路和城市对外交通相互衔接。(1)同三高速。主要采取立交形式的衔接，即以北部的疏港公路、南部的站前路与之相连。(2)104国道。主要采取平交形式的衔接，主要以城市主干道与其相连。(3)与铁路的衔接。提供两个方案。方案一：城市北部的疏港公路、南部的站前路与城市南北两个铁路客货运站相连，完成温福铁路和城市交通道路网的衔接和过渡。方案二：通过城市北部的疏港公路、纵向联系闽东工业区与东侨新区的快速干道以及104国道，实现与铁路站场的衔接。利用疏港公路、滨海大道与漳湾港、钢铁基地相连，完成城市道路网和北部港区的衔接。(4)城澳港。近期主要依托“飞鸾—城澳”的疏港公路与主城区间接相连；远期则结合铁基湾的围垦，利用滨海大道的东延和主城区实现直线的快速衔接。(5)与空港联接。城市道路网和空港(霞浦水门镇的宁德市机场、福安的长乐国际机场)之间主要通过同三高速和温福铁路实现间接的衔接。(6)城市组团间的快速联系。宁德作为一个紧凑型的组团城市，必须以城市快速路作为区间的交通走廊，以满足旧城区、东侨开发区、闽东工业区、漳湾工业区、漳湾生活区、金涵组团(依托104国道)以及大学城之间的交通联系，以保证各个城市片区不同功能的实现以及相互之间的协调互补。

4. 城市干道系统

城市组团内部的交通联系主要依赖城市干道来实现。城市干道网络依托城市快速路体系构筑其基本框架，以方便市民出行、改善乘车条件为重点，优化线路结构，增加线网密度。

5. 公共交通系统

在各个组团内部发展分区性公共交通，组织方便的服务网络，以格网状为主，解决组团内各部分到主要快速换乘点的客流集散。增加旧城区和东侨新区中的公交服务网络密度，并组织与交通换乘枢纽点的直接联系。

（四）城市交通流节点空间组织

城市交通的顺利运行依赖于交通网络与交通结点间的有机结合。城市交通流节点空间主要包括车站及站场、停车场和物流基地等。

1. 车站及站场

随着经济的发展，宁德作为区域中心城市的地位将更加突出，在物质流通、人员交通方面与周边城镇和地区的联系将日趋紧密，对公路客运站和货运站的要求将逐渐增长。宁德城市公路客运站的规划布置主要依托同三高速互通口、104 国道，并考虑到满足城市各个分区的出行需求，在宁德市内主要布置三个汽车客运站（见表 89）。城市铁路站场的规划布置，主要根据城市各个分区的功能要求，布置相应类型的铁路站场，并考虑客运站、货运站以及工业站的分离（见表 90）。

表 89　宁德市公路客运站

车站名称	空间位置	规划期限
宁德客运站	迁至老城区西北角、靠近 104 国道	近期搬迁
长途汽车客运站	东侨工业区靠近同三高速南部互通口	现状
西陂塘汽车客运站	闽东工业区西陂塘东岸靠近同三高速北部互通口	近期

表 90　宁德市铁路站场

	站场类型	空间位置	规划期限
铁路选线方案一	客运站	东湖塘北侧、东侨工业区东侧	近中期
	货运站	城市北部疏港公路与铁路交界处	近中期
铁路选线方案二	客货综合站	闽东工业区南侧	近中期
	工业站	城市北部疏港公路与铁路交界处	近中期

2. 停车场

随着宁德区域中心城市的确立、城市道路网的扩展、小汽车出行的增加、公交水平进一步上升，宁德现有的停车场将很难满足城市交通流的需求。停车场的组织要结合城市主要的交通集散点进行相应的空间布局，如城市 CBD、ITC、政务中心、公路和铁路客运站等人流集聚的场所。

3. 物流基地

根据宁德作为经济政治文化中心、沿海港口城市的城市功能定位,配套建设集仓储、中转、综合市场于一体的物流基地(见表91)。物流中心的布局主要考虑和对外交通的相互衔接,发挥物流基地的区域服务功能。

表91 宁德市物流基地

	空间位置	功能	规划期限
宁德市物流基地	位于规划的西陂塘汽车站北侧,靠近同三高速的北部互通口以及铁路站场	仓储、中转、配送	近中期

三、非实物流空间组织

非实物流空间组织主要是对信息、通信基础设施进行空间布局,以实现信息流、资金流、技术流、影像流等非实物流的顺畅快捷的流动,它是信息化对城市的必然要求,也是避免在全球化过程中失去竞争优势的必然选择。随着信息时代的来临,信息流动空间在整个流动空间再造中的地位将日益凸现。

(一)信息网

宁德市现有沪穗光缆贯穿市区,数字程控电话、移动电信、无线寻呼等已达到较为先进的水平。但是,真正的信息网建设尚处在起步阶段。宁德应以电信、广电等信息传输网络为基础,加快电信网向信息网过渡的步伐,建成与国际接轨的高速信息网,实现各种公用、专用网络的互联和转换,达到信息资源的共享,促进全社会对信息资源的开发利用。

1. 电信网络

在规划期内,重点建设灵活、安全、可靠的格网状传输网,使之成为各类电信业务传送的基础设施,形成以电信、移动等多家电信运营企业为主体,开放电信市场,宽窄带结合,语音与数据融合,光纤与电缆并存,有线与无线结合的全方位、立体式的通信网络、高速宽带骨干网及接入网等。并建设教育网、公众信息网等专业网,改善网络运行环境,不断提高传输速率,为更好地开展信息服务奠定物质基础。

2. 辅助性公司系统

规划期内,逐步建成宁德公安110指挥系统、交通电子监视系统、人口户籍管理系统、119消防指挥系统,以及社会保障、劳动就业、人才交流、金融、商业、外贸、农业、税务、统计、科技专利、工商业查询等数十个计算机应用系统,面向社会和公众提供信息服务。

(二)信息港

信息港建设按宁德区域中心城市的发展目标,高起点、高标准、超前建设，信息港的港址规划布置在东侨开发区，靠近城市主要行政中心和 CBD（Central Business District）。宁德市信息港应加快与华东地区信息网的连接，并实现和相邻经济发达城市（温州、福州）信息港的对接。

四、城市重大交通及基础设施发展战略

（一）市域重大道路交通发展战略

1. 道路交通发展策略

宁德市山海兼备，由于山区交通条件恶劣，严重制约了社会经济的发展。宁德要发展，必须积极改善交通条件，用大交通带动区域经济的发展。因此必须做足“山”和“海”的文章，用高速公路系统缩短山区城市和中心城市之间的时空差距；利用沿海有利的港湾条件，有重点、有步骤地开发港口资源，建设以宁德港为主港的组合港区。

宁德的港口资源极为优越，但其致命的弱点是腹地小、交通不便，不能发挥港口所有的潜力，致使港口资源大材小用。要改变这种情况，必须通过建立综合、快速、高效的交通运行体系，扩大宁德港口的辐射范围，支撑港口的发展，最终实现港口、交通、城市三位一体的发展战略。

2. 高速公路——以路带港的交通策略

通过几年的时间，实施三步走的发展战略，建立起快速交通运输网络，支持带动港口的发展。高等级公路的修建对宁德内陆山区意义尤为重大，是实现山海联动的关键。

两纵三横高等级公路网络

两纵：同三高速公路（沿海大通道）。同三高速的建设，将把珠江三角洲和长江三角洲紧密联系起来，宁德作为浙闽经济交流的第一站，可以借助高速公路，发挥自己的港口资源和旅游资源优势，积极调整产业结构，引进大型产业项目。福鼎至古田高等级公路（内陆山区大通道）。利用原有的省道，福古高速公路经过的城市有福鼎市、柘荣县、福安市、周宁县、屏南县、古田县，通过它打通内陆的交通脉络，充分发挥内陆县市的资源，加强与市外其他地区的联系。同时利用高等级公路带动沿路的城镇发展，进一步撤乡并镇，集中建设中心镇，促进城镇化水平的提高，形成内陆的城镇带。

三横：北侧为宁德至浙江丽水的高速公路。经过的主要城镇有：蕉城区、湾坞、赛岐、福安、社口、武区、斜滩、南阳经浙江省泰顺县至丽水。中部为宁德至邵武高速公路。经过的主要城镇有：蕉城区、八都、九都、霍童、咸村、七步、周宁、浦源、泗桥至邵武。南部为宁德至古田高等级公路。经过的主要城镇有：石后、洋中、杉阳、鹤塘、大桥、古田。此三条横向高等级公路是宁德与福建内陆地区以及内陆省市的主要联系通道，是扩大宁德港口腹地

的关键所在，同时也是培育横向城镇发展带的重要交通干线。

3. 高速铁路—港铁互动的交通战略

温福铁路虽然早已经过论证，然而几经风雨仍未实施，这不能不说是宁德的一大损失。温福铁路的建设将极大地加强浙江同福建的经济往来，尤其是福建的深水良港将得到完全的发挥。

宁德要建设成为宁德市中心城市，发挥三都澳海岸带港口的潜力，必须建设大运量的交通设施，铁路无疑是最佳选择。宁德的深水良港也是大型滨海重工业(例如钢铁、石化等)的首选地点，但是这必须有铁路交通与之相配套才能发挥最佳优势。

(二)深水港口群——港港联合的资源整合战略

宁德的深水良港较多，北部的沙埕港、中部的霞浦港、南部的三都港等，港口建设要遵循深水深用、浅水浅用的原则，港口之间只有分工协作，才能发挥最大效益，不能搞恶性竞争，因此必须建立和完善协调机制，统一开发，针对每个港口不同的自然条件，实施港港联合的战略，达到整体最优。

1. 宁德港口的性质

它是福建省沿海港口的重要组成部分，是完善福建省沿海港口分层次布局规划，是腹地内以能源、原材料及宽件材料运输为主，多功能综合性港口，是一个具有鲜明临海工业港特色的港口。

2. 港口群

城澳港：东南沿海大型中转港口，是宁德市乃至闽西以及内陆省市主要的对外、对内货物运输港口。

溪南港：大型专业港口。包括钢铁、大型临港工业的专业装卸货码头。

漳湾港：钢铁专业港口。配合漳湾钢铁项目及其相关的钢铁产业园区的货物运输港口。

湾坞港：专业性港口。结合大型火力发电站和机电制造业，成为其运输原料和货物的专业港口。

下白石港：专业性港口。结合下白石的产业园区和船舶修造业，成为原料和其他散杂货物运输港口。

3. 环澳地区道路交通发展

高速公路。为促进环澳地区港口和大型临港工业的发展，最晚在环海阶段应建设两条疏港高速公路：湾坞至溪南高速疏港公路和飞鸾至城澳疏港高速公路。

铁路。溪南支线：以温福高速铁路为骨干线从湾坞引港口专用线至溪南港口，主要负担溪南、湾坞产业及港口区的大宗货物运输以及北部物流园区的货物运输。城澳支线：以温福高速铁路为骨干线从飞鸾引港口专用线至城澳港口，主要担负城澳港口的货物运输和中心城区南部物流园区的货物运输。

4. 港口建设

近期(2008—2010)。在这一段时间内，由于海鑫钢厂和大唐电厂都将相继投产，因此煤炭、矿石、钢铁的运量将会有较大幅度的增加。但是，估计其他方面的经济发展尚不会有很大的突破，因此对一般货物的运输将难以形成大的需求。同时，由于三都澳海岸带附近不少港口都能满足第四代及以下集装箱船的吃水要求，而宁德的陆上交通相对不便，港口的集疏运设施也有待完善，所以近期内基本上不会有支线船舶在此停靠。基于此，这段时间内三都澳海岸带的港口功能应主要定位为大型工业港和喂给港。

中期(2011—2020)。在这一段时间内，海鑫钢厂和大唐电厂都将进一步扩容，并将有可能带动其他钢铁企业也落户于三都澳海岸带，因此煤炭、矿石、钢铁的运量仍将会有较大幅度的增加。同时，在交通改善和钢铁工业的带动下，各种临港工业和地方经济都将会有一个大的飞跃，且腹地有可能进一步增加，因而一般货物的运输需求——主要是集装箱也会开始急速上升。不过，可以预料，只要不出现特别大的意外，到那时"三通问题"将能获得根本解决。所以，在这种情况下，如果航运技术不产生大的变化，则高雄港和基隆港作为国际贸易中转港的地位将不会动摇，而三都澳海岸带的港口功能除应继续定位为大型工业港之外，还可以考虑定位为区域内重要的综合性港口。

远期(2021年以后)。此时对三都澳海岸带港口的定位主要取决于航运技术的变化。也就是说，如果前面提及的特大型集装箱货运成为必要的话，则三都澳海岸带港区也很有可能发展成为太平洋西岸的大型综合性中转港。

(三)对策

中心城市长期缺位是制约三都澳海岸带经济发展的关键因素。历史以来由于人为和自然地原因，宁德市域和三都澳海岸带区域行政中心、经济中心、交通中心不断变迁，造成区域中心长期摇摆不定，经济中心和行政中心长期分离，削弱了区域的整体竞争力，阻碍了三都澳海岸带区域经济的快速发展。

区域之间的竞争归根到底是中心城市的竞争。没有经济中心，使经济发展缺乏凝聚力，没有规模效益和综合效益，对加速宁德市经济社会发展十分不利。没有中心城市依托，各县市各自为政，各显神通，实际抓到的尽是"麻雀"项目，各县的建设与邻县的关系不大，项目布局带有较大的盲目性，以致造成"猴子抱桃子，拿一个扔一个"的发展境况，造成许多不必要的损失。由此可知，在宁德市建立一个中心，并形成经济中心势在必行，而且必须加速。未来20年，中心城市经济发展主要在于：融入经济全球化进程，把握加入WTO机遇，开发三都澳深水良港，发展临港重化工业，建设机电食品造船制造业基地，做大中心城市，推动宁德经济的全面振兴，将宁德建设成为融山、海、港、工、城一体的现代化生态城市。

1. 关于中心城市发展动力问题

(1)打港口牌，从滨海城市到海港城市转型。长期以来，宁德市虽然拥有良港，但是城市并不具有海港城市的功能和空间特征。港口作为小型中转商港，产业带动性弱，对城市的带动作用不强，城市偏居一角，仅能称作中小型的滨海城市。随着城澳港区、闽东工业园区、临海工业基地的建设，将实现由滨海城市向海港城市的转型。

(2)打工业牌，从行政中心到区域中心城市的转型。为了建设区域中心城市，提升中心城市的经济地位，利用中心城市的土地资源、港口资源、旅游资源和水资源优势，加快工业园区建设进程，使工业用地布局与城市其他功能区的布局相协调。

(3)打生态环境牌，从原生山海城市到生态园林城市的转型。利用三都澳优良的生态基础，围绕创建最适合人类居住城市的目标，建设生态园林城市。

(4)打思维观念牌，由中小城市思维模式向海湾型大城市思维模式的转变。要立足"世界少有，中国唯一"的天然深水良港——三都澳的资源优势，规划建设环三都澳海湾型大城市，实现真正意义上的以港促城、以城兴港、港城互动的双赢局面。宁德区域经济的壮大，必须跳出就宁德论宁德，要以拓展中心城市空间和构建环三都澳海湾型大城市为动力和契机，改变方方面面、上上下下看待过去小宁德市的旧观念。以海湾型大城市的新概念唤起上上下下、方方面面对宁德中心城市的关注、理解和支持的具体行动。并以海湾型大城市的空间格局为平台，以项目为载体，在更广阔的时空上动员整合资金、技术、人才、信息、政策和资源，从而促使宁德中心城市实现发展进程上的跨越。

2. 关于中心城市功能定位和城市性质问题

开发三都澳深水良港，发展漳湾临海钢铁工业基地、湾下大型电力和船舶修造基地、飞鸾—城澳交通运输物流产业和港口加工业基地，积极培育主导产业和支柱产业，做大做强中心城市，将宁德建设成为融山、海、港、工、城一体的现代化生态城市。

中心城市的性质为海峡西岸经济区北翼中心城市，现代化生态港口工业城市。

3. 关于中心城市环境容量和规模问题

(1)具备建设大城市的环境容量和资源潜力。

(2)城市的用地发展方向和空间范围。综合考虑景观生态结构营造、城市用地评价以及创建最适合人类居住的人居环境目标,城市的主要发展方向是"东扩面海,北展南移"。将闽东工业园区、铁基湾、漳湾、六都、西陂塘、飞鸾、城澳港区、三都岛等纳入中心城市总体规划范围。

(3)中心城市人口规模。2020 年中心城市的人口可望达到 60 万人。

五、城市发展空间形态和战略空间整合

中心城市规划范围具体包括蕉城老城区、东侨新区、闽东工业园区(钢铁产业集群)、铁基湾围垦区(新城区及高新技术产业集群)、城澳—飞鸾组团(港口中转、保税仓储、出口加工业集群)、湾坞—下白石—溪南(船舶修造、机电、能源工业、港口运输产业集群)、三都岛—青山岛(旅游业、现代服务产业),形成"一市多区"组团式的环三都澳海湾城市。未来城市发展应着力于积极拓展战略空间:建设东侨新区、确立城市新中心;建设闽东工业园和临海工业园,为产业发展提供空间;建设大学城、以提升城市创新能力;建设城澳港和漳湾港,积极开发海港资源;建设三都岛等旅游度假区,提高城市生活质量;建设漳湾和飞鸾物流基地,发展现代物流业。在拓展城市战略空间的同时,实施城市空间整体发展战略。以基础设施为保证,以政府政策为导向,实现漳湾钢铁工业基地与中心城区的对接,东侨新区与蕉城区的对接,城澳港区、铁基湾围垦区与中心城区的对接,闽东工业园区与中心城区的对接,旅游度假区与中心城区的对接。

六、关于中心城市的行政区划调整问题

目前,宁德市区行政区划与中心城市发展现状不适应,不利于行政管理效能的发挥,也不利于中心城市的做大做强。根据宁德市的土地、淡水和环境容量,从有利于资源配置和整合的角度出发,建议将中心城市分设三个区,即蕉城区、东侨区、郊区,同时市政府对环三都澳的三个县(市、区)的 20 个乡镇的产业布局和基础设施规划建设进行宏观调控,远期中心城市应当包括湾坞、溪南等地,建设真正意义上的环三都澳海湾大城市。

七、关于中心城市发展需要关注的几个问题

(一)规划建设区域性海陆交通枢纽城市

目前宁邵高速公路与沿海高速公路在闽东的交汇点有宁德市和湾坞两个方案,若选择湾坞,则闽东的交通枢纽定位于乡镇湾坞;若选择宁德市,则

闽东的交通枢纽定位于中心城市。显然湾坞的城镇功能和陆域条件无法承担区域性交通枢纽的重任，势必造成交通资源的重大浪费。整合和集约利用国家、省市政策资源，力促沿海高速公路与宁邵高速公路在中心城市宁德市交汇，拓展中心城市的陆域腹地，同时发挥三都澳城澳港区和漳湾港区天然深水良港的优势，拓展宁德市的海洋腹地。实现宁德市由交通边沿化城市向区域性交通枢纽城市的跨越，为做大做强做美中心城市奠定难得的基础设施优势。

(二)为布局临海重工业产业集群预留战略空间

1. 规划布局临港钢铁工业基地。国家冶金工业“十五”规划实施要点中指出：“冶金工业发展应逐步向钢材市场容量逐步增多的地区转移”，“冶金工业应逐步向利用进口矿产条件较好的沿江、沿海地区发展。”利用三都澳区域漳湾地区和溪南地区开阔的陆域立地条件，优越的深水岸线，丰富的淡水资源，规划建设钢铁工业基地。

2. 依托良好的交通条件和钢铁工业和能源工业的支撑，规划建设机制造业基地。

3. 能源基地。同样立足湾坞和溪南等地的良好的立地条件、深水港湾和环境容量，布局大型火电厂，使闽东在争取项目立项时告别“没有电不能搞大型工业，没有大型工业没必要上大型火电项目”的悖论。为发展钢铁工业造势。

4. 发挥生态环境后发优势，规划建设最适合人类居住的城市。由于过去交通基础设施滞后，宁德市的生态环境保护比较好，在东南沿海各地市中首屈一指。因此，要充分发挥宁德市的环境优势，围绕建设最适合人类居住的城市发展目标，近期规划建设省级园林城市，中远期争取创建国家级园林城市、国家环保模范城市。

第八章　三都澳海岸带农业资源及其评价

第一节　农业土地资源及其评价

一、土地资源的概述

(一)沿澳乡镇土地资源

与三都澳海岸带海湾开发关系密切的沿澳20个乡镇和城区,土地面积约1921.19km^2。地貌形态多样,有低山、丘陵、冲积平原、滨海平原、淡水水面以及海域滩涂。低山和丘陵在数量上占据绝对优势,而且往往不经滨海平原的地形阶段,直接逼进海湾。

三都澳海岸带的西南、南、及东南面,包括宁德市的市区、七都、八都的西部、飞鸾、三都岛和三都镇南部、罗源县鉴江,都为低山地貌景观。平均高程在600m左右,山峰高度多在500～800m,最高山峰三都镇白马山976.7m,低山多由酸性火山岩、火山碎屑岩、花岗岩等组成,地势陡峻,山峰顶附近多陡崖。三都澳海岸带东部的东冲半岛、北部沙江镇、溪南镇均为丘陵地。海拔多在500m以下,山体岩性多由花岗岩组成,山顶有风化土层,山坡坡度多在15°～20°之间,滨海平原发育不良,其中甘棠平原面积约17.94km^2。

沿澳区域土壤多为红壤和水稻土,红壤面积占绝大部分,其中山地、丘陵红壤占92.9%,台地、平原红壤仅占7.1%,在水稻土中也是山丘田多,平原田少,田块小,坡度大,山丘谷地水稻土占72.72%,不利于机械化耕作,限制了耕作效率的提高。

沿澳地区土壤偏酸性，养分偏低。自然土壤 pH 值 4.5～5.5 的占 82.7%；耕地土壤 pH 值 4.5～5.5 的占 55.29%，pH 值5.5～6.5 的占 39.56%。耕地有机质、含氮属中等偏低；磷素储量缺乏；钾素储量中等偏高，速效钾较高。土壤微量元素铁、锰偏高，而铜、钼、硼含量较低，硼尤其缺乏。

沿澳土壤综合肥力属中等偏低。按土壤肥力分类，属一级水平的仅占耕地、茶果园、林地等面积的 30.57%，水田肥力水平以二级居多，茶果子园以三级水平为主。

（二）沿澳滩涂资源

由于晚近地质时期地壳回升，三都澳海岸带海湾内广泛发育海域滩涂。从海图上测量约有 28400 公顷，成为三都澳海岸带十分珍贵的自然资源。

滩涂是一个比较活跃的地貌类形，也是生态系统较脆弱的地区。但三都澳海岸带滩涂处于相对平衡和稳定状态。沿澳滩涂多为泥质，部分为沙泥质，厚度一般在 20m 左右，工程地质条件较好。沿澳围垦滩涂有数百年历史，建国后，先后围垦 43 片滩涂，增加耕地 3024 公顷。由于土质好，经过短期天然雨淋洗土脱盐，不论种何作物都取得高产。

滩涂为三都澳海岸带发展水产业提供了优越的自然条件，底质多为海泥，营养盐丰富，水质肥沃，海洋生物丰富，盛产泥蚶、花蛤、牡蛎、溢蛏、扇贝、蟹类。但水产生产方式原始，滩涂利用率极低。

二、土地资源的利用现状

由于种种原因，三都澳海岸带社会经济发展水平较低，土地利用不平衡，综合利用率很低，兹分析如下：

（一）耕地

面积约 26746 公顷，占区域土地总面积 13.83%，包栝灌溉水电、望天田、旱地、菜地。人均耕地为 363m^2，低于全国人均 407m^2，也低于宁德市 497m^{2}的人均水平。现有耕地中坡度超过 25°的坡耕地占 23.78%，中低产田面积大，占耕地面积 82.7%，农业基础设施薄弱，抗旱能力差。耕地的利用以种植业为主。主要作物有水稻、甘薯、大小麦、油菜、马铃薯、大豆、常年蔬菜。粮食和经济作物单位产量差异较大，平均粮食单产 3840kg/公顷，低于全国平均 4440kg/公顷。水稻单产 4590kg/公顷低于全省平均 5055kg/公顷。

（二）园地

累计面积约 8960 公顷，占区域总土地面积 4.56%，包括果园、茶园、桑园、其他园地，其中茶园面积约占一半，果树品种有柑橘、李、油奈、柚、桃、梨、枇杷、柿、杨梅、龙眼、荔枝、香蕉、葡萄等。

茶园、果园均分布于丘陵地带的山坡上。低产园面积大，经营管理粗放，水土流失严重，低产园逐年扩大，单产呈下降态势，茶叶约30kg，水果120kg左右，均低于全省平均水平。老茶园面积大，水果老树多，良种少，管理粗放，投入少。

（三）林地

累计面积约93699公顷，占区域土地总面积48.67%，包括有林地、灌水地、疏林地、未成林地、迹地、苗圃等，多分布于低山和高丘地带。主要林种有杉、松、樟、楠、毛竹等。经济林有油茶、油桐、乌桕、山茶籽等。森林蓄积量偏低，低产林面积偏大。

林地面积占土地总面积约一半，但林业产值在农业总产值中不到10%，经济效益很低，主要为生态环境效益。

（四）居民及工矿用地

累计面积约6472.5公顷，占区域总面积3.26%，人口约70万人，包栝城镇、农村居民点，独立工矿用地等，人均用地87.71m^2，每平方千米居住11390人。

（五）交通用地

累计面积约1367公顷，占区域土地面积0.71%，包括公路、农村道路、码头等。当前仍以公路交通为主，但技术等级低，通过能力小；密度低，47%行政村尚未通车。

（六）陆地水域

累计面积约18011公顷，占区域土地面积9.17%，水域包括河流水面、沟渠水库、坑塘水面、水工建筑用地，本区水域资源很丰富，远超过闽江流域21.6%，但利用率很低，可称为未开垦的“处女地”。

（七）未利用土地

累计面积约40251公顷，占区域土地总面积20.85%，包括荒草地、沙地、裸土地、裸岩、石砾、田坎、沼泽地等，其中荒草占的面积较大，多分布在远离居民点的低山、高丘陵地带，管理耕作条件较差。

三、土地资源开发利用的对策

三都澳海岸带生产手段落后，市场狭小，基础设施薄弱，交通闭塞，科技人员缺乏，人力资源总体素质不高，土地利用率低下。现根据三都澳海岸带具体情况，对三都澳海岸带土地资源开发利用，提出以下建议。

（一）通过市场农业提高土地利用率

农业是国民经济的基础。农业生产发展，与土地利用关系特别密切。

本区域土地利用结构单一，农业用地占95%以上，但利用率低，提高土地生产潜力的前景还是十分广阔。单位耕地的生物生产能力还可以大大提高。

通过培育市场经济，带动农业现代化。把农民推向市场，在市场竞争过程中，萌发出来改进技术和经营的要求，深化农业内部分工，这是有效提高土地利用率的途径。

另一方面，进一步开发非耕地农业潜力资源。有些土地不宜种粮而适于大农业的商品生产，由此提供水果、水产品、畜牧、园艺产品，不仅丰富了市场，增加了农民收入，而且有效地缓解了人增地减的压力。

(二)按价值规律配置土地资源

土地利用现状是反映人类劳动历史过程某一时期土地利用特征和利用程度。三都澳海岸带开放的新历史时期已经到来，它要求我们要有开放的视野，以新的观念对待土地利用问题，要以价值规律来配置土地资源。随着三都澳海岸带社会经济的发展，土地利用势必向经济、社会效益高的层次转移。相当数量土地势必向第二、第三产业转移，特别是与城区或产业有空间联系的上好耕地，也将改变土地利用形式。土地利用功能高层次化，落后的土地空间结构向高效益的土地利用空间结构转化。

(三)优化城市用地结构

城市现代化是四个现代化的最终成果和最高境界，城市是社会经济发展的依托。三都澳海岸带城市化、城镇化水平仍然很低，随着开放改革和经济发展，城市空间将迅速扩展，必须进一步优化土地资源的配置，有效地利用城市土地，要避免城市容积率普遍偏高、道路面积率低、不留绿化地、不设停车场等现状。目前宁德市人均道路面积仅3.4m^2，福安市仅1.7m^2，绿化地面积也距现代化标准甚远，这不仅影响城市人民生活环境，也将影响经济发展和投资环境。应以现代化为总体目标，优化城市用地结构和用地布局。(现代化城市量化指标：人均道路面积＞13m^2，人均绿地面积＞20m^2，人均公园面积＞15m^2，人均居住面积＞15m^2。)

(四)确保交通建设用地

交通运输是国民经济赖以发展的基础结构。工农业生产、人民生活的空间活动范围、活动力度、活动速度与交通运输发展状况息息相关。它既是国内工农业生产和城市交流的纽带，也是国际贸易与国际交往的纽带。欲摆脱三都澳海岸带贫困的状况，首先在于发展交通运输，包括海运和陆运，必须采取有力措施加快交通建议。

发展交通建设需要大量土地投入，特别是铁路和公路。切不可因“节省”有限土地而降低技术标准，影响使用功能。而日后一再改造，浪费人力、物力和资金，这虽是“常见病”，但应当避免，不可急功近利。各级有关部门应确保交通建设用地，解决当前征地难的问题。

(五)科学合理开发沿澳滩涂资源

缓解沿澳地区耕地不足和建设用地问题，根本出路在于开发利用海域滩涂，沿澳海岸线都发育大小不同的滩涂，据海图粗略估计总面积约在28400公顷左右。现划出15片海涂，累计面积约16000公顷作为未来开发利用的后备资源(见表92)。

表92　可开发滩涂资源分布表

序号	乡镇	位置	面积(公顷)
1	飞　鸾	碗窑—金蛇头	2667
2	漳　湾	横屿—樟屿—岛屿—三角顶	2000
3	漳　湾	西坡塘	599
4	下白石	猪槽屿—云淡门东侧—云淡门北侧—南浦后山	667
5	三　都	三都岛东南侧	467
6	三　都	三都岛西北侧	200
7	湾　坞	白马港东西侧	867
8	盐　田	白马港东侧盐田港西侧	467
9	盐　田	盐田港东侧	1000
10	溪　南	溪南镇西南	1000
11	沙　江	沙江镇南	3000
12	长　春	长春镇东侧	2000
13	溪　南	东安岛南北侧	400
14	鉴　江	鉴江湾北侧	333
15	下　浒	下浒西侧	333

围垦开发三都滩涂，是发展水产养殖、农业、轻工业、交通运输业、旅游业的场所，更是建设商港、军港的重要场所。

修筑海堤是开发利用滩涂的先决条件。历史上围垦滩涂，由于技术、资金所限及使用目标单一，围垦规模小，单位面积投资大，必须总结实践经验，按各岸线的具体条件及使用目标，经专家技术经济论证，选择适宜起围高程(即海堤线位置)，以求既经济又合理安全、又保持生态平衡的开发方案。

第二节 生物资源及其评价

一、生物资源概述

三都澳海岸带得天独厚的地理位置和自然条件，繁衍了以海洋生物资源为主丰富多彩的生物资源。在海洋生态系统中，鱼虾贝藻类有600余种，经济鱼虾类资源量达3万吨，其中有不少驰名中外的名特优品种，如官井大黄鱼、对虾、石斑鱼、二都泥蚶、沙江牡蛎、沙塘剑蛏、海带等。在植物资源方面，拥有闻名全国的天山绿茶以及晚熟荔枝、龙眼、芙蓉李、绿竹等具有强竞争力和发展前途的品种。这些资源为开辟致富之路，发展本区经济，繁荣市场，提供了相当有利的条件。

但是，由于人们对生物资源的整体性、不可逆性、数量有限性等方面缺乏足够的认识，长期以来开发利用缺乏科学规划，加之人口压力的不断增加和局部地区掠夺性经营，致使生物资源遭到不同程度的破坏，部分生物资源频临绝灭，近海经济鱼类趋于枯竭，陆地原生植被破坏较严重。因此在开发利用生物资源以适应经济发展需要的同时，要切实加强对生物资源，尤其是各类珍贵物种的保护，既要获取经济效益，又要恢复和建立新的生态平衡，促进生物资源的良性循环。此外，对外地优良品种应采取积极、慎重的科学态度，按照试验推广的步骤进行，并加以科学改良，以建立本地良好的品种体系，进一步提高生产力。

(一)植物

1. 森林植被

宁德市森林植被区系历史悠久，原生植被为常绿阔叶林，隶属中国3大植被区域中的“中国东部湿润森林区”。它属于《中国植被区划(1980)》中的“中亚热带常绿阔叶林地带”。在《福建省植被区划(1979)》中，跨“南亚热带雨林地带”和“中亚热带照叶林地带”本区东部沿海三都澳以南成带状地域为“闽粤沿海丘陵平原南亚热带雨林小区”的“闽江口鹫峰山南部潮暖南亚热带雨林小区”；其余地域为“南岭东部山地常绿槠类照叶林区”的“闽中戴云山——鹫峰山常绿槠类照叶小区”。

宁德市域森林植被，在地形、气候、土壤等环境因素的综合影响下，垂直分布与水平分布比较明显，在森林植被区系成分上，是随纬度地带性由南向北逐渐过渡的规律性变化。就垂直分布来看，常绿阔叶林的分布高度上限是随纬度由南向北、由低海拔向高海拔渐减。

区内洞宫山和鹫峰山地一带，山高云雾多，湿度大，土壤多系火山岩风化残积，如坡积发育而成，土壤疏松肥沃，适宜杉木、松林、毛竹生长，这一区域已是宁德市商品材的主产区，而且还有许多珍贵的如银杏、水松、鹅掌楸、香果树、半枫荷、福建柏、凹叶厚朴、天女花、沉水樟、天竺桂、红豆树等国家公布的珍稀濒危保护树种，其中屏南县岭下乡楼上村和棠口乡仕洋村的成片水松林为国内外所罕见。水松林面积 1 公顷，计有 72 株，为目前世界已知最大片的水松林。

沿澳靠近南亚热带，分布含热带成分较多的常绿针、阔叶林种类，主要有桑科、豆科、木麻黄科、芸香科、无患子科、桃金娘科、木犀科、松科、杉科等区系成分，如榕树、台湾相思、银合欢、木麻黄、积壳、黄皮果、龙眼、荔枝、番石榴、无花果、茉莉花、马尾松、杉木等；灌木有小叶赤楠、桂木、黄瑞木、盐肤木等，草木层次发达，以芒萁、单叶新月蕨居多；海岸植被主要有红树林、秋茄和大米草。

沿澳陆域植物群落处于人为演替阶段，现有植被多为次生和人工植被。

2. 大田作物

宁德市粮食作物以稻谷播种面积最大，分布最广。粮食主产地在古田、屏南两县。地方优良品种有寿宁马铃薯、古田大豆。蔬菜类中福鼎的槟榔芋扬名海内外。

沿澳粮食作物以稻谷为主，其次是甘薯、大麦、小麦、大豆、马铃薯等，种植面积约 42907 公顷；经济作物主要有油菜、花生、甘蔗、茉莉花、麻类、席草、烟叶、芦笋等，种植面积约 3668 公顷；其他作物中，以蔬菜为主，种植面积约 11351 公顷，其中霞浦县溪南、沙江一带生产榨菜，是继四川涪陵、江苏海宁之后全国第三大榨菜生产基地，加工生产的福宁榨菜香辣可口，畅销省内外。

3. 果树

宁德市是常绿果树带，果树品种资源丰富。享有盛名，具有发展潜力的品种有晚熟龙眼、荔枝、福安芙蓉李等。

沿澳小气候环境突出，是亚热带果树的聚集区，水果种植面积约达 6594 公顷，产量 11384 吨。人工栽培的果树有柑橘、龙眼、荔枝、枇杷、李、桃、香蕉、番石榴、柿子、梨，以及橄榄、葡萄、梅等，其中晚熟龙眼、荔枝果大核小，皮薄肉厚、汁多化渣、清甜而芳香，成熟期较闽南一带产地迟 20 多天，因而更显珍贵。芙蓉李栽培历史悠久，果质优良、清脆多汁、甜酸适口，可加工成干品或蜜饯，为出口创汇产品。

4.茶叶

宁德市茶叶生产历史悠久，面积大，花色品种多。福安、福鼎、宁德为主产县，也是驰名海内外名茶“坦洋工夫”、“白琳工夫”、“天山银毫”的主产区。福鼎白琳、福安杜口、宁德虎贝为宁德市三大茶叶生产基地。

沿澳茶叶栽培品种主要有天山绿茶、福安大白茶、大毫茶、福大、福云、春分茶、茉莉花茶等。名牌创汇产品有天山绿茶、茉莉花茶、龙首毫尖、四季春、葛洪开日绿等。

5.药材

沿澳药材种类繁多，人工栽培主要有天麻、杜仲、肉桂、厚朴、太子参、准山、白术、茯苓等。野生品种有佛手、积壳、何首乌、百合、山药、穿心莲、狗脊、薄荷等。

宁德市药材的蕴存量很大，经测算年产量100吨以上的品种有山药、太子参、茯苓、乌药等11种，其中柘荣县的太子参在药材市场有一定的名气。

6.养殖植物

淡水植物有细绿萍、席草、茭白等。海水植物以海带、紫菜为主，还有裙带菜等。沿澳养殖海带，紫菜面积大，已形成较大宗商品，而且由于养殖海区污染少，水质肥沃，气候优越，海带、紫菜质地嫩软，品质佳，营养丰富，产品远销全国各地。

(二)动物

1.饲养动物

沿澳饲养禽畜以猪为主，有牛、羊、兔、猫、犬、鸡、鸭、鹅、鹌鹑、家鸽、蜜蜂等。1992年末猪存栏数为155624头，牛13409头、羊46983头，家禽1118987只。福安花猪列入福建省优良地方品种，具有适应性强、耐粗饲、生长快、体形较大、皮薄肉嫩、瘦肉率高等特点；福安水牛列为全国地方优良品种之一，躯体粗壮，肌肉丰满，抗病能力强，役用性好；霞浦山羊系地方优良品种，体形较大，背腰平直，适应性强，成活率高，膻味少，肉质好。

2.野生动物

沿澳主要有野猪、猕猴、山麂、穿山甲、刺猬、雉鸡、野鸭、棘胸蛙、蛇、山兔、白鹭、海鸥、松鼠等。由于长期以来人们对野生动物的保护、利用认识不足，加之毁林开荒，滥砍乱伐森林，使野生动物生存环境受到严重破坏，野生动物种群现已渐少。因此要采取有力措施保护好生物资源，让更多的生物生存、繁衍下去，与人类和平相处。

3.淡水动物

沿澳淡水品种主要有草鱼、鲢鱼、鲤鱼、鲫鱼、鳙鱼、鲳鱼、罗非鱼以及海淡水交汇处的鳗鲡等，此外还有淡水贝、虾、鳖、田螺、鳝鱼、泥鳅等。淡水产品年产量2418吨,淡水业起步较晚,养殖技术亦较落后,但潜力较大。

4.微生物

宁德市微生物资源主要是银耳、香菇、草菇、金针菇、凤尾菇、茯苓等,都已形成大宗的出口创汇商品,其中古田县的白木耳、香菇产量占宁德市的60%以上,是全国联名的“食用菌之乡”。沿澳食用菌生产已成为一项新兴产业,主要品种有蘑菇、香菇、木耳、茯苓等。

二、海洋生物及其自然保护区

三都澳海岸带海域地理位置优越,沿岸四周大量淡水注入,给海区带来大量有机质和无机盐,滩涂底质和海区水质肥沃,海水理化因子稳定,饵料充足,海水温度适中,营养盐丰富,浮游生物繁生,优越的环境繁衍了大量的海洋生物,海产资源十分丰富,是我省著名的水产养殖区,并素有“天然鱼仓”之称。区内官井洋和东吾洋是全国少有的大黄鱼、对虾产卵繁殖和幼鱼育肥的理想场所;海区也是带鱼、鲳鱼、鳓鱼、马鲛、鳗鱼、真鲷、石斑鱼、弹涂鱼、鲐鱼、银鱼、龙头鱼等的生长繁衍地区;虾蟹类有60多种,经济价值较大的种类有长毛对虾、东方对虾、日本对虾、仿对虾、锯缘青蟹、三疣梭子蟹、中华绒螯蟹、虾姑等;贝类约有70种,以瓣鳃类和胶足类占优势,主要有蛏、牡蛎、蛤、蚶、扇贝、贻贝、鲍鱼、墨鱼、章鲑等10多种。本区珍贵海产品有:

官井黄花鱼:大黄鱼俗称“黄花鱼”。官井洋是我国的黄花鱼产卵区,官井大黄鱼产量居全国首位,此鱼为宴席上的“座上宾”。

对虾:主要产品有东方对虾和长毛对虾,为本区出口创汇产品,主要销往港、澳、台地区和日本国。

石斑鱼:是一种名贵的海水鱼,肉如蒜瓣,味道鲜美,营养丰富,畅销海内外市场,享有上等佳肴之美称。

二都泥蚶:是泥蚶的一个优良品种,因产地是蕉城区二都村,故名曰“二都泥蚶”,它体积小、外壳薄、肉丰满、肉质嫩,味道鲜美,营养丰富,深受省内外消费者的喜爱,在国际市场上也享有盛誉。

沙江牡蛎:是褶牡蛎的一个优良品种,因产于霞浦县沙江村而得名。个体较大,肉质细嫩,蛎膏丰满,味鲜甜美,营养丰富,尤以粒大著称。可以晒干,风味独特,为港、澳地区“端午节”席上不可缺少的佳肴。

尖刀蛏:俗名剑蛏,野生、四季皆有,形似剑而闻名。为全国稀有的特产。具有个体小、壳薄、晶莹、肉丰细腻、味美,与大连剑蛏齐名。

(一)滩涂、浅海区海洋生物

区内地势平坦、底质多为海泥结构,营养盐较丰富,水质底质肥沃、海洋生物丰富,东吾洋和官井洋就位于本区。据初步调查,区内贝、虾、蟹、鱼类品种多达200余种。可供养殖的品种主要有大小弹涂鱼、对虾、青蟹、梭子蟹、江瑶、扇贝、泥蚶、花蛤、牡蛎、溢蛏等20多种，是发展水产养殖业的宝地。

（二）沿岸海区海洋生物

本区海底地势较平坦，俯质以泥和泥沙为主，由于受大陆江河径流影响，水文与地理条件差异较大，有明显的季节变化，水质肥沃，水产生物资源丰富。据初步调查有鱼、虾类100多种，其中主要经济鱼类有30种左右，以大黄鱼、带鱼、毛虾、鳗鱼、马鲛、三疣梭子蟹、鲳鱼、墨鱼等产量较大。

（三）近海区海洋生物

本海域地势在水深80m以内较平坦，倾斜度小，相对较为稳定，底质以泥沙为主；在水深80m以上，坡度较大，有间断的深水层，底质多为沙质硬地。据查有鱼、虾类80多种，主要捕捞对象有鱼勒鱼、马鲛、三疣梭子蟹、沙丁鱼等，尤以大黄鱼、带鱼、鳗、白姑鱼、墨鱼、对虾等种类较多，是我省经济鱼、对虾和头足类的主要产区。

（四）外海区海洋生物

本区地势陡峭，水深变化急剧，基本上接近于热带性水域，具有高温、高盐的特点，温度周年变化较小。据日本等国一些调查船利用围网和拖网进行探捕分析，认为本海区有一定的开发价值，可捕到真鲷、竹美鱼、带鱼、金线鱼、鲳鱼等鱼类，网次产量的平均值是东海外海的两倍，这一海区属未开发区，面积大，水产生物资源潜力更大。

（五）自然保护区

1.官井洋大黄鱼繁殖保护区。位于东经119°48′～119°55′，北纬26°31′～26°40′。在三都澳东南侧，东西宽约11km，南北长约9km，面积约100km，水深多超过20m，最深处为77m。官井洋口小腹大，底质多为泥或泥沙，年平均水温20℃，含盐度约28‰，透明度约1.2～1.5m，为半日潮往复流，流速2.4～4节，其上游河流是交溪和霍童溪两大水系，来水注入大量有机质和营养盐，水质肥沃，浮游生物量大，饵料充足，是全国仅存的大黄鱼繁殖生长优良场所，每年春夏之交大黄鱼洄游云集于此地产卵，5～6月间渔汛季节各地渔船云集捕捞，属闽东渔场主要渔区。

2.东吾洋对虾繁殖保护区。位于东经119°54′55″～12°03′55″，北纬26°41′30″～26°47′40″，东西宽约11km，南北长约16km，总面积约170km，其中浅海占41%，滩涂占59%。区内四周群山环抱，形似葫芦，腹大口小，沿岸围绕有沙江、长春、下浒、溪南4个乡镇。本海湾朝西南开口，通向官井洋，湾内水深多在10m左右，底质为泥或沙泥，年平均气温18.3℃～18.6℃，年均水温19.9℃，含盐度29‰，透明度0.5～1m，为半日潮往复流，流带43～53m/s，四周大小溪流数十余均汇水于湾内，带来丰富的无机盐类和有机质，饵料丰富，浮游微生物量大，据查有经济鱼、虾、贝藻76种。本区域不仅是全国不可多得的人工放流对虾增值的优良场所，也是名扬海内外的沙江褶牡蛎的产地和宁德市海带、紫菜、贻贝的主产地。生物资源详情见表93(1)—(8)。

表93(1)　宁德市蕉城区、福安市、霞浦县及沿澳各乡镇生物资源情况表

		森林					粮食作物		稻谷	
		蓄积量(m^3)	生长量(m^3)	采伐量(m^3)	用材林面积(亩)	防护林面积(亩)	面积(亩)	产量(t)	面积(亩)	产量(t)
宁德市		14506749	1287694	942846	5609201	1434702	3318935	922966	2115627	711031
蕉城区		1126609	111776	76938	496888	189471	359762	91804	234586	71221
蕉城区沿澳乡镇	城关	22371	2219	1553	5548	2822	17232	5558	14610	4900
	金涵	12084	1198	839	17207	2535	17685	4684	11972	3702
	漳湾	14897	1478	1034	5584	2998	51915	16510	41190	14736
	七都	23943	2375	1662	18337	2014	26620	715	20690	6152
	八都	40853	4053	2837	25997	4433	26400	6494	17930	5148
	飞鸾	19320	1917	1341	16718	5026	22681	5497	12728	3656
	三都	11332	1124	764	9658	3774	21741	3803	7540	2043
福安市		1078710	97209	62418	419062	289768	615297	166496	376138	1332212
福安市沿澳乡镇	赛岐	29013	2646	1643	9034	8782	35230	11469	26400	10287
	甘棠	32651	2978	1798	20335	1056	51848	16956	41600	15292
	下白石	31785	2899	1797	13771	32630	36024	10102	22449	8148
	湾坞	63338	5776	3581	21274	15132	32200	10014	20100	7445
	溪尾	47722	431	267	5119		17000	4298	8600	3076
霞浦县		1106778	108371	76600	353514	269024	456762	135461	266814	98454
霞浦县沿澳乡镇	松城	15441	1512	1058	747		11714	4693	9859	4304
	长春	35269	3453	2417	5595	261	42498	9829	18357	5684
	盐田	37554	3677	2573	55932		28663	8880	19009	7184
	溪南	24437	2393	1675	7656		45366	12513	25816	8900
	沙江	21059	2062	1443	15717	78	41692	15845	28700	12207
	下浒	21164	2072	1450	12882	247	23768	4779	9890	2835
	北壁	24738	2422	1695	461	2	18158	3119	6250	1787
	洲洋	42400	6110	4277	195011	78	60826	19908	44498	16293
罗源鉴江							14343	4139	6168	2131
沿澳							643604	186105	414356	145910

表 93(2) 宁德市蕉城区、福安市、霞浦县及沿澳各乡镇生物资源情况表

		甘薯		马铃薯		大小麦		大豆	
		面积（亩）	产量（t）	面积（亩）	产量（t）	面积（亩）	产量（t）	面积（亩）	产量（t）
宁德市		592226	149104	285985	39576	160890	10963	147545	10911
蕉城区		67633	15578	14890	2101	31200	2000	7897	623
蕉城区沿澳乡镇	城关	2092	626	10	10	400	19	30	3
	金涵	3490	689	600	150	500	30	768	67
	漳湾	5040	1306	650	73	2600	263	935	52
	七都	3760	607	670	168	1300	74	200	14
	八都	4810	986	360	55	2400	210	900	95
	飞鸾	5448	1460	900	99	1800	95	900	96
	三都	8046	1448	100	25	4700	219	975	49
福安市		90410	19957	45146	6881	60144	4229	37963	1948
福安市沿澳乡镇	赛岐	3400	680	2000	300	2030	131	1200	41
	甘棠	3720	864	2000	520	4000	247	528	33
	下白石	7200	1476	223	38	5524	402	588	38
	湾坞	7350	2244	1000	100	3300	180	450	45
	溪尾	3500	889	2000	130	2400	182	500	20
霞浦县		116721	29529	29215	4125	27528	2249	15283	982
霞浦县沿澳乡镇	松城	1020	248	660	124	70	9	105	8
	长春	17481	3548	43	7	6306	579	301	9
	盐田	3817	1127	2100	233	2800	237	852	90
	溪南	1039	2496	4390	713	2650	227	1495	121
	沙江	7600	3041	1800	324	632	42	2600	195
	下浒	9691	1529	198	30	3800	372	167	11
	北壁	7500	924	247	38	3361	298	700	56
	洲洋	9161	2905	4768	553	474	40	1825	116
罗源鉴江		4900	1774	150	25	2000	153	150	11
沿澳		129421	30876	24959	3715	53047	4010	16169	1170

表 93(3)　宁德市蕉城区、福安市、霞浦县及沿澳各乡镇生物资源情况表

		经济作物	花生		油菜		芝麻		甘蔗	
		面积（亩）	面积（亩）	产量（t）	面积（亩）	产量（t）	面积（亩）	产量（t）	面积（亩）	产量（t）
宁德市		235900	17900	1948	95800	4955			25500	85218
蕉城区			8581	729	238	8	304	20	3533	14301
蕉城区沿澳乡镇	城关	567							272	1321
	金涵	1740	568	63					250	955
	漳湾	4591	1860	182					811	2810
	七都	2540	610	29	58	2				
	八都	5700	1580	174	45	3	45	3	500	2840
	飞鸾	440								
	三都	442	325	19					117	558
福安市		41673	2760	357	4861	173	678	24	16059	52713
福安市沿澳乡镇	赛岐	3520	200	16			100	3	2500	8900
	甘棠	2968	300	33	1500	56			835	2554
	下白石	1847	130	9	200	10			1410	4594
	湾坞	4280	80	4	1000	30			3200	7720
	溪尾	736			600	27			106	483
霞浦县		39172	5316	568	22972	1391	1948	118	3356	9764
霞浦县沿澳乡镇	松城	301	10	1	283	22	20	2	10	20
	长春	6170	1905	140	2083	134	500	30	1562	4904
	盐田	2020	130	11	1280	18	25	2	155	96
	溪南	4295	1270	166	1855	153	740	40	430	1126
	沙江	1330	500	35	510	31	100	5	20	20
	下浒	1630	193	39	1315	83			22	110
	北壁	564	174	9	390	32				
	洲洋	8585	468	46	5024	335	784	53	375	1714
罗源鉴江		647	30	1					12	48
沿澳		55033	10333	977	16148	936	2314	138	12587	40778

表 93(4) 宁德市蕉城区、福安市、霞浦县及沿澳各乡镇生物资源情况表

		茶叶		水果		柑橘		荔枝		龙眼	
		茶园面积(亩)	产量(t)	面积(亩)	产量(t)	面积(亩)	产量(t)	面积(亩)	产量(t)	面积(亩)	产量(t)
宁德市		633509	21091	396454	50720	85834	17529	7106	579	25906	206
蕉城区		63360	1633	54994	7540		5431		331		132
蕉城区沿澳乡镇	城关	2547	90	4622	1372		1372		2		3
	金涵	4638	73	2800	298		251				21
	漳湾	1887	22	10656	719		189		15		44
	七都	4400	73	7191	470		375		7		5
	八都	6587	193	5391	416		228		10		45
	飞鸾	3126	84	3678	424		221		125		
	三都	2306	96	3264	771		287		170		6
福安市		138116	4282	77719	15000	19540	3032	384	19	5629	45
福安市沿澳乡镇	赛岐	9492	235	6256	687	2775	291	53	1	1562	8
	甘棠	9264	507	3663	345	1436	176	76		410	1
	下白石	3194	135	4809	327	2010	94	146	1	1447	8
	湾坞	2975	60	2825	135	553	10	107	16	1381	19
	溪尾	2419	69	643	81	105	26	2	2	81	
霞浦县		77116	1970	62259	10016	14275	4051	5784	191	2425	12
霞浦县沿澳乡镇	松城	85	5	1412	421	177	69				
	长春	2460	27	5360	507	566	96	1911	52	555	
	盐田	5820	89	4040	626	797	192				
	溪南	3270	185	3714	948	1123	569	190	23	405	6
	沙江	2568	42	10326	738	543	97	3195	110	1465	6
	下浒	4449	158	4647	575	1138	103	483	5		
	北壁	2179	65	2509	154	1092	40	2			
	洲洋	6595	127	8112	1248	1751	309	65			
罗源鉴江		2440	53	2243	122	814	93	10	1		
沿澳		82700	2426	98917	11384		5043		540		184

表 93(5)　宁德市蕉城区、福安市、霞浦县及沿澳各乡镇生物资源情况表

		枇杷		柿子		李		猪年末存栏数（头）	牛年末存栏数（头）	羊年末存栏数（头）	兔年末存栏数（头）
		面积（亩）	产量（t）	面积（亩）	产量（t）	面积（亩）	产量（t）				
宁德市		28666	2922	15736	2978	37795	9749	734467	51985	104670	624612
蕉城区			357		115		70	71461	4731	16224	31923
蕉城区沿澳乡镇	城关		3				8	3462	218	481	735
	金涵		11				7	3015	150	400	900
	漳湾		51					19120	60	970	460
	七都		28				19	3850	152	1600	2000
	八都		27		15		1	7340	445	1800	380
	飞鸾		9				3	1800	335	300	1500
	三都		132		3		2	3800	18	5500	560
福安市		7030	800	1958	272	24021	7975	140137	6743	23867	70977
福安市沿澳乡镇	赛岐	827	47	1	3	45	3	7120	224	452	80
	甘棠	787	79	3057		204	22	12223	417	562	120
	下白石	268	18	5		182	25	12730	395	4005	
	湾坞	346	2	6	2	23	1	11357	252	3570	
	溪尾	76	1	34	7	113	1	6396	264	1516	
霞浦县		14196	1619	1850	488	3322	861	103465	12971	41894	11375
霞浦县沿澳乡镇	松城	27	22	47	14	80	8	1385	38	242	218
	长春	278	37	117	19	170	7	7346	2605	3237	934
	盐田	731	35	367	165	784	119	6811	675	4089	100
	溪南	1282	261	53	13	43	10	9543	677	5513	2790
	沙江	2377	185	15	8	460	19	10237	1019	2679	
	下浒	511	55	14	8	87	16	8289	1767	2682	2580
	北壁	295	7	1		102	20	6700	1123	3150	3000
	洲洋	1589	35	146	45	306	30	10091	794	2909	82
罗源鉴江		105	6			159	1	2509	359	1326	2500
沿澳			1051		299		322	155624	13409	46983	18939

表 93(6) 宁德市蕉城区、福安市、霞浦县及沿澳各乡镇生物资源情况表

		家禽年末存栏数（只）	水产品总产量（t）	淡水产品（t）	海水养殖（t）	鱼类（t）	对虾（t）	贝类（t）		
								合计	蛏	蛤
宁德市		4498900	234557	7111	95615	2228	1689	20468	8693	2378
蕉城区		315992	20263	1432	16193	518	940	5163	2766	80
蕉城区沿澳乡镇	城关	19307	1134	66	887	121	160	737		
	金涵	2100	27	27						
	漳湾	46780	5866	780	7198	25	818	1887	1620	
	七都	31500	500	22	287	175	44	264		
	八都	23996	149	25	49	2	2	40	20	
	飞鸾	22750	1057	77	933	46	60	824	243	50
	三都	45000	10269	94	8936	446	20	455	424	30
福安市		969166	11443	1457	4756	160	248	3086	2314	383
福安市沿澳乡镇	赛岐	188800								
	甘棠	79190	2375	902	24			23	23	83
	下白石	59740	4400	219	1211	100	73	880	618	
	湾坞	64110	2862	100	2441		35	2345	1240	300
	溪尾	30330	1593	23	1080	50	140	813	433	1710
霞浦县		871686	121199	142	63935	529	104	8176	3013	
霞浦县沿澳乡镇	松城	75400	100							
	长春	46192	81428	5	10025	8	29	909	118	263
	盐田	53790	2157	16	698	20	11	598	155	260
	溪南	80550	19556	20	18701	190	42	415	268	50
	沙江	51954	18810	10	17510	200	10	2760	500	
	下浒	54860	13410	10	8404	63	5	849	337	127
	北壁	50000	6165		2498	30	95	20	20	
	洲洋	112718	2621	12	27					
罗源鉴江		20420	1179	10	821	8	8	180	180	
沿澳		1118987	105658	2418	78730	1489	1552	13981		

表93(7)　宁德市蕉城区、福安市、霞浦县及沿澳各乡镇生物资源情况表

		(续)贝类(t)		藻类(t)			养殖面积(亩)				
		蛎	蚶	合计	海带	紫菜	合计	对虾	贝类	海带	紫菜
宁德市		5895	290	70712	67865	2497	181910	60728	67398	29631	16754
蕉城区		2242	35	9547	8098	1469	36133	16544	11401	2560	4945
蕉城区沿澳乡镇	城关										
	金涵										
	漳湾	187	8	1530	80	1450	16150	10767	2219	60	2900
	七都										
	八都	20					1170	630	400		
	飞鸾	485	6	4		4	7071	1000	5100		45
	三都		1	8015	8000	15	7678	2486	612	2500	2000
福安市		359	30	1223	1140	83	21254	10000	9411	554	756
福安市沿澳乡镇	赛岐										
	甘棠						211		211		
	下白石		5	173	100	13	9500	4800	4200	154	56
	湾坞	110	15	980	960	20	7000	3500	3000	300	100
	溪尾		10	70	20	50	4500	1700	2000	100	600
霞浦县		2002	81	54860	51111	739	86526	22266	27176	24630	8809
霞浦县沿澳乡镇	松城										
	长春	398		9065	9006	65	19502		4990	4945	1825
	盐田	167	6	65		65	9501	1400	5581		1000
	溪南	77	20	18034	17954	80	15478	4150	1390	8030	1053
	沙江	1750		14740	14560	240	20856	2400	9850	6200	2400
	下浒	210	55	7479	7472		10258	5320	1980	2920	
	北壁			2446	2398	50	3057	1458	85	1000	518
	洲洋			17	10	7	202			39	48
罗源鉴江				628	496	132	2322	162	600	230	1250
沿澳				63241	61050	2191	34450		42218	26409	13817

表 93(8) 宁德市蕉城区、福安市、霞浦县及沿澳各乡镇生物资源情况表

		海水捕捞(t)	鱼类(t)					虾蟹类(t)		蔬菜	
			合计	带鱼	大黄鱼	鲳鱼	鳗鱼	合计	蟹类	面积(亩)	产量(t)
宁德市		100282	3099	151	2623	2958	28603	3388	582137		
蕉城区		1073	13	48	30	36	1200	150	88146	47742	
蕉城区沿澳乡镇	城关	181								5780	4003
	金涵									5100	2301
	漳湾	888	102	13	2	21			108	13255	9426
	七都	186								3328	1624
	八都	75	22						30	22210	13086
	飞鸾	47	10							5500	2806
	三都	1289	794		28	6	30	345	4	1380	731
福安市		5230	3544	12	10	14	10	984	340	104825	68281
福安市沿澳乡镇	赛岐									18000	13500
	甘棠	1449	850	2		4		124	50	3880	2003
	下白石	2970	1458	10	10	10	10	560	245	8606	6513
	湾坞	321	67					70	5	2505	501
	溪尾	490	75					130	40	2102	2098
霞浦县		56747	39886	1325	55	1445	1399	15163	1567	119940	104483
霞浦县沿澳乡镇	松城									5587	7697
	长春	1370	825			109		542	52	16277	11712
	盐田	1450	1102					295	28	3335	2318
	溪南	800	600	2	3			160	20	15635	15237
	沙江	1300	1280					20		14347	18469
	下浒	4986	3835		20	55	530	1108	41	8589	3476
	北壁	3667	3022	1	4	20		645	50	5400	3225
	洲洋	2383	2166			69		199	80	8253	9380
罗源鉴江		348	313					35		1196	899
沿澳		24200	16521	28	67	294		5058		170274	131005

三、生物资源开发利用现状

(一)森林植被

由于三都澳海岸带人口密度较高,生产活动频繁,生活燃料较缺,森林资源破坏较为严重,近年历经整顿,滥砍乱伐现象有所减少,并通过大面积植树造林,大力营造工程林(包括防护林、薪炭林、用材林、经济林)取得明显成效。到目前已基本消灭荒山,实现全面绿化。沿海防护体系充分发挥了森林的生态和社会效益,对防风固沙、涵养水源、防治水土流失起着重要作用,改善了生态环境。

本区主要营造树种为马尾松、湿地松、杉木、木麻黄、绿竹、龙眼、荔枝等。目前新植树木均为幼林地和造林未成林地,中、幼林占 90%,森林覆盖率较低,仅 40%,农业生态环境仍受一定影响。因此要加强抚育和管理,重建森林,改善环境,为发展持续农业提供有利条件。

(二)粮食作物

本区海拔低,地势较平坦,土壤肥沃,气候条件优越,粮食生产水平高。1992 年粮食播种面积约 42906 公顷,产量 186105 吨。其中水稻面积约 27623 公顷,产量 145910 吨;甘薯、大小麦、大豆、马铃薯面积约分别为 8628 公顷、3536 公顷、1077 公顷、1664 公顷,产量分别为 30876 吨、4010 吨、1170 吨、3715 吨。区内甘棠、洲洋、漳湾等平原区为粮食高产、稳产区。近年来本区在稳定粮食播种面积基础上,依靠科技进步,狠抓开发性生产项目,积极推广农作物新组合新品种,再生稻、吨粮田模式栽培以及配方施肥等,同时发展旱粮作物,粮食产量逐年递增,取得良好的经济和社会效益。但由于本区发展建设起步低,基础设施薄弱,建设资金短缺,导致开发后劲不足。

(三)水果

本区沿海地带具有南亚热带气候特征,成为我省发展荔枝、龙眼、橙等常绿果树的北限地区,水果具有天然晚熟的优势,还盛产柑橘、芙蓉李、香蕉、枇杷、桃、梅等产品。果树生产开发在本区历史较早,发展较快,不仅种植面积大,而且品种多,产量高,近年来发展势头更旺,通过低产果园的改造,面积、产量和质量都进一步提高。1992 年本区果树面积约达 6594 公顷,年产量 11384 吨。种植晚熟荔枝、龙眼是本区的优势,新开发种植面积不少,种植园比较规范,已初具规模,但目前尚未进入结果期,应加强科学管理,投产后经济效益将十分可观。

(四)茶叶

本区茶叶生产历史悠久,名优品种多。近几年着重发展市场容量大、竞争力强的天山绿茶、福安大白茶、春分茶、大毫茶和福云新种。通过改低、换种,建立"三保"茶园,茶叶单产得以较快的提高,有力促进茶叶开发向深度和广度发展。1992 年茶叶得以较快的提高,种植面积约 5513 公顷,产量 2426 吨,由于建园不规范,老品种多、缺乏科学合理采摘,单产偏低,须加速改造,发挥其潜力。

(五)海洋生物

本区渔业生产历史悠久,是福建省水产三大综合改革试验区之一。近几年制定了"以养殖为主,捕养为举,科海联姻,高优齐抓"的渔业经营方略,引科技水灌海上田园,渔业生产发展迅猛,水产名特优品种养殖呈现出较旺势头。在品种开发上闯出新路,逐步出成果,其中大黄鱼全人工育苗技术研究,达到世界先进水平。1992 年宁德市域海产品总产量达 102930 吨,其中海洋捕捞 24200 吨,海水养殖 78730 吨。

在海产品养殖方面,本区养殖牡蛎、缢蛏、花蛤、海带、紫菜等历史悠久,"沙江牡蛎"、"二都泥蚶"久负胜名,供不应求。近年来,本区积极发挥这一优势,扩大养殖面积,推广养殖新技术,主攻单产,不断发展新品种增加养殖。1992 年宁德市海带、紫菜等藻类总产量达 63241 吨,集中在东吴洋一带;蚶、牡蛎、缢蛏、花蛤、贻贝等贝类总产量为 13981 吨,集中在漳湾、湾坞、沙江、盐田一带;对虾产量 1552 吨,集中在漳湾一带;网箱养鱼 14890 吨,集中在官井洋一带。由于积极推广虾蛏、虾蛤、虾蚶、虾蟹混养以及海带、贻贝的套养,取得了显著的经济效益。并顺利完成东方对虾及中华绒毛蟹增值放流,获得良好的经济社会和生态效益。在珍稀名特优水产品如大黄鱼、石斑鱼、真鲷、鲈鱼、鮸鱼等品种开发养殖方面已初见端倪。在引进品种方面也开展了一些工作,如美国红鱼、罗旋藻、台湾鲍鱼等品种正在进行养殖试验,有待进一步推广。

在海洋捕捞方面,海捕作业区集中在 60m 等深浅以内海区,由于超载捕捞以及曾经一度不科学作业,违反了海洋鱼类资源发展规律,致使鱼类质量下降,许多经济鱼类资源频临枯竭。目前,浅海区特别是沿岸海区和水深 60m 内的近海区,除中上层鱼类,底层鱼虾以及头足类品种尚有开发的潜力外,主要的捕捞品种如大黄鱼、带鱼、墨鱼等,已形不成渔汛,而 60m 等深线以外的海区基本未开发利用,潜力相当大。针对这种状况,近年来本区逐步完善捕捞生产布局和产业结构,改善渔区经济体制,从单一化生产逐步走上一条多海域、多作业、多品种捕捞和以开发外海为重点的良性循环轨道。

综观本区开发利用状况,已从过去消耗和忽视保护资源,转向保护、增值和合理利用资源。但资源优势,尚未充分发挥。外海生物资源开发进度缓慢,规模小;浅海、滩涂养殖在提高单位产量、扩大养殖面积以及开发新品种上,内涵力还很大。因此在规划期内应抓住机遇,迎接挑战,变资源优势为商品优势，使海洋生物资源开发利用有新的突破。

三都澳海岸带海洋生产资源开发利用存在的主要问题：一是本区海域自净能力较弱，目前由于海洋资源开发程度较低，还未引起严重污染，因此在今后开发的同时，应充分考虑海洋环境保护问题；二是海洋生物资源，由于过量采捕，已出现枯竭现象，应采取措施加以保护和合理利用，这样资源才能得以永续利用；三是部分海区大米草蔓延严重危及养殖业，近几年由于大米草生长蔓延，导致不少适宜养殖生产的滩涂底质被大米草侵占固化，滩面升高，而且致使海水营养盐下降，造成浮游生物量减少，生态环境受破坏，给水产养殖业带来很大损失，因此要通过综合治理，控制和消除大米草对滩涂和海产生物的危害。生物资源开发利用集约分布见表94。

表94 宁德市主要生物资源开发利用集约分布地域表

<table>
<tr><th colspan="3">生物资源</th><th>集约分布地域</th></tr>
<tr><td rowspan="7">森林</td><td colspan="2">速生用材林</td><td>洞官山、鹫峰山、太姥山和天湖山地的寿宁、屏南、古田等县</td></tr>
<tr><td rowspan="3">经济林</td><td>油茶</td><td>福安、柘荣等县、市</td></tr>
<tr><td>油桐</td><td>霞浦、福鼎、宁德等县、市</td></tr>
<tr><td>山茶籽</td><td>周宁、寿宁</td></tr>
<tr><td colspan="2">薪炭林</td><td>宁德、福安、福鼎等县市的低山丘陵地带</td></tr>
<tr><td colspan="2">防护林</td><td>溪河两岸及公路沿线</td></tr>
<tr><td colspan="2">特用林</td><td>古田、屏南、宁德、福安、霞浦、福鼎等县市</td></tr>
<tr><td rowspan="2">粮食</td><td colspan="2">单季稻</td><td>海拔＞600m以上地带</td></tr>
<tr><td colspan="2">双季稻</td><td>海拔＜400m以下地带</td></tr>
<tr><td rowspan="5">水果</td><td colspan="2">芙蓉李、柰、桃、柿</td><td>福安、古田、屏南等县市</td></tr>
<tr><td colspan="2">晚熟荔枝、龙眼</td><td>宁德、福安、霞浦等县市</td></tr>
<tr><td colspan="2">柑 橘</td><td>宁德、福安、福鼎、霞浦、古田等县市</td></tr>
<tr><td colspan="2">四季柚</td><td>福鼎、霞浦等县</td></tr>
<tr><td colspan="2">板 栗</td><td>寿宁、周宁</td></tr>
<tr><td colspan="3">茶 叶</td><td>福安、宁德、古田、福鼎等县市</td></tr>
<tr><td colspan="3">油菜、花生</td><td>滨海平原地区</td></tr>
<tr><td colspan="3">甘 蔗</td><td>福安、宁德、福鼎、霞浦、古田等县市</td></tr>
<tr><td colspan="3">茉莉花</td><td>宁德、福鼎、霞浦、福安等沿海四县(市)海拔低于－100m；坡度在15°滨海低丘、冲积平原地域</td></tr>
<tr><td colspan="3">太子参、茯苓</td><td>海拔＞500m以上地带的柘荣、周宁、寿宁、福安等县市</td></tr>
<tr><td colspan="3">食用菌</td><td>古田、屏南等县</td></tr>
</table>

续表

生物资源			集约分布地域
畜禽	猪	福安花猪	福安、柘荣等县、市
		瘦肉型猪	福安的溪柄、松罗;霞浦的洲洋、柏洋;福鼎的管阳、叠石;柘荣的乍洋、诸坪
	牛	福安水牛	古田、福安、霞浦、福鼎、宁德等县市
		黄　牛	周宁、寿宁、宁德、福安等县(市)的丘陵山地
	羊		霞浦、福鼎、宁德、福安等县(市)的丘陵山地
	兔	长毛兔	福鼎、寿宁
		肉用兔	周宁、寿宁、柘荣、屏南等县和中低山地带
	禽	番　鸭	古田的湖滨、大桥、鹤塘杉洋等乡镇
		肉　鸭	各县县城及乡镇所在地
水产品	淡水鱼		古田、宁德、寿宁、霞浦等县(市)
	海水养殖		宁德、福安、霞浦、福鼎等沿海四县(市)滩涂和港湾地带
	网箱养殖		宁德、福安、霞浦和东吾洋沿岸
主要农产品加工	水产品加工		沿海四县(市)城区以及赛岐、三沙、秦屿、漳湾等乡(镇)
	食品蜜饯		闽东蜜饯厂
	水果保鲜与罐头		蕉城区
	榨菜		霞浦县
	粗制茶		福安、福鼎等县(市)
	明前茶		福安市
	功夫茶		福鼎、福安、霞浦等县市
	食用菌加工		古田、屏南等县
	竹木制品、造纸		周宁、寿宁、屏南等县

四、生物资源开发利用的对策

(一)森林

本区背山面海,受台风、暴雨和干旱等自然灾害影响,水土流失较严重,对发展沿海防护林带,形成理想的森林生态环境显得十分重要。

1. 本区要坚持以建立沿海防护林体系为主,把海岸线内侧 1km 范围内划为海岸防护林区,把江河主干流两侧及水库周围一重山范围内划为水源涵养林区;把公路主干道两侧 1km 范围内划为护路林区,对中、强度水流失区重点营造水土保护林,把水土流失控制到最低限度。

2. 坚持适地适树,科学造林,普及容器育苗,提高造林成活率和保存率,着重加强填平补齐、幼林抚育管理工作,同时还要完成对低产林的改造任务。

3. 因地制宜，实行多林种结合，林果竹结合，立体开发多种经营，克服以往零星分散不宜管理的缺点，抓好绿竹林和沿岸水果基地建设，充分发挥森林的多种效益。

4. 多渠道多层次筹集资金，保证沿海防护林体系的顺利实施。

(二)粮食作物

进一步依靠先进科学技术，因地制宜进行多方位开发，提高资源利用率和单位产量。

1. 沿海平原立地条件好，光热充足，要发挥五里洋、东湖塘、西陂塘、甘棠洋、湾坞洋、洲洋等良田作用，推广标准化模式栽培，实施粮经三熟双丰田，全面实现吨粮化。

2. 改造中低产田，采取先易后难分类指导方针，通过工程措施和生物措施的综合治理，分期分批进行改造。中产田障碍因子轻微，易于改良，投资少，见效快，增产潜力大，应作为近期改造的重点。

3. 开展试验对比，筛选高产、优质、抗性强的杂交良种进行推广，更换种植时间已经较长、抗性已经逐渐衰退的老品种。

4. 推广新技术，全面实行优化配方施肥，使粮食作物开发向高产优质方向发展。

5. 抓好旱粮作物开发。首先应选用并推广耐旱、适应性强的旱粮作物优良品种，淘汰老品种。根据旱地土壤和作物的特点，实施旱地粮油多熟开发，改为主栽甘薯、花生、芝麻、玉米、早稻为套种，后作小麦、马铃薯、蔬菜为辅助，改二熟为三熟。

(三)水果

充分发挥本区优势，大力发展具有地方特色的水果佳品，合理布局，统一规划，连片开发，形成规模。

1. 以发展晚熟荔枝、龙眼为主，兼营柑橘、枸杞、芙蓉李、梅、香蕉等水果。建议在三都、飞鸾、城南、漳湾、七都、下白石、湾坞、溪尾、溪南、沙江、长春、下浒等乡、镇的临海地带建立龙眼、荔枝商品生产基地；在城南、金涵、甘棠、赛岐、州洋、溪南等乡、镇建立福桔、雪柑生产基地。

2. 选好优良品种。龙眼、荔枝是典型的亚热带果树，对温度反应十分敏感，要求较为严格；柑橘对温度的适应性要求也很强。因此应选择和引进适宜本区的优良品种，抓好无病苗圃良种繁育工作。

3. 加强果园建设，改造代产果园。对幼林果要加强技术管理，搞好科技示范园建设，做到开发一片、巩固一片、成功一片，以获得高产。对低产园要加速改造并淘汰老、劣品种，根据果树生长多投入、多效益的特点，增加并投入加强科学管理，在短期内将会获得增产。

(四)茶叶

规划重点是巩固现有,产量和质量一起抓,主攻单产、提高品质、以优取胜,分类指导,分期分批改造低产茶园,适当扩充名优品种。在飞鸾、城南、金涵、七都、八都等乡镇建立天山绿茶生产基地;在甘棠、赛岐建立福安大白茶、福云良种生产基地;在沙江、长春、溪南一带推广春分茶;在沙江镇的涵江、八堡建立"葛洪"、"涵江大毫"等名优茶基地。同时,搞好良种茶苗繁育工作,保证本区茶苗自给。

(五)海洋生物

本区广阔的海域、滩涂以及丰富的海洋生物资源,为发展水产业提供了得天独厚的条件。海洋生物资源开发利用重点以开发高科技为主的浅海垦区养殖业及滩涂养殖业,大力发展外海捕捞,注重经济渔类的保护和增值,加强水产品的保鲜加工,扩大出口创汇基地,把三都澳海岸带海区建成一个富裕、繁荣、文明的"海上田园"。

1.浅海、滩涂养殖

要巩固拳头产品,挖掘内涵潜力,以提高经济效益为中心,科技和市场为导向,积极推行综合利用,立体开发,提高单产,开辟名特优新品种养殖,恢复发展传统优良养殖品种。坚持以大宗产品如海带、贻贝等品种养殖为基础,使养殖总产量有较大的飞跃。依靠科技发展海区珍贵鱼类——大黄鱼、石斑鱼、真鲷、鲈鱼、鲵鱼等网箱养殖。继续开展已取得明显效益的东方对虾及中华绒毛蟹的放流增值并加强对幼体的监测采捕,实行严格管理,以促进社会、生态和经济效益的良性循环。

为充分合理开发利用海产资源,必须狠抓开发性生产,搞好基地建设。根据自然环境条件及发展生产潜力,规划在东吾洋、官井洋浅海区建立大黄鱼、石斑鱼等珍贵品种网箱养殖及鱼虾人工放流增值基地;在漳湾、长春、下浒、溪尾建立对虾生产基地;在漳湾建立二都泥蚶基地;在沙江建立牡蛎基地;在长春、溪南建立海带基地;在盐田建立哈种苗基地。

2.海洋捕捞

由于近内海资源不断衰竭,要继续控制近内海捕捞强度,压缩定置作业。对沿岸近海特别是官井洋、东吾洋海区,要严格实行禁渔期和禁渔区,强化保护和增值经济鱼类、甲壳类水产资源,大力发展捕虾业,以开发丰富的宁德市海虾资源。积极开辟外海新渔场,新品种,以发展外海捕捞为重点,着力改善捕捞技术装备,保证海捕资源充分合理的开发利用。

3.完善生产体系,搞好产前、产中、产后服务,加强种苗和加工方面的管理,狠抓养殖技术,饵料及病害防治的推广,多渠道组织资金投入,以保持本区海洋生物资源的开发利用能持续、稳定地发展。

第三节　农业可持续发展

农村区域的可持续发展，除了一般区域的可持续发展问题以外，突出的是要解决这些问题：发展综合农业、生态农业；保护农村生态环境，特别是解决乡镇企业污染问题；解决好农村能源问题。

一、发展生态农业

农村的主业是农业。这个古老的国民经济部门，始终将会随着社会生产方式的进步而不断更新。当现代化经济正在普及于各个领域的时候，一个现代化的农业，不仅给人们带来必需的生产品，而且还给人们带来具有生态文明色彩的生活方式。为此，农村的可持续发展，就在很大程度上系于农业的可持续发展。更进一步说，农村的可持续发展与农业的现代化、生态化水平密切相关。

发展综合农业实际上是在建立生态农村的大环境上。综合农业要求农业区域必须农林牧副渔多项发展，改变现在仍然留存的栽培景观单一、使用品种单纯、缺少天然植被、生物多样性低的状态，强调发挥本地资源优势，因地制宜地发展多种经营，大力营造多种多样的栽培景观，提高生物多样性的组成部分。这些措施不要因其小而忽略，如农田、林地、草场与庭院经济合理布局，土地合理轮作、间套作、种植绿肥，发展混交林等。注意品种的选择及其合理配置，改进其相互影响。

发展农林或农林牧或农林牧渔的复合经营，不仅可在产品上提供农业商品与用材，而且使本地的生物资源、土地资源、空间资源、水资源、气温资源等都得到更大限度的发挥。只要根据因地制宜的原则，运用生态学的原理来合理规划设计，就能取得经济与生态两方面的效益。

发展综合农业是建立生态农村的基础措施。此外，尽力植树造林则可能是农村生态化的关键。每个乡村都要尽量建立自己的“绿色银行”，这就是开展工程，建造农田防护林带。凡连片荒山都应统一规划，按照不同的土地条件，分别建立用柴林、经济林，划地建造薪炭林、水源林，以解燃眉之急。而针对风沙、寒潮、水本建设不可缺少的一部分，也是当地重大的生态工程。

发展生态农业是建立生态农村的内涵。生态农业的一个表现形态是立体农业。立体农业是根据生态系统的立体分异特点，建立多层次、立体化的土地利用系统和相关技术，使农业生产内部存在的“竞争关系”变成“共存关系”，进而变为“互补关系”。促进这一演化的土地利用系统与相关系统和相关技术主要包括三个方面：(1)立体空间上土地资源有效利用。利用谷底低地、河川水面、平地、坡地、山的空间格局。(2)强化内部循环，安排总是好水生陆生、放养圈养、种植畜牧、木本草本、最终产品与中间产品（如饲料、绿肥）之间的关系，强化农业内部的特质能量循环，提高资源利用效率。(3)时间上短期、中期、长期计划的有机结合，做到长短兼顾，以短养长，循序渐进。实行立体农业，有利于农业生产过程当中就解决燃料、饲料和肥料的“三料”问题。

生态农业的另一个表现形态是庭院经济。现在提倡发展的庭院经济，不是过去那种自给自足的小农经济，而是市场经济、商品经济的一种新模式，与一般农业商品生产相比，品种安排上的市场导向、生产效益上的市场竞争不变，但是土地利用的高度集约，空间安排上的立体构架，品种之间的生态关系，却是庭院经济所独特的。还有一种“四位一体”模式，即对沼气池、厕所、畜圈、作物大棚进行配套建设。在庭院中可以有多种经营，并跨农林牧副渔各业，其中可能有种特色产品为主流，各家各户的庭院经济可以成为专业村、专业乡的基层单位。

二、保护农村生态环境

维护农村生态环境、搞好农村生态建设，已经由长远经济效益逐渐向短期经济效益，即它的迫切性越来越强了。仅从短期效益看，工农业生产造成的环境污染正在严重破坏着农村当前的生产生活条件。工业“三废”的危害是很明显的，除了废气直接危害人、畜和植物（特别是经济林木），废水直接侵害农田与水源，废渣占用土地并生成废水之外，还造成上至大气层、下至土壤的立体污染。农业中的农药、化肥的过量使用同样使农田、水源以至大气都受到化学污染，生态失衡。害虫抗药性增强，农产品品质下降或有害。解决这个问题的出路，就是要使工农业生产在技术模式，经营目标上都适应、服从环境保护的需要，而乡镇企业的污染问题可以说是首当其冲。

乡镇企业的发展增加了乡村与小镇的经济实力，但产生的负面影响不能低估，它破坏了大自然生态环境的平衡，首先就是水环境的污染。如在乡镇企业发达的苏南地区 160 个引用水源地中，已测出 154 种含毒有机污染物，几十种化合物超标。沪宁杭地区历史上乡间到处可见的“小桥、流水、人家”的景观已荡然无存。在大量乡村耸立的机器大生产工厂厂房后是变黑、发臭，没有任何生态环境意义而只有负作用的水体。

乡镇企业发展造成农村环境污染的原因有：

1. 在总体上乡镇企业没有受到国家严厉的环保监管，乡镇环境受生产企业污染问题尚未得到像城市那样的高度重视，乡镇企业在内部能力低、外部压力小的情况下，也没有普遍建立限制污染排放的技术体系与管理体系。

2. 城市环保工作加强后，一些污染严重的产业将转移到农村，而农村分布分散，不利于污染治理。多数行业将转移到农村，而农村在表面上环境容纳能力较大，忽视环保的倾向更严重。

3. 乡镇企业分布分散，不利于污染治理。应当把多数行业的乡镇工业企业集中到小城镇或者形成小区，以便集中财力和技术力量来治理。

我们从来就批判的西方发达国家工业化那条"先污染、后治理"的道路，现在倒是应该认真地仿效了，因为我们面临的不是什么"后治理"的问题，而是"先污染，后不治理"的问题。当前需要的是"停止继续污染，逐步开展治理"。所谓"停止继续污染"就是要现有的或新建的乡镇企业停止在生产过程中继续向周围环境排放污水，通过安装治污设施设备，提高生产水平与工艺的先进程度，减少耗水量与原材料耗用量，最好是把污水消除在生产过程中。所谓"逐步开展治理"就是对已经受到破坏的环境，特别是水体，用科学方法尽力将它恢复到破坏之前的状态，这个治理工程需要有财力与技术力量的高投入。破坏得越厉害的地方，治理就越费劲。对于已有的污水流，用"污水资源化"的方式对付它。如自然生物净化技术，是利用自然界存在的各种微生物，将废水中有机物分解和向无机物转化，达到废水净化目的。

三、农业资源的深度开发

整个地区都需要农业资源度开发，主要放在提高单位土地面积的农产品产量方面。据调研分析，其增产潜力有：(1)改造中低产田每公顷可增产粮食，改造坡耕地、风沙地、过粘过沙耕层浅的薄地 750～15000kg；改造渍涝、盐碱地 1500～2250kg；改造干旱缺水田(地)1500kg。(2)改造低产林地，就是要提高每公顷的林木蓄积量，单位面积生长量。对于经济，将提高单位面积的油茶、油桐、核桃、板栗、枣等商品产量。经济收益能提高，涵养水源、保持水土地的生态功能会更好。(3)改造低产园园地，提高果园、茶园、胶园的产品产量，或者不从产量着眼，而是通过提高产品品质来提高单位面积的商品价值量。(4)改造低产水面，提高池塘、水库的养殖生产能力，增加单位水面的产品产量。用这种开发来替代平面垦殖，无论在经济技术意义还是生态环境意义上都是十分重大的。

促进劳动者走向农业资源深度开发，是在农业土地资源日趋减少，而农产品需求有所扩大的背景下，农区经济得以进一步发展的正确方向。它需要社会的价格机制支持，需要农业能顺利地向技术密集型产业发展，农民能成为更有知识、技术、技能的劳动者。要是这一跨越实现不了，在农区土地资源缺少的条件下，从土地生产上转移不出去的、又缺少农业技术的农民，就只能更多地闲在家中受穷。这对可持续发展是贻害无穷的。

四、发展畜牧业，建立适应可持续发展的生产模式

农区的主业是利用耕地资源进行作物种植，为了使这个主业有一个良好的自然生态环境，注重利用林地资源与草地资源发展林业、畜牧业是很有必要的。一个以农业为主的地区，如果能形成农、林、畜牧业的三足鼎立状态，对维护和改进那里的生态环境是十分理想的。

利用草地资源发展牛、羊、兔等草食动物生产，不仅是自然资源的利用，也是时间、资金等经济资源的统筹使用。这是将固定太阳能的绿色植物与种植业需要之外的劳动力转化为社会所需的动物蛋白，以这一商品的输出来换取货币的输入，为农村的发展提供资金，而饲养业在村内可发展成为分工行业，培育专门技能。农区畜牧业产品增长之后，不仅商品率提高，农村居民自己的食物结构也会改变，人们身体健康的营养基础就会改进。特别在石山地区发展山羊、兔、黄牛，更是适应这类地区的自然条件，为当地群众开辟脱贫的路子。南方丘陵地带大都有各类草地，可利用的草资源很多，加上人工植草、改良草场，利用农作物副产品作季节性补充，发展规模性的畜牧生产是可行的。

这项生产发展起来之后，必须从传统生产方式进入适应可持续发展的生产方式，其要点有：

1. 改良牲畜品种，生产优质产品。这一措施的落实，要借助社会化服务体系。在专业化的、拥有较多技术存量的服务机构的供给下，让千百家农户获得良种牲畜。

2. 改良草场，建立高产畜牧业的基础设施。这是一项新的生产建设，群众接受要有一个过程。广西黔江示范牧场在新西兰专家的协助下，取得了小面积的成功，但在广大农村，仍处于试点推广阶段。

3. 采取科学的放牧方式，农区草食动物的饲养一般采取家圈养与草场放养相结合的办法。圈养是各家各户的事，而放养如各家随意自行其事，容易矛盾百出。此外，在农民单家独户经营的情况下，出于劳力有限的原因，牛羊放牧多半在村屯附近的山坡草地，而不选深山和远野草地。草地利用近处过牧，远地空载现象要扭转，只要牲畜数量一增大，近处牧草就供不应求。在畜牧业比重较大的农区，最理想的社会化放养方式是：畜牧户组织起来，合作开辟牧场，共同受益；在不改变牧畜所有权的情况下，以自然村为单位，协商使用牧场，实行群牧，集体轮牧。这样来抵抗各种天敌，高效利用草

资源,防止近亲交配、品种退化;建立牧场档案,有节制地放牧;由近而远地将牧场的建设和维护承包给养殖专业户,搞草场开发专草料和加工青饲料,秋季储存,冬季使用。以上措施都是为了将草资源的持续利用与畜牧业的高效发展有机结合。

第九章　三都澳海岸带旅游资源及其开发利用战略

第一节　旅游资源概貌和特色

一、宁德市旅游资源特点

(一)总量丰富,类型齐全

宁德市有大小旅游景区30多个,各类景点181处。不仅自然资源多彩多姿,而且人文景观内涵丰富。自然景观旅游资源方面,山、海、川、岛、城融为一体。上山,可观奇峰、怪石、异洞、飞瀑;下海,可游览辽阔港湾的渔城胜景;游川,可领略中华一绝的独木冲浪和纤夫号子。在人文旅游资源方面,既有仙巢佛窟古文明之遗址,又有红旗不倒的革命胜地;既有古城堡、古寺、名塔,又有独具特色的畲族和民间文化艺术。宁德市天华物宝,名茶异果飘香,山珍海味俱全,一年四季皆宜旅游。

(二)覆盖面广,空间组合佳

宁德市旅游资源遍布九个县(市)区,区域内群山逶迤、溪河纵横、海岸曲折、港湾众多、岛屿棋布,地形的复杂性和生物多样性,构成一幅丰富多彩的天然画卷。特别是不同种类的旅游资源在特定空间的组合地作天成,叹为观止。山、海、川、岛一体化是宁德市旅游资源的最大特色,基本形成北起福鼎太姥山,南至三都澳,包含霞浦杨家溪、福瑶列岛、东冲半岛的蓝色旅游资源带；西起屏南鸳鸯溪，涵盖蕉城、屏南、周宁三县、区交界处的绿色山水生态旅游资源带。同时，还形成以周宁县城为中心、九龙漈瀑布群、鲤鱼溪、芹山湖、滴水岩景区为依托的高山避暑旅游资源；以陈靖姑文化为背景的古田翠屏湖、水口库区湖泊旅游资源带；以中华畲族宫为中心的畲族风景旅游资源。这种旅游资源的空间布局和各类资源的地域组合不仅突出了宁德市旅游特色，增强对游客的吸引力，而且有利于组合开发和梯度开发，形成系列化的旅游产品。既有利于资源内在价值的充分发挥，又可以发挥区域旅游业的整体优势，促进旅游业的可持续发展。

（三）特色鲜明，可出精品

宁德市不仅旅游资源丰富，而且特色突出。全市拥有太姥山、鸳鸯溪两个国家级重点风景名胜区和九龙漈瀑布、支提山和东狮山三个省级风景名胜区，同时还有一批国家级、省级、市级和县级文物保护单位，文化品味较高。目前虽然处在初级开发阶段，但已经显示出她的魅力，今后如果瞄准方向，加大投资，精心开发，完全有条件出精品和绝品。太姥山“山、海、川、岛”一体化的系列深度开发，可以申报世界自然遗产，发展成为独具特色的国家级旅游度假区；鸳鸯溪、霍童溪连线开发，可以建成国家级自然生态保护区；三都澳海上渔城旅游开发，可以打响“中国威尼斯”的品牌；周宁鲤鱼溪文化村；霞浦赤岸空海纪念堂、古田临水宫、宁德中华畲族宫都可以进一步开发包装成为精品工程。

（四）生态环境，得天独厚

宁德市依山面海，蓝天碧海，青山绿水，属中亚热带季风气候，一年四季皆宜旅游。由于历史和交通原因，工业经济欠发达，因而自然生态环境保护完好，是中国沿海唯一没有受人为严重破坏和污染的处女地，这是不可多得的旅游环境资源优势，对都市游客来说具有强大吸引力，必将成为21世纪旅游者向往之地。

二、三都澳海岸带旅游资源概况

三都澳海岸带海湾四面环山，口小腹大，永久负盛名的深水避风良港。文坛泰斗郭沫若曾赋诗赞颂：“良港三都举世无，水深湾阔似天湖。”

三都澳海岸带倚山临海，风光绮丽，历史悠久，人文荟萃，自然旅游资源（自然景观）和人文旅游（人文景观）都十分丰富。

（一）自然景观

环三都澳区域地势由西北向东南倾斜，西北部群峰耸峙，悬崖陡峭，沟壑纵深；中南部峰峦叠嶂，河流纵横，盆谷错落；东南部丘陵起伏，河网交错；滨海平原展布，港澳滩涂散落。

地貌有中山、低山、丘陵、山间盆谷、平原、滩涂、海岸、海湾、岛屿等类型。境内较高的山峰如宁德第一旗、福安白云山、霞浦县海尖、寿宁三羊尖等拔地而起,雄奇多姿。

本区地貌类型多样与地表切割强烈,造成水系相当发育,较大的水系如交溪、霍童溪等皆独流入海。

复杂多样的地形地貌给本区留下许多令人惊叹的名山胜川,经茂密森林、珍稀动物、奇山异木装点,更使山川增色。温暖湿润的中亚热带气候,使美丽的山川成为四季皆宜的旅游胜地,例如福鼎的太姥山、屏南鸳鸯溪被列为国家级风景名胜区,宁德霍童支提山、周宁九龙漈瀑布群被列为省级风景名胜。

(二)人文景观

本区历史悠久,早在新石器时期,就有古越先人在此劳动生息。在晋太康三年(282 年)便已设县,元至元二十三年(1286 年)升为州,清雍正十二年(1734 年)改州为府。历史遗留的宗教寺庙、古老塔桥等名胜古迹遍布各地,其中著名古刹支提寺被列为国家级重点佛教寺庙,黄瓜山遗址距今已有3500 年以上的历史。

本区是革命老根据地之一,20 世纪 30 年代,邓子恢、陶铸、粟裕、叶飞等革命人物都曾在这里生活过。

本区还有畲族主要居住地,宁德金涵与福安坂中是著名畲族之乡,畲族风情丰富多彩,其中尤婚礼最具特点。

本区自然景观巧夺天工,人文景观闻名遐迩,自然与人文交相辉映,形成本区旅游资源独特风格。主要资源点分布见表 95。

表 95 三都澳海岸带旅游主要资源点分布简表

县(市)	名山	胜川	海滨	宗教寺庙	古建筑	古文化遗址	革命史迹
宁德	支提山 南际山 西山 碧山 霍童洞天	霍童溪 东湖 麒麟湖 流水岩	海上天湖 仙人画 螺壳岩	支提寺 哪罗寺 天王寺 飞泉寺 三都天主教堂	中兴紫迁国 笔师塔 大夫庙 陈普祠 时芳亭 林振翰墓 林陪墓	文昌阁 思泽坛 辟支岩石刻	中国工农红军、闽东独立师成立纪念地,国共合作谈判纪念地
福安	白云山 柏柱洋 仙岫山 天马山 东山洞 清泉洞	富春溪	白马门	狮峰寺 种德寺 三宝寺 锁泉寺	倪下石塔 兴去寺 舍利塔 真武桥 后太桥 刘中藻墓 郭鸣琳墓	义门百尺楼 报寺坊 节孝坊 狮峰寺石刻	闽东革命纪念馆,闽东畲族革命纪念馆,闽东革命烈士陵园,闽东苏维埃政府及中共闽东特委旧址

续表

县(市)	名山	胜川	海滨	宗教寺庙	古建筑	古文化遗址	革命史迹
霞浦	龙首山 洪山 小洪门	杨家溪	东吴泽 古港镇 三沙留 云洞	建善寺 法华寺 柏翠庵 龙首寺 奇岩石寺 靖海官	杨家溪石桥 赤岸石桥 忠臣庙 畲族樟杭 大厝 赤岸空海漂着纪念碑	大京城堡 赤岸城堡 黄瓜山 观音亭寨 龙首山石刻	闽东红军独立团成立纪念地
福鼎	太姥山	九鲤溪	福瑶列岛 大小蒙湾	昭明寺 国兴寺 白云寺 瑞云寺 天门寺 香山寺 资国寺	椤加宝塔 太姥舍利塔	冷战城堡 玉塘城堡 马栏山遗址 南广古窑址	中共闽浙边临时省委扩大址
屏南	九仙山 鸡鸣山 天湖山	鸳鸯溪 百丈漈 水帘洞 白水洋 虎朝潭		宝兴寺 九峰寺 北岩寺	长桥	甘棠古城楼	新四军六团北上抗日纪念地,中共闽东北特委、军分式驻地
周宁	石门山 官山 银屏峰	九龙漈 布群 鲤鱼溪 滴石岩 八蒲龙井		灵峰寺 方广寺 兴福寺			抗日时期闽东特委机关驻地
柘荣	东山 仙屿			普光寺 天心寺	归泗桥 东源桥		青岚面婉窑村古窑址风岐聚秀
古田	翠屏山 蓝田八景 五华山 天柱山 牛头岭 银屏峰	翠屏湖 三布瀑布 元龟潭 瀑布		临水宫 极乐寺 幽岩寺	吉祥寺塔 沉字桥 白花桥 林朝聘墓 余正键墓	魁龙书院 (朱熹遗址)	闽浙赣游纵队成立纪念地
寿宁	南山 西山 北山 鬼足洞	龙井	三峰寺 兴福寺	日升门 紫来桥 升平桥 永安桥	冯萝友宦遗址	中共闽浙边临时省委成立旧址	中共闽浙边临时省委成立旧址

三、主要景区简介

三都澳海岸带远近旅游景点多不胜举,现仅将景点较为密集的若干著名景区简介如下:

（一）海上天湖

巧夺天工的三都澳海湾，口小腹大，风平浪静，水域辽阔，岸线绵长，这里既是海，又似湖，人称“海上天湖”。

湖上碧波万顷，海阔天高，三都、青山、斗帽、鸡公山、白匏、长腰诸岛星罗棋布，城沃半岛“江南第一峰”笔架山拔地而起，海蚀地貌如仙人画、螺壳岩、海面猿人等美妙奇特，官井洋，东吴洋风帆点点，百里荡舟远眺，一幅天然彩画。这里许多岛屿、海域以天上星宿命名。例如斗帽岛本名斗姆岛，岛围有斗姆官，祭祀北斗七星之母斗姆（王母娘娘之妹）；官井（关井）周围有五个岛，取义于星象中的五星聚井，细品海天文化，别有一番韵味。湖滨名胜古迹，琳琅满目，诸如霞浦沙江史前文化黄瓜山遗址、宁德金涵畲族山寨麒麟山、宁德漳湾恩泽坛、福安甘棠种德祥寺等，游览之余可从中领略中化民族瑰丽的历史风采。

海上天湖是一个自然风光为基础，以民族史迹为内涵、幅员十分辽阔、开发潜力颇大的滨海型旅游胜地。

（二）福鼎太姥山

位于县城南 45km 东海之滨，是一个以花岗岩峰林、岩洞为特色，融山、川、海和人文景观为一体的国家重点风景名胜区。

太姥山以峰险、洞异、石奇、云雾多为“四绝”，素有“海上仙都”之美誉，最高峰为摩霄峰，海拔 917m，峰顶平坦开阔，可容多人观东海日出；状似新月的新月峰，是赏月的好云处。此外，龙珠岗、通海洞、葫芦洞、一片瓦、一线天、弥勒坦腹等奇洞怪石，美不胜收，古人赞曰：“太姥山无俗山，个个似神工，随人意所识，万象在胸中。”

太姥山是唐代佛教徒圣中心，现山上保留有国兴寺、瑞云寺、灵霄峰、白云寺等著名寺庙。白云寺又名摩霄庵，始建于唐玄宗开元十三年，距今已千余载，几经重修，现仍保持原貌。

（三）宁德霍童支提山

位于宁德市西北部霍童镇境内，是一个以秀丽的自然山水为基础，悠久的佛教文化为内涵的省级重点风景名胜区。

霍童支提山在历史上久负盛名，据《华严经记载》，支提山曾与峨眉山、五台山、九华山、普陀山齐名，九十九峰绵亘幽深，气势雄奇；霍童溪婉蜒曲折，九曲十八弯二十七滩，风光秀丽；霍童支提山人文荟萃，闻名海内外，这个风景名胜区，宏观大致分为霍童洞天、支提胜场、哪罗延窟、湾洲胜景等四个景区。现简介其中较有代表性的几个景区如下。

霍林洞，位于霍童镇北部大童峰侧。《广兴记》云：“真人霍童所居，记称霍童洞天，洞口高丈许、广十笏、下析平坦，中有一窟，泉味如醴，旁有紫云力覆之。谓神仙府。”

支提寺，又名华藏寺、华严寺，位于霍童镇中部支提山下，始建于宋开宝四年。相传有圣钟铿鸣，天灯照耀，天冠千佛的说法，是名丛林之寺中保存的绕座千尊小佛的毗卢遮那铜佛象、千尊天冠菩萨铁佛象、《华严经》晋译60卷唐译80卷、明版《北藏经》全部、明成祖御五爪金龙紫衣袈水裟等，均为稀世之宝，支提寺现列为国家佛教重点寺庙之一。

支提山是革命要挟地之一，1934年9月在支提寺成立“中国工农闽东独立师”，留下许多珍贵史迹。

支提寺主峰双髻峰，明帝赐名“天下第一山”，峰上两顶对峙，登临峰顶，一可远眺三都澳，二可观云海，三可观日出。

哪罗岩，位于支提寺西南10km虎贝乡东北角与霍童镇交界处。《三山志》云：“石窟高可百寻，深广五十丈，上方若凿，下平如镜。群峰插片瓦，窟旁古木参天，洞流潺潺，夏不知暑。”

瀛洲击水，瀛洲位于洪口乡北角霍童溪畔。由瀛洲乘船过霍童溪十八道大弯，时而波平如镜，时而流急滩险，两岸群峰耸立，石笋凌霄，山光水色，交辉相映，犹如“人在画中游”。

霍童支提山素有“仙巢佛窟”之誉。历史上曾有三次诰封：唐明皇敕封霍童洞天，五代闽王赏封闽国东岳，明成祖赐名天下第一山。

（四）屏南鸳鸯溪

位于屏南县东北部的屏南、周宁，政和县交界处，它是以野生动物鸳鸯、猕猴和珍贵植物为特色，融溪、瀑、峰、岩、洞、雾等山水景观为一体的国家级风景名胜区，也是当今世界上唯一的鸳鸯鸟自然保护区。

鸳鸯溪的“十里水街”堪称一绝；“百丈漈水帘洞”落差大、瀑面宽、水量足，被列为全国五大水帘洞之一。

（五）周宁九龙漈瀑布群

位于周宁县城东南十三公进而七步溪下游，是一个以天然瀑布群为主要景观的省级风景名胜区。

瀑布群由九级大小不等的瀑布组成，全流程不及千米，而落差却达300多米。其中第一级瀑布最为壮观，瀑高46.7m，宽76m（丰水期达83m），飞瀑直下，声如轰雷，薄雾弥漫，气势磅礴，被誉为“福建第一，华东无二”。

（六）霞浦赤岸

位于州洋乡东海之滨，是一个以宗教朝圣为主的省定对外旅游开放点。

公元804年日本空海入唐取经，在此登陆转道入安，回国后在高野山岭阳立佛教“真言宗”教派，现有信徒千余万，不少日本人视空海为圣人，称赤岸为圣地。

赤岸地灵人杰，唐宋迄今，人文荟萃，名胜古迹甚多，略举数例如下：赤岸堡，明州尹厦当励筹建（位于赤岸村）石结构，为福宁州城东向"虎豹重关"；赤岸石桥，宋皇祐五年（1053 年）建；桂枝亭，唐进士林嵩登荣归故里时建，取"蟾宫折桂"之意命名；留耕堂，宋资政殿学士王伯大号留耕，今圮。

赤岸自开放以来，来此寻踪追迹的日本空海足迹参拜团已达四五百人次，现建有供真言宗教徒朝拜的空海石像，望海亭、祭海亭及空海登陆纪念碑等。

（七）福安狮峰寺

位于福安市溪柄乡东部析术洋风景区南部与松罗乡接壤的狮峰山麓，是一座建筑艺术风格独特，结构精巧的名山古刹。

柏柱洋四周峰峦绵延、群山环抱，中间一马平川、良田万顷，大小村庄 36 个，星罗棋布，柏柱溪横穿其间，柏柱洋斗面村，是闽东苏维埃政府、中共闽东特委所在地，现列为省级文物保护单位。

狮峰，《三山志》称西峰，现称虎头山，自然景观如狮子峰、九曲岭、仙人岩等，或以形象或以神似，且均伴有美妙的神话传说。狮峰寺始建于唐景福元年（892 年），明洪武、清嘉庆、光绪年间三度修缮，寺依山而建，以弥勒殿、大雄宝殿、法殿、观音阁为中轴线，两侧藏经阁及斋堂，建筑艺术风格独特，结构精巧。明正德皇帝游此寺时，御赐"狮峰广化禅"匾额。现列为省重点文物保护单位。寺内有鱼池盆景，后有千年柏石，形似鹿角，下有井称"鹿跑泉"，寺旁有株凤梨树，干粗数人合围，极为壮观。

（八）霞浦大京城堡

原名大金堡，位于长春乡大京村，东距海约 2km，历史上是海防巡检司所在地，是一座始建于明洪武二十年（1387 年）的海疆古城堡。

城堡周长 2815m，辟有东、西、南三座拱形城门（北面靠山未设城门）。城墙高 6.5m 至 9m 不等，墙顶宽 3.6m，城内明代古条石街道长 1200 余米，宽 4m，街内布有四亭四井，该堡是我省目前保存较为完好的海疆城堡之一，现列为省级文物保护单位。

邻近法华村马耳峰麓法华寺，始建于宋乾德二年（964 年），山门楹门朱熹题联："地别九重天，碧水丹山青世界；门当三益友，苍松翠竹白梅花。"寺内外有群马飞峰、马耳古洞、仙人花螺、明代墓群、书院遗址等法华十二景。

（九）福安白云山

位于福安西北部晓阳乡与穆阳镇处，因白云常绕而得名，是一个具有山高、径幽及云海奇观的风景区。

白云山群峰罗列，其中仙顶峰海拔 1448.7m，号称闽东最高峰，登峰顶可观东海日出，有时尚可看到全国罕见的"佛光"（一种罕见的大气光学现象)。

白云山西坡平缓,现为蟾溪林场,东北坡陡峻,上山之路素有“天梯”之称,山上怪石嶙峋,有石虎归山、仙人棋盘等天然美景,后峰西坡冷水寺始寺建明正德四年(1509 年),毁于战火,1987 年重建,寺前“天池”盛产珍稀植物午时莲,午时开花,过午而沉。

白云山麓还有八仙(八个山峰神似八仙)过海、九龙洞、鲤鱼溪、锁泉寺、太后公厅及五显大帝宫等诸多景点。

(十)宁德南漈山

南漈山位于宁德市区南漈路尽端,南倚林葱郁、妩媚多姿的玉女峰,西北连挺拔千仞、鹤岭盘空的白鹤峰,东北俯临宁德城邑,中有石笋凌霄、如椽擎天的文笔峰。

南漈山堪称环澳独秀,风景区方圆 290 公顷,翠谷飞泉,寒潭相叠,古道蜿蜒,佳景深藏,千树竞秀,奇洞遍布,怪石散落,野趣盎然,整个风景区分湖滨、南漈、龙湫、南峰和仙鹤五个景区,景观多层,景色殊翼。南漈山自古以来就是寻幽探胜的好去处,历代文人慕景赏赐雅名诸如南漈飞淙、金蟾戏水、白龙吐雾、飞燕南归、文笔书天、仙人面壁等,枚不胜举,各具意趣。

南漈山历史悠久,人文景观颇丰。“天下名山僧占多”,建于宋明的白云庵、南漈堂及龙湫、南峰等四座寺院,清雅别致、香客盈门。修建于宋宝庆年间的白鹤岭古道是古代宁德市通往省城的咽喉,沿途摩崖石刻二十多处,憩亭五座,名流硕德、朱熹、陆游诸贤均有题,当今名士钱伟长、周昌谷有题刻。

南漈山景域辽阔,交通方便,近年市政府陆续拨款修复南漈名胜建筑,如时芳亭、观瀑亭、思轩亭等。“中国关心下一代工作委员会专家委员会”领导莅临宁德考察之后,确定宁德市为国务院颁发的《九十年代中国儿童发展纲要》(NPA)沿海地区示范点,并选在南漈建设“宁德儿童文化活动中心”,投资筹建著名科学家人物雕塑区、自然情物馆及国际儿童山庄等设施。

四、旅游资源特色

三都澳海岸带山清水秀,人杰地灵,旅游资源十分丰富,而且具有区域特色。历来以山地、海滨兼备,山光、水色交融,名胜古迹甚多,民族风情独特而闻名遐迩。归结起来,有如下几个主要特色。

(一)自然人文景观交辉

在一个风景区内,游客既可观山水、探洞、下川、漂海,又可访古、览胜、朝拜。例如,太姥山风景区融有“山、海、川”为一体的自然景观和由摩崖石刻、古寺庙、古城堡、名人古迹等组成的人文景观;支提山风景区既是佛道教旅游胜地,又可观赏奇峰、异洞,还可下川独木冲浪和纤夫号子的惊险情景,海上天湖更是自然景观如画，名胜古迹琳琅。

(二)专项旅游资源独特

本区有些旅游资源具有专项开发相对优势。例如，霞浦赤岸作为日本空海和尚入唐之池，具有开展宗教朝圣专项旅游优势；福安是全国畲族聚居最为集中的一个县市，尤其是宁德金涵、坂中是著名的畲族之乡，畲族风情独特，开发畲族风情专项旅游变有吸引力；屏南鸳鸯溪是当今唯一的鸳鸯鸟自然保护区，开拓蜜月度假专项旅游将有广阔前景。

(三)风味食品类多质优

本区气候温暖湿润，物产颇丰。例如，宁德"天山银毫"、福安"白琳功夫"茶驰名中外，主要佳果有福橘、芦柑、夏橙、芙蓉李、水蜜桃、油柰、草莓、枇杷、四季柚、橄榄、龙眼、荔枝等，其中晚熟荔枝被誉为"果中之王"；香菇、银耳等山珍质地优良；梦龙春、密沉沉酒香味醇厚；官井洋黄鱼、东吴洋对虾、沙塘剑蛏、七都鲟、二都蚶是脍炙人口，这些名优风味食品将给旅游生活增添不少乐趣。

第二节 旅游资源开发利用现状

一、旅游资源开发利用现状

(一)旅游资源开发利用现状简述

三都澳海岸带九县市旅游业从1986年起步以来，得到了各级常委、政府的高度重视和有关部门的大力支持。

目前，可供浏览的风景名胜区有福鼎太姥山，宁德霍童支提山、南漈山、三都澳、屏南鸳鸯溪、周宁九龙漈瀑布、鲤鱼溪、霞浦赤岸、福安春公园等。建成了2个国家级风景名胜区——太姥山、鸳鸯溪，2个省级风景名胜区——霍童支提山、九龙漈瀑布群。推出2条省级旅游专线：日本海空之路——赤岸宗教朝圣旅游专线，畲族民俗风情旅游专线。"宁德—畲族村(金涵乡亭坪村)"被国家旅游局确定为"95中国民俗风情游·南风景窗"之一。

(二)旅游资源开发利用现状中存在的主要问题

1. 旅游资源保护与环境治理

十一届三中全会以来，旅游资源保护环境治理受到全社会重视，取得了明显效果，尤其宗教政策的落实，使许多古迹文物重放光彩。随着旅游业的发展，各县市旅游部门制定了风景区保护条例等保护措施，并抓紧风景区的环境治理，使主要风景区如太姥山、支提山、鸳鸯溪等处环境质量优越。

但一些风景区保护措施不力，问题相当严重。例如，森林过伐造成水土流失；乡镇企业崛起，盲目开发建设，一些古迹文物屡遭破坏，景区环境也受到不同程度的污染。

2.旅游资源开发利用水平与地方经济实力

本区旅游资源丰富，而地方经济实力薄弱，资金投入太少，因而资源开发水平较低，相当部分风景区尚处于原始自然状态，许多名胜古迹年久失修，游览项目单调，基础设施不配套，即使是省级以上风景名胜区，其开发也只属于初级阶段，资源利用层次不高。

3.旅游景点分布与交通运力状况

三都澳海岸带长期处于战备前线，经济贫困，交通落后，飞机场、铁路等于零，公路等级很低。许多景区公路不通，甚至步游道尚未修通，游客进出耗时费力。此外，还有许多景点分布较散，交通闭塞，游客进出困难，望而却步，甚至有些佳景绝景，迄今仍然鲜为人知。其他诸如旅游管理与服务设施等方面也有待于充实与完善，力求雅俗共赏，适合于各层次游客的不同需求。

二、旅游资源开发利用主要问题

宁德旅游具有良好的发展前景立足于两大基础：丰富的旅游资源和广阔的近距离客源市场。在原始纯净的生态环境背景下的山海川岛溪瀑林木，包括民谷风情、民间信仰、人文遗迹、建筑、村落在内的人文资源，都具有较高的品位和开发潜力。福宁高速公路为宁德打通了向北直达浙江、上海的市场通道；沪浙市场与福州及其周边城市为主的省内市场一起，构成了有巨大需求和消费潜力的国内市场，更有长期以来和福建有着紧密联系，并且区位邻近的国内港澳台市场和日本海外市场，这些为宁德市的旅游资源开发提供了坚实的“高收入、高出游、高消费”的市场潜力。

现阶段宁德旅游发展尚处于初级阶段，产业规模、经济水平、管理水平和投关键资金能力都显得不足，主要体现在旅游吸引物挖掘不足，旅游产业链不完善，旅游形象不明确，旅游经营水平粗放，管理体制落后，市场营销力度不足等多个方面。

(一)旅游形象模糊

宁德旅游资源数量丰富、类型多样，这为宁德旅游快速崛起奠定了物质基础。前期受交通开放程度限制，隐蔽于“山海”之间的宁德旅游还处于原始的自发状态。虽然部分景区景点投资建设,但多以单个项目开发为基础,没有形成一个宁德旅游的整体品牌或者主体品牌。

丰富的旅游资源演绎了多元旅游产品,如山海川岛自然观光,宗教文化,民俗风情,商贸旅游等,资源小规模开发造成宁德旅游产品整体呈"小而散"状态,极易导致宁德旅游形象模糊,如"山海川岛大观园"就是佐证,没有突出的旅游品牌,就没有鲜明的旅游形象,更不要说市场知名度及竞争力。

显然,宁德旅游的发展首先必须解决的问题就是从"繁杂"的旅游产品中提取出宁德旅游的独特性卖点,需要理清现有资源,从"本底特色、市场感召"两方面打造宁德旅游品牌,并提炼"具有强烈市场冲击力"的旅游形象,提高市场对宁德旅游的认知度,增强市场影响力。

(二)市场开拓能力弱

市场经济时代,市场开拓是任何经济活动的主要销售方式,而封闭的社会环境和经济环境,削弱了宁德旅游的市场观念。由于缺乏经验及品牌产品、鲜明统一的旅游形象,在资金缺乏的情况下,宁德的旅游基本处于自发状态,市场开拓尚是空白。宁德旅游市场开拓能力弱主要表现在三个方面。

1. 缺少坚实的经济支撑。宁德经济水平低,政府资金不足,投资商没有引入,每年的旅游市场开拓投入费用极少,不能满足工作的需要。开拓旅游市场需要投入大量人力、物力和财力,要到目标市场进行多种促销活动,多方位宣传,或者在本地开展节事,制造轰动效应,从而提高市场知名度。

2. 缺乏市场开拓经验。由于资金投入少,职能部门很少有机会进行锻炼学习,同时也很少有经费聘请市场动作专家前往指导或外送主管人员接受专业教育。

3. 管理机构缺少协调统一。各县市、各景区各自为政,分散精力,一方面造成旅游形象杂乱,增加市场噪音,另一方面不能集中优势资源(人力、物力、财力和信息),实行全市整体营销。

宁德市拥有一流的旅游资源,可以开发出一流的产品,但没有一流的市场开拓,必将削弱宁德旅游经济的增进态势。如果产品诉求不能迎合目标市场,没有足够的旅游信息传达到潜在客源市场,旅游营销力度和效果都不能与其资源、产品匹配,旅游资源将难以通过市场转化为产品,潜在市场也就不能变为有效市场。

随着宁德旅游经济的白热化、旅游管理人员的专业化、领导层知识化,宁德旅游市场开拓业已有所改观,如温州、宁德、福州三市协作,上海旅游市场开拓计划,以及最近几年主办的系列节事,都证明了宁德管理层的市场开拓能力正在逐渐提高。

(三)内部交通不便捷

福宁高速公路给宁德带来了机遇,为宁德旅游发展创造了条件,但福宁高速公路运输只是打开了宁德的南北门户，而宁德西部山区的交通条件依然落后，难以实现“快旅慢游”的要求。

福宁高速公路沿宁德海岸线连接温州与福州，这给宁德沿海旅游资源的开发带来契机，统计数据证明，福宁高速公路对宁德旅游腾飞作用显著。这也说明了宁德旅游交通制约的严重性，没有良好的交通条件支撑，将增加旅游资源的开发成本，增加投资风险及建设难度。

宁德西部山区几个县市的生态环境优美，旅游资源品位高，且多样资源互补集结呈规模化。但缺乏高等级公路运输的支撑，旅游景点景区可进入性很差，旅游时间成本、经济代价都处于竞争劣势，难以实现其“旅游资源优势”的体现。显然，快速建设旅游交通网络，修建快速通道，是宁德旅游全面发展的基本保证和利益所在。

（四）产业链短

宁德市旅游业产业规模小，所涉及的各要素发展也较为落后，旅游产业链尚未成熟，造成旅游业收益情况堪忧。具体表现在目前已开发利用的景区（点）等旅游吸引物在全国的知名度和成熟度有限，资源单体规模不大；没有具有一定规模的旅游企业；缺乏与旅游业发展配套的一定档次和规模的接待服务设施，市域范围内已建成的最高规格的酒店为三星级，共6家，分布在蕉城（2家）、福鼎（1家）、福安（3家）；旅行社数量较少，全市共29家，其中柘荣和屏面没有旅行社；缺乏高素质的旅游人才。

旅游产业链短小对旅游目的地，因为产业体系不完善，游客消费中断，直接缩短旅游逗留时间，很难给地方带来更大的旅游收入。对游客来说，因缺少高质量接待服务，或者服务不够完善，将影响或破坏游客的旅游兴致，引起旅游投诉或负面市场影响。

（五）景区管理水平低

宁德市旅游资源种类多样，开发建设方式也应该随资源禀性及市场消费需求而各自不同，而现阶段宁德境内主要的旅游资源开发只是停留在观光上，对资源核心吸引力挖掘不够；大多旅游产品的设计多为开发经营主体独自进行，引路入山、引路入湖，就进行观光型旅游接待，整个景区景点开发肤浅，缺少文化内涵支撑；或者简单将休闲度假理解为建别墅、建度假村，在一些景观优美的核心景区大搞房地产建筑，人为破坏景观，导致景区开发变型。

景区景点的旅游项目才是旅游开发建设所在，而其他辅助设施将围绕这些旅游项目而展开。由于缺少专家指导，在开发建设初期，大多旅游景区内容单一，活动组织欠缺，造成游客体验单调，停留时间短、消费低，旅游收益差。另外，在相同的地质环境、自然环境下，很多景区具有同质性，如果缺乏统一的管理监控，很容易造成旅游开发一元化，旅游项目重复建设，不仅浪费旅游资源、资金资源，也导致内部恶性竞争等问题。

在旅游景区运营管理上，没有系统的管理体制。从资源保护到产品开发，从产品开发到市场营销，从市场营销到游客接待服务，这是“一条龙”运作过程，每个环节都需要精心设计。而宁德市部分景区管理经营粗放，工作效率低，接待服务质量低，间接破坏浪费旅游资源。

（六）旅游教育落后

旅游发展落后直接体现之一就在于旅游教育落后，宁德学院尚未设立旅游专业。缺少高等教育直接后果就是没有高素质的服务人员、管理人员补充到蓬勃发展的宁德旅游行业中来，开发深度不足，经济吸引力不强，高级旅游管理者不愿意加盟，造成旅游管理组织能力有限，难以支撑旅游经济发展的需要，容易造成“低起点、低能力、乱开发”恶性循环局面。

没有一个良好的教育系统，宁德市旅游服务人员的培训教育问题就难以解决。随着旅游景区的开发、旅游酒店的建设、旅游交通的完善、旅游商业的红火，旅游服务人员需求量会急剧上升，直接依靠部分高中、初中毕业生。由于缺少系统旅游培训，其服务意识及服务水平比较差，不符合旅游服务要求，影响宁德旅游质量，从而有损形象。

另外，大众宣传教育也比较薄弱。由于缺乏宣传教育，部分群众对旅游经济认识肤浅、对资源价值认识不明确、旅游风险意识薄弱，为了保证开发的社会效益、环境效益和经济效益最大化，需要扩大宣传，提高地方群众旅游经济意识和环境保护意识。同时建议地方领导也要以咨询、培训、座谈、会议等形式丰富自己的旅游知识，职能部门负责，各部门齐心协力，统一旅游思想，统一开发理念，避免“行政”浪费，规避“形象”工程项目，规避“烂尾”工程。

第三节　开发利用旅游资源的战略

“同三线”创造了“宁德新时代”，信息、技术、人力、物力的快速流通，为其发展注入了新的活力，宁德崛起迎来了尖峰时刻。面临机遇，宁德市必须梳理其经济体系，建立经济基石，发展旅游产业，拉动第三产业快速发展。这是制定宁德市旅游发展中长期发展战略的基本前提。宁德市旅游业发展处于刚起步发展阶段，旅游业发展还不成熟，如何协调和把握宁德市旅游发展定位和方向，合理规划，处理资源、市场和产品开发的关系，培育好宁德市具有竞争优势的旅游产品，将是宁德市旅游业发展的一个重要挑战。

一、总体战略

基于宁德市丰富的旅游资源和广阔的旅游市场，抓住机遇，设计宁德旅游发展总体战略是绘制宁德旅游发展蓝图的核心，具体内容如下：

(一)建设国家滨海高速公路风景道

以“宁德市国家海滨风景道”及其两侧的旅游产品开发为依托，以金线(国家风景道)、绿线(西部山区生态旅游)和蓝线(滨海度假、海湾游港与海岛旅游)“三线工程”为途径，以“一湾一山两溪”(三都澳海岸带海滨游憩区、泛太姥山旅游度假区、鸳鸯溪—鲤鱼溪生态文化旅游区)优先发展项目为支撑；

(二)营造东海福地欢乐港湾

建立中国优秀旅游城市，通过“东海福地·欢乐港湾”的品牌营建、推广和管理行动，树立宁德的旅游形象。作为一个新兴的旅游目的地，宁德应该在新生地脉、文脉的基础上，提炼一个突出其最大特色，且有强力市场冲击力的旅游形象，既“东海福地·欢乐港湾”。“东海”、“港湾”第一层次标明了宁德的地理区位及自然环境背景，是一个沿海地区；同时也喻涵着宁德是一块天蓝水碧、风平浪静的休闲娱乐地。“福地”、“欢乐”主要从文化的角度，阐明了宁德旅游的内涵，能迎合市场需求，积极影响潜在客源。

(三)非标准休闲度假

建设以休闲度假为主，融山海观光、文化体验、宗教朝圣、商贸会展为一体的非标准休闲度假旅游产品。宁德旅游资源的多样性决定了宁德旅游产品的多元化，从自然观光到文化体验，从休闲娱乐到度假商贸，从峡谷探秘到草原体验，从海滨度假到山林度假等等，这一系列产品组合构成了宁德旅游产品谱系，是一个围绕休闲度假，多方位、多层次展开的旅游体系。

(四)建设建成后花园

把宁德建设成为面向华东地区、浙闽地区和珠江三角洲地区独具山海港湾特色的旅游度假胜地，温州、福州的后花园。温州、福州毗邻宁德，经济发达，人口众多，是宁德近期主要的客源地。优美的自然环境、丰富的旅游产品、亲密的地缘关系都为两大都市居民的周末出游提供最佳的游憩场所，是两市居民放飞身心、消除疲劳的好去处。在满足基本生活需求的基础上，人们更加注重身体的健康和精神的愉悦，更追求环境的优美和生态的保护。“后花园”主要表明了宁德具有良好的生态环境，拥有丰富的休闲旅游产品组合，完全符合目前温州、福州游客的市场需求。

(五)创建中国优秀旅游城市

宁德市创建"中国优秀旅游名市"的综合目标在于为广大海内外旅游者创造一个最佳的旅游环境(体现在"吃住行游购娱"旅游六要素上),为广大旅游企业创造一个最佳的经营环境(体现在优惠政策和人力资源支持上),为广大市民创造一个最佳的生活环境,最终为城市创造一个最佳的旅游发展环境。在改革开放的基础上,采用市长第一手开发和经营城市,旅游局长负责包装和推销城市的战术手段,广泛发动、督促各部门紧密配合,责任分明,实现"四个"最佳的全面统一。

二、具体战略

在总体战略的指导下,需要根据具体工作的需要,制定宁德旅游发展分战略,主要有品牌营销战略、优先发展战略、产业组合战略、区域合作战略和经营战略。

(一)品牌营销战略

品牌营销战略即品牌建设和目的地营销战略,首先对比研究宁德旅游资源,立足"海湾群"特色,构建"东海福地·欢乐港湾"旅游品牌,在此基础上,有重点地选择目标市场进行专业化营销,启动、扩展、巩固各细分市场。特别强调上海市场、温州市场、福州及闽南市场的营销行动计划,并逐步开拓日韩市场和国内的同三沿线其他区域市场。

(二)优先发展战略

根据投资能力、建设管理能力和旅游容量限制等条件,依托资源,突出重点,近期和中期集中力量主抓"一湾一山两溪"三处精品。即一湾:三都澳海岸带海滨游憩区;一山:泛太姥山旅游度假区;两溪:鸳鸯溪—鲤鱼溪生态文化旅游区。围绕优先项目、强化投资力度、丰富旅游项目、完善接待服务设施、加强质量管理、提高服务水平,树立宁德市旅游示范区,以此带动全市旅游可持续发展。

(三)产业组合战略

旅游产业是一个复杂的体系,是第三产业的核心和龙头。因此,在发展宁德旅游时需要组合、协调各种旅游相关产业及管理部门,特别是高速公路、海洋、林业、建设(风景区)、重点县乡镇各方力量,共同支持旅游业的开发与管理。同时,根据宁德旅游发展的战略定位,将旅游与景观房产,尤其是第二住宅型房产经济结合起来,与地方特色经济成分结合起来,共同组建宁德"大旅游",相辅相成、相得益彰。

(四)区域合作战略

前期受交通限制,宁德旅游发展落后于周边地区,产业规模弱小。但宁德资源丰富,在开发建设与市场开拓时,一方面必须与温州、福州、武夷山、上海,以及其他城市和区域进行深度合作,共同推进宁德市的旅游业及伙伴城市的旅游发展;另一方面,发挥宁德“后发优势”,充分挖掘利用其良好的生态环境,并学习周边地区成功的运营模式和开发经验,在专家指导下,以“大策划”为先导,设计宁德特色旅游项目,构筑宁德旅游体系。

(五)“分头特许、统一经营”战略

以市场经济为杠杆,以经济利益合理分配为原则,坚持资源经营化管理。“分头特许、统一经营”是一种政府向投资商转让旅游区(点)经营权的模式,解决目前存在的各自为政,分割浪费旅游资源的战略选择。

宁德旅游采取“分头特许,统一经营”战略,即宁德各级政府分别向某一经过资质认证的旅游投资开发经营企业(初步推荐福建省煤炭集团公司)出让其所管辖的旅游景区的经营权和收益权,或者部分原有景区开发经营主体以固定资产和投资的形式入股与旅游投资开发经营企业共同经营;宁德市域范围限所有旅游资源选择同一个受许方(如煤炭集团),由煤炭集团对投资项目涉及的区域进行统一的开发和管理,并按特许协议分头向宁德各级政府上缴管理和商业费税。

三、旅游相关型经济战略定位

宁德市是一个旅游资源大市和沿海发达经济断裂带,在新的机遇下,新一届政府正在不同的思路中探索着经济发展的道路。笔者认为宁德市要重点培育旅游相关型经济,力争建设一个富有地方特色、充满经济活力的“同三”沿海线上的一颗“绿色旅游明珠”。

旅游业是一个综合性强、幅射带动功能强的新兴产业,如果旅游业被选择成为宁德市经济发展新的增长点,将“同三”高速公路福宁段建设为全国第一条“高速风景道”,并依托三都澳、太姥山、鸳鸯溪、翠屏湖等优势旅游资源,协同周边的其他旅游资源一起开发,打造宁德市经济发展的新动力,促进全市的地产业、商业、交通、电讯、文化等方面发展,将共同构筑一个以旅游业为核心的产业体系,带动第三产业建设成为宁德龙头产业和国民经济发展的支柱产业。

(一)旅游产业经济

旅游是一个系统工程,在开发景区获取旅游门票收入的同时,围绕“吃住行游购娱”六要素而展开的旅游产业系统,将为宁德第三产业注入新的活力。大规模的游客流,必将引来大量的行、游、住、食、购、娱消费,带动第三产业的全面发展。

旅游“行”要素将推动宁德道路建设及交通服务的完善,游客产业的人流将为交通运输车队、汽车相关服务行业注入经济活力，特别是沿“宁德市国家海滨风景道”而发展的汽车自助游，宁德—福州、福鼎—温州路段的客运服务将会得以大力发展与提高。旅游“食住”两要素将带动宁德市餐饮、酒店、宾馆、度假别墅、农家乐等行业进一步发展，在提高旅游接待服务能力的同时，也盘活了宁德市域范围内的步饮服务行业、住宿接待行业的经济。针对宁德而言，旅游购物目前还是比较薄弱，缺乏具有宁德特色的旅游商品、旅游纪念品，结合宁德自身依山临海的地理位置，可以大力包装生态型山果、菌菇以及种类丰富的海产品。一方面通过高质量的加工包装，推动农产品、渔产品的深加工，培育轻工业经济；另一方面，凭借旅游商品、旅游纪念品较高的经济附加值，改善宁德市第一产业低迷的经济状况。

（二）房地产经济

优美的自然环境、廉价的土地资源、山海川岛兼备的旅游组合，为宁德的土地开发奠定了基础。随着高速公路开通，可进入性地提高，温州、福州两大中心城市的经济将进一步向宁德市融合，并顺延“宁德市国家风景道”（福宁高速公路段）兴起一股“景观房地产”开发热潮；其次通过旅游宣传，将进一步提高宁德中心城市的品牌形象，力争中国优秀旅游城市、东南沿海最适宜人类居住的城市等荣誉，借此提高宁德城市人气，三都澳海岸带发展滨海城市度假旅游，大力推进宁德城市房地产开发；另外，颇具塞外草原风光的高山草场、风情万种的翠屏湖河畔、富含趣味的鲤鱼溪，以及宇宙之谜的白水洋等等环境幽雅、生态良好区域都是开展山地休闲度假的好去处，是开发“景观度假房地产”的营利空间。

（三）商业经济

21 世纪是一个品牌营销的经济时代，宁德的经济、宁德的人气以及宁德的产品要选择一个符合宁德地域特色、饱含风情的概念。通过“欢乐港湾”概念上市宁德旅游，并通过大力市场营销，扩大宁德的知名度，营造“宁德市”品牌，从而活跃宁德的商业经济。

“宁德市”品牌可以根据产业结构演化的需要衍射为多个分支，如宁德市假期、宁德市海鲜、宁德市菌菇、宁德市机电等。“宁德市”是一个产业系统的品牌，针对市场、确保质量，扩大市场影响，从而结合未来的深水港口发展商贸经济，打造多极中心地位。

通过系列品牌营销计划，树立“宁德市”品牌，以“质量、形象、价格”与市场结合，以规模化、规范化、现代化的标准扩大宁德商业的发展，以大幅度增加旅游客源，促进地方商贸经济发展。

（四）其他经济

旅游是一个“引客入内”的消费模式，大量的游客停留于宁德，必将消费于宁德，只要有消费，就能推动地方经济的发展。不仅促进旅游产业内部经济收益，也将促进相关产业的大规模发展，除景观房地产、商贸等行业以外，还将通过大量的旅游投资，改善地方的电力电信、供水排水、交通服务等基础设施，以及生态植被、文化娱乐等环境。

第十章 三都澳海岸带资源可持续开发利用的主要对策

本区资源丰富，山海资源兼备，但长期以来经济发展滞后，科技文化也较发达地区落后，区域资源开发尚处于初级阶段，还蕴藏着巨大的潜力。因此必须加强区域资源环境开发利用问题研究，充分利用一切基础条件、发展机遇和区域资源优势，实现资源可持续开发利用，为区域经济超常规跨越式发展服务。

第一节 加强三都澳海岸带规划，搞好国土综合治理

加强区域规划和国土综合治理是实现区域资源合理开发利用的重要前提和区域经济优化发展的基础。尤其是对于本区区域资源开发尚处于低级阶段、经济基础薄弱的情况，更需要搞好这项工作。

一、搞好国土环境和资源开发整治的综合规划

通过对区域环境条件、自然资源综合评价，社会、经济发展的现状分析与远景预测，提出国土开发整治的方向、任务、主要目标及时序、规模和布局，指导区域资源的合理、规范化开发。实现区域的经济发展与人口、资源、环境之间优化协调。这是人类社会进步和区域经济集约发展的必然选择。因此，要实现本区区域资源优化开发，必须搞好区域国土规划。要在本区

“十一五”规划中提出目标、任务、发展战略、发展重点生产力布局等的要求，在全面分析本区区域自然资源和经济基础、投资环境及其相关因素的基础上，按照自然、经济发展规律，打破地区和部门分割，从区域整体利益和社会宏观效益出发，进行生产力、基础设施、人口和城镇的优化配置和规划布局；围绕国土综合治理、保护生态和优化开发的目标要求，提出国土综合开发的方向、目标、任务和实施步骤；针对区情和区域社会经济发展战略要求，提出资源开发、环境治理和生态优化的重大项目。通过国土规划使本区的资源开发逐步纳入统筹规划、科学管理、优化开发的轨道。

二、大力抓好重点区域和重大优势资源的专项开发规划

重点区域和重大优势资源专项规划是国土开发综合规划的进一步深化，对指导重点区域和重大优势资源的开发、整治、保护具有十分重要的意义。本区国土规划必须根据本区“十一五”计划提出的沿海带动山区、建设“一个中心、四个窗口”的发展战略和区域生产力布局的总体设想和资源的特点，突出重点，优先搞好重点区域和重大优势资源开发的专项规划。一是进一步深化搞好赛岐开发区规划，包括赛岐、甘棠、下白石、湾坞在内的整个赛江区域国土规划和城市总体规划；二是要大力加强沿海港湾地区的国土规划，尤其要重点抓好三都澳海岸带国土规划，统筹安排沿海港湾地区的滨海陆域、港口、资源开发的规模、时序，同时要求编制环三都澳的城镇群规划和三都澳的滨海大道的规划设计。合理布局，提高海湾资源的综合开发效益；三是搞好优势资源的开发利用规划。本区优势资源除了港口资源外，还有山地资源、水力资源、非金属矿产资源和海洋生物资源等，搞好这些优势资源的开发利用、保护和治理的专项规划，对于本区国土资源的合理利用、优化开发，促进国民经济加快发展具有十分重要的意义。

三、研究提出促进区域资源优化开发的政策措施

国土规划的目的是规范区域资源的方向、任务、目标及其时序、规模和布局，实现资源的优化开发，为区域经济发展服务。要按照自然和经济规律，认真研究制定切实可行的政策措施来保证三都澳海岸带的有效有序开发。通过研究制定政策措施，包括各项改革开放优惠政策、经济开发倾斜性扶持（或限制发展）政策；资源开发区位选择、时序安排和时空机遇的战略性选择；资源开发的资金引入、筹集、使用安排，人才技术引进以及资源开发劳动力资源配置、行业生产力合理配置和三都澳海岸带总体布局、重点开发项目安排等各项对策措施和物质条件。通过落实各项政策措施，引导区域资源的开发，沿着规划预定的方向进行，促进资源优化开发。

第二节 完善管理法规制度，促进资源合理利用

运用法律法规是管理资源的最基本也是最有效的手段。近年来随着法治建设的不断加强，国家、省制订了一系列资源管理法律法规，为资源的合理开发和保护提供了法律依据，有力地促进了资源的合理开发利用和地方性管理办法和经验的积累。但是管理法规制度还很不完善，远远满足不了经济发展的需要，以至于不合理利用资源、破坏资源和生态环境的情况时有发生。有待于进一步加强管理法规制度建设，促进区域环境资源的合理开发利用。

一、严格执行国家有关资源管理法规

近年来，国家制定并颁布了一系列关于资源管理的法律法规，但是贯彻执行的力度还很不够，有法不依、执法不严的情况在一些地方时有发生。因此，一要继续大力宣传国家有关资源管理的法律法规，进一步提高国民的“资源忧患意识”、“环境意识”和加强国民法制观念；二要充分发挥各资源管理部门的职能作用，严格执行国家管理的有关法律法规，对破坏资源、浪费资源、破坏环境的行为，依照法律法规予以管制；三是要继续抓好各种资源开发利用的计划管理。

二、充分发挥地方立法机构作用，完善资源管理法规制度

在不违背国家有关法律法规的前提下，根据本区资源的特点和改革开放的需要，继续完善有关自然资源开发管理的法规建设，制订重要资源和重点区域的开发和保护管理条例，保证区域经济发展综合协调、统筹兼顾，符合整体利益和长远利益的要求。通过立法形式，确定区域资源开发有关规划、计划流于形式，保证有计划有步骤地合理开发、优化利用资源。根据宪法规定，明确资源属国家所有不能任意占用的观念，逐步实施资源有偿使用的改革。

第三节　坚持开发治理结合，切实保护生态环境

环境和自然资源是人类赖于生存的基本条件，是发展生产、繁荣经济的物质保证。因此，必须加强区域资源开发的宏观指导，有计划地配置生产力，合理适度地开发利用资源，尽可能地限制资源开发与生产建设中所带来的区域环境、资源的污染和影响，有效保护生态环境，妥善处理好开发利用区域资源与合理保护生态环境之间的关系，从而实现社会效益、经济效益和生态效益的协调统一。

一、限制资源的过度开发，促进区域自然生态的良性循环

长期以来，由于掠夺性经营和人口压力的不断增加以及对自然资源的开发利用缺乏科学规划、合理开发，重开发、轻保护，使大量资源遭受浩劫，资源过度开发，生态系统遭受破坏，尤其是农业生态环境破坏较严重，影响了经济发展和人民生活水平的提高。

(一)要合理开发山地资源，改善植被

在搞山地综合开发时，要尽量减少对植被的破坏，特别是保护好原生植被，要严禁毁林开山和在陡坡开荒种果，在严禁乱砍滥伐的同时，坚持以营林为基础的方针，继续搞好宜林荒滩绿化，发展薪炭林、防护林和经济林等各种林区，提高区域森林覆盖率。通过建立和完善林业承包责任制，加强严格核定产量，杜绝木材伐量大于生产量的“森林赤字”现象，使林木蓄积量逐年有所提高。通过广开生产门路、利用杂木枝叶等进行食用菌栽培，提高综合利用率，减轻经济发展对森林资源的压力。

(二)调整水产结构，限制发展近海捕捞

要采取海洋捕捞与海水养殖相结合、远近海相结合和禁捕与人工放流相结合的方针，大力发展海水养殖和远洋捕捞业，使近内海水产资源得以“休养生息”的同时，逐步扩大人工放流的品种数量，尽快恢复和保护近内海水产资源，改善海洋生态。特别要重视保护好全国唯一的大黄鱼卵繁殖地——官井洋大黄鱼繁殖保护区。

(三)加强工程建设管理，促进经济发展与环境建设的相互协调

要搞好矿山开发、工业建设、水利水电建设、交通建设等工程的勘测、施工管理和技术指导，避免工程爆破、开挖、钻探等对施工地段及其周围相关

地区的影响，协调各专业主管职能的部门管理、技术指导作用，切实做到全面考虑，综合利用，经济发展与环境治理相同步，保证工程建设的综合效益和生态效益。

二、综合治理工业生产建设带来的环境污染，促进区域社会经济与生态环境协调发展

本区经济正处于起步发展阶段，工业建设和生产过程中排放出的废气、废水、废渣，加工业企业生产中排放出的边角废料、有害物质以及噪音等，造成的环境污染情况将越来越严重。不但危害正常的生产、生活环境，而且影响社会经济各相关产业今后的健康发展。因此必须采取严格管理措施，加以控制并进行综合治理。

（一）要搞好新建工业项目的“环保”把关

要严格控制发展污染大的工业项目，尤其是目前各种基础设施都很落后的情况下，应尽量减少和不做污染大的工业项目。根据新建工业项目所处周边地域环境的环保限定指标和技术要求，在工业新建项目总体设计、施工生产开发中进行环保防治达标措施的“三同步”工作，使新建工业项目有配套完善的环保措施，有效限制工业发展对城镇和相关地区带来的大气、噪音、水质等生态环境的不良影响。

（二）加强工业生产工艺改造和环保配套设施建设

针对本区工业生产工艺落后，设备简陋尤其是乡镇企业，在生产过程中“饱、冒、滴、漏”和原料综合利用指数低的情况，通过加强企业技术改造、改进生产工艺和环保配套设施建设，减少生产过程中的废气、废水和废渣的排放量和生产中排放物的达标。

（三）不断提高环保检测技术手段，强化工业污染监控管理

随着经济的不断发展，工业生产开发将日益加强，环境污染有可能加剧的趋势，必须增加环保技术投入，强化对经济开发可能带来的环境污染进行防御、治理的必要技术手段，搞好污染的监测和环境质量的监测，完善基础数据登记、管理，通过科技引导、技术检测和管理监督，搞好区域环境保护。加强环境保护组织建设，建立健全环境保护机构，完善环境管理体制，提高环境决策的科学水平与宏观调控能力，促进区域环境检测、监督和管理的规范化、科学化。

三、切实保护好生态资源，维护自然生态平衡

切实保护好生态资源，维护自然生态平衡是协调人与自然的关系，使自然与资源永远造福于人类的基础。因此，在开发利用生物资源时，要正确处

理好眼前利益和长远利益的关系，坚持“开放与保护”相结合的原则，把保护生物资源的对策措施落到实处。

（一）保护和发展森林资源

要花大力气抓好人工造林、封山育林工作，不断扩大林地面积。要切实地把林业工作的重点从以源木生产为中心，转移到营林为基础的轨道上来，大力发展区域林业资源，提高区域森林覆盖程度。

（二）保护水产资源

要克服重捕轻养的思想，通过人工养殖，调整近内海捕捞，合理利用近海渔业资源，同时采取人工放养和禁捕等措施，恢复和发展渔业资源。

（三）要切实做好珍稀和古老物种的保护工作

要从生态平衡的高度认识保护珍稀物种的重要性。本区现存有苏铁、银杏、水松、长尾龟、鸳鸯、猕猴等数十种国家一、二级保护动物和珍稀植物，要通过建立自然保护区为它们提供栖息繁衍的外部条件，以及应用法律和行政手段加以保护。

第四节　增加投入，实现资源优化利用

开发利用环境、资源，发展社会经济和满足人们生活需求，是人类活动和繁衍的必经之路，随着社会经济的不断发展和人民生活需求的不断提高，需要更多的投入，包括人力、物力、资金和智力，来实现对环境资源的合理利用和优化开发利用。

一、要增加科技投入，提高环境资源开发效益

科学技术是生产力，而且是第一生产力，要通过加快科技进步和人才培养，坚持以智取胜，把国土综合治理和资源开发利用提高到一个新的水平，实现宏观经济效益、社会效益和生态效益的高度统一。

（一）充分发挥科技第一生产力作用，不断提高区域资源开发的综合效益

在区域资源开发和生产发展过程中，要认真贯彻经济发展，必须依靠和支持科学技术，科学技术工作必须面向和引导经济发展的战略方针，强化“科技是第一生产力”观念，牢固树立“以智取胜、科技兴业”的战略思想，大力提高科技因素在经济增长的比重，促进经济发展切实转到依靠科技进步和提高经济效益的轨道上来；要密切注视、跟踪国内外高科技发展动向，适

时捕捉机遇，积极引进高新技术，改造传统产业生产技术、开发区域资源，建立和发展高科技产业，在大力抓好自主研究开发的同时，要把技术引进、吸收、消化和推广工作放在十分突出的位置，不断移植新技术、新成果，促进区域资源的优化开发。

(二)增加科技力量投入，强化资源开发能力

要紧紧围绕区域资源开发的目标、任务和要求，发动、动员科技力量投入到国民经济发展主战场。首先，技术的引进和投入要注意放在资源开发的薄弱环节和适应经济发展需要的新兴领域；其次，科技投入要与区域重大资源开发和重点行业、企业发展结合；第三，技术引进工作必须与国产化工作结合起来，实现进口替代与出口导向，通过引进技术设备，促进传统资源出口产品的技术进步，增加出口产品的附加值；第四，技术引进与消化、吸收、发展创新相同步。通过引进先进技术及其消化、吸收和创新，提高区域资源开发能力和科技水平，逐步实现区域环境、资源开发和经济发展由粗放型向集约型，速度型向效型，物质投入主导型向科技进步主导型的方向推进、转换。

(三)完善科技管理办法，加速把资源开发科研成果转化为生产力

要克服生产、科研、教育相脱节的现象，在改革开放中逐步改进、完善科技人才、资料、专利权、技术移植、转让等各项管理办法，促进教育、科研、生产单位之间的相互联系、合作。在开发新产品、新技术、新工艺重大研究课题的攻关以及人才培养等领域进行广泛的横向经济技术联合，使先进的科研成果及时转化为生产力，为促进区域资源的优化开发，为经济集约发展服务。

二、多方筹措建设资金，推进资源优化开发

(一)要用好用活各项优惠措施，筹集开发建设资金

本区既享受中央赋予福建的特殊优惠政策和灵活措施，又具有中央赋予老区贫困地区的优惠政策，国家批准宁德市作为农村综合改革试验区，将被赋予多方面更加优惠的政策。政策优势十分明显，发展机遇好。今后本区要更多地利用各方面的优惠政策，改革开放和对台等有利机遇，积极引进资金、技术，发展“三来一补”，兴办“三资”企业和扩大出口创汇等，扩展闽台经济合作、港澳经贸往来和对外经贸交流，引进外资、侨资、台资，投入到区域环境、资源开发利用上。

(二)扩大横向经济联合，汇集资金、力量进行联合开发

要充分利用本区山海兼备的资源优势和劳动力优势，通过拓展区域经济横向联合，使资源优势和劳动力优势同发达地区的资金、技术、市场、信息

等方面的优势相结合，走山海协作、平等互惠、优势互补的经济合作的路子。不仅要搞好区内各县市之间的经济到横向联合，继续推进闽东北五地市经济横向联合，而且要不断扩大联合领域和区域，进一步拓展省内外的横向联合。引进资金、技术、人才、市场、管理、信息等加快本区水力资源、海洋资源、山地资源和非金属矿产资源等优势资源的集营和传统的食品加工、轻纺、机电等行业的开发利用程度和水平。

(三)采取多种灵活办法措施，扩大对国土资源的开发利用

要充分利用福建省作为改革开放前沿窗口和区域优势的地理条件，发挥各方面的积极性，多渠道筹集国土开发资金。要认真做好资金开发项目前期工作，以项目引资金，以资金促开发，加快国土资源开发。要积极争取世界银行、亚洲银行等国际金融组织和外国政府的优惠贷款、国家资助和贷款，并以平等互利为原则更多吸引外地和个人资金，以及通过发行股票、债券与采取允许以独资、合资、补偿、租凭、承包等多种形式筹集开发资金。

(四)建立开发基金，增强环境资源开发能力，引导优化开发

建立开发基金会是提供稳定建设资金来源的重要途径，是引导国土资源优化开发的有效手段。要采取国家、集体、个人共同参与的多渠道筹资办法，建立各种开发基金、增加开发资金的来源。并通过横向联合，逐步提高资金的调度能力。一是要逐步建立以交通建设、能源建设、通讯建设和城市建设基金为主的基础设施基金会，统一征收、管理和使用基础设施建设各项基金，包括电力建设基金、公路建设基金、电话增容费、城市建设附加费等，促进基础设施建设加快步伐，改善投资环境。二是工业生产建设方面，建立包括技术改造、新产品开发、高新技术工艺推广应用以及一些行业发展基金等，提高工业生产开发能力。三是在农村立乡(镇)村农业生产合作基金会，进一步完善农村社会化服务体系。为农民提供农技、农机、植保、良种、资金、气象和水利等多种服务，促进粮食生产和农业综合开发。

在建立各种基金会的同时，积极创造条件，有步骤、有计划地逐步打破各种基金会“条件分割”，进行“上下左右”的联合，形成网络，提高资金调度能力和使用效益，使之不断周转、增值，更有效地促进区域环境资源的开发利用。

要通过开发基金的使用管理，引导区域资源的开发，即根据国土规划和社会经济发展的总体目标要求，根据国土开发轻重缓急和特殊要求，综合衡量经济效益、社会效益和生态效益三者之间的关系，通过开发基金鼓励支持或限制发展、奖励和惩罚区域环境资源开发利用的优化、合理与否，搞好国土资源的合理利用与生态环境的有效保护。

在经济全球化和产业转移的宏观背景下，针对环三都澳地区的自然环

境条件自然资源状况，社会经济发展水平，为有效实现环三都澳地区开发方向和构想，促使港口资源利用、临海工业布局、区域经济结构优化、城镇体系建构、中心城市做大做强、农业资源开发利用、旅游业发展达到可持续协调发展的目标，提出了加强区域开发规划，搞好国土综合整治；完善管理法规制度，促进资源合理利用；坚持开发治理结合，切实保护生态环境；增加投入，推进资源优化开发的四项举措。

参考文献

[1] 胡序威. 区域经济与城市研究. 北京:科学出版社,1999
[2] 苏昌培. 特色论. 北京:社会科学文献出版社,1992
[3] 苏昌培. 共和观. 北京:社会科学文献出版社,2001
[4] 苏昌培. 团结学. 北京:社会科学出版社,1992
[5] 张文奎主编,人文地理学词典. 西安:陕西人民出版社,1990
[6] 谢文明,杨立刚. 生态优化条件下的经济增长—海南经济可持续发展模式. 海口:海南出版社,1999
[7] 马传栋. 资源生态经济学. 济南:山东人民出版社,1995
[8] 彭震伟. 区域研究与区域规划. 上海:同济大学出版社,1998
[9] 魏杰. 市场经济前沿问题—现代经济运行方式. 北京:中国发展出版社,2001
[10] 陈航,张文尝. 中国交通运输地理. 北京:科学出版社,1993
[11] 陈航. 我国港口的发展趋势、宏观调控与地域组合. 南京:南大学出版社,1995
[12] 国家海洋局. 中国海洋年鉴(1994—1996 年). 北京:海洋出版社,1997
[13] 李杰. 大海扬帆. 北京:海洋出版社,1991
[14] 罗章仁. 珠江三角洲与长江三角洲港口群对比分析. 港口经济,1998(3)
[15] 戴为来. 远东港运枢纽——高雄港. 港口经济,1998(2)
[16] 陈少勇. 宁德市第 2 层面发展研究. 福州:海峡文艺出版社,2003
[17] 林坚飞. 必然抉择——福建城市化发展研究. 福州:海潮摄影艺术出版社,2001
[18] 阙庆安等. 蔚蓝闽东. 福州:福建人民出版社,2000
[19] 韩燕. 利用 FDI 优化中国产业结构模式研究. 北方经贸,2002(12)
[20] 闫卡林. 抓住新一轮国际产业转移的重大机遇. 中国城市经济,2003(2)

[21] 严法善.经济全球化与中国经济结构调整.当代经济研究,2002(12)
[22] 李晓莉.从产业转移看台湾经济发展.海峡科技与产业,2003(1)
[23] 魏后凯.产业转移的发展趋势及其对竞争力的影响.福建论坛·经济社会版,2003(4)
[24] 侯德贤,崔晓娟.国际产业转移对上海经济影响现状分析.生产力研究,2002(3)
[25] 何立胜,张秋.试论国际产业转移与我国产业升级.商丘师范学院学报,2001(5)
[26] 江小涓.2001 年外商对华投资分析及 2002 年前景展望.管理世界,2002(1)
[27] 胡定核.经济周期与我国经济发展.金融研究,1999(9)
[28] 卢嘉瑞,徐圣银.论改革开放以来中国经济的周期性波动——兼论第 5 个经济周期.经济评论,2002(1)
[29] 国际货币基金组织.世界经济展望,2003(4)
[30] 赵晓.多因素作用下的中国经济增长.经济理论与经济管理,2002(8)
[31] 米建国,李建伟.中国经济进入调整性增长期财贸经济,2000(10)
[32] 高德步.新经济增长周期与我国的新经济增长战略.经济问题,2000(4)
[33] 杨文进.从长波关系看加入 WTO 后的我国经济.财经研究,2000(1)
[34] 杨公朴,夏大慰.产业经济学教程.上海:上海财经大学出版社,2002
[35] 卢根鑫.国际产业转移论.上海:上海人民出版社,1997
[36] [美]W.T.霍根.21 世纪的钢铁工业—竞争重塑世界钢铁新秩序.齐渊洪,牟慧研等译.北京:冶金工业出版社,1999
[37] 中国进出口商品检验协会,广东进出口商品检验协会,欧洲共同体工业全貌,广州:海天出版社,1993
[38] 朱孝远.近代欧洲的兴起.上海:学林出版社,1997
[39] 郑伟民.衰落还是复兴—全球经济中的美国.北京:社会科学文献出版社,1998
[40] 张文奎,方文.日本钢铁工业地理.北京:冶金工业出版社,1981
[41] 矢野横太纪念会编.日本 100 年.北京:时事出版社,1984
[42] [日]渡边公平.日本钢铁工业.吴杰译.上海:上海译文出版社,1980
[43] 刘旭明.韩国经济发展之路.北京:东方出版社,1995
[44] 范慕韩.世界经济统计摘要,北京:中国财政经济出版社,1985
[45] 贺秀芳等.国外钢铁工业技术经济指标.冶金工业部情报研究总所,1982
[46] 方甲主编.产业结构问题研究.北京:中国人民大学出版社,1997

[47]《宝钢志》编辑委员会. 宝钢志(1993—1998). 上海:上海古籍出版社,2000
[48] 李欣广. 可持续区域经济发展论. 北京. 中国科学,2002.2
[49] 廖善刚. 台湾海峡两岸农业自然资源生产潜力比较研究(博士论文). 福建师范大学,2001
[50] 甄峰. 信息技术作用影响下的区域空间重构及发展模式研究(博士论文). 南京大学,2001
[51] 刘青松. 江苏省海岸带环境问题与可持续发展研究(博士论文). 南京大学,2003
[52] 郑弘毅. 苏沪浙海洋开发基地研究—空间布局与地域结构. 南京:南京大学出版社,1992
[53] 阙庆安,翁书寿,黄荣锋. 蔚蓝闽东. 福州:福建人民出版社,2000
[54] 江苏省科学技术协会等. 城市化进程与城市可持续发展. 南京:东南大学出版社,1997
[55] 李新通. 闽东南沿海地区农用土地可持续利用研究(博士论文). 福建师范大学,1999
[56] 郑弘毅. 港口城市探索. 南京:河海大学出版社,1992
[57] 郑弘毅. 苏沪浙海洋开发基地研究——空间布局与地域结构. 南京:南京大学出版社,1992
[58] 丁键. 现代城市经济. 上海:同济大学出版社,2001
[59] 胡序威,周一星,顾朝林等. 中国沿海城镇密集地区空间集聚与扩散研究. 北京:科学出版社,2000
[60] 金钟. 论海岛海岸环境资源与一体化管理——以海岛县玉环为例(博士论文). 南京大学,2002
[61] 肖青. 港口规划. 大连:大连海事大学出版社,1992
[62] 关琰珠,朱鹤健. 区域生态环境建设的理论与实践研究——以福建省为例. 北京:中国环境科学出版社,2003
[63] 陈冬,江化开,郑庆昌,陈清福,黄文晶等. 大战略福建未来发展的选择——福建迈向二十一世纪的战略思路. 厦门:厦门大学出版社,1996
[64] 张耀光. 中国边疆地理(海疆). 北京:科学出版社,2001
[65] 刘斌. 产业集聚竞争优势的经济分析. 北京:中国发展出版社,2004
[66] 王颖. 海岸——通向海洋的虹桥. 南宁:广西教育出版社,1998
[67] 仇保兴. 追求繁荣与舒适——转型期间城市规划、建设与管理的若干策略. 北京:中国建筑工业出版社,2002
[68] 福建师范大学地理系《福建自然地理》编写组. 福建自然地理. 福州:福

建人民出版社,1987
[69] 陈佳源.福建省经济地理.新华出版社,1991
[70] 赵昭炳.福建省地理.福州:福建人民出版社,1993
[71] 洪承礼.港口规划与布置.北京:人民交通出版社,2005
[72] 黄文秀.农业自然资源.北京:科学出版社,1998
[73] 邓小平文选.北京:人民出版社,1975—1982
[74] 郑庆昌.新概念哲学.厦门:厦门大学出版社,1993
[75] 中华人民共和国福建省地方志编纂委员会.福建省志.北京:方志出版社,1992
[76] 孙姚泳.环境学导论.北京:中国人民大学出版社,1994
[77] 李世奎,侯光衣,欧阳海,郑剑绯.中国农业气候资源和农业气候区划.北京:科学出版社,1998
[78] 陈才.区域经济地理学.北京:科学出版社,2001
[79] 曾晓光,琼大.可持续农业导论:程序.北京:中国农业出版社,1997
[80] 福建省计划委员会.闽东南地区经济发展前景研究,1993.8
[81] 福建省统计信息咨询服务中心.福建与台湾.福州:福建省地图出版社,1988
[82] 李情,李平.产业经济学.大连:东北财经大学出版社,2001
[83] 夏禹龙等.亚太地区经济合作与中国亚大经济战略.上海:上海人民出版社,1996
[84] 刘再兴,祝诚等.生产布局学原理.北京:中国人民大学出版社,1984
[85] 王志电.当代中国产业布局.北京:中国城市经济社会出版社,1992
[86] 中共宁德市委办公室统编.加快宁德经济发展,建设闽东中心,2000.8
[87] 庄仁杰.福建省计划委员会.闽东南地区开放开发战略构,1992.11
[88] 吴少杰.经济计学系.南京:南京大学出版社,1986
[89] 胡宏伟.温州悬念.杭州:浙江人民出版社,2002
[90] 项光盈.解读温州模式与温州现象.北京:华夏出版社,1998
[91] 张境刚.新发展经济学.郑州:河南人民出版社,1992
[92] 丁文锋.经济现代化模式研究.北京:经济科学出版社,2000
[93] 陈友华,赵民.城市规划概论.上海:上海科学技术文献出版社,2000
[94] 胡序威.区域与城市研究.北京:科学出版社,2008
[95] 魏杰.社会经济前沿问题、现代经济运行方式.北京:中国发展出版社,2001
[96] 李振泉.中国经济地理.上海:华东师范大学出版社,1999
[97] 周起生.区域经济系.北京:中国人民大学出版社,1989

[98] 符卫国.福建省大比例尺海洋功能区划研究.北京:海洋出版社,2002
[99] 陆大道.大至港口、钢铁工业基地的综合开发.北京:科学出版社,1992
[100] 缪希铃.加入 WTO 与闽东经济发展.福州:福建电子音像出版社,2000
[101] 杨万钟.经济地理学导论.上海:华东师范大学出版社,2001
[102] 韩强.绿色城市.广州:广东人民出版社,1998
[103] 鲍世钊,顾孟潮.城市学与山水城市.北京:中国建筑工业出版社,1994
[104] 费洪平.经济开发区产业规划与管理.北京:科学出版社,2000
[105] 刘国光.深圳经济特区 90 年代经济发展战略.北京:经济管理出版社,1993
[106] 印树添.都提速了.北京:人民日报出版社,2004
[107] 陈少勇.宁德市第二层面发展研究.福州:海峡文艺出版社,2002
[108] 宁德地区方志办.宁德地区年鉴(1999).北京:新华出版社,2000
[109] 刘李胜等.中国经济区的问题分求解.北京:中国经济出版社,1995
[110] 宁德市地方志编纂委员会.宁德地方志(上、下).北京:方志出版社,1998
[111] 中华人民共和国交通部水运司.中国对外开放港口.北京:人民交通出版社,2000
[112]《中国钢铁工业年鉴》编辑部.中国 2002 钢铁工业年鉴,2003
[113]《国际经济和社会统计资料》编写组.国际经济和社会统计资料(1950—1982).北京:中国财政经济出版社,1985
[114] 刘洪.国际统计年鉴'98,北京:中国统计出版社,1998
[115] [日]宫崎犀一.近代国际经济要览.北京:中国财政经济出版社,1990
[116] 辽宁大学日本经济研究所.日本经济的发展.沈阳:辽宁人民出版社,1979
[117]《中国自然资源丛书》编纂委员会.中国自然资源丛书(海洋卷).北京:中国环境科学出版社,1995
[118] 中国冶金网 http://www.mmi.gov.cn 相关文章
[119] 浦项制铁官方网站 http://www.posco.co.kr 相关文章
[120] 上海宝钢官方网站 http://www.baosteel.com 相关文章
[121] http://www.gse.pku.edu/dataset/yearbook/yearbook02 所提供的统计资料
[122]《中国冶金报》2001 年,2002 年,2003 年等

后记

本书是在敬爱的导师福建师大郑达贤教授和朱鹤健教授的精心指导下完成的。从选题、研究内容的确定、大纲的构建、主要观点的提出和推敲都凝聚了导师们的大量心血和辛勤的汗水。在求学期间，恩师渊博的理论与实践知识、严谨的治学态度、执著的科学探索精神、实事求是的工作作风、坦荡豁达的处世风格和对学生的关爱与谆谆教诲，令我受益匪浅，永生难忘。值此，谨向恩师致以诚挚的敬意和深深的感谢。

我要感谢福建省人大常委会老领导袁启彤、苏昌培、洪华生、郑义正先生。在省人大工作期间，我跟随苏昌培主任参观考察了新疆的农业、内蒙的草原牧场、山东的葡萄业、河北的农村经济、浙江的乡镇企业、四川的都江堰水利工程、云南的世博园等等，特别是苏主任在创建枇杷示范园区、永春农村科技文化园和编著《共和观》一书的过程中，我师从苏主任学会了如何做人与做事，如何在实践中历练。我要感谢我的硕士导师郑训忠教授和赵昭炳、林其东、陈逢珍、陈珍皋、陈友飞教授；感谢顾朝林、郑弘毅、陶小马教授；福建特色研究会的好友陈冬、郑庆昌、林瑞辉、江化开、陈清福、王耀明、陈小玲、陈玉镇、施怀粤；感谢张文开、关琰珠、张敏博士；感谢省人大吴城主任；感谢关心和支持我的宁德市委市政府，天津市规划局、津南区委区政府，以及宁德市政府办、建委、规划局的各位领导和同事。

我还要将这本专著告慰我已故的祖父和祖母，在我读大二的时候，我的祖父因病去世；当我在我的博士学业进入最后一年的时候，我的祖母也因年迈逝去。两位老人在临终前，都深深希望能够见到在远方求学和工作的我，然而，我没有如老人的愿，带着深深的遗憾两位老人离开了人世。两位老人家已无法分享我学业和事业的快乐和幸福，我会把这本专著祭在祖父和祖母的坟前，以此博取老人在天之灵无声而慈祥的微笑。

我要衷心感谢家人对我的支持和鼓励，我自从 1987 年高中毕业，家人的支持永远是我学习和工作强有力的后盾。我的妻子刘茵有自己紧张的学业和繁杂的工作,在我的学习最关键的时刻,悉心照料着我们的家庭,承担了所有的家务,使我得以从容地进行论文的写作。我还要把我这篇文章送给我的女儿赵舒颖,在望女成凤之风日盛、教育竞争愈演愈烈的今日,聪颖懂事的女儿省心省力,却又能时常给我们带来惊喜,祝愿她在今后的学习中取得满意的成绩。感谢我的父母几十年来含辛茹苦地培养,如今虽然二老俱已年迈,却还是一如既往关怀远方的游子,我愿将这份小小的礼物,奉献给我的双亲,希望老人们能体味其中的快乐;感谢我的岳父岳母多年来对我们的关心与帮助;感谢我的亲人林天龄、马碧华、刘伯华、郭天源、林瑛和兄弟姐妹们长期以来无私的奉献;感谢浙江大学出版社张琛老师和浙江大学的袁伟斌博士。感谢亲情,她是催我不断前进的力量源泉;感谢友爱,她为我鼓起永远进取的风帆! 本书的初稿写于 2004 年 4 月,由于工作调动等原因,无法抽身更新数据,敬请读者谅解。

2009 年春于天津市

图书在版编目（CIP）数据

三都澳海岸带区域经济发展研究 / 赵怡本著. —杭州：浙江大学出版社，2009.8

ISBN 978-7-308-05801-8

Ⅰ.三… Ⅱ.赵… Ⅲ.海岸带—地区经济—经济发展—研究—宁德地区 Ⅳ.F127.572

中国版本图书馆 CIP 数据核字（2008）第 011125 号

三都澳海岸带区域经济发展研究

赵怡本 著

责任编辑 张 琛

封面设计 俞亚彤

出版发行 浙江大学出版社

（杭州天目山路 148 号 邮政编码 310028）

（网址：http://www.zjupress.com）

排 版 杭州中大图文设计有限公司

印 刷 德清县第二印刷厂

开 本 787mm×1092mm 1/16

印 张 18.5

字 数 350 千

版 印 次 2009 年 8 月第 1 版 2009 年 8 月第 1 次印刷

书 号 ISBN 978-7-308-05801-8

定 价 35.00 元

浙江大学出版社发行部邮购电话 （0571）88925591